盾构隧道壁后注浆
——浆液扩散理论

叶 飞 韩兴博 韩 鑫 著

科学出版社

北 京

内 容 简 介

本书通过理论分析与推导，构建了不同浆液及地层特性下的浆液充填、渗透、压密等扩散模型，建立了盾构隧道壁后注浆浆液扩散的理论体系；结合浆液扩散理论及工程应用实践，提出了盾构隧道壁后注浆的设计方法。本书介绍的相关研究成果可缩小盾构隧道壁后注浆理论研究与工程实践之间的差距，促进盾构隧道壁后注浆工程实践的科学化及规范化开展。

本书可为岩土隧道工程领域从事设计、施工、管理、科学研究等工作的人员提供参考，也可供高等院校岩土工程等相关专业师生阅读。

图书在版编目（CIP）数据

盾构隧道壁后注浆：浆液扩散理论 / 叶飞，韩兴博，韩鑫著. —北京：科学出版社，2024.11
　ISBN 978-7-03-077387-6

Ⅰ. ①盾⋯　Ⅱ. ①叶⋯　②韩⋯　③韩⋯　Ⅲ. ①隧道施工 – 盾构法 – 注浆加固 – 研究　Ⅳ. ①U455.43

中国国家版本馆 CIP 数据核字（2024）第 004410 号

责任编辑：杨　丹　罗　瑶 / 责任校对：崔向琳
责任印制：徐晓晨 / 封面设计：陈　敬

科 学 出 版 社 出版
北京东黄城根北街 16 号
邮政编码：100717
http://www.sciencep.com

北京华宇信诺印刷有限公司印刷
科学出版社发行　各地新华书店经销

*

2024 年 11 月第 一 版　开本：720×1000　1/16
2025 年 4 月第二次印刷　印张：17 1/4
字数：340 000

定价：198.00 元
（如有印装质量问题，我社负责调换）

前　　言

盾构隧道壁后注浆采用一定的注浆压力，将具有一定黏度的浆液注入盾尾间隙或管片壁后，通过浆液对盾尾间隙与管片壁后间隙的充填作用和对隧道周边地层的加固效应，使隧道与周边地层协同作用并保持稳定，提供安全、稳定的地下空间。作为盾构隧道施工的主要步序之一，壁后注浆对控制地层变形、抑制管片漂移、防止地下水渗入、改善衬砌受力等有重要作用。为达到预期的注浆效果，深入研究壁后注浆过程中浆液的扩散机理，提出合理的壁后注浆浆液设计方法与施工控制策略具有重要的现实意义。

本书通过理论分析与推导，构建不同浆液及地层特性下的浆液扩散模型，建立盾构隧道壁后注浆浆液扩散的理论体系，缩小盾构隧道壁后注浆理论研究与工程实践之间的差距，促进盾构隧道壁后注浆工程实践有理可循，有据可依。全书共7章，第1章为绪论，介绍盾构隧道的发展、盾构隧道壁后注浆的基础概念与基本过程；第2章介绍壁后注浆的材料及浆液固化机理；第3~5章分别针对壁后注浆的充填扩散、渗透扩散、压密扩散过程，分析浆液的扩散特性，构建浆液扩散模型；第6章在浆液扩散模型的基础上，考虑浆液与土体的颗粒特性，建立考虑筛滤效应、渗滤效应、压滤效应的浆液扩散模型；第7章在前述浆液扩散理论的基础上，结合大量盾构隧道壁后注浆工程实践调研及模型试验，提出盾构隧道壁后注浆浆液配合比等设计方法。

本书内容源于作者主持的国家自然科学基金项目(51178052、51478044、51678062、51878060)等成果。全书由叶飞、韩兴博、韩鑫撰写，研究生苟长飞、陈治、毛家骅、杨鹏博、高翔、应凯臣、孙昌海、王斌等参与了本书内容相关的研究工作；研究生秦楠、苏恩杰、杨永、田崇明、冯浩岚、夏天晗、姜寅、李思翰、张俊元、温小宝、陈子明、范越、朱文豪等在书稿的整理、插图绘制等方面提供了大量协助，在此表示衷心感谢。

限于作者的水平，书中难免有不足之处，恳请广大读者批评指正。

目　　录

第1章 绪 论

1.1 盾构隧道的发展

截至 2022 年 12 月 31 日，我国开通轨道交通的城市达到 55 座(不含港澳台数据)，运营总里程达到 10291.95 公里[1]，其中地铁是城市轨道交通发展的核心力量。城市地铁一般埋深较浅，施工以明挖法、浅埋暗挖法及盾构法为主。工程师们通过大量工程实践，发现盾构法相较其他工法具有显著优势(表 1.1)。

表 1.1 地铁常用施工方法对比

施工方法	适用条件	施工进度	地表沉降控制	对周围环境影响	施工难度	污染	施工示意图
明挖法	浅埋地层，深度多为 5～10m	拆迁工作多，土方开挖量较大，进度较慢	主要是周边地表的沉降控制(基坑周边)	影响路面交通	对于基坑稳定性的控制要求较高	噪声等污染较为严重	
浅埋暗挖法	具有一定深度的浅埋地层(深度>0.8m 的浅埋地层)	初期工序复杂，进度较慢，中后期进度正常(月进尺 50～80m)	使用强支护的手段进行控制，投入较大	影响较小	施工工序多，机械化程度低	噪声、振动较小	
盾构法	具有一定深度的地层(深度宜>6m 且不小于盾构直径)	机械化程度高，进度较快(月进尺 150～300m)	对于地表影响较小，主要通过壁后注浆补充地层损失	影响较小	机械化程度较高，施工控制好	噪声、振动较小	

21 世纪是隧道及地下空间大发展的时代，我国的隧道及地下工程施工量巨

大，前景广阔。我国正处于城镇化、工业化快速发展阶段，铁路、公路、水利、市政建设等对隧道工程建设需求迫切。我国盾构法(shield method)与全断面隧道掘进机(tunnel boring machine，TBM)法施工装备需求量大、增长快。地铁区间隧道、铁路隧道、引水隧洞建设中大规模地使用盾构法与 TBM 法，但与发达国家相比，我国盾构法与 TBM 法应用率仍然偏低。因此，盾构与 TBM 法在我国仍然具有广阔的发展空间。

早期盾构法主要用于软土地层隧道修建，TBM 法则主要用于岩石地层隧道修建。TBM 法通常以岩石地层为掘进对象，与盾构法的主要区别就是不具备泥水压、土压等维护掌子面稳定的功能。盾构作为一种安全、快速的隧道施工机械，经历了三个发展阶段：以 Brunel 盾构为代表的初期盾构；以机械式、气压式、网格式盾构为代表的第二代盾构；以闭胸式盾构(泥水式、土压式)为代表的第三代盾构。

1818 年，Brunel 注册盾构法隧道施工专利，并于 1825 年首次使用矩形盾构在伦敦泰晤士修建河底隧道，盾构法已经历了二百余年的发展(表 1.2、表 1.3)。纵观盾构法发展历史，盾构法的发展和改进都围绕其施工的三大要素进行：地层稳定和地面沉降控制；机械化、自动化推进和推进速度的提高；衬砌和隧道质量保证。现代盾构法普遍采用泥水平衡和土压平衡这两种模式。此外，也有这两种模式的组合，或是这两种模式与开敞式组合形成的复合式盾构，以适应地层条件多变的隧道施工的要求。目前，为适应隧道施工需要的多样化，已开发出超大断面盾构、多圆盾构、异形断面盾构、球体盾构等多种形式。

表 1.2　国外盾构发展[2]

年份	国家	发展内容
1804	英国	Torevix 着手修建横跨泰晤士河的河底隧道，但最终失败
1818	英国	Brunel 提出盾构法，注册盾构法隧道施工专利
1825	英国	Brunel 使用矩形盾构构筑泰晤士河河底隧道(砖砌管片)(第二年因塌方工程终止)
1830	英国	Cochrane 发明气闸，注册专利
1836	英国	使用新型盾构的泰晤士河河底隧道(方形铸铁盾构外壳)再次开工
1843	英国	泰晤士河河底隧道竣工
1865	英国	Barlow 发明铸铁管片
1869	英国	Greathead 在泰晤士河地铁施工中首先使用压气圆形断面盾构
1879	英国	Thomson 提出机械化盾构的理念
1887	英国	南伦敦铁道隧道修建
1891	美国	使用矩形盾构修建隧道

续表

年份	国家	发展内容
1892	美国	使用封闭式盾构修建隧道
1892	法国	使用混凝土管片衬砌修建隧道
1896	美国	使用木制管片衬砌修建隧道
1896	法国	使用椭圆形盾构修建隧道用于城市下水道
1896	英国	Price 设计接近现代盾构的机械盾构
1897	英国	使用铸铁管片、混凝土作隧道衬砌
1899	德国	使用钢板管片作隧道衬砌
1909	德国	使用型钢管片作隧道衬砌
1913	德国	使用马蹄形盾构
1914	美国	自来水隧道中使用钢筋混凝土管片
1915	英国	使用压气工法
1917	日本	国铁羽越线使用盾构法(因施工技术准备不足,中途停止)
1931	苏联	莫斯科地铁使用英制、苏制盾构;衬砌采用铸铁管片、混凝土管片;施工中使用了注浆工艺、冻结工法
1939	日本	关门隧道中使用 7m 直径的手掘式压气圆形断面盾构
1948	苏联	地铁中使用机械盾构,同时开发列宁格勒、基辅盾构
1953	日本	关门隧道中采用半机械盾构
1960	英国	使用滚筒式掘削机
1960	美国	Beach 首次使用液压千斤顶盾构
1960	日本	名古屋觉王山隧道中首次使用圆形断面盾构
1961	法国	提出水压封闭式盾构(与泥水平衡盾构原理相同)
1964	日本	使用泥水平衡盾构,钢筋混凝土管片
1965	日本	东京地铁 9 号线中使用挤压盾构
1972	日本	开发土压盾构
1974	日本	开发卵石泥水平衡盾构
1975	日本	开发泥土加压盾构
1978	日本	开发使用高浓度泥水平衡盾构
1981	日本	开发气泡盾构
1982	日本	掘削的同时进行现场作衬的工法开发
1982	法国	英法海峡隧道 8.62m 直径的削土密封式盾构

年份	国家	发展内容
1984	日本	采用 10.58m 直径泥水平衡盾构
1988	法国	1 台盾构连续掘进 20km
1990	日本	下水道工程中盾构双向地中对接成功
1990	日本	名古屋地铁 10.48m 直径土压盾构掘进成功
1992	日本	自由端面盾构功能证实试验成功
1992	法国	索恩河过河隧道中 10.96m 直径土压盾构掘进成功
1993	日本	NOMST(盾构直接掘削新型材料墙体)工法成功
1994	日本	球形盾构掘进成功
1994	日本	地铁站三圆站盾构法成功(中间走车,两侧下客)
1994	日本	矩形盾构在东京问世
1996	日本	直角分岔盾构法问世
1996	日本	可以现场更换刀头的球体盾构机问世
1996	日本	东京地铁 7 号线 14.18m 直径母子泥水平衡盾构开发成功
1996	日本	三圆搭接站盾构法(中间站台,两侧走车)
1997	日本	四条近接扭曲隧道施工技术开发
1997	日本	竖井与横向隧道连续一体化施工法成功
1997	日本	掘削轮廓隧道构筑法的提出
1997	日本	钢管桩-挤压混凝土衬砌(PC-ECL)工法开发成功
1997	日本	多轴偏心摇摆(DPLFX)盾构机开发成功
1997	日本	分岔盾构机研制成功
1997	日本	马蹄形盾构机研制成功
1997	日本	纵双圆搭接盾构法开发成功
1997	日本	侧向地中结合工法开发成功
1997	日本	扩经盾构开发成功
1998	日本	14.18m 直径超大盾构市区掘进成功
1998	日本	开发了可高速施工的管片
1998	日本	滑动式切削刀头更换系统开发成功
1999	日本	11.52m 直径土压盾构机问世
1999	日本	盾构前方甲烷气体探查装置开发成功

续表

年份	国家	发展内容
1999	日本	纵向双连分岔泥水平衡盾构机开发成功
1999	日本	采用摇动刀头与长程超挖刀头并用式矩形盾构法
1999	日本	封套式盾构法(外防水套型盾构法、高水压工法)成功应用
2000	日本	研发任意断面多台子盾构型母子盾构法
2000	日本	研发可变断面工法
2001	日本	研发插入扩径盾构法
2001	日本	采用多轴摇动盾构修建地铁复线隧道
2001	日本	可以再利用双重构造盾构机开发成功
2002	日本	内舱引拔利用型盾构机开发成功
2002	日本	采用电蚀盾构机直接出井工法
2002	日本	研发了包缠盾构法
2003	德国	易北河隧道建成(14.2m 直径，复合盾构)
2003	日本	研发了摇动式矩形盾构机
2003	日本	研发地中分离母子盾构法
2003	英国、法国	第二条英吉利海峡隧道(15m 直径，土压式)开工
2003	日本	甩球轴承框架盾构井内旋转施工
2003	日本	双模盾构机的开发及实用化(可敞开，可封闭双模盾构机)
2005	荷兰	Green Heart 隧道(14.87m 直径，泥水式)竣工
2007	西班牙	采用 15.2 m 直径世界最大双子星土压盾构
2013	意大利	15.615 m 直径 Sparvo 隧道建成
2019	澳大利亚	15.6m 直径盾构在墨尔本 Westgate 隧道修建中使用
2020	意大利	15.87m 直径 Santa Lucia 盾构公路隧道建成

表 1.3　中国盾构发展[3]

年份	地区	发展内容
1954	辽宁阜新	输水隧洞采用了 2.6m 直径的圆形盾构，开启了新中国盾构发展史的大门
1965	上海	直径 11.22m 网格式盾构机，应用于打浦路过江隧道
1973	上海	采用网格挤压盾构施工引水隧洞
1980	上海	采用直径 6.412m 网格挤压水力出土盾构施工

年份	地区	发展内容
1987	上海	上海隧道股份公司研制直径 4.35m 的加泥式土压平衡盾构
1990	上海	上海地铁 1 号线采用 7 台直径 6.34m 土压平衡盾构施工
1996	广东广州	广州地铁 1 号线采用 2 台直径 6.14m 泥水平衡盾构和 1 台 6.14m 直径土压盾构施工
1999	上海	成功研制了国内首台 3.8m×3.8m 矩形盾构顶管机
2000	广东珠海	两台直径为 6.14m 的复合式土压平衡盾构机，成功运用在珠江底的风化岩层中
2003	上海	上海地铁 8 号线采用双圆盾构施工
2004	上海	上中路越江隧道采用直径 14.87m 泥水平衡盾构施工
2008	天津	中铁隧道集团研制直径 6.39m 复合式土压平衡盾构，用于天津地铁工程
2010	江苏南京	纬七路过江隧道采用直径 14.93m 泥水平衡盾构施工
2011	广东广州	我国首条水下特长隧道狮子洋隧道，采用了外径 10.80m 的泥水平衡盾构
2013	河南郑州	中铁工程装备集团有限公司成功研制了超大断面矩形盾构
2014	上海	虹梅南路隧道采用直径 14.93m 泥水平衡盾构施工
2015	江苏扬州	瘦西湖隧道采用直径 14.93m 的泥水平衡盾构
2016	河南郑州	中铁工程装备集团有限公司研制的马蹄形盾构——"蒙华号"盾构机顺利始发掘进，标志着中国在异形盾构领域处于世界领先水平
2017	浙江宁波	我国首台自主研发的类矩形全断面盾构机——"阳明号"，应用于宁波轨道交通
2018	江苏南通	全球首条特高压盾构法穿越长江综合管廊隧道正式贯通
2020	湖南长沙	16.07m 直径的"京华号"盾构机在长沙组装成功

1.2　盾　构　分　类

1.2.1　按断面形状分类

盾构根据其断面形状可分为单圆盾构、复圆盾构、非圆盾构。

复圆盾构和非圆盾构统称为"异形盾构"。其中，复圆盾构可分为双圆盾构和三圆盾构。2004 年，上海轨道交通 M8 和 M6 线率先引进双圆盾构，开创了我国异形盾构的先河[4]。第一台三圆盾构在日本大阪地铁 7 号线新大阪副都心车站的暗挖施工建设中成功运用[4]。非圆盾构可分为椭圆形盾构、马蹄形盾构(图 1.1)、矩形盾构(图 1.2)等。2016 年，国内首台大断面马蹄形盾构生产下线，服务于蒙华铁路白城隧道工程[5]；2020 年，浙江省嘉兴市快速路环线下穿南湖大道工程中的三车道超大断面矩形顶管隧道全面贯通[6]。

图 1.1 马蹄形盾构[5]

图 1.2 矩形盾构[6]

1.2.2 按直径分类

盾构按直径大小可分为超小型盾构、小型盾构、中型盾构、大型盾构、超大型盾构、特大型盾构等，具体分类结果见表 1.4。

表 1.4 盾构按照直径分类结果[2]

盾构类别	直径/m
超小型盾构	<1
小型盾构	1～3.5
中型盾构	3.5～6
大型盾构	6～14
超大型盾构	14～18
特大型盾构	>18

1954 年，辽宁阜新将直径 2.6m 的小型盾构用于疏水隧洞的施工[2]。随着我国盾构技术的快速发展，大型盾构、超大型盾构越来越多地应用于隧道工程的建设中。2021 年，我国完全自主研发的国产大直径(16.07 m)泥水平衡盾构机"运河号"成功始发，盾构直径达 16m 级[7]。2024 年 4 月，我国下线了全球最大直径(17.5m)盾构法隧道的盾构机，用于济南市黄岗路穿黄隧道的修建。

1.2.3 按开挖面与作业室之间隔板的构造分类

盾构按开挖面与作业室之间隔板的构造可分为敞开式、闭胸式 2 种，敞开式又可分为全敞开式和部分敞开式，具体分类见图 1.3。

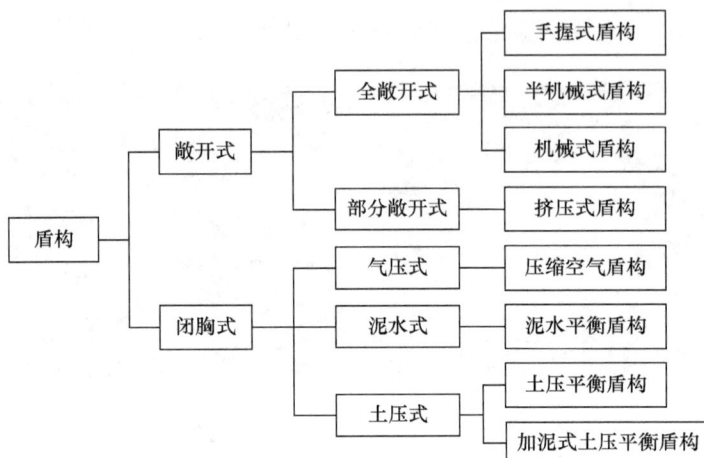

图 1.3　盾构的分类[3]

　　泥水平衡盾构多用于含水量较高的软弱土质,稳定地层的优点尤为明显。2021年 9 月,武汉地铁首次将国产超大型泥水平衡盾构机用于地铁 12 号线穿越长江项目[8]。土压平衡盾构适用于黏土、砂土及软硬不均的复合地层。2021 年 8 月,出口欧洲的大直径(12.2m)土压平衡盾构机"中铁 977 号"在中铁装备天津公司顺利通过在线验收,设备将助力意大利那不勒斯—巴里高速铁路项目建设[9]。2021年 11 月,国内拥有完全自主知识产权的土压平衡盾构机"锦绣号"成功应用于四川成自高铁的锦绣隧道[10]。

1.3　盾构壁后注浆

　　盾构法是一种综合多方面施工技术的隧道施工方法,图 1.4 为盾构法施工示意图。盾构法的主要操作流程如下:修建竖井或基坑;将主机和配件分批吊入竖井中,并在预定位置将盾构安装就位;凿开竖井隧道轴线开口处,沿着隧道设计轴线推进;在盾构掘进的同时将掌子面的泥土排出,并在盾尾盾壳的保护下安装衬砌管片,即盾尾壳体的内径与管片环外径密贴安装。当盾尾脱离管片时,盾构壳体具有一定的厚度,且盾构掘进中存在由于曲线开挖而超挖等情况,地层和盾构管片之间形成了盾尾间隙[11],见图 1.5。若不对盾尾间隙进行及时处理,则会导致地层变形过大,地表沉降超限,进而对周围建筑物产生影响。因此,实际工程中,常采用壁后注浆技术对盾尾间隙进行充填。

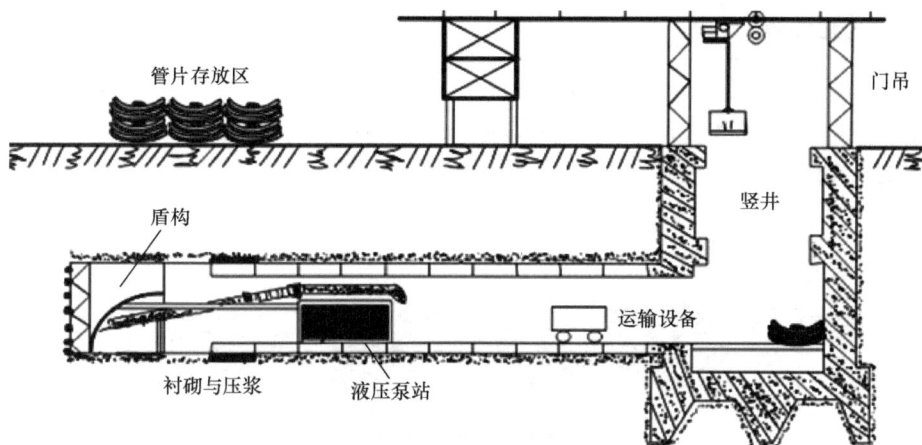

图 1.4 盾构法施工示意图

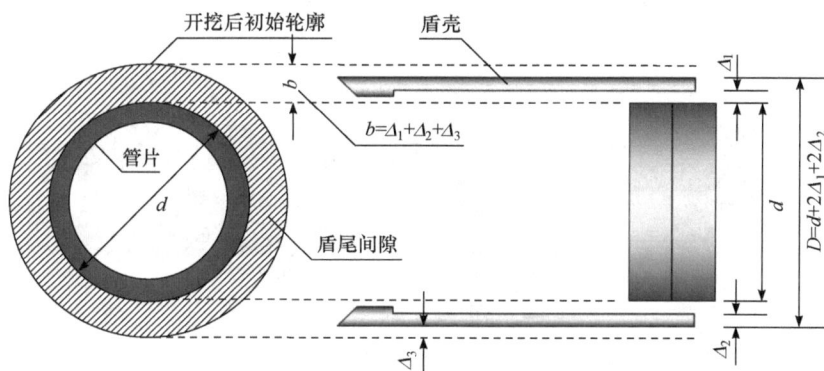

图 1.5 盾尾间隙的形成

Δ_1-管片拼装净空；Δ_2-盾壳厚度；Δ_3-超挖净空；b-盾尾间隙宽度

注浆又称灌浆,盾构隧道壁后注浆是岩土工程注浆技术的继承与发展。1802 年,法国工程师 Charles Berigny 采用木制的冲击筒装置将注浆应用于修理冲砂闸[12],开创了岩土工程加固的新领域,注浆发展初期主要的原材料为黏土、火山灰及生石灰等。17 世纪,压缩空气及压力注浆泵的发展为注浆创造了条件。1824 年,硅酸盐水泥(后文简称"水泥")问世,1856~1858 年水泥应用于注浆。1864 年,Barlow 将水泥注浆应用到了伦敦与巴黎的地铁衬砌背后注浆。至此,盾构隧道壁后注浆在盾构法中占领了重要一席。

壁后注浆是保证地面建筑、地层稳定、盾尾密封及管片衬砌结构安全的重要一环,是盾构施工必不可少的工序,因此必须依据施工状态严格控制,确保注浆质量和安全。壁后注浆可分为不同的类别。按注浆位置分,壁后注浆主要有盾尾注浆和管片注浆两种;按注浆时机分,壁后注浆可分为一次注浆和二次注浆。

1.3.1　注浆位置

壁后注浆按照注浆位置可分为盾尾注浆(通过安装在盾构机盾壳上的注浆管注浆，见图 1.6(a))和管片注浆(通过管片上的注浆孔注浆，见图 1.6(b))，两种注浆方式的优缺点见表 1.5。

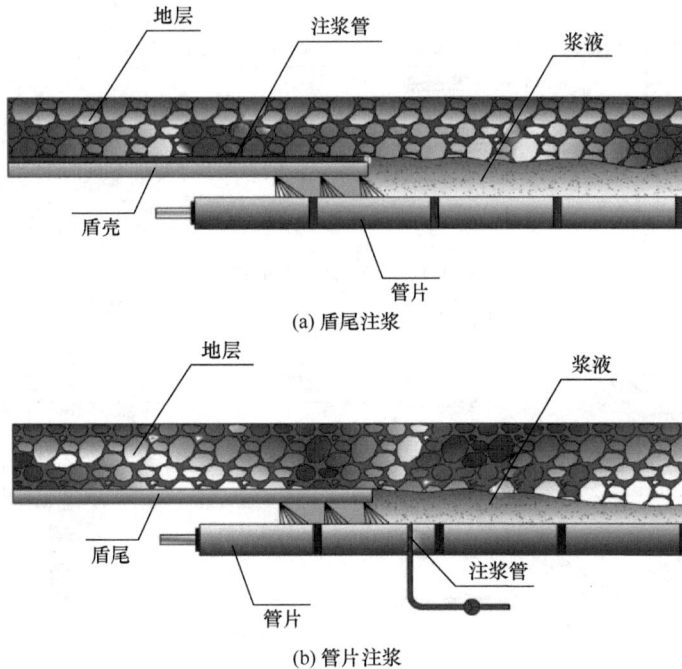

(a) 盾尾注浆

(b) 管片注浆

图 1.6　盾尾注浆和管片注浆示意图[13]

表 1.5　盾尾注浆及管片注浆的优缺点[14]

注浆方式	优点	缺点
盾尾注浆	能够及时、均匀注浆； 降低了渗漏水的可能性； 自动化程度高，施工控制相对容易； 浆液在盾尾间隙的分布相对均匀	在盾尾布置注浆管会增加盾构直径或钢板厚度； 堵管时清洗困难； 一般只适于单液注浆，若选双液浆，需配置专门的清洗装置
管片注浆	操作灵活，容易清理； 既可选单液浆，也可选双液浆； 可对局部地段进行二次补浆(如出洞及联络通道位置)，适合特殊情况的处理(隧道偏移，地表建筑物变形控制等)； 不增加盾构机直径和钢板厚度	易造成注浆不均匀； 注浆孔是潜在的渗漏点； 管片表面易受浆液污染； 管片拼装完成与注浆工序易有时差，很难做到真正的同步注浆

1.3.2　注浆时机

一次注浆按照注浆时机的不同又可分为同步注浆、即时注浆和后方注浆。二次注浆是为补充一次注浆未充填到的部位、浆液体积缩减部分，以及提高注浆层抗渗性等施工效果而进行的。

(1) 同步注浆为盾构向前掘进的同时不停地向管片背部盾尾间隙压入注浆材料的一种壁后注浆方法。通过加压不间断地将注浆材料压入盾尾间隙，注浆材料在未凝固前(即强度未达到土体相同强度前)，盾尾间隙也能保持与土体相当的注浆压力，从而减小对地层的扰动，有效地控制地面沉降。

同步注浆法有三种：①由盾构机尾部的注浆管直接向盾尾间隙注入浆液(图 1.6(a))；②利用管片上的前后两个注浆孔交替注入浆液(图 1.7)；③将管片上的注浆孔设置在管片的端头，边推进边注入浆液(图 1.8)。

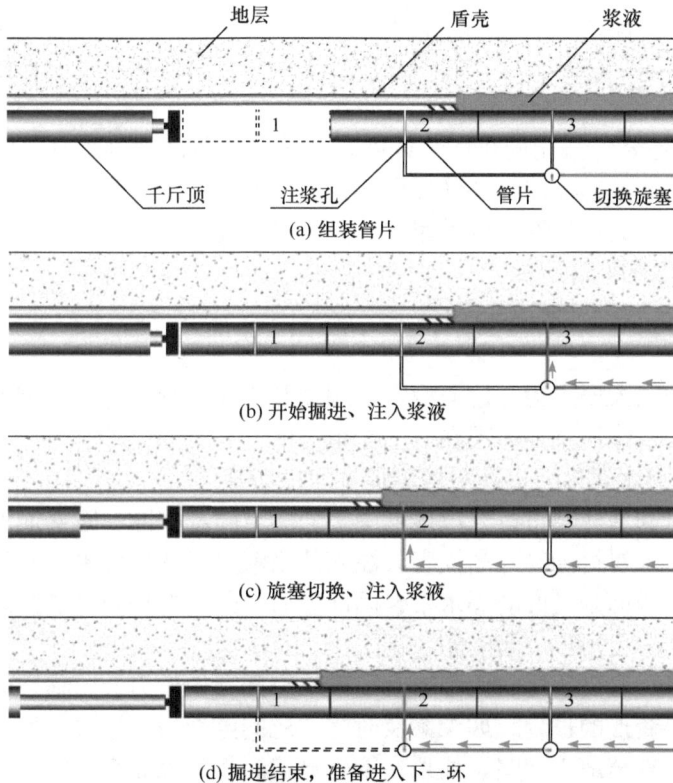

图 1.7　切换式浆液同步注入示意图

1、2、3分别表示1环、2环、3环注浆孔

利用管片上的前后两个注浆孔交替注浆时，一般分为 3 步：第 1 步组装管片；第 2 步开始掘进,同时由 3 环注浆孔注入浆液直到盾尾离开 2 环注浆孔后约 40cm；

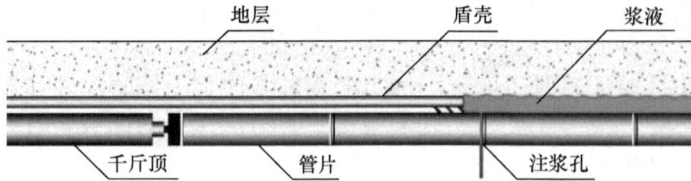

图 1.8　由管片端头注浆孔注入

第 3 步切换前方旋塞，从 2 环注浆孔注入浆液直到盾尾离开 1 环注浆孔。这种方法必须认真清洗切换旋塞，不适用于凝胶时间短的浆液，因此目前使用已不多。

(2) 即时注浆的注浆孔一般设置在管片的中央，是盾构掘进完一环后，立即通过管片上的注浆孔注入浆液的注浆方法。盾构每环掘进的时间较长，该注浆方式只能在稳定地层中掘进时使用，否则将会导致地表沉降超限或出现工程事故等。

(3) 后方注浆为盾构推进数环以后，通过管片上的注浆孔进行注浆的注浆方法。该方法可通过注浆孔以外的各孔抽水来提高注浆效果，其对不稳定地层的注浆效果较差。

(4) 二次注浆：采用同步注浆或即时注浆，如浆液为凝胶时间较长的惰性浆液，由于浆液的流动性较好，管片拱部浆液会流失，浆液凝固后收缩体积过大，或者为提高体层的抗渗性，可采用二次注浆对上述情况进行补强。二次注浆基本采用可注性较好的双液浆。

1.3.3　注浆作用

盾构法的三大要素为开挖面稳定、掘进及排渣、管片衬砌及壁后注浆，其中壁后注浆的重要作用主要体现在以下七个方面[15,16]：

(1) 阻塞渗水通道，提高盾构隧道抗渗性。

盾构隧道壁后注浆可以充填地层中贯通的空隙和裂隙，阻塞地下水的渗流通道，减少地下水对衬砌管片的损害。注入的浆液可以均匀包裹衬砌管片，注浆形成的帷幕层本身即是良好的隔水带，因此壁后注浆具有提高隧道抗渗性的效果。

(2) 充填盾尾间隙，缓解地层变形。

当盾构管片脱离盾尾时，围岩会出现临空面，地应力会向临空面释放，释放的过程即地层变形的过程，如果不及时将盾尾间隙充填，地层变形过大失稳会导致地层坍塌，直至地表塌陷。如果在围岩自稳时将间隙充填密实，就会减小地层坍塌的可能。

(3) 充填地层空隙，提高地层骨架承载能力。

当盾构刀盘掘进时，地层中一部分细小的沙砾会随着掌子面土体流入盾构开挖舱，进一步被输送至地表。由于地层骨架缺少细小颗粒的充填，骨架(图 1.9)之间承受着巨大的地应力。由于骨架间接触面积较小，往往会发生应力集中现象，因此会发生地层骨架失稳变形。壁后注浆浆液可以很好地渗透到骨架之间，充填密实地层骨架间隙，提高地层黏聚力，改善地层承载能力(图 1.10)。

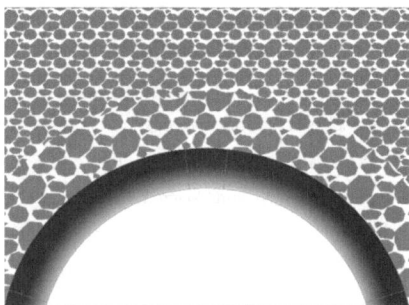

图 1.9　未注浆地层骨架图　　　　　　图 1.10　注浆地层骨架图

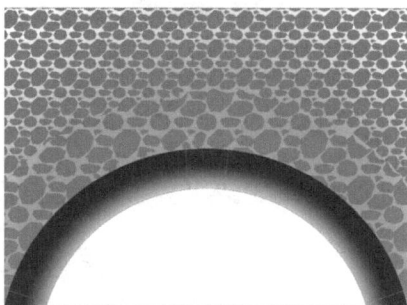

(4) 使管片受力均匀，避免应力集中。

在含有卵石与砾石的地层中，卵石和砾石将直接作用在衬砌管片上，作用面积较小，应力集中明显，应力过大时会造成管片局部外围压碎的情况。注入浆体将管片外围的卵石与砾石包裹，使得围岩作用在管片上的接触面积大大增加，管片受力更加均匀。

(5) 固定管片位置，避免管片漂移。

盾构机沿着既定的轴线掘进，管片脱离盾尾时，地下水和注浆压力差的作用，会使管片发生漂移现象，发生上移、下降或者左右摇摆。当盾尾间隙被充填，管片失去了漂移的空间，管片的位置就被固定。

(6) 改善地层性质，减少扰动沉降。

浆液渗透到地层空隙中，改善了地层的物理力学性质，地层更加密实稳定，减少了盾构机振动对地层的影响，同时也可控制地表沉降。

(7) 均匀包裹管片，减振缓冲。

充填到地层的浆体硬化后，形成了一道减振墙，减少了隧道运营过程中列车动荷载对围岩的影响，减小了地层发生液化的可能性，减少了地层长期固结沉降带来的地层变形。

参 考 文 献

[1] 中国城市轨道交通协会. 2022 年中国内地城轨交通线路概况[J]. 都市快轨交通, 2023, 83(1): 10-11.

[2] 张凤祥, 朱合华, 傅德明. 盾构隧道[M]. 北京: 人民交通出版社, 2004.

[3] 陈馈, 洪开荣, 焦胜军. 盾构施工技术[M]. 北京: 人民交通出版社, 2016.

[4] 孙统立. 异形盾构工法研究现状及其应用[J]. 铁道科学与工程学报, 2017, 14(9): 1959-1966.

[5] 章龙管, 李志刚, 路桂珍, 等. 大断面马蹄形盾构施工关键技术——以蒙华铁路白城隧道工程为例[J]. 隧道建

设(中英文), 2020, 40(S1): 297-306.

[6] 刘龙卫, 薛发亭, 刘常利. 三车道超大断面矩形顶管工程——嘉兴市下穿南湖大道隧道[J]. 隧道建设, 2021, 41(9): 1612-1625.

[7] 矫阳. 国产最大直径泥水平衡盾构机 "运河号" 成功始发[N]. 科技日报, 2021-08-11(2).

[8] 陶常宁, 于金虎. 武汉首用国产超大盾构机建地铁[N]. 长江日报, 2021-09-29(6).

[9] 建筑机械编辑部. 让世界爱上中国装备 中国出口欧洲超大直径(12.2m)土压平衡盾构机下线[J]. 建筑机械, 2021(9): 22-23.

[10] 矫阳. "锦绣号" 盾构机下线 体积约是 "胖五" 的 15 倍[N]. 科技日报, 2021-07-14(5).

[11] 地盘工学会. 盾构法的调查·设计·施工[M]. 牛清山, 等, 译. 北京: 中国建筑工业出版社, 2008.

[12] DELLA M R. Alkali-activated cements opportunities and challenges[J]. Cement and Concrete Research, 1999, 29(2): 249-254.

[13] 毛家骅. 基于渗滤效应的盾构隧道壁后注浆浆液扩散机理研究[D]. 西安: 长安大学, 2016.

[14] 叶飞. 软土盾构隧道施工期上浮机理分析及控制研究[D]. 上海: 同济大学, 2007.

[15] SHIRLAW J N, RICHARDS D P, RAMOND P, et al. Recent experience in automatic tail void grouting with soft ground tunnel boring machines[C]. Singapore：Proceedings of the ITA-AITES World Tunnel Congress, 2004.

[16] 叶飞, 毛家骅, 纪明, 等. 盾构隧道壁后注浆研究现状及发展趋势[J]. 隧道建设, 2015, 35(8): 739-752.

第 2 章　壁后注浆材料及浆液固化机理

盾构壁后注浆施工中浆液材料的选择对壁后注浆的效果具有重要影响。随着施工材料日益丰富，壁后注浆材料逐渐增多。浆液主要通过固化发挥其功能，同时浆液的流变特征将影响其施工和易性及其在地层中的扩散范围。浆液的扩散与固化同时决定壁后注浆对地层的加固效果。本章将从壁后注浆材料、浆液固化机理、浆液流变特征、浆液扩散形式及影响因素四个方面进行论述。

2.1　壁后注浆材料

注浆材料的发展具有悠久的历史，1802 年法国土木工程师查理士·贝里尼首次使用黏土浆液加固港口城市的砌筑墙。1824 年，英国约瑟夫·阿斯普丁发明了硅酸盐水泥，此后水泥在土木工程的各个领域，包括注浆中得到了广泛的应用。1884 年，英国豪斯古德在印度建桥时首次采用化学药品固砂。19 世纪后期，注浆材料发展为以水玻璃为主的化学浆材。近年来，新型有机高分子注浆材料高速发展。盾构壁后注浆材料也随着注浆材料的发展而变化。目前，盾构隧道壁后注浆使用的注浆材料主要包括以水泥为主的单液浆和以水泥-水玻璃(C-S)为主的双液浆两种。

2.1.1　浆液特性要求

为了更好地实现壁后注浆的目的，注入浆液必须迅速、确实地充填尾隙，对注入浆液的特性提出下列要求[1]：

(1) 充填性好，不会流动到尾隙以外的其他区域(不会漏失到掘削面及围岩土体中)；

(2) 流动性好、离析少；

(3) 不受地下水稀释；

(4) 材料分离少，能长距离压送；

(5) 壁后注浆充填后，早期强度与原状土的强度相当；

(6) 浆液硬化后的体积收缩率和渗透系数小；

(7) 环境友好，成本低。

为了满足上述条件，引入双液浆壁后注浆工艺，采用不损失流动性、仅在限定范围内注浆的方法，即在双液浆(特别是水玻璃类)中添加短凝和可塑性成分，使限域注入成为现实。

当浆液充分充填尾隙后，希望能尽早固结且强度能与地层土体接近。因此，对双液浆的早期强度有一定的要求，规定 1h 后的单轴抗压强度的大致目标为 0.1MPa。通常单液浆 1h 的抗压强度非常高。这种早强浆液通常凝结时间很短，注入还没结束，浆液便失去了流动性，一般充填效果不佳。这就意味着当早期强度和充填超过期望值时，效果变差。

2.1.2　浆液分类

盾构隧道浆液随着建筑土木工程的快速发展而变化，并不断向综合指标高及成本低的绿色方向发展，随着技术的发展，浆液也有了多种的分类标准，如按照浆液的构成种类与按照浆液流型划分[2]。

盾构壁后注浆所用的浆液按照其构成种类可分为单液浆和双液浆(图 2.1)。单液浆是在搅拌机等搅拌器中一次拌和成流动的悬浮液，再经过液体-固体的中间状态(流动态凝结及可塑态凝结)后固化形成，其凝结时间较长，一般需要几个小时。双液浆液通常是指化学浆液，即将 A 液(水泥类)和 B 液(通常是水玻璃类作硬化剂)两种浆液混合，变成胶态溶液，混合液的黏度随时间的推移而增大，随之进入流动态固结和可塑态固结区。壁后注浆最常用的双液浆是水玻璃类浆液，其凝胶时间一般比普通地基加固中使用的浆液要短，通常小于 1min。

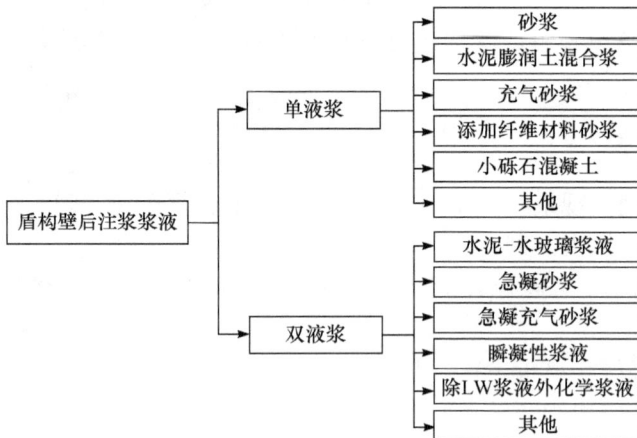

图 2.1　盾构壁后浆液按材料构成分类

LW-轻质

单液浆又可分为惰性浆液和硬性浆液。惰性浆液即浆液中没有掺加水泥等胶凝物质，早期强度和后期强度均很低。硬性浆液即在浆液中掺加了水泥等胶凝物质，由粉煤灰、砂、水泥、水、外加剂等一次拌和而成，具备一定早期强度和后期强度。惰性浆液初凝时间长，制备成本低，在上海等软弱地层为主的地区应用广泛。由于惰性浆液强度较低，抗渗性差，不利于隧道衬砌的早期稳定和隧道防渗。硬性浆液制备成本相对较高，初凝时间较长，早期具有一定强度，对于隧道衬砌的稳定较为有利。

双液浆的凝胶时间通常较短，按凝胶时间来分，该浆液又可分为缓凝型、可塑型、瞬凝型三种类型。双液浆强度较高，相对单液浆而言，注入量少，沉降量少，注浆效果佳，广泛适用于各种地层，但其施工工艺较为复杂，对施工过程的控制要求较高。

盾构壁后注浆所用的浆液按照其流型可划分为黏性体和黏弹性体，见图 2.2。

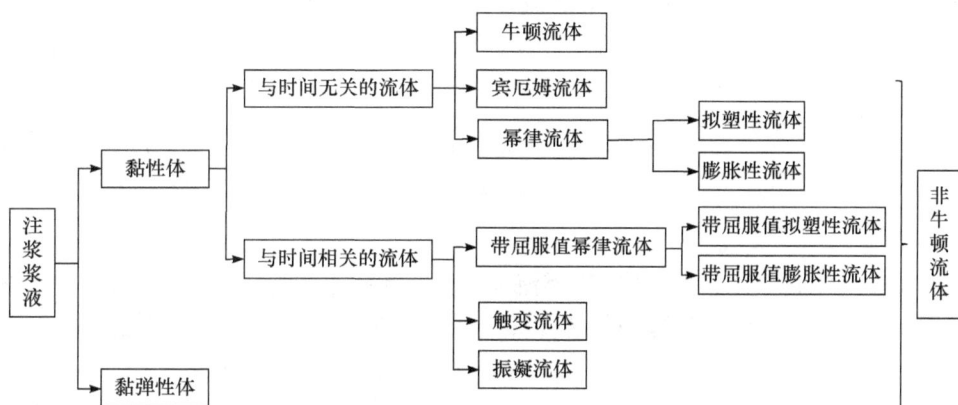

图 2.2　盾构壁后浆液按流型分类

具体地，常用的壁后注浆材料主要有水泥浆液、水泥-水玻璃浆液(C-S 浆液)。对于水泥浆液，不同的水灰比(water cement ratio)浆液表现的流变性大不相同，阮文军针对此特性进行了研究，表 2.1 为试验结果。对于水泥-水玻璃浆液，一般将其看作幂律流体。

表 2.1　不同的水灰比对应的流型

水灰比	流型
0.5～0.7	幂律流体
0.8～1.0	宾厄姆流体
2.0～10.0	牛顿流体

下面分别对牛顿流体、宾厄姆流体、幂律流体进行介绍。

1. 牛顿流体

凡是流变学状态方程(本构方程)满足正比例关系，且应变速率为零时剪切应力也等于零的流体统称为牛顿流体(Newtonian fluid)，其本构方程满足式(2.1)：

$$\tau = -\mu \frac{\partial V}{\partial r} \tag{2.1}$$

式中，τ 为剪切应力；μ 为黏度；$\partial V/\partial r$ 为应变速率。

也就是说在剪切应力 τ 与应变速率 γ ($\gamma = \partial V/\partial r$)笛卡儿坐标系中牛顿流体为一条通过坐标原点的直线，且直线斜率为 μ。

2. 宾厄姆流体

宾厄姆流体在剪切应力较小时(剪切应力 τ 小于屈服应力 τ_0)是不流动的，性质与固体类似，当 $\tau > \tau_0$ 时，宾厄姆流体则表现出与牛顿流体类似的性质，即应变速率与剪切应力呈线性关系。宾厄姆流体的本构方程为一条不通过原点的直线，具体表达式如式(2.2)所示：

$$\tau = \tau_0 - \mu \frac{\partial V}{\partial r} \tag{2.2}$$

3. 幂律流体

幂律流体属于拟塑性流体，这类流体即使在无限小的剪切应力作用下仍然会发生运动。剪切应力的增加速率随速度梯度增大而变缓。幂律流体的本构方程如下：

$$\tau = C\gamma^n \tag{2.3}$$

式中，C 为稠度系数；n 为幂指数，$n<1$。特殊地，当 $n=1$ 时幂律流体退变为牛顿流体，此时 C 就是黏度 μ。

图 2.3 为不同流型浆液的本构曲线。

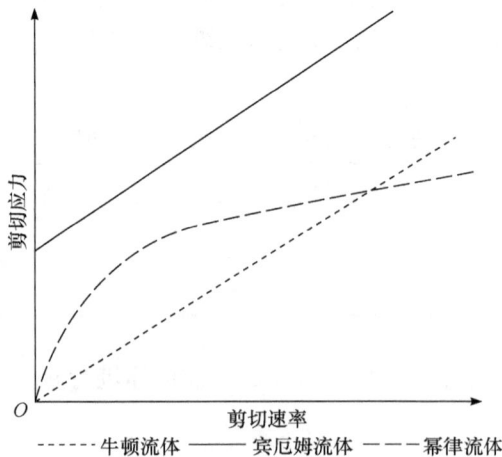

图 2.3　不同流型浆液的本构曲线

2.1.3　国内注浆材料发展

盾构隧道壁后注浆浆液与普通岩土加固注浆浆液不同之处在于普通岩土要求浆液具有渗透性，即注浆时浆液能够浸入岩土介质中，起到加固岩土的作用。壁后注浆材料最基本的特性是充填性及与其紧密相关的流动性和流失性，同时要求浆液硬化后具有很好的固结强度。盾构隧道施工中壁后注浆浆液大致可分为单液浆和双液浆两大类，单液浆又可分为惰性浆液和硬性浆液，双液浆又可根据初凝时间不同分为缓凝型、可塑型和瞬凝型[3]。虽然我国盾构隧道壁后注浆中采用较多的还是单液浆，不过双液浆的应用在日本、意大利、新西兰、保加利亚和新加坡等国家已经相当普遍[4]，国内也有不少工程采用双液浆进行壁后注浆，如上海延安东路越江隧道、南水北调工程南干线、盾构下穿北京地铁 4 号线大兴线等一系列工程。双液浆的应用和研究在未来将越来越广泛和深入[5]。

20 世纪 90 年代，以软弱地层为主的上海地铁，在施工中从法国引进了土压平衡盾构，开始使用单液惰性浆液。众多科研人员从选用新型高效外加剂、现场试验、室内试验等方法来解决堵管问题。

凭借具有一定的早期强度、凝胶时间可控及易于泵送等优点，以水泥作为主料，砂土作为骨料的硬性浆液开始在盾构隧道壁后注浆中占据一席之地。相较双液浆，其施工管理简易、浆液材料成本低，在工程中被广泛应用。众多科研人员通过理论分析、试验论证、实地验证等手段提出了一系列增强浆液的保水能力、稳定性、流动性、抗压强度等指标的方法。

双液浆也在 20 世纪 90 年代被应用于上海市延安东路隧道南线工程中。双液浆具有凝结时间短，短期和长期强度均比较大，固结后体积变化较小，泵送时材料分离度小等特点。目前，双液浆使用以水泥-水玻璃(C-S)双液浆为主，主要用于二次注浆中，同步注浆中使用较少。双液浆凭借其凝结时间较短，在发生地面较大沉降时，可以通过注入双液浆控制盾构施工时的地表沉降问题。

双液浆的引入在一定程度上缓解了盾构隧道壁后注浆的两个主要矛盾：①保持浆液流动性和降低浆液流失性；②要求浆液具备一定早期强度和避免浆液堵塞运输管道，但是由于双液浆的应用将大幅提高工程成本，并且对施工管理水平要求较高，限制了其在盾构隧道壁后注浆中的应用。

2.2　浆液固化机理

2.2.1　单液浆的固化机理

水泥熟料矿物组分主要包括：$2CaO \cdot SiO_2$ (硅酸二钙)、$3CaO \cdot SiO_2$ (硅酸三钙)、$3CaO \cdot Al_2O_3$ (铝酸三钙)、$4CaO \cdot Al_2O_3 \cdot Fe_2O_3$ (铁铝酸四钙)，其中 $2CaO \cdot SiO_2$

和 $3CaO \cdot SiO_2$ 的总含量一般在 70%以上，$3CaO \cdot Al_2O_3$ 和 $4CaO \cdot Al_2O_3 \cdot Fe_2O_3$ 的含量在 25%左右。水泥熟料中四种矿物组分水化作用的结果如下[6]：

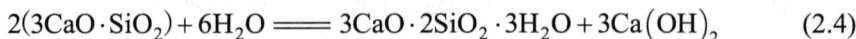

$$2(3CaO \cdot SiO_2) + 6H_2O === 3CaO \cdot 2SiO_2 \cdot 3H_2O + 3Ca(OH)_2 \qquad (2.4)$$

$$2(2CaO \cdot SiO_2) + 4H_2O === 3CaO \cdot 2SiO_2 \cdot 3H_2O + Ca(OH)_2 \qquad (2.5)$$

$$3CaO \cdot Al_2O_3 + 6H_2O === 3CaO \cdot Al_2O_3 \cdot 6H_2O \qquad (2.6)$$

$$4CaO \cdot Al_2O_3 \cdot Fe_2O_3 + 7H_2O === 3CaO \cdot Al_2O_3 \cdot 6H_2O + CaO \cdot Fe_2O_3 \cdot H_2O \qquad (2.7)$$

在水泥水化过程中，水泥颗粒表面的水泥熟料经过分解、扩散、溶解等一系列化学物理过程，在水泥颗粒表面形成水化硅酸钙(CSH)凝胶体和 $Ca(OH)_2$ 晶体等成分组成的凝胶膜。这种凝胶膜由于水分渗入，膜内形成渗透压而产生破裂，膜外水分继续渗入膜内，与水泥水化颗粒内核直接接触，产生新的凝胶。水泥水化产生的凝胶一方面使原有的凝胶膜增厚，减缓了水化速度；另一方面进入水溶液中，将水泥颗粒互相联系起来。如此反复循环，膜体增厚，凝胶膜外侧形成网状凝胶结构，使水泥石结构趋于致密，水泥强度提高。随着时间的推移，水化反应减缓，直至水泥浆完全硬化[7]。

2.2.2　双液浆的固化机理

水泥的水解过程为[8]

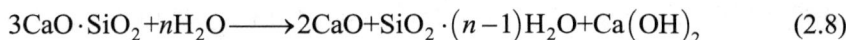

$$3CaO \cdot SiO_2 + nH_2O \longrightarrow 2CaO + SiO_2 \cdot (n-1)H_2O + Ca(OH)_2 \qquad (2.8)$$

水泥遇水后，C_3S 与 C_2S 水化生成 $Ca(OH)_2$，而 $Ca(OH)_2$ 在水中的溶解度低，导致浆液很快达到饱和，从而限制了水泥的水解反应。此时将水泥浆液与水玻璃混合，水泥与水玻璃发生如下反应：

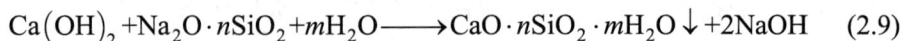

$$Ca(OH)_2 + Na_2O \cdot nSiO_2 + mH_2O \longrightarrow CaO \cdot nSiO_2 \cdot mH_2O \downarrow + 2NaOH \qquad (2.9)$$

加入水玻璃后，水玻璃与浆液中的 $Ca(OH)_2$ 反应，消耗了浆液体系中的氢氧化钙，从而加快了水泥的水化作用，宏观上表现出水泥浆液初凝时间加快，结石体早期强度增大[9]。简文彬等[10]认为水泥-水玻璃加固地层主要作用如下：从化学方面来看，水泥的水化水解反应、水玻璃的速凝和增强作用、土颗粒与水泥水化物的作用；从物理方面来看，水化物的充填、胶结、加筋和骨架等作用。

2.3　浆液流变特征

2.3.1　单浆液的流变特征

流变性是水泥浆液的重要性质，常通过流体流动过程中的剪切应力 τ 和剪切速率 γ 描述流体的流变性，即流变特征。为描述流体流动的基本方程，可以根据不同流变性对流体进行分类，结果如表 2.2 所示，其中几种较为典型的与时间无关流体的流变曲线如图 2.4 所示。

表 2.2　根据流体流变性分类的结果

			牛顿流体	
与时间无关流体	黏性流体		拟塑性流体	非牛顿流体
			膨胀性流体	
	塑性流体	黏塑性流体		
		带屈服值拟塑性流体	非宾厄姆流体	
		带屈服值膨胀性流体		
		宾厄姆流体		
与时间有关流体	黏时变性流体		触变流体	
			振凝流体	
黏弹性流体			线性黏弹体	
			非线性黏弹体	

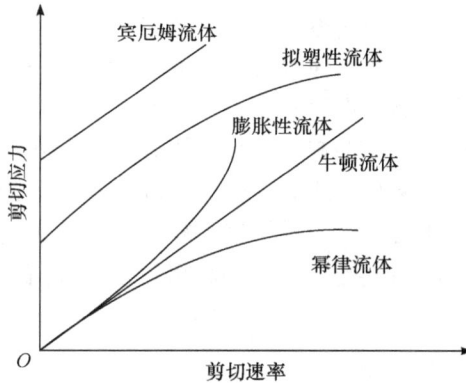

图 2.4　与时间无关流体的流变曲线

1. 悬浮液微观特征

不同类型材料所表现出的流变性具有一定的差异，与其内部的微观特征有关。水泥浆液作为一种悬浮液，其内部由大量悬浮小颗粒构成，具有独特的内部微观特征。高浓度悬浮液的黏度-剪切速率-剪切应力之间的关系如图 2.5 所示。

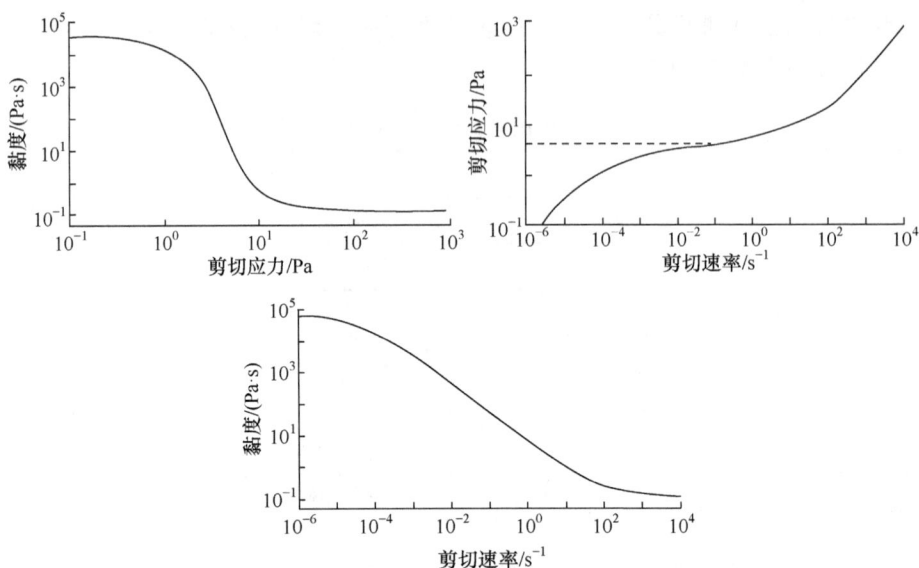

图 2.5　高浓度悬浮液黏度-剪切速率-剪切应力的关系

通过图 2.5 可以看出，剪切速率较低时，出现第一牛顿平台，即悬浮液黏度随着剪切速率的变化较小；随着剪切速率的增加，悬浮液表现为剪切稀化，即悬浮液黏度随着剪切速率的增加而逐渐减小；最终悬浮液的浓度基本保持在某一水平上。在第一牛顿平台区，剪切速率较低，而浆液黏度较高，常采用表观屈服应力描述该现象。悬浮液内部存在的作用力主要有三种：颗粒之间的相互作用力、布朗运动力、流体流动在粒子上产生的黏性力。流体静止，布朗运动占优时表现为无规无序状态，颗粒间相互作用力占优时将在悬浮液内形成一定的结构；流体运动，低剪切速率对悬浮液内部的结构影响较小，表现为流体黏度较高，高剪切速率引起悬浮液内部结构的改变，悬浮颗粒可以自由穿行，表现为悬浮液浓度的降低[11]。

2. 悬浮液宏观流变性

宏观流变性可通过剪切应力和剪切速率间的关系描述。受悬浮液内部结构的影响，其宏观流变性具有一定差异。作为一种悬浮液，水泥浆液的宏观流变性受水灰比的影响较大。阮文军[12]通过室内试验研究了单液水泥浆的流型，试验结果如表 2.3 所示，研究表明，水灰比 W/C 为 0.5~0.7 时，水泥浆液为幂律流体；水灰比 W/C 为 0.8~1.0 时，水泥浆液为宾厄姆流体；水灰比 W/C 为 2.0~10.0 时，水泥浆液为牛顿流体。阮文军[12]还研究了不同添加材料对水泥浆流变性的影响，研究表明，水泥黏土浆液和水泥复合浆液的流变性与减水剂、水灰比、黏土的含量有关，随着减水剂、水灰比的增加，浆液逐渐由宾厄姆流体变为牛顿流体，随着黏土的增加，浆液逐渐由牛顿流体变为宾厄姆流体；当减水剂添加量大于 2%时，水灰比 $W/C > 0.5$ 的单液水泥浆液为牛顿流体。根据上述试验结果，水泥浆液随着含水量、减水剂的增加变得更加容易流动，具有牛顿流体的特征；水泥浆液随着水泥、黏土含量的增加变得更加不易流动，具有宾厄姆流体、幂律流体的特征。

表 2.3　浆液流变方程及其流型[12]

浆液名称	水灰比 W/C	流变方程	浆液流型
单液水泥浆	0.5	$\tau = 14.43\gamma^{0.0027}$	幂律流体
	0.6	$\tau = 8.632\gamma^{0.0026}$	
	0.7	$\tau = 5.826\gamma^{0.0022}$	
	0.8	$\tau = 5.321 + 0.0229\gamma$	宾厄姆流体
	0.9	$\tau = 1.884 + 0.0119\gamma$	
	1.0	$\tau = 1.563 + 0.0096\gamma$	
	2.0	$\tau = 0.0372 + 0.0047\gamma$	牛顿流体
	5.0	$\tau = 0.0880 + 0.0027\gamma$	
	10.0	$\tau = 0.0454 + 0.0019\gamma$	
水泥基浆液	水泥黏土浆液　—	$\tau = 6.126 + 0.0478\gamma$	宾厄姆流体
	水泥复合浆液　—	$\tau = 0.666 + 0.0146\gamma$	

表 2.3 中不同流型浆液的流变方程可以统一表示为

$$\tau = \tau_0 + \mu\gamma^n \tag{2.10}$$

式中，τ 为剪切应力；τ_0 为屈服应力；μ 为浆液黏度；γ 为剪切速率，表征浆液流动的速度梯度；n 为流变指数。

通过表 2.3 可以看出，随着水灰比的增加，浆液屈服应力、黏度大多相应减小，浆液流型逐渐由幂律流体过渡到宾厄姆流体再到牛顿流体。在水灰比较低时，浆液中水泥含量较高，根据图 2.5 中剪切应力和剪切速率的关系曲线，剪切速率较低时，剪切应力随着剪切速率的增加逐渐变缓，表现为幂律型曲线。根据前述对悬浮液内部微观结构的分析，水灰比较低时，浆液内部具有较好的结构性，随着剪切应力的增加内部结构逐渐破坏，黏度降低，流变曲线呈幂律型变化。随着水灰比的增加，水泥浆液的初始结构性逐渐减弱，浆液的初始结构性表现为屈服应力的形式，水泥浆液呈宾厄姆流体。随着水灰比的进一步增加，浆液的屈服应力相应减小，浆液的剪切应力与剪切应变基本呈线性关系，浆液呈牛顿流体。

3. 悬浮液黏度

根据上述分析，水泥浆液流变性受水泥浆液中颗粒含量的影响较大，国内外学者尝试建立黏度和颗粒含量的关系。

Einstein[13,14]提出悬浮液的黏度和悬浮液中颗粒体积含量的关系为

$$\mu = \mu_w \left(1 + 2.5\phi\right) \tag{2.11}$$

式中，μ 为悬浮液的黏度；μ_w 为悬浮液介质的黏度；ϕ 为悬浮液中颗粒的体积分数；2.5 为球形颗粒理想悬浮体的特性黏度。

式(2.11)针对悬浮液中颗粒含量很少的情况较为准确。之后，各国学者基于式 (2.11)进行了拓展，引入更多的参数描述浆液黏度和颗粒含量的关系。

Barnes 等[11]针对浓度较高的悬浮液，提出考虑悬浮颗粒的极大堆砌分数，该参数表示当悬浮液中粒子多到某一值时，悬浮液内颗粒处于三维的连续接触，悬浮液无法流动，黏度趋于无限大。考虑上述情况结合悬浮液粒子平均化方法，假设浓悬浮液中粒子的效应是逐步加入粒子效应的总和，Ball 等[15]提出了悬浮液黏度的表达式为

$$\mu = \mu_w \left(1 - K\phi\right)^{-5/2K} \tag{2.12}$$

式中，K 为考虑高浓度悬浮液粒子之间的"密集效应"系数。

Krieger 等[16]的理论说明，可以采用特性黏度代替式(2.11)中的 2.5，则式(2.11)可表达为

$$\mu = \mu_w \left(1 - \phi/\phi_m\right)^{-[\mu]\phi_m} \tag{2.13}$$

$$\phi_m = 1/K \tag{2.14}$$

式中，ϕ_m 为极大堆砌分数，极大堆砌分数受悬浮液中颗粒的尺寸分布影响较大；$[\mu]$ 为特性黏度，与悬浮液中粒子的形状有关。

水泥浆液黏度除受水泥中水泥颗粒的影响外，由于水泥与水的水化反应不断进行，水泥浆液随时间的水化、硬化，水泥浆液的黏度逐渐增大，水泥浆液黏度时变性可表示为指数函数[17]：

$$\mu = \mu_0 e^{kt} \tag{2.15}$$

式中，μ_0 为浆液的初始黏度；k 为与浆液和地层孔隙率相关的参数；t 为浆液拌和时间。

2.3.2　双浆液的流变特征

由于水泥单液浆凝胶时间较长，浆液的扩散范围难以控制且易受到地下水的稀释，水泥-水玻璃(C-S)双液浆作为典型的速凝型浆液在注浆工程中得到了广泛的应用，C-S 双液浆由水泥类浆液(A 液)和水玻璃类浆液(B 液)按照一定的比例混合后得到，混合后的浆液既具有水泥浆液强度高的特点，又具有化学浆液能准确控制凝胶时间的优点。C-S 双液浆黏度变化显著，从浆液混合至浆液失去流动性所需时间(凝胶时间)一般为几十秒至几十分钟。双液浆黏度变化可分为三个阶段，即低凝期、上升期和固化期，其典型黏度阶段划分见图 2.6。

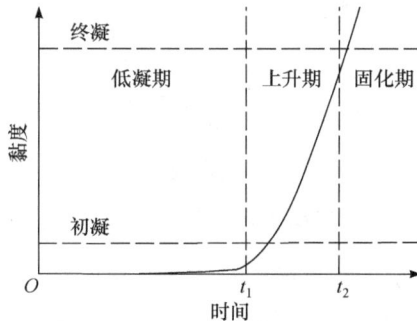

图 2.6　C-S 双液浆的典型黏度阶段划分

李术才等[18,19]通过对试验数据进行拟合分析得到，当水泥浆水灰比为 1 且双液体积比也为 1 时，C-S 双液浆的黏度时变方程为

$$\mu(t) = At^B = 0.003182t^{2.23} \tag{2.16}$$

式中，A、B 均为常数，可根据双液浆的黏度时间曲线拟合得到。

C-S 双液浆为黏度时变性宾厄姆流体，其流变方程为

$$\tau(t) = \tau_0(t) + \mu(t)\gamma \tag{2.17}$$

式中，$\tau(t)$ 为浆液的剪切应力；$\tau_0(t)$ 为浆液的屈服应力，用来表征浆液的塑性性质。根据阮文军的研究成果可知，宾厄姆流体的屈服应力随时间变化可以忽略，因此 $\tau_0(t) = \tau_0$ 为浆液的黏度时变函数；$\gamma = -\dfrac{dv}{dr}$，v 为浆液剪切速率。

2.4　浆液扩散形式及影响因素

2.4.1　浆液扩散形式

壁后注浆浆液的扩散过程受衬砌管片、注浆压力、周边地层等的影响，其扩

散过程十分复杂。整体而言，壁后注浆浆液的扩散过程可概括为充填扩散、渗透扩散、压密扩散及劈裂扩散 4 个阶段(图 2.7)。实际上浆液的扩散过程是相互包容、相互掺杂、相互转化的，浆液的各种扩散形式没有明确的界限，往往在充填扩散过程存在渗透扩散，在渗透扩散过程中存在劈裂扩散，在劈裂扩散过程中又存在渗透现象，在压密扩散过程中也存在劈裂或渗透等。一般在特定的地层条件及注浆条件下仅表现为某种扩散方式占主导地位[20]。

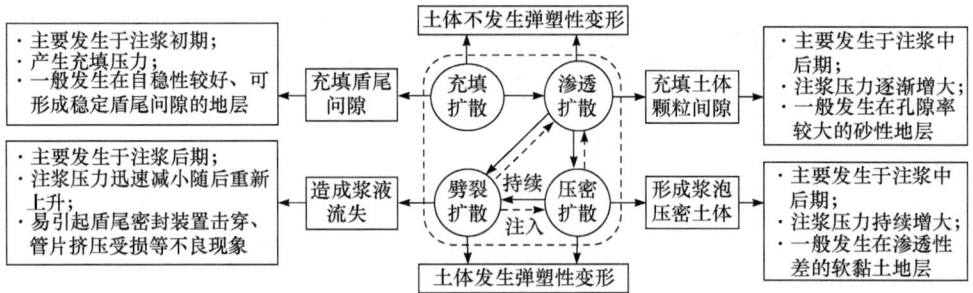

图 2.7　盾构隧道壁后注浆浆液扩散形式

(1) 充填扩散：将可塑性较好的浆液压入盾尾间隙中，通过浆液凝固充填孔隙并在管片周围形成一层防水层，达到加固及止水的目的。

(2) 渗透扩散：在稳定性较差的砂性地层中，当盾尾间隙形成时即立刻被周围土层包裹，注浆压力将浆液压入孔隙中充填土体颗粒间隙，浆液固化后与土体颗粒形成结石体，起到加强地层强度及降低地层渗透性作用。显然渗透注浆与地层和浆液的性质有关，地层的渗流通道面积越大，浆材的颗粒越小，渗透注浆的扩散距离越大。

(3) 压密扩散：当盾构在黏性地层、细砂地层掘进，且浆材采用稠度较大的浆液，由于地层的孔隙小且浆液的流动阻力较大，浆液很难注入孔隙。浆液填满孔隙后，注浆压力通过浆液传递作用在周围地层上，当注浆压力大于周围地层应力时，对周围地层产生压密效应，改变地层原始应力和地层渗透性等。

(4) 劈裂扩散：当盾尾注浆压力达到一定值后，浆液克服地层初始应力和抗拉强度，引起地层结构破坏，在地层中形成新的裂缝，从而使致密地层的可注性和浆液扩散距离增大。在盾尾注浆中，一般不会使用劈裂扩散。

这四种扩散形式中，渗透扩散是研究的热点之一，国内外学者进行了大量试验研究，分析了浆液在地层中的扩散特征。根据相关试验结果，可以将浆液渗透扩散过程进行细分，低压注浆条件下，地层注浆浆液扩散类型可概括为图 2.8。

图 2.8　地层注浆浆液扩散类型

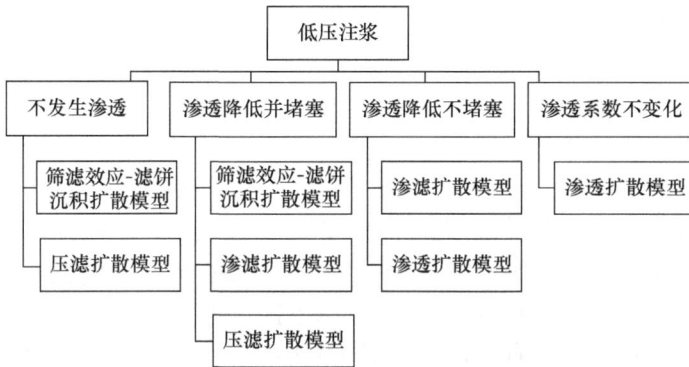

（1）浆液颗粒粒径大于地层孔隙尺寸的三分之一或者更大时，浆液颗粒无法渗透进入地层，仅浆液中的自由水可渗透进入地层(**筛滤效应-滤饼沉积扩散模型**、**压滤扩散模型**)。

（2）浆液颗粒粒径相对地层孔隙尺寸较小时，浆液颗粒可渗透进入地层，但浆液颗粒在地层孔隙通道中会逐渐沉积至堵塞，最终浆液颗粒将会在浆液渗透进入处形成滤饼(**筛滤效应-滤饼沉积扩散模型**、**渗滤扩散模型**、**压滤扩散模型**)。

（3）浆液颗粒粒径相对地层孔隙尺寸较小时，浆液颗粒可渗透进入地层，但浆液颗粒在地层孔隙通道中会逐渐沉积，浆液颗粒的沉积最终不会堵塞孔隙通道，但会影响地层的渗透扩散性能，最终浆液的渗透扩散停止主要是因为注浆压力和地层阻力的平衡(**渗滤扩散模型**、**渗透扩散模型**)。

（4）地层孔隙尺寸大于浆液颗粒粒径的 5 倍时，浆液颗粒可自由地在地层中渗透扩散，浆液渗透扩散过程中，会有部分浆液颗粒的沉积，但浆液颗粒沉积的影响很小，浆液的渗透扩散过程主要由注浆压力和地层对浆液的阻力控制(**渗透扩散模型**)。

对于盾构壁后注浆，其地层自身的孔隙率和浆液的性质等因素决定了注浆过程以某种形式为主或多种形式并存。一般情况下，当盾尾脱离管片时，注浆材料在盾尾间隙进行充填；盾尾间隙被充填满后，随着浆材的持续注入，地层中空气和水被浆材取代，注浆进入渗透扩散阶段；对于黏性地层，由于其渗透性很差，由充填注浆直接转变为压密扩散阶段；在压密扩散阶段，浆液在地层中形成液泡并不断增大，挤压周围地层和盾构衬砌管片，当浆液作用于土体的压力大于某一压力值时(即土体的启裂压力)，地层被浆液撕裂成水平方向的裂缝并出现浆液劈裂扩散流动，之后随着浆液的注入，劈裂缝被注浆充填形成浆液脉，使注浆压力下降。尽管浆液的流动方式复杂，但在特定的环境下，可认为浆液以某一种特定的流动形式为主。

2.4.2　浆液扩散影响因素

1. 盾尾间隙特征

充填扩散、渗透扩散及压密扩散过程，浆液都在盾尾间隙的影响范围内进行扩散。盾尾间隙的空间位置、大小、形状很难进行准确描述，可能为整体圆环型、局部空穴型或完全被土体填实(无间隙)，在分析过程中一般根据地层的稳定性来判断。图 2.9 为三种盾尾间隙形式。地层稳定性很差时，管片脱出盾尾后，土体迅速向管片方向变形并包裹该段管片，盾尾间隙一般难以成形；若地层稳定性较强，管片脱出盾尾后，在管片衬砌外围能够形成一圈连续的间隙或者不连续的局部空穴。盾构壁后注浆理论分析中对于盾尾间隙一般有两种假设：一种情况下，假设盾尾间隙为一圈连续均匀的圆环形空隙，注浆浆液先充填该圆环形区域，随后向地层发生渗透；另一种情况下，假设盾尾间隙完全被周围土体包裹，将盾尾间隙平均分配到其影响范围内的土体，代替壁后土体的自身孔隙率，以此反映盾尾间隙的影响。此时，注浆浆液直接向土体发生渗透扩散或者压密扩散，一般将这种平均分配的有效孔隙率称为均匀有效孔隙率。实际上，随着距离管片越来越远，土体孔隙率有一个增大的过程，最终在某一远处接近土体原始孔隙率。为此，有学者提出非均匀有效孔隙率，将这种孔隙率的变化特征以一个指数函数来描述。

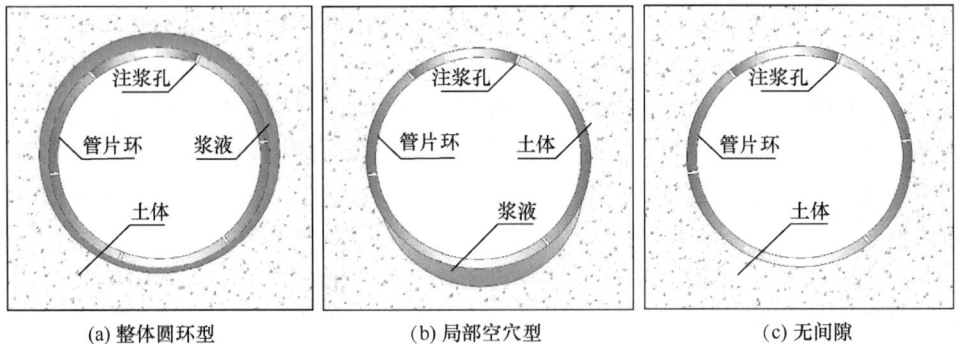

(a) 整体圆环型　　　　　　(b) 局部空穴型　　　　　　(c) 无间隙

图 2.9　三种盾尾间隙形式

2. 浆液流体特性

盾构隧道壁后注浆材料绝大部分是水泥基浆液，随着对水泥基浆液性能研究的深入，发现按照水灰比的不同可将水泥基浆液分为三种流型，随着水灰比增大依次为幂律流体、宾厄姆流体、牛顿流体。不同流型的浆液具有不同的流变性能，浆液流变参数的选择直接影响其扩散过程。在盾构壁后注浆浆液扩散机理研究初期，一般将注浆浆液当作牛顿流体进行理论推导，但其忽略了浆液流变性能的全局性。随着盾构壁后注浆技术的进步和注浆材料的不断革新，宾厄姆流体浆液和幂律流体浆液也被广泛用于盾构隧道壁后注浆中，相比于牛顿流体，其具有更高的流动阻力。另外，浆液在扩散过程中，流型一般保持不变，但其黏度会随着时间的推移而不断变化，即浆液的黏度时变特性。有学者通过试验对水泥浆液的黏度进行了测试分析，提出浆液黏度时变规律可采用一个指数函数表示，浆液的黏度随着时间的延长不断增大。对于速凝类浆液，如 C-S 双液浆，一般可将其看作广义宾厄姆流体，其黏度函数符合幂函数变化规律[21-25]。

3. 浆液-土体相互作用机理

从微观层面思考浆液-土体的相互作用机理[26]，土体作为一种多孔介质，壁后注浆浆液在注浆压力驱使下通过这种多孔结构运动。在该过程中土体会对浆液中固体颗粒或者颗粒团进行吸附及物理捕获，这部分颗粒会在土体孔隙中沉积下来使后续浆液注入难度加大。这种渗透注浆的筛滤、吸附现象被称为渗滤效应(图 2.10)，该效应会导致土体孔隙率发生时空变化。随着壁后注浆的持续进行，浆液将会由渗透扩散转变为压密扩散，土颗粒骨架发生挤压变形，这种渗滤效应也转化为压滤效应。此时需考虑的一个关键问题就是管片附近的动水压力，有效注浆压力对土体颗粒产生挤压作用，渗流水对土体产生拖曳作用，在分析壁后注浆对管片的压力作用时，除了分析有效应力外还应考虑超孔隙水压力的影响[27,28]。

浆液在土体中的运动不只是简单的单一液体在多孔介质中的渗流，而是在注浆压力驱使下不断挤压土体孔隙中的自由水并取而代之，以完成渗透扩散过程和对地层的加固。这种现象被称为驱替效应(图 2.11)。浆液驱水扩散时，扩散锋面附近存在一个相对较薄的混相过渡区，一般将其简化为浆液和地下水两相突变界面，可利用该界面处的平衡条件和运动条件来分析浆液渗透扩散机理[29-31]。

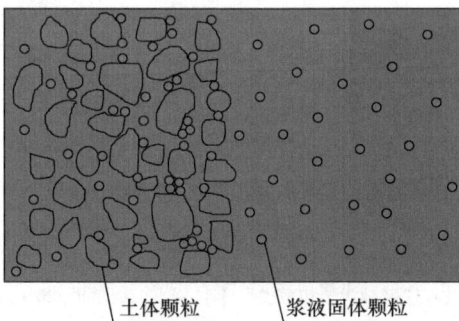

图 2.10　渗滤效应示意图

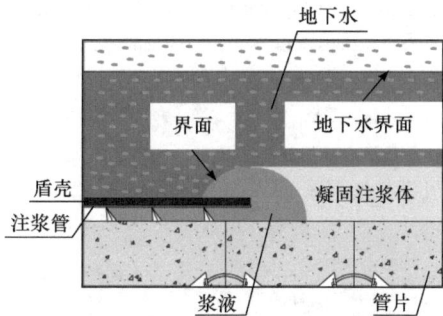

图 2.11　驱替效应示意图

劈裂注浆往往需要很大的注浆压力，过大的注浆压力会挤压管片衬砌，严重时造成管片裂损甚至会击穿盾尾密封装置，因此盾构注浆一般会严格控制注浆压力，避免上述现象发生。根据浆体的扩散形式及其影响因素，第3～5章将从充填扩散、渗透扩散及压密扩散的机理进行阐述。第6章则是在渗透扩散的基础上，进一步考虑浆液-土体颗粒的相互作用，对浆液的渗滤效应及压滤效应条件下的扩散模型进行分析。

参 考 文 献

[1] 张凤祥, 朱合华, 傅德明. 盾构隧道[M]. 北京: 人民交通出版社, 2004.

[2] 高翔. 基于驱替效应的砂卵石地层盾构隧道同步注浆浆液渗透扩散机理研究[D]. 西安: 长安大学, 2018.

[3] 苟长飞. 盾构隧道壁后注浆浆液扩散机理研究[D]. 西安: 长安大学, 2013.

[4] PELIZZA S, PEILA D, BORIO L, et al. Analysis of the Performance of Two Component Back-filling Grout in Tunnel Boring Machines Operating under Face Pressure[C]. Vancouver: ITA-AITES World Tunnel Congress, 2010.

[5] 周东, 李明文. 盾构隧道施工中同步注浆新材料的试验研究[J]. 地下工程与隧道, 2002(1): 10-13.

[6] 湖南大学, 同济大学, 天津大学, 东南大学. 土木工程材料[M]. 北京: 中国建筑工业出版社, 2005.

[7] 李春江, 杨庆生. 水泥水化过程的细观力学模型与性能演化[J]. 复合材料学报, 2006, 23(1): 118-125.

[8] 王胜, 陈礼仪, 史茂君. 水泥-水玻璃浆液凝固特性试验研究[J]. 探矿工程(岩土钻掘工程), 2012, 39(4): 35-38.

[9] 杨晓华, 俞永华. 水泥-水玻璃双液注浆在黄土隧道施工中的应用[J]. 中国公路学报, 2004, 17(2): 68-72.

[10] 简文彬, 张登, 黄春香. 水泥-水玻璃固化软土的微观机理研究[J]. 岩土工程学报, 2013, 35(S2): 632-637.

[11] BARNES H A , HUTTON J F, WALTERS K. 流变学导引[M]. 吴大诚, 古大治, 译. 北京: 中国石化出版社, 1992.

[12] 阮文军. 注浆扩散与浆液若干基本性能研究[J]. 岩土工程学报, 2005, 27(1): 69-73.

[13] EINSTEIN A. Eine neue bestimmung der moleküldimensionen[J]. Annalen Der Physik, 1906, 324(2): 289-306.

[14] EINSTEIN A. Berichtigung zu meiner arbeit: "Eine neue bestimmung der moleküldimensionen" [J]. Annalen der Physik, 1911, 339(3): 591-592.

[15] BALL R C, RICHMOND P. Dynamics of colloidal dispersions [J]. Physics and Chemistry of Liquids, 1980, 9(2): 99-116.

[16] KRIEGER I M, DOUGHERTY T J. A mechanism for non‐Newtonian flow in suspensions of rigid spheres[J]. Transactions of the Society of Rheology, 1959, 3(1): 137-152.

[17] 阮文军. 基于浆液粘度时变性的岩体裂隙注浆扩散模型[J]. 岩石力学与工程学报, 2005, 24(15): 2709-2714.

[18] 李术才, 郑卓, 刘人太, 等. 基于渗滤效应的多孔介质渗透注浆扩散规律分析[J]. 岩石力学与工程学报, 2015, 34(12): 2401-2409.

[19] 李术才, 冯啸, 刘人太, 等. 考虑渗滤效应的砂土介质注浆扩散规律研究[J]. 岩土力学, 2017, 38(4): 925-933.

[20] 叶飞, 王斌, 韩鑫, 等. 盾构隧道壁后注浆试验与浆液扩散机理研究进展 [J]. 中国公路学报, 2020, 33 (12): 92-104.

[21] 叶飞, 陈治, 孙昌海, 等. 考虑浆液自重的盾构隧道管片注浆浆液渗透扩散模型 [J]. 岩土工程学报, 2016, 38 (12): 2175-2183.

[22] 叶飞, 孙昌海, 毛家骅, 等. 考虑黏度时效性与空间效应的 C-S 双液浆盾构隧道管片注浆机理分析 [J]. 中国公路学报, 2017, 30 (8): 49-56.

[23] 叶飞, 刘燕鹏, 苟长飞, 等. 盾构隧道壁后注浆浆液毛细管渗透扩散模型 [J]. 西南交通大学学报, 2013, 48 (3):

428-434.

[24] 叶飞, 苟长飞, 陈治, 等. 盾构隧道粘度时变性浆液壁后注浆渗透扩散模型 [J]. 中国公路学报, 2013, 26 (1): 127-134.

[25] 叶飞, 苟长飞, 刘燕鹏, 等. 盾构隧道壁后注浆浆液时变半球面扩散模型 [J]. 同济大学学报(自然科学版), 2012, 40 (12): 1789-1794.

[26] 韩鑫, 叶飞, 梁晓明, 等. 盾构隧道壁后注浆地层及浆液颗粒特性分析 [J]. 现代隧道技术, 2020, 57 (S1): 191-202.

[27] 毛家骅. 基于渗滤效应的盾构隧道壁后注浆浆液扩散机理研究[D]. 西安: 长安大学, 2016.

[28] YING K, YE F, LI Y, et al. Backfill grouting diffusion law of shield tunnel considering porous media with nonuniform porosity[J]. Tunnelling and Underground Space Technology, 2022, 127: 1-14.

[29] 叶飞, 韩鑫, 秦楠, 等. 盾构壁后注浆宾汉姆浆液驱替渗透扩散模型 [J]. 同济大学学报(自然科学版), 2019, 47 (12): 1720-1726.

[30] 韩鑫, 叶飞, 应凯臣, 等. 考虑自重的盾构壁后注浆浆液驱替渗透扩散 [J]. 华中科技大学学报(自然科学版), 2020, 48 (4): 37-42.

[31] 叶飞, 秦楠, 梁兴, 等. 基于驱替效应的盾构壁后注浆微观模型分析 [J]. 西南交通大学学报, 2022, 57 (2): 339-345.

第 3 章 充 填 扩 散

充填扩散即将可塑性较好的浆液压入盾尾间隙，浆液通过凝固充填间隙并在管片周围形成一层防水层，达到加固与止水的目的。同步注浆中多采用单液浆，浆液在盾尾间隙中的充填扩散主要表现为注浆孔断面的环向充填及垂直于该断面的扇形扩散。二次补浆多采用双液浆，一般表现为管片壁后与地层空间内的辐射状扩散。因此，本章将通过推导，建立单液浆同步注浆的环形和扇形充填扩散模型、双液浆壁后注浆的辐射状充填扩散模型。

3.1 单液浆环形充填扩散模型

对于单液浆环形充填扩散模型，已有部分研究[1-4]，但现有模型将管片外壁和地层界面视为浆液充填扩散过程中沿程阻力的作用面，忽视了盾尾横断面、流动浆液与已注入浆液交界面对浆液充填扩散的阻碍作用。本节将在现有研究的基础上，考虑盾尾横断面和流动浆液与已注入浆液交界面对浆液充填扩散的阻碍作用，分析盾尾同步注浆浆液充填扩散的机理，提出更为合理的环形充填扩散模型，进而分别推导宾厄姆流体和牛顿流体的盾构同步注浆浆液充填压力环向分布计算式。

3.1.1 扩散机理分析

张莎莎等[4]认为浆液压力在盾尾间隙内的形成与消散是两个相对独立的过程，浆液压力的形成过程主要发生在盾尾间隙横断面内，浆液压力的消散过程则主要发生在盾尾间隙纵断面内(隧道轴向方向)。盾构掘进采用盾尾同步注浆时，浆液沿环向充填到最远距离处(2 个注浆孔中间的部位)所需的时间为几十秒[2]，而盾构推进速度很慢。因此，该段时间内形成的盾尾间隙是一个三维环形薄饼空间(图 3.1)，以下简称环饼。环饼的厚度(隧道轴向方向，如图 3.1 中的 δ 所示)数量级一般为 10^{-2}m，环饼的宽度(盾尾间隙厚度，如图 3.1 中的 b 所示)数量级一般为 10^{-1}m，可见环饼厚度远小于宽度。因此，可将充填时间内形成的盾尾间隙视为一裂隙，裂隙宽度与充填时间内盾构推进的距离相当。在同步注浆过程中，可忽略浆液沿隧道轴向的流动，认为浆液仅沿盾尾间隙环向流动。

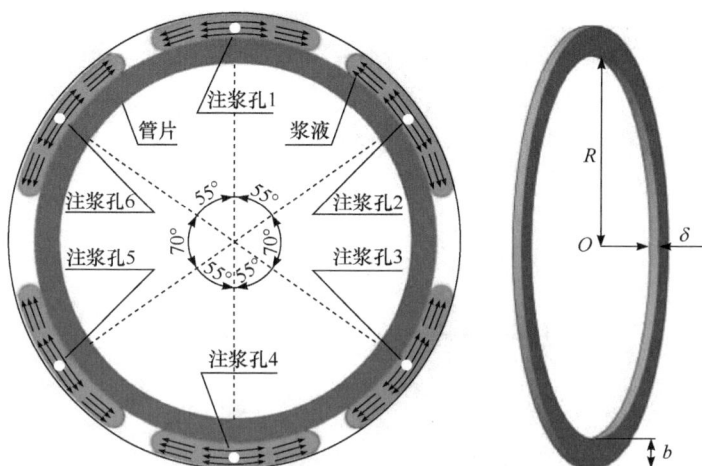

图 3.1　充填时间内形成的盾尾间隙

3.1.2　模型推导

1. 基本假设

为建立盾尾同步注浆浆液充填压力分布模型，假设浆液为不可压缩的均质、各向同性流体，在地下水作用下不发生稀释现象，且浆液不发生堵塞；壁后注浆过程中浆液流型保持不变，始终符合宾厄姆流体或牛顿流体特性，浆液的黏度不随时间变化；浆液与盾尾、土体、管片接触面为不透水边界，不考虑浆液与土层中水分的相互渗透，在各个过流断面上，流体运动的连续性方程均成立；充填时间内形成的盾尾间隙为一均匀的环形薄饼(环饼)；环饼的两个饼面，一面为盾尾与新注入浆液的接触面，另一面为早期注入浆液与新注入浆液的接触面。环饼的厚度与充填时间内盾构推进的距离相当，见图 3.1。同步注浆过程中，浆液仅沿环向充填盾尾间隙，即浆液不沿隧道轴向流动，浆液在隧道轴向的扩散由盾尾注浆孔相对于地层和管片衬砌的移动来实现。

2. 公式推导

根据基本假设，以环饼厚度方向(隧道轴向)为 z 轴，水平方向为 x 轴，竖直方向为 y 轴建立坐标系，如图 3.2 所示。图 3.2 中，R 为管片外径，α 为浆液的充填位置偏离竖直方向角度，b 为环饼宽度(盾尾间隙厚度)。当浆液由注浆孔 1(偏离竖直方向的角度为 α_1)向下充填时，在充填范围内任取一流体微元，对其进行受力分析。

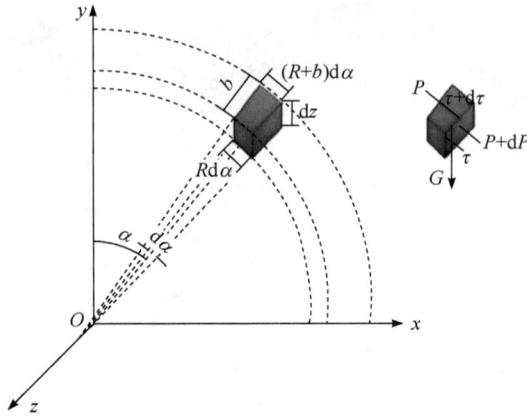

图 3.2　盾尾间隙环形充填扩散模型及受力分析

P-浆液充填压力；*G*-重力

根据应力平衡有

$$Pb\mathrm{d}z-(P+\mathrm{d}P)b\mathrm{d}z+\rho g\sin\alpha\cdot b\cdot\left(R+\frac{b}{2}\right)\mathrm{d}\alpha\cdot\mathrm{d}z+\tau b\left(R+\frac{b}{2}\right)\mathrm{d}\alpha$$

$$-(\tau+\mathrm{d}\tau)b\left(R+\frac{b}{2}\right)\mathrm{d}\alpha=0 \tag{3.1}$$

式中，P 为浆液充填压力；τ 为浆液运动的剪切应力；ρ 为浆液密度；g 为重力加速度。

由于 $b\ll R$，因此 $R\approx R+b/2$，式(3.1)可化简为

$$\mathrm{d}\tau=\frac{1}{R}\left(\rho gR\sin\alpha-\frac{\mathrm{d}P}{\mathrm{d}\alpha}\right)\mathrm{d}z \tag{3.2}$$

对式(3.2)沿 z 方向积分，并利用边界条件：$z=0$ 时，$\tau=0$，得浆液流动剪切应力在隧道轴向 z 上的分布为

$$\tau=\frac{z}{R}\left(\rho gR\sin\alpha-\frac{\mathrm{d}P}{\mathrm{d}\alpha}\right) \tag{3.3}$$

得

$$\rho gR\sin\alpha-\frac{\mathrm{d}P}{\mathrm{d}\alpha}=B \tag{3.4}$$

则式(3.3)可简化为

$$\tau=\frac{Bz}{R} \tag{3.5}$$

盾构壁后注浆所用浆液一般为水泥基浆液，阮文军[5,6]研究结果表明：水泥浆

的水灰比 $W/C > 2.0$ 时属于牛顿流体；W/C 为 $0.8 \sim 1.0$ 时属于宾厄姆流体；W/C 为 $0.5 \sim 0.7$ 时属于幂律流体。盾构隧道壁后注浆单液浆的水灰比 W/C 为 $1.2 \sim 1.6$，理论分析中常将注浆浆液视为宾厄姆流体或牛顿流体。下文分别推导宾厄姆流体浆液和牛顿流体浆液的充填压力分布式。

1) 宾厄姆流体

浆液为宾厄姆流体时，剪切应力为

$$\tau = \tau_0 + \mu\gamma = \tau_0 - \mu\frac{\mathrm{d}v}{\mathrm{d}z} \tag{3.6}$$

式中，τ_0 为静切力；μ 为黏度；γ 为剪切速率；v 为浆液扩散速度，又称流速。

将式(3.6)代入式(3.5)，得

$$\mathrm{d}v = \frac{1}{\mu}\left(\tau_0 - \frac{Bz}{R}\right)\mathrm{d}z \tag{3.7}$$

令式(3.5)中 $\tau_0 = Bz/R$，得宾厄姆流体的流核半径 r_p 为

$$r_p = \frac{\tau_0 R}{B} \tag{3.8}$$

当 $|z| \leqslant r_p$ 时，流体不受剪切作用，即流体相对于邻层流体是静止的，流体呈活塞式整体运动；当 $r_p < |z| \leqslant \delta/2$ 时，流体相对于邻层流体处于运动状态，见图 3.3(a)。

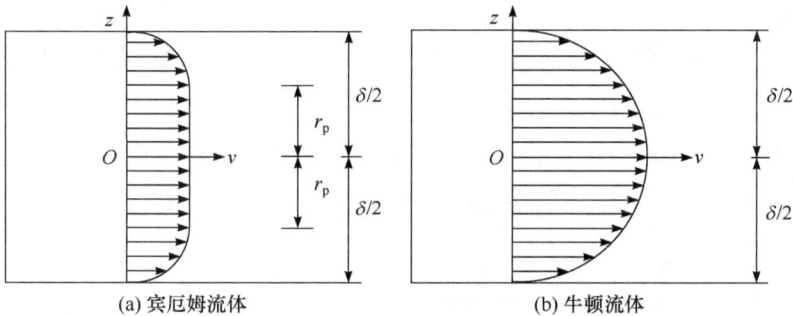

(a) 宾厄姆流体　　　　　　　　　(b) 牛顿流体

图 3.3　两种流体流速分布

对式(3.7)沿 z 方向积分，根据边界条件：$z = \delta/2$ 时，$v=0$，得浆液流速在 $r_p < |z| \leqslant \delta/2$ 范围内分布为

$$v = \frac{1}{\mu}\left[\frac{B}{2R}\left(\frac{\delta^2}{4} - z^2\right) - \tau_0\left(\frac{\delta}{2} - z\right)\right] \tag{3.9}$$

用 r_p 替代式(3.9)中的 z，可得 $|z| \leqslant r_p$ 时的浆液流速为

$$v_{\mathrm{p}}=\frac{1}{\mu}\left[\frac{B}{2R}\left(\frac{\delta^2}{4}-r_{\mathrm{p}}^2\right)-\tau_0\left(\frac{\delta}{2}-r_{\mathrm{p}}\right)\right] \tag{3.10}$$

综合式(3.9)、式(3.10)可得到浆液流速沿 z 方向的分布为

$$v=\begin{cases}\dfrac{1}{\mu}\left[\dfrac{B}{2R}\left(\dfrac{\delta^2}{4}-r_{\mathrm{p}}^2\right)-\tau_0\left(\dfrac{\delta}{2}-r_{\mathrm{p}}\right)\right], & -r_{\mathrm{p}}\leqslant z\leqslant r_{\mathrm{p}}\\[4mm]\dfrac{1}{\mu}\left[\dfrac{B}{2R}\left(\dfrac{\delta^2}{4}-z^2\right)-\tau_0\left(\dfrac{\delta}{2}-z\right)\right], & r_{\mathrm{p}}<|z|\leqslant\dfrac{\delta}{2}\end{cases} \tag{3.11}$$

同时，可得截面上的流量为

$$q=b\int_{-\frac{\delta}{2}}^{\frac{\delta}{2}}v\mathrm{d}z=\frac{b}{\mu}\left[\frac{2B}{3R}\left(\frac{\delta^3}{8}-r_{\mathrm{p}}^3\right)-\tau_0\left(\frac{\delta^2}{4}-r_{\mathrm{p}}^2\right)\right] \tag{3.12}$$

将式(3.8)代入式(3.12)，得到关于 B 的一元三次方程为

$$B^3-\left(\frac{3R\tau_0}{\delta}+\frac{12R\mu q}{b\delta^3}\right)B^2-\frac{4R^3\tau_0^3}{\delta^3}=0 \tag{3.13}$$

由式(3.13)可解出 B 的值。

由式(3.4)可得

$$\mathrm{d}P=(\rho gR\sin\alpha-B)\mathrm{d}\alpha \tag{3.14}$$

对式(3.14)沿 α 方向积分，并利用边界条件：在注浆孔处 $\alpha=\alpha_1$，$P=P_1$（P_1 为注浆孔 1 的注浆压力），得浆液由注浆孔 1 向下充填时的充填压力分布式为

$$P=P_1+\rho gR(\cos\alpha_1-\cos\alpha)+B(\alpha_1-\alpha) \tag{3.15}$$

同理，可得浆液由注浆孔 1 向上充填时的充填压力分布式为

$$P=P_1+\rho gR(\cos\alpha_1-\cos\alpha)-B(\alpha_1-\alpha) \tag{3.16}$$

2) 牛顿流体

浆液为牛顿流体时，剪切应力为

$$\tau=-\mu\frac{\mathrm{d}v}{\mathrm{d}z} \tag{3.17}$$

将式(3.17)代入式(3.5)，得

$$\mathrm{d}v=-\frac{Bz}{\mu R}\mathrm{d}z \tag{3.18}$$

对式(3.18)沿 z 方向积分，根据边界条件：$z=\delta/2$ 时，$v=0$，得浆液扩散速度分布(图 3.3(b))为

$$v = \frac{\rho g R \sin\alpha - \dfrac{\mathrm{d}P}{\mathrm{d}\alpha}}{2\mu R}\left(\frac{\delta^2}{4} - z^2\right) = \frac{B}{2\mu R}\left(\frac{\delta^2}{4} - z^2\right) \tag{3.19}$$

同时，可得截面上的流量为

$$q = b\int_{-\frac{\delta}{2}}^{\frac{\delta}{2}} v\mathrm{d}z = \frac{Bb\delta^3}{12\mu R} \tag{3.20}$$

由式(3.20)可得

$$B = \frac{12R\mu q}{b\delta^3} \tag{3.21}$$

将式(3.21)代入式(3.4)，得

$$\mathrm{d}P = \left(\rho g R \sin\alpha - \frac{12R\mu q}{b\delta^3}\right)\mathrm{d}\alpha \tag{3.22}$$

对式(3.22)沿 α 方向积分，并利用边界条件：在注浆孔处 $\alpha=\alpha_1$，$P=P_1$，得浆液由注浆孔 1 向下充填时的充填压力分布式为

$$P = P_1 + \rho g R(\cos\alpha_1 - \cos\alpha) + \frac{12R\mu q}{b\delta^3}(\alpha_1 - \alpha) \tag{3.23}$$

同理，可得浆液由注浆孔 1 向上充填时的充填压力分布式为

$$P = P_1 + \rho g R(\cos\alpha_1 - \cos\alpha) - \frac{12R\mu q}{b\delta^3}(\alpha_1 - \alpha) \tag{3.24}$$

3) 通用公式

记 $\rho g R = A$，根据式(3.1)~式(3.24)，可将浆液由 i 号注浆孔充填盾尾间隙的充填压力分布式表示为

$$P = P_i + A(\cos\alpha_i - \cos\alpha) \pm B(\alpha_i - \alpha) \tag{3.25}$$

式中，浆液向下充填时"±"取"+"，浆液向上充填时"±"取"-"。当浆液为宾厄姆流体时，由式(3.13)求解 B；当浆液为牛顿流体时，由式(3.21)求解 B。

当各孔注浆量相等时，相邻两孔的浆液交界面距两注浆孔距离相等，即 $\alpha=(\alpha_i + \alpha_{i+1})/2$。$i$ 号注浆孔向下充填和 $(i+1)$ 号注浆孔向上充填至交界面的压力相等，因此按两种情况将 $\alpha=(\alpha_i + \alpha_{i+1})/2$ 代入式(3.25)可得

$$P_{i+1} = P_i + A(\cos\alpha_i - \cos\alpha_{i+1}) \tag{3.26}$$

式(3.26)可用来计算各个注浆孔之间的合理压差。由式(3.26)可知，各孔注浆量相等时，各注浆压差与其对应的地层应力差有关。

3. 参数确定

对同步注浆压力环形充填扩散模型中主要参数的确定如下：

1) 浆液流动环饼厚度

浆液流动环饼厚度 δ 反映了流动的浆液在盾尾间隙内沿隧道轴向的分布范围，即认为自盾尾横断面往后延伸 δ 范围内的浆液处于环向流动状态，此范围以外的浆液处于静止状态。参数 δ 与浆液性质、盾构推进速度、注浆压力等众多因素有关，可通过室内模型试验或者现场监测确定。根据基本假设，参数 δ 的近似值可通过浆液充填时间与盾构推进速度计算得

$$\delta = v_{s}t_{0} \tag{3.27}$$

式中，v_s 为盾构推进速度；t_0 为盾尾同步注浆时浆液充填盾尾间隙所需的平均时间。

2) 截面流量

假设盾尾有 n 个注浆孔同时注浆，每个注浆孔向上、向下充填的流量 q 相等，且由同步注浆的总注入量决定，则有

$$q = \frac{\pi\left[(R+b)^{2} - R^{2}\right]v_{s}\lambda}{2n} \approx \frac{\pi Rbv_{s}\lambda}{n} \tag{3.28}$$

式中，λ 为注入率。

施工损耗的浆液残留在注浆管内，并未进入盾尾间隙，与浆液在盾尾间隙内的压力分布无关。因此，计算浆液截面流量时可不计施工损失系数。

4. 适用范围

同步注浆过程中，浆液仅沿环向充填盾尾间隙，而不沿隧道轴向流动的基本假设，是在盾尾同步注浆的前提下提出的。同步注浆法有多种，但本书的单浆液环形充填扩散模型仅适用于由盾构机尾部的注浆管直接向盾尾间隙注入浆液，而不适用于通过管片注浆孔向盾尾间隙同步注浆的情况。

3.1.3　实例分析

根据 Bezuijen 对荷兰鹿特丹的索菲亚(Sofia)铁路隧道的监测数据[7]，对 3.1.2 小节中的理论公式进行验证。

1. 工程概况

索菲亚铁路隧道位于鹿特丹东南约 20km 处，由两个衬砌外径 9.5m 的盾构隧道组成，双洞间距为 10m，混凝土管片衬砌厚度为 0.4m，隧道穿过三条地下河和

莱茵河的一个分支，监测位置隧道所穿越地层主要为砂土层。注浆孔布设方式及注浆压力见表 3.1，注浆压力分布计算的主要参数见表 3.2。

表 3.1 索菲亚铁路隧道注浆孔布置及注浆压力

注浆孔序号	1	2	3	4	5	6
$\alpha/(°)$	0	55	125	180	235	305
注浆压力/kPa	200	230	340	370	340	230

表 3.2 隧道壁后注浆压力分布主要计算参数

推进速度/(m·s⁻¹)	管片外半径/m	盾尾间隙厚度/m	浆液密度/(kg·m⁻³)	黏度/(Pa·s)	剪切力/Pa
0.00072	4.725	0.16	2190	2	15

2. 压力分布计算

注浆方式为典型的六孔注浆，假设每个注浆孔向上、向下充填的流量相等，注入率 $\lambda=150\%$，则截面流量 q 为

$$q = \frac{\pi\left[(R+b)^2 - R^2\right]v_s\lambda}{2N} = \frac{\pi\left[(4.725+0.16)^2 - 4.725^2\right]\times 0.00072 \times 150\%}{2\times 6}$$
$$= 4.3453\times 10^{-4}(\text{m}^3\cdot\text{s}^{-1})$$

参考相关的研究结果[2]，浆液充填盾尾间隙到达环向最远处的时间为几十秒。因此，参数 δ 暂取 30s 盾构推进的距离：$\delta=0.00072\times 30=0.0216(\text{m})$。

将 q、δ 及表 3.1、表 3.2 中的相关参数分别代入宾厄姆流体、牛顿流体充填压力分布式，计算得到浆液充填压力沿盾构环向的分布。浆液充填压力计算值与实测值的对比如图 3.4 所示。

由图 3.4 可知，理论计算结果与现场实测压力值具有较好的吻合度，且宾厄姆流体和牛顿流体计算所得的浆液充填压力曲线很接近。但是，总体上宾厄姆流体的计算值略小于牛顿流体。

3. 压力分布规律

由理论公式及浆液充填压力分布计算结果可知，浆液由注浆孔注入盾尾间隙沿环向充填的过程中，其压力沿环向的变化主要由两方面因素引起：浆液自重的加压或减压作用(参数 A)、浆液剪切应力的减压作用(参数 B)。当浆液由注浆孔向上充填时，浆液自重和剪切应力均起减压作用，由此导致浆液充填压力随着远离

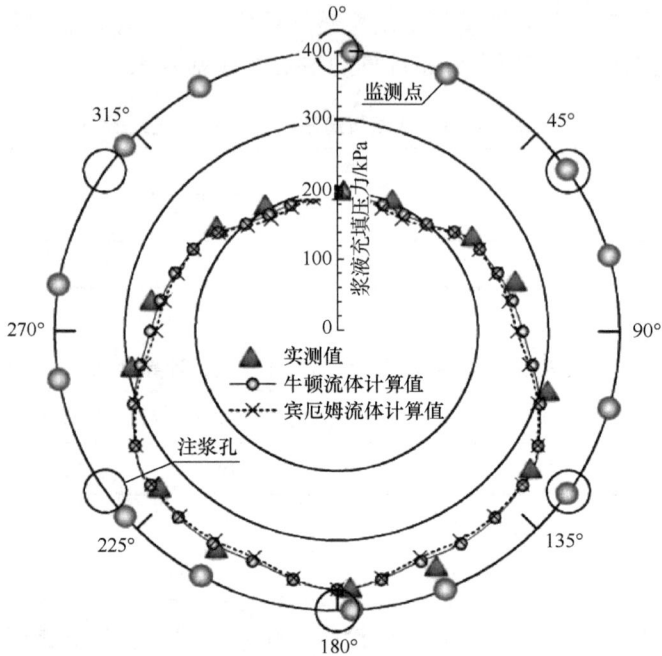

图 3.4　浆液充填压力计算值与实测值对比

注浆孔而减小；当浆液由注浆孔向下充填时，浆液剪切应力仍起减压作用，而浆液自重却起增压作用，由此导致浆液充填压力随着远离注浆孔的变化变得复杂。

浆液向下充填时，需分情况讨论：

(1) 浆液自拱顶注浆孔($\alpha = 0°$)向下充填：由于拱顶浆液自重沿环向的分力很小，浆液剪切应力的减压起主要作用，浆液充填压力随着向下远离注浆孔而减小；随着浆液远离注浆孔，浆液自重沿环向分力逐渐增大，很快自重的增压作用便超过剪切应力的减压作用，导致浆液充填压力开始增大。因此，浆液自拱顶注浆孔向下充填时，浆液充填压力先减小后增大。

(2) 浆液非拱顶注浆孔(α为55°、125°、235°、305°)向下充填时：由于浆液自重沿环向的分力较大，自重力的增压作用大于浆液剪切应力的减压作用，浆液充填压力始终随着向下远离注浆孔而增大。4孔注浆时，一般在偏离竖直方向45°处设置注浆孔，不存在拱顶注浆孔。因此，自注浆孔向上充填时，浆液充填压力随着向上远离注浆孔而减小；自注浆孔向下充填时，浆液充填压力随着向下远离注浆孔而增大。

总体上，宾厄姆流体的浆液充填压力计算值略小于牛顿流体，这主要是因为两种流体的流变特征不同。宾厄姆流体是典型的塑性流体，在外部施加的剪切力很小时，浆液只产生类似于固体的弹性；当剪切力达到破坏结构(超过静切力)后，浆液才发生类似于牛顿流体的流动。可见，宾厄姆流体比牛顿流体具有较高的流动阻力，其充填过程中产生的压力损失比牛顿流体大，因此其浆液充填压力计算值小于牛顿流体。

4. 影响因素分析

由以上分析可知，浆液充填压力分布主要由两方面因素决定：浆液自重(参数 A)和浆液剪切力(参数 B)。浆液自重对其压力分布的影响机理较明确：当浆液由注浆孔向上充填时，浆液自重起减压作用；当浆液由注浆孔向下充填时，浆液自重起增压作用；浆液密度越大，增压或减压的速度越快。影响参数 B 的因素较多，其机理复杂，下面对影响参数 B 的因素进行讨论。

将式(3.28)分别代入式(3.13)和式(3.21)，得

$$B^3 - \left(\frac{3R\tau_0}{\delta} + \frac{12\pi R^2 \mu v_s m}{\delta^3 n} \right) B^2 - \frac{3R^3 {\tau_0}^3}{\delta^3} = 0 \qquad (3.29)$$

$$B = \frac{12\pi R^2 \mu v_s m}{\delta^3 n} \qquad (3.30)$$

由式(3.29)和式(3.30)可知，参数 B 与隧道半径 R 、浆液黏度 μ 、盾构推进速度 v_s 、浆液注入率 m 、浆液流动环饼厚度 δ 等因素有关，当浆液为宾厄姆流体时，还与静切力 τ_0 有关，与盾尾间隙厚度 b 无关。盾构推进速度 v_s 和浆液注入率 m 通过影响单位时间内的注浆量来影响参数 B ，因此直接用单位时间内的注浆量(或截面流量 q)来反映盾构推进速度。v_s 和浆液注入率 m 对参数 B 的影响更为直接，式 (3.29)和式(3.30)说明盾尾间隙厚 b 对参数 B 无影响。

参数 B 随着隧道断面面积(πR^2)、浆液黏度 μ 、盾构推进速度 v_s 、浆液注入率 m 的增大而增大，且呈线性关系；参数 B 随着浆液流动环饼厚度 δ 的增大而减小，且与其三次方呈线性关系。可见，浆液流动环饼厚度 δ 对参数 B 的影响最为显著。另外，关于 δ 对浆液分布的影响，并无研究成果可参考。因此，下文着重讨论 δ 对参数 B 的影响。

当 δ 分别取 0.01～0.03m(间隔 0.0025m)，其余参数不变时，分别在宾厄姆流体和牛顿流体模型下，计算出对应的参数 B 。B 与 δ 的关系曲线见图 3.5。

由图 3.5 可知，宾厄姆流体和牛顿流体计算所得的参数 B 相差不大，均随浆液流动环饼厚度 δ 的减小而增大。当 δ 小于 0.015m 时，参数 B 急剧增大；当 δ 接近 0.030m 时，参数 B 开始趋近于 0；宾厄姆流体计算所得的参数 B 略大于牛顿流体的参数 B 。由此反映出：浆液剪切力造成的压力沿程阻力损失随着浆液流动环饼厚度 δ 的增大而减小；当 δ 接近 0.030m 时，浆液剪切力造成的压力沿程阻力损失极小，可忽略不计；宾厄姆流体的沿程阻力损失略大于牛顿流体，这主要是因

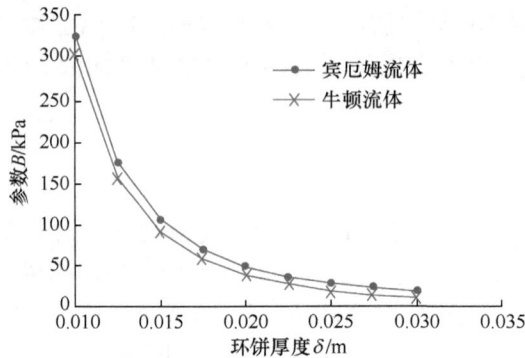

图 3.5 参数 B 与 δ 的关系曲线

为两种流体的流变性不同。可见，浆液流变性对同步注浆环向压力分布有影响，在计算浆液充填压力分布时，应根据试验确定合适的流变模型。

δ 分别取 0.015m、0.020m、0.025m 和 0.030m 时，宾厄姆流体计算所得的浆液充填压力与实测值的对比如图 3.6 所示。

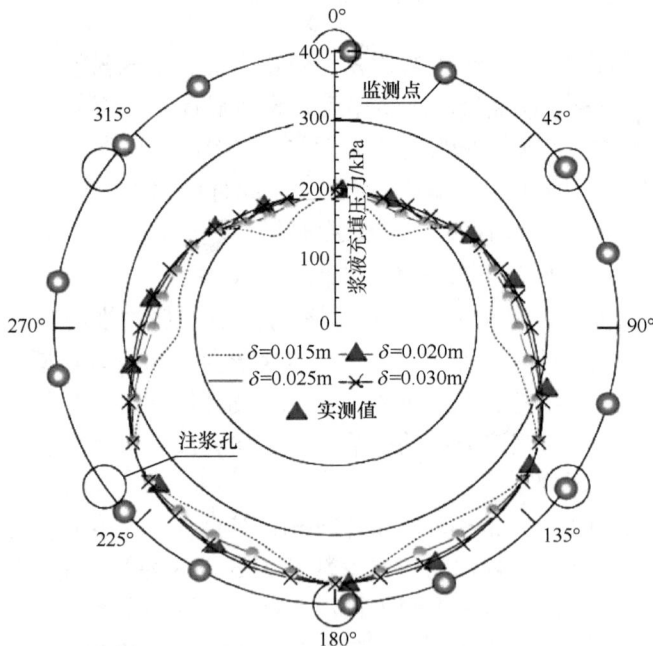

图 3.6 不同 δ 下宾厄姆流体浆液充填压力与实测值对比

由图 3.6 可知，当 δ=0.015m 时，计算值和实测值相差较大，误差已超出可接受范围。当 δ 分别取 0.020m、0.025m 和 0.030m 时，计算值和实测值较接近，误差处于可接受范围。结合图 3.5 的分析，可推测出此种工况下参数 δ 的取值在 0.020~0.030m。实际上，参数 δ 与盾构推进速度、土质情况、浆液性能及注浆速度等多种因素有关，精确值需通过注浆试验、现场实测等研究方法来综合确定。

3.2　单液浆扇形充填扩散模型

3.2.1　扩散机理分析

盾构壁后同步注浆时，浆液通过管片注浆孔或盾尾注浆孔注入盾尾间隙。不管采用哪种注浆方式，都相当于点源注浆，即注浆压力从注浆孔处向四周传递，浆液在注浆压力下从注浆孔处向四周流动。通过盾尾注浆孔进行同步注浆时，新注入的浆液受盾尾边界限制，呈扇形向四周流动(图 3.7(a))；通过管片注浆孔进行同步注浆时，新注入的浆液受前期注入浆液边界限制，也应呈扇形向四周流动(图 3.7(b))。

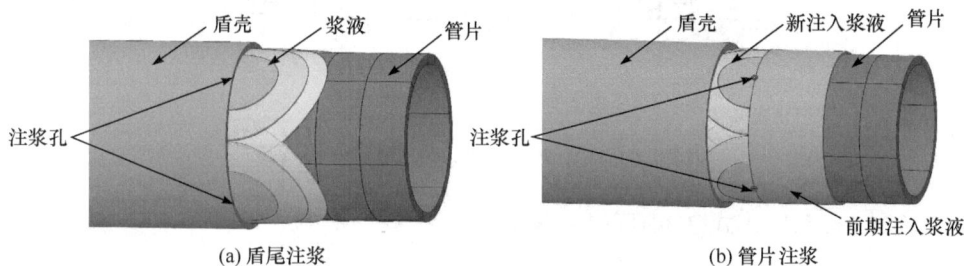

(a) 盾尾注浆　　　　　　　　　　　　　(b) 管片注浆

图 3.7　同步注浆扇形充填示意图

3.2.2　模型推导

1. 基本假设

根据同步注浆浆液扇形充填机理，假设浆液为不可压缩的均质、各向同性流体，在地下水作用下不发生稀释现象，且浆液不发生堵塞；壁后注浆过程中浆液流型保持不变，始终符合宾厄姆流体或牛顿流体特性，浆液的黏度不随时间变化；浆液与盾尾、土体、管片接触面为不透水边界，不考虑浆液与土层中水分的相互渗透，在各个过流断面上，流体运动的连续性方程均成立；通过盾尾注浆孔或管片注浆孔进行同步注浆，浆液注入盾尾间隙后均呈扇形从注浆孔向四周充填，浆液的环向充填和轴向充填可看成扇形充填的分解；盾尾间隙内的扇形曲面可展成平面进行分析。

2. 公式推导

设 1 号注浆孔偏离竖直方向的夹角为 a_1。将扇形曲面展成平面后，扇形对称

轴与隧道轴向平行，在扇形扩散面上取一微元，微元偏离对称轴的角度为θ，则该微元与竖直方向的夹角为

$$\alpha = \alpha_1 + \frac{r\sin\theta}{R} \tag{3.31}$$

在浆液流动方向微元体受力平衡，可得

$$Pr\mathrm{d}\theta\mathrm{d}z - \left(P + \frac{\mathrm{d}P}{\mathrm{d}r}\cdot\mathrm{d}r\right)r\mathrm{d}\theta\mathrm{d}z + \rho g\sin\left(\alpha_1 + \frac{r}{R}\sin\theta\right)\sin\theta\cdot r\mathrm{d}\theta\mathrm{d}r\mathrm{d}z = r\mathrm{d}\tau\mathrm{d}\theta\mathrm{d}r \tag{3.32}$$

化简式(3.32)得

$$\mathrm{d}\tau = \left[\rho g\sin\left(\alpha_1 + \frac{r}{R}\sin\theta\right)\sin\theta - \frac{\mathrm{d}P}{\mathrm{d}r}\right]\mathrm{d}z \tag{3.33}$$

对式(3.33)沿注浆层厚度方向积分得

$$\tau = \int_0^z \mathrm{d}\tau = \left[\rho g\sin\left(\alpha_1 + \frac{r}{R}\sin\theta\right)\sin\theta - \frac{\mathrm{d}P}{\mathrm{d}r}\right]z \tag{3.34}$$

记

$$B = \left[\rho g\sin\left(\alpha_1 + \frac{r}{R}\sin\theta\right)\sin\theta - \frac{\mathrm{d}P}{\mathrm{d}r}\right]R \tag{3.35}$$

将式(3.35)代入式(3.34)可得式(3.5)：

$$\tau = \frac{Bz}{R}$$

将边界条件$P = P_0$，$r = r_0$代入式(3.35)积分得

$$P = P_0 + \rho gR\left[\cos\left(\alpha_1 + \frac{r_0\sin\theta}{R}\right) - \cos\left(\alpha_1 + \frac{r\sin\theta}{R}\right)\right] - B\left(\frac{r}{R} - \frac{r_0}{R}\right) \tag{3.36}$$

以盾构轴向为z轴，环向为x轴(向下为正)建立坐标系，则有$z = r\cos\theta$，$x = r\sin\theta$，代入式(3.36)得

$$P = P_0 + \rho gR\left[\cos\left(\alpha_1 + \frac{r_0 x}{R\sqrt{z^2 + x^2}}\right) - \cos\left(\alpha_1 + \frac{x}{R}\right)\right] - B\left(\frac{\sqrt{z^2 + x^2}}{R} - \frac{r_0}{R}\right) \tag{3.37}$$

仅考虑盾尾附近浆液压力环向分布时($z = 0$)，式(3.37)可简化为

$$P = P_0 + \rho gR\left[\cos\left(\alpha_1 + \frac{r_0}{R}\right) - \cos\left(\alpha_1 + \frac{x}{R}\right)\right] - B\left(\frac{x}{R} - \frac{r_0}{R}\right) \tag{3.38}$$

由于$r_0 \ll R$，$r_0/R \approx 0$，且$x/R = \alpha - \alpha_1$，式(3.38)可进一步简化为

$$P = P_0 + \rho g R(\cos\alpha_1 - \cos\alpha) + B(\alpha_1 - \alpha)$$

考虑浆液压力的纵向分布时，$x = 0$，式(3.37)可简化为

$$P = P_0 - \frac{B(z - r_0)}{R} \tag{3.39}$$

参照环形充填扩散模型，$\rho g R = A$，根据推导过程，可将浆液由 i 号注浆孔充填盾尾间隙的充填压力分布式表示为式(3.25)：

$$P = P_i + A(\cos\alpha_i - \cos\alpha) \pm B(\alpha_i - \alpha)$$

1) 宾厄姆流体

将式(3.11)中的 δ 换成 b，可得到宾厄姆流体速度分布：

$$v = \begin{cases} \dfrac{1}{\mu}\left[\dfrac{B}{2R}\left(\dfrac{b^2}{4} - r_p^2\right) - \tau_0\left(\dfrac{b}{2} - r_p\right)\right], & -r_p \leqslant z \leqslant r_p \\[3mm] \dfrac{1}{\mu}\left[\dfrac{B}{2R}\left(\dfrac{b^2}{4} - z^2\right) - \tau_0\left(\dfrac{b}{2} - z\right)\right], & r_p < |z| \leqslant \dfrac{b}{2} \end{cases} \tag{3.40}$$

同时，可得截面上的平均流速为

$$\bar{v} = \frac{1}{b}\int_{-\frac{b}{2}}^{\frac{b}{2}} v\,\mathrm{d}z = \frac{1}{b\mu}\left[\frac{2B}{3R}\left(\frac{b^3}{8} - r_p^3\right) - \tau_0\left(\frac{b^2}{4} - r_p^2\right)\right] \tag{3.41}$$

单位时间内流过扩散边界的浆液流量为

$$q = \int_{-\frac{\pi}{2}}^{\frac{\pi}{2}} \bar{v} b r\,\mathrm{d}\theta = \int_{-\frac{\pi}{2}}^{\frac{\pi}{2}} \frac{1}{\mu}\left[\frac{2B}{3R}\left(\frac{b^3}{8} - r_p^3\right) - \tau_0\left(\frac{b^2}{4} - r_p^2\right)\right] r\,\mathrm{d}\theta \tag{3.42}$$

从盾构掘进方面考虑，充填的浆液流量为

$$q = 2rbv_s \tag{3.43}$$

联立式(3.42)、式(3.43)可得关于参数 B 的方程为

$$\frac{Bb^3}{R} + \frac{4R^2\tau_0^3}{B^2} = \frac{24v_s b\mu}{\pi} + 3\tau_0 b^2 \tag{3.44}$$

当浆液为宾厄姆流体时，可由式(3.44)解出参数 B 的值。

2) 牛顿流体

当浆液为牛顿流体时，式(3.44)中 $\tau_0 = 0$，则

$$B = \frac{24R\mu v_s}{\pi b^2} \tag{3.45}$$

3. 适用范围

同步注浆扇形充填扩散模型不但适用于盾尾同步注浆，也适用于管片同步注浆，可用来分析浆液压力环向、纵向两个方向的分布情况。

3.2.3　实例分析

依然根据 Bezuijen 对荷兰鹿特丹的索菲亚(Sofia)铁路隧道的监测数据[7]，对扇形充填扩散模型的理论公式进行验证，工程概况见表 3.1、表 3.2。

1. 环向压力分布

将表 3.1、表 3.2 参数代入扇形充填扩散模型的公式，可计算出参数 B 的值。宾厄姆流体的参数 B 由公式(3.44)求解。首先，应对式(3.44)进行变换，得到迭代公式为

$$B = \sqrt{\frac{4R^2\tau_0^3}{24v_sb\mu/\pi + 3\tau_0b^2 - Bb^3/R}} \tag{3.46}$$

用迭代式(3.46)可求解出宾厄姆流体的参数 $B = 844.99\text{Pa}$。

牛顿流体的参数 B 由式(3.45)求出，$B = 0.163\text{Pa}$。参数 A 与环形充填扩散模型计算方法相同，$A = \rho g R = 1.01407 \times 10^5 \text{Pa}$。牛顿流体的参数 B 远小于参数 A，因此在计算中可认为参数 $B \approx 0$。将参数 A、B 代入公式后计算所得的浆液压力分布如图 3.8 所示。

由图 3.8 可知，扇形充填扩散模型计算值与实测值基本吻合，说明扇形充填扩散模型可用于浆液压力环向分布的计算。宾厄姆流体和牛顿流体的计算值虽有差异，但区别不大，这说明计算浆液压力环向分布时，将浆液视为宾厄姆流体或牛顿流体均可。

此外，牛顿流体参数 $B \approx 0$ 的情况下，其计算值与实测值仍然比较吻合，这说明浆液压力的环向变化主要由浆液重力引起，在粗略计算浆液压力环向分布时，可将参数 B 视为 0，即将式(3.25)简化为

$$P = P_i + \rho g R(\cos\alpha_i - \cos\alpha) \tag{3.47}$$

2. 纵向压力分布

可用式(3.39)计算浆液压力的纵向分布(由于 r_0 很小，可将其视为 0)为

$$P_1 = 200 - \frac{0.84499(z - r_0)}{4.725} \approx 200 - 0.179z$$

$$P_2 = 230 - \frac{0.84499(z - r_0)}{4.725} \approx 230 - 0.179z$$

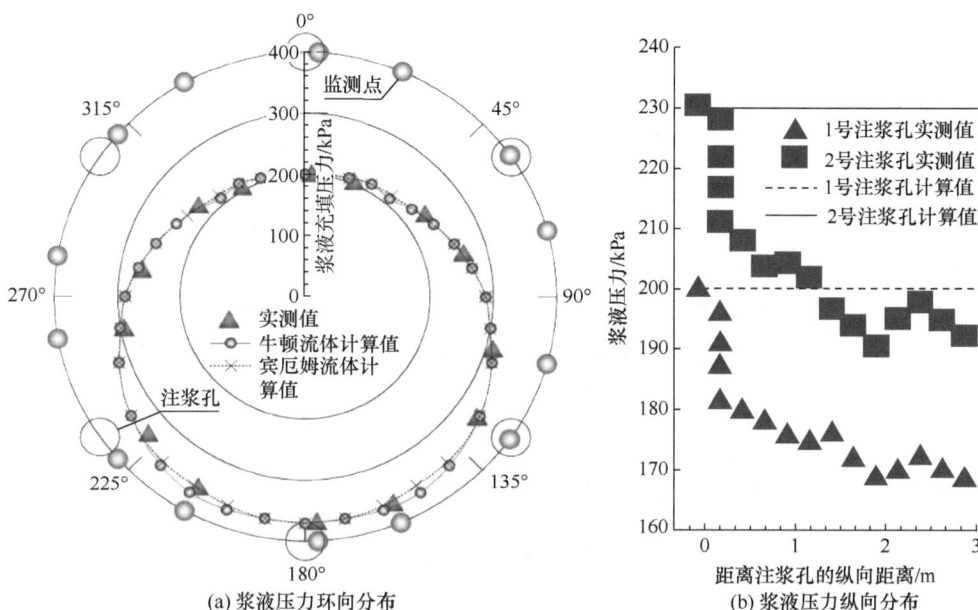

(a) 浆液压力环向分布

(b) 浆液压力纵向分布

图 3.8 扇形充填扩散模型浆液压力计算值与实测值对比

将浆液压力纵向分布式计算值和实测值进行对比,如图 3.8(b)所示。由图 3.8(b)可知,扇形充填扩散模型计算所得的浆液压力纵向分布与实测结果差距较大。这主要是因为扇形充填扩散模型只考虑剪切应力造成的浆液压力纵向损失,并未考虑浆液时效性造成的压力消散。实际上,浆液注入盾尾间隙后,随着时间推移,浆液逐渐渗入土体,与土体相互作用,并且浆液逐渐凝固,其间必然伴随着压力消散。

3.2.4 环形与扇形充填扩散模型对比

环形与扇形充填扩散模型的对比,如表 3.3 所示。

表 3.3 环形与扇形充填扩散模型对比

项目	相同点	不同点	
		环形充填扩散模型	扇形充填扩散模型
基本假设	①浆液为不可压缩的均质、各向同性流体,不发生稀释、堵塞;浆液流型始终符合宾厄姆流体或牛顿流体特性,黏度不随时间变化。②浆液与盾尾、土体、管片接触面为不透水边界,不考虑浆液与土层中水分的相互渗透,在各个过流断面上,流体运动的连续性方程均成立	①充填时间内形成的盾尾间隙为一均匀的环形薄饼(环饼)。②同步注浆过程中,浆液仅沿环向充填盾尾间隙,即浆液不沿隧道轴向流动;浆液在隧道轴向的扩散由盾尾注浆孔相对于地层和管片衬砌的移动来实现	①通过盾尾注浆孔或管片注浆孔进行同步注浆,浆液注入盾尾间隙后均呈扇形从注浆孔向四周充填,浆液的环向充填和轴向充填可看成扇形充填的分解。②盾尾间隙内的扇形曲面可展成平面进行分析

续表

项目	相同点	不同点	
		环形充填扩散模型	扇形充填扩散模型
理论公式	均可用同一公式来表示：$P = P_i + A(\cos\alpha_i - \cos\alpha)$ $\pm B(\alpha_i - \alpha)$；参数 A 完全相同	$B^3 - \left(\dfrac{3R\tau_0}{\delta} + \dfrac{12R\mu q}{b\delta^3}\right)B^2 - \dfrac{4R^3\tau_0^3}{\delta^3} = 0$ $B = \dfrac{12R\mu q}{b\delta^3}$	$\dfrac{Bb^3}{R} + \dfrac{4R^2\tau_0^3}{B^2} = \dfrac{24v_s b\mu}{\pi}$ $+ 3\tau_0 b^2$ $B = \dfrac{24R\mu v_s}{\pi b^2}$
适用范围	均适用于同步注浆时浆液压力环向分布计算；不适用于浆液压力纵向消散分析	适用于盾尾同步注浆	适用于盾尾或管片同步注浆
计算结果	计算值与实测值吻合较好，浆液压力环向分布规律相似	参数 B 对浆液压力分布影响较大，粗略计算时可忽略	参数 B 对浆液压力分布影响微弱，可忽略

3.3　双液浆充填扩散模型

3.3.1　扩散机理分析

盾构壁后注浆中使用的水玻璃类双液浆的凝胶时间一般短于普通地基加固中使用的浆液，通常其凝胶时间 ≤1min 。其中，凝胶时间>30s 的称为缓凝型，凝胶时间<20s 的称为瞬凝型，瞬凝型可进一步细分为瞬凝固结型和瞬凝可塑型 (表 3.4)。

表 3.4　壁后注浆双液浆凝胶时间

浆液类型	凝固类型	按凝胶时间划分	凝胶时间/s
水玻璃类	缓凝固结型	缓凝型	30～60
	瞬凝固结型	瞬凝型	<20
	瞬凝可塑型	瞬凝型	5～20
氯化铝	瞬凝可塑型	瞬凝型	0

1. 缓凝固结型

采用缓凝固结型浆液对某一被限定的空间进行注浆时，得到的充填形态如图 3.9(a)所示。缓凝固结型浆液在凝胶之前流动性非常好，因此可以实现平缓的大范围小坡度充填。凝胶后的浆液，在经过较短的可塑态后，再过渡到固结态，浆液自身不再流动。后来注入的浆液，在未凝胶前顶破固结体，渗到未充填部位后固结，之后边反复充填—固结—渗入，边依次充填。缓凝固结型浆液的模型试验表明，空隙的上部没有被浆液全部充填。这种缓凝固结型浆液，由于凝胶时间较长，并且黏度小，容易流失到远处，所以对限定范围，特别是隧道顶部的充填及防止向掘削面泄漏较为困难。此外，凝胶前的一段时间里浆液容易被地下水稀释，可能出现材料分离、固结强度不均匀的缺点，但止水性能良好。缓凝固结型浆液的以上特性，决定了其通过盾尾注浆孔同步注浆十分困难，但可通过管片注浆孔进行即时注浆。

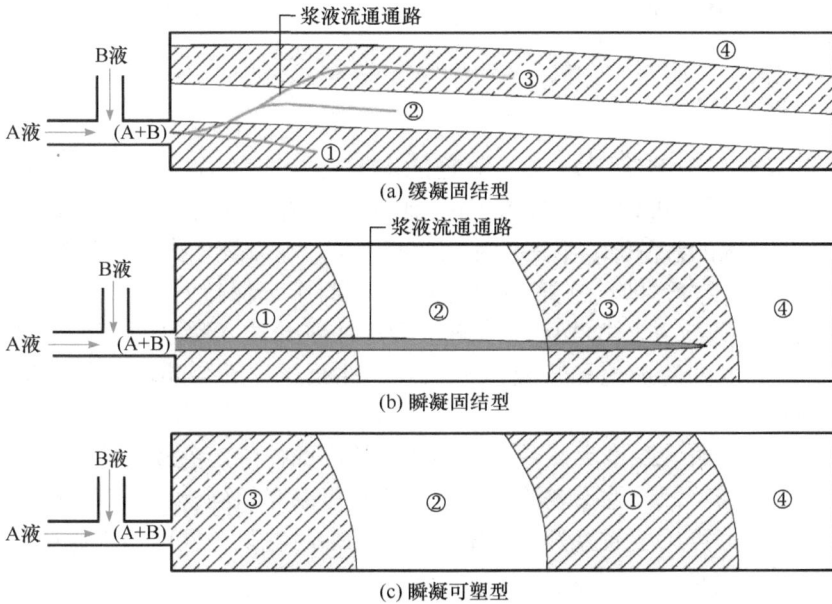

图 3.9 水玻璃类双液浆注入机理
①首批注入的浆液；②第二批注入的浆液；③第三批注入的浆液；④未充填的部位

即时注浆时浆液充填(图 3.9(a)中①、②、③部位)时，由于充填还未受到明显限制(浆液上侧为临空面)，所以对管片及地层产生的压力较小。但是，在浆液充填图 3.9(a)中④部位时，由于充填受到明显限制(浆液上侧受到地层限制)，对管片及地层产生的压力较大。因此，在分析注浆对地层及管片产生的压力时，应着重分析浆液充填图 3.9(a)中④部位的过程。

2. 瞬凝固结型

采用瞬凝固结型浆液对某一限定的空间进行充填时，得到的充填形态如图 3.9(b)所示。首批注入的浆液在凝胶时间与固结前的可塑态时间内容易充填，但固结后便停止移动。如果连续地从后方压入浆液，如图 3.9(b)中①所示，在首批固结体的中心部位会形成浆液流通通路。注入的浆液通过该通路可充填到区域①前方。后续注入浆液重复与①过程完全相同的②、③两个过程的同时，依次将浆液注入前方地层。此种工况下，若使注浆连续停止数分钟，然后再开机注入，则可发现注浆压力陡增，浆液不能继续注入，这是上述浆液流通通路闭塞所致。

当用这种瞬凝固结型浆液从管片注浆孔进行壁后注浆时，注入(充填)范围越大，注入阻力(注浆压力)也越大，很可能导致浆液被压入阻力较小的周围土体中。此时注入范围(距离)有限，因此在部分工程中适用性差(不适用大断面盾构一点注入的情形等)。瞬凝固结型浆液也不宜用于通过盾尾注浆孔注入的同步注浆。

3. 瞬凝可塑型

采用瞬凝可塑型浆液对某一限定的空间进行充填时，得到的充填形态如图 3.9(c)所示。图 3.9(c)中，在浆液固结前的可塑时间段内，首批注入的充填浆液①、第二批注入的浆液②、第三批注入的浆液③，均可被依次压送到前方。因此，在可塑状态时间内，即使注浆连续暂停几分钟(小于保持时间)，首批注入的浆液仍能被压送到前方。由此可以推断从管片注浆孔注入瞬凝可塑型浆液时，随着注入(充填)范围的扩大和浆液依次压入，注浆压力不会陡增，浆液仍能实现大范围充填。

瞬凝可塑型浆液黏度大，一般向周围土体中的扩渗现象较少，因此注入阻力也较小。部分模型试验结果表明，可塑型浆液可以充填到管片上部的限定范围。瞬凝可塑型浆液可用于通过管片注浆孔进行的即时注浆，也可用于通过盾尾注浆孔进行的同步注浆。

由前述分析可知，以上三种类型的双液浆均可通过管片注浆孔用于即时注浆，缓凝固结型和瞬凝固结型浆液不宜用于通过盾尾注浆孔进行的同步注浆，瞬凝可塑型浆液则可用于通过盾尾注浆孔进行的同步注浆。

以上三种双液浆从管片注浆孔即时注浆时，其扩散过程均类似于辐射状在空隙中完成充填(图 3.10)，但三种浆液充填机理不尽相同：缓凝固结型浆液不必考虑浆液对图 3.9(a)中①、②、③部位的充填过程，仅需分析浆液对④部分的充填过程，因此裂隙宽度与④部分的宽度相当；瞬凝固结型浆液通过浆液中部的通路向前充填，其裂隙宽度与通路宽度相当；瞬凝可塑型浆液沿盾尾间隙向前充填，其裂隙宽度与盾尾间隙宽度相当。

瞬凝可塑型浆液从盾尾注浆孔同步注浆时，其扩散机理与图 3.1 充填机理相同：可将充填时间内形成的盾尾间隙视为一裂隙，裂隙宽度与充填时间内盾构推进的距离相当。在同步注浆过程中，可忽略浆液沿隧道轴向的流动，认为浆液仅沿盾尾间隙环向流动。

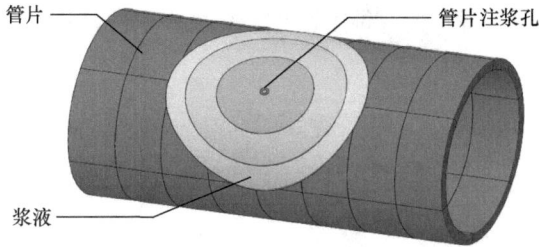

图 3.10 双液浆管片即时注浆

3.3.2 模型推导

采用管片注浆孔即时注浆时，假设由于双液浆黏度较大，注浆过程中受到的阻力远大于自身重力，因此忽略浆液自重的影响；忽略盾尾间隙的弧度，将环形的盾尾间隙视为等宽裂隙，由于不考虑重力影响，可进一步将这一裂隙概化为水平裂隙；将双液浆视为宾厄姆流体，认为其黏度始终保持在一个恒定值，不考虑浆液的离析与向土体中的渗透。浆液在水平裂隙内呈辐射状充填扩散，忽略扩散范围的不规则性，将其视为圆形。

1. 理论推导

在浆液扩散范围内取流体单元，对其进行受力分析，见图 3.11。如图 3.11 所示，流体单元受到浆液充填压力和剪切应力，并在流动方向保持受力平衡，由此可得

$$Pr\mathrm{d}\alpha\mathrm{d}z - (P + \mathrm{d}P)r\mathrm{d}\alpha\mathrm{d}z + \tau r\mathrm{d}\alpha\mathrm{d}r - (\tau + \mathrm{d}\tau)r\mathrm{d}\alpha\mathrm{d}r = 0 \tag{3.48}$$

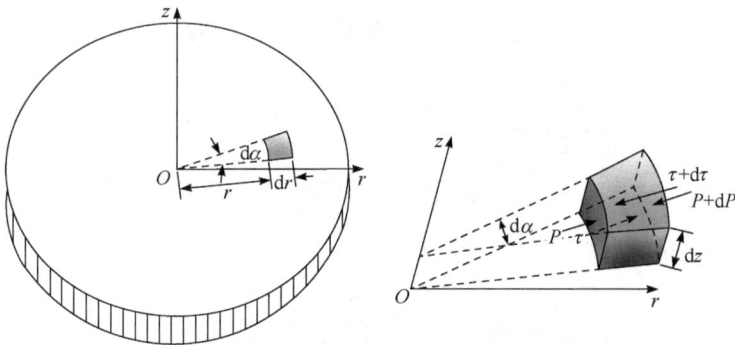

图 3.11 流体单元受力分析

对式(3.48)进行化简，可得微分方程：

$$\frac{\mathrm{d}\tau}{\mathrm{d}z} = -\frac{\mathrm{d}P}{\mathrm{d}r} \tag{3.49}$$

对式(3.49)沿 z 方向积分，并根据边界条件 $z=0$ 时，$r=0$，可得浆液剪切应力在 z 方向的分布式为

$$\tau = -\frac{\mathrm{d}P}{\mathrm{d}r}z \tag{3.50}$$

流动浆液厚度为 $2r_{\mathrm{w}}$，则流动边界剪切应力为

$$\tau_{\mathrm{w}} = -r_{\mathrm{w}}\frac{\mathrm{d}P}{\mathrm{d}r} \tag{3.51}$$

在流核边界 $z=r_{\mathrm{p}}$，$\tau_0 = r$，代入式(3.51)中可得流核半径为

$$r_{\mathrm{p}} = -\frac{\tau_0}{\mathrm{d}P/\mathrm{d}r} \tag{3.52}$$

宾厄姆流体的流动方程见式(3.6)，将式(3.6)代入式(3.50)得

$$\frac{\mathrm{d}v}{\mathrm{d}z} = \frac{1}{\mu}\left(\frac{\mathrm{d}P}{\mathrm{d}r}z + \tau_0\right) \tag{3.53}$$

当 $r_{\mathrm{p}} < z \leqslant r_{\mathrm{w}}$ 时，对式(3.53)积分，并根据边界条件 $z=r_{\mathrm{w}}$，$v=0$ 可得浆液流速分布式为

$$v_1 = \frac{1}{\mu}\left[\frac{1}{2}\frac{\mathrm{d}P}{\mathrm{d}r}\left(z^2 - r_{\mathrm{w}}^2\right) + \tau_0\left(z - r_{\mathrm{w}}\right)\right] \tag{3.54}$$

当 $0 \leqslant z \leqslant r_{\mathrm{p}}$ 时，浆液以相同流速呈活塞式运动，其速度为

$$v_2 = \frac{1}{\mu}\left[\frac{1}{2}\frac{\mathrm{d}P}{\mathrm{d}r}\left(r_{\mathrm{p}}^2 - r_{\mathrm{w}}^2\right) + \tau_0\left(r_{\mathrm{p}} - r_{\mathrm{w}}\right)\right] \tag{3.55}$$

综合式(3.54)、式(3.55)，得宾厄姆流体流速分布为

$$v = \begin{cases} \dfrac{1}{\mu}\left[\dfrac{1}{2}\dfrac{\mathrm{d}P}{\mathrm{d}r}\left(z^2 - r_{\mathrm{w}}^2\right) + \tau_0\left(z - r_{\mathrm{w}}\right)\right], & r_{\mathrm{p}} < z \leqslant r_{\mathrm{w}} \\[2mm] \dfrac{1}{\mu}\left[\dfrac{1}{2}\dfrac{\mathrm{d}P}{\mathrm{d}r}\left(r_{\mathrm{p}}^2 - r_{\mathrm{w}}^2\right) + \tau_0\left(r_{\mathrm{p}} - r_{\mathrm{w}}\right)\right], & 0 \leqslant z \leqslant r_{\mathrm{p}} \end{cases} \tag{3.56}$$

平均流速为

$$\bar{v} = \frac{1}{r_{\mathrm{w}}}\int_0^{r_{\mathrm{w}}} v\,\mathrm{d}z = \frac{1}{6\mu r_{\mathrm{w}}}\left[2\frac{\mathrm{d}P}{\mathrm{d}r}\left(r_{\mathrm{p}}^3 - r_{\mathrm{w}}^3\right) + 3\tau_0\left(r_{\mathrm{p}}^2 - r_{\mathrm{w}}^2\right)\right] \tag{3.57}$$

为计算方便，引入无因次流核半径 $\varphi_{\mathrm{p}} = r_{\mathrm{p}}/r_{\mathrm{w}}$，结合式(3.52)得

$$\bar{v} = \frac{1}{6\mu r_{\mathrm{w}}}\left(3r_{\mathrm{p}}r_{\mathrm{w}}^2 - r_{\mathrm{p}}^3 - 2r_{\mathrm{w}}^3\right)\frac{\mathrm{d}P}{\mathrm{d}r} = -\frac{1}{6\mu}r_{\mathrm{w}}^2\left(\varphi_{\mathrm{p}}^3 - 3\varphi_{\mathrm{p}} + 2\right)\frac{\mathrm{d}P}{\mathrm{d}r} \tag{3.58}$$

浆液流量为

$$q = 2\pi r 2r_w \bar{v} = -\frac{2\pi r}{3\mu} r_w^3 \left(\varphi_p^3 - 3\varphi_p + 2\right)\frac{dP}{dr} \tag{3.59}$$

对式(3.59)沿 r 进行积分，并根据边界条件 $r = r_0$ 时 $P = P_0$，可得浆液压力分布为

$$P = P_0 - \frac{3\mu q}{2\pi r_w^3 \left(\varphi_p^3 - 3\varphi_p + 2\right)}\left(\ln \frac{r}{r_0}\right) \tag{3.60}$$

为表述简便，记

$$B = \frac{3\mu q}{2\pi r_w^3 \left(\varphi_p^3 - 3\varphi_p + 2\right)} \tag{3.61}$$

则式(3.60)简化为

$$P = P_0 - B\ln\left(r/r_0\right) \tag{3.62}$$

进一步得到浆液对管片产生的附加荷载为

$$F = \int_0^r P2\pi r dr = P\pi r^2 - B\pi r^2 \left[\ln\left(r/r_0\right) - 0.5\right] \tag{3.63}$$

2. 关于参数 B 的讨论

由浆液压力分布式的推导过程可知，双液浆管片即时注浆时，其压力分布与注浆压力 P_0、浆液流量 q、浆液黏度 μ、流动浆液厚度 $2r_w$、流核半径 φ_p 等因素有关，这些因素对浆液压力分布的综合影响可用参数 B 来反映。与前文类似，参数 B 实际上反映了剪切应力造成的浆液压力损失。

理论上参数 B 可根据式(3.61)计算，但浆液流量 q、流动浆液厚度 $2r_w$、流核半径 φ_p 很难确定，尤其是流动浆液厚度 $2r_w$(裂隙宽度)与浆液的类型(缓凝固结型、瞬凝固结型和瞬凝可塑型)密切相关。因此，不推荐用式(3.61)计算参数 B。设地下水压力为 P_w，浆液最大扩散距离为 r_m，令浆液压力 $P = P_w$，浆液扩散距离 $r = r_m$，可得

$$B = \frac{P_0 - P_w}{\ln\left(r_m/r_0\right)} \tag{3.64}$$

式中，浆液最大扩散距离 r_m 可根据单环管片的宽度及两相邻注浆孔间的管片环向长度来确定。

采用盾尾注浆孔同步注浆时，前文提到的三种双液浆中，仅瞬凝可塑型浆液适用于盾尾同步注浆。瞬凝可塑型浆液从盾尾注浆孔同步注浆时，其扩散机理与图 3.1 所示的充填机理相同，由于双液浆受到的黏滞阻力较大，可忽略浆液自重

影响，将式(3.25)简化为

$$P = P_i + B(\alpha_i - \alpha) \tag{3.65}$$

参数 B 的计算方法与 3.1.2 小节相同。

3.3.3　实例分析

某地铁盾构隧道施工时，采用双液浆通过管片注浆孔进行即时注浆。盾壳外径 D=6.340m，管片外径 d=3.1m，单环管片宽度 l=1m，盾尾间隙厚度 b=12cm。采用四孔注浆，注浆孔半径 $r_0 = 2.5\text{cm}$，注浆孔分布及各孔注浆压力见表 3.5，双液浆的黏度 $\mu = 2\text{Pa·s}$，剪切力 $\tau_0 = 15\text{Pa}$，地下水压力 $P_w = 0$。

表 3.5　注浆孔分布及各孔注浆压力

注浆孔号 i	1	2	3	4
偏离竖直方向角度 α_i /(°)	45	135	225	315
注浆压力 P_i /MPa	0.2	0.23	0.23	0.2

浆液完全充填盾尾间隙时，其扩散距离达到最大值，暂取单环管片宽度一半与相邻注浆孔间距一半的平均值作为最大扩散距离：$r_m = (l/2 + \pi D/8) \div 2 = 1.49(\text{m})$。

以 1 号注浆孔为例，注浆压力 P_0=P_1=0.2MPa，由式(3.64)可求出参数 B = 0.0489MPa。将参数 B 代入式(3.62)，可得 1 号注浆孔附近的浆液压力分布为

$$P = 0.2 - 0.0489\ln(r/0.025) \tag{3.66}$$

由式(3.66)可绘制出 1 号注浆孔附近的浆液压力分布图(图 3.12)，由式(3.63)可得到注浆对管片产生的附加荷载与浆液扩散距离间的关系曲线(图 3.13)，进一步可得到注浆对管片产生的附加应力(平均值)与浆液扩散距离的关系曲线(图 3.14)。

由图 3.12 可知，浆液压力随着远离注浆孔而逐步减小，衰减速度随着远离注浆孔而趋于缓慢，在注浆孔附近，存在明显的附加荷载集中。由图 3.13 可知，注浆对管片产生的附加荷载随浆液扩散距离的增大而增大，增大速度也随浆液扩散距离的增大而增大，浆液扩散距离达到最大值时，对管片产生的附加荷载也相应达到最大值。由图 3.14 可知，注浆对管片产生的附加应力随浆液扩散距离的增大而增大，增大速度随浆液扩散距离的增大而减小。

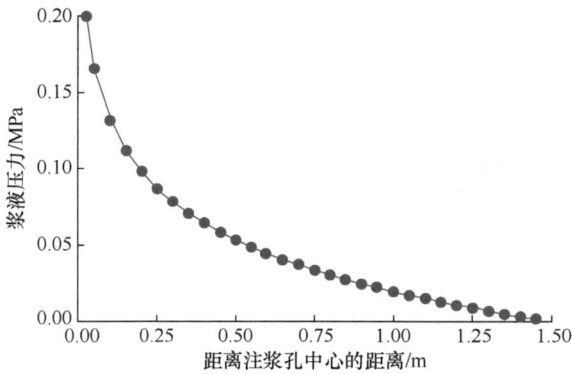

图 3.12 浆液压力分布

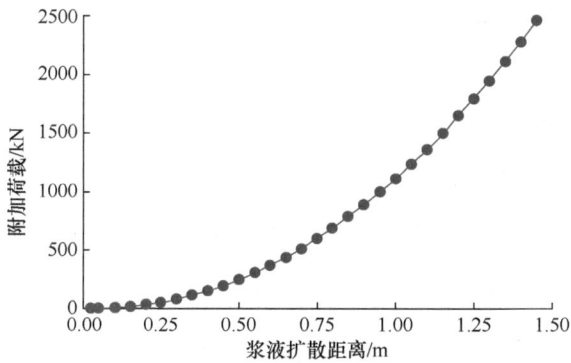

图 3.13 附加荷载与浆液扩散距离的关系

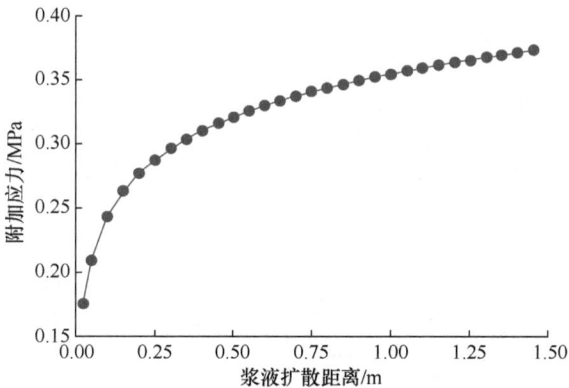

图 3.14 附加应力与浆液扩散距离的关系

参 考 文 献

[1] 苟长飞. 盾构隧道壁后注浆浆液扩散机理研究[D]. 西安: 长安大学, 2013.

[2] 袁小会, 韩月旺, 钟小春. 盾构隧道壁后注浆压力分布模型[J]. 西南交通大学学报, 2011, 46(1): 18-25.

[3] 白云, 戴志仁, 张莎莎, 等. 盾构隧道同步注浆浆液压力扩散模式研究[J]. 中国铁道科学, 2011, 32(4): 38-45.

[4] 张莎莎, 戴志仁, 白云. 盾构隧道同步注浆浆液压力消散规律研究[J]. 中国铁道科学, 2012, 33(3): 40-48.

[5] 阮文军. 注浆扩散与浆液若干基本性能研究[J]. 岩土工程学报, 2005, 21(1): 69-73, 62.

[6] 阮文军. 基于浆液粘度时变性的岩体裂隙注浆扩散模型[J]. 岩石力学与工程学报, 2005, 24(15): 2709-2714.

[7] 黄宏伟, 刘通剑, 谢雄耀. 盾构隧道壁后注浆效果的雷达探测研究[J]. 岩土力学, 2003, 14(S2): 353-356.

第4章 渗透扩散

与充填扩散类似，渗透扩散也是盾构隧道壁后注浆浆液扩散的一种重要形式。渗透扩散主要发生在注浆的中后期。尤其在稳定性较差的砂性地层中，当盾尾间隙形成后会立刻被周围土层包裹，注浆压力将浆液压入孔隙中充填土体，浆液固化后与土体颗粒形成结石体，起到提升地层强度及降低地层渗透性的作用。显然注浆渗透扩散与地层和浆液的性质相关，地层的渗流通道越大，浆材的颗粒越小，渗透注浆的扩散距离越大。本章将针对浆液的不同流型，考虑浆液扩散的主要形式，推导浆液渗透扩散的理论过程，建立盾构隧道壁后注浆浆液渗透扩散模型。

4.1 牛顿流体渗透扩散模型

4.1.1 浆液的流变方程

浆液的流变性反映了浆液在外力作用下的流动性，浆液的流动性越好，流动过程中的压力损失越小，浆液在岩土中扩散得越远。反之，浆液流动过程中的压力损失大，浆液不易扩散[1-3]。因此，盾构隧道壁后注浆过程不可避免地受浆液的流变性影响。注浆时，浆液的黏度随时间发生变化，从而引起渗透系数发生变化，t 时刻浆液的黏度 $\mu_g(t)$ 可用指数函数表示为[4,5]

$$\mu_g(t) = \mu_{g0} e^{\alpha t} \tag{4.1}$$

式中，μ_{g0} 为浆液的初始黏度，$Pa \cdot s$；t 为浆液拌和时间，s；α 为与浆液、介质孔隙率有关的参数。

浆液在地层中的渗透系数可表示为

$$K_g(t) = K_w / \beta(t) \tag{4.2}$$

式中，K_w 为水在砂性土中的渗透系数；$\beta(t)=\mu_g(t)/\mu_w$，为 t 时刻浆液黏度与水的黏度比。由此可得考虑浆液黏度时变性的渗透系数：

$$K_g(t) = K_w \cdot \frac{\mu_w}{\mu_{g0}} \cdot e^{-\alpha t} = \frac{K_w}{\beta_0} \cdot e^{-\alpha t} \tag{4.3}$$

式中，β_0 为浆液初始黏度与水的黏度比，$\beta_0 = \mu_{g0}/\mu_w$。

牛顿流体浆液的流变方程为

$$\tau = \mu\gamma \tag{4.4}$$

式中，τ 为剪切应力；μ 为流体的黏度；γ 为剪切速率，$\gamma=\mathrm{d}v/\mathrm{d}r$，$v$ 为浆液扩散速度。

根据朱建春等[6]的研究，水灰比 $W/C>1.25$ 的水泥浆液屈服应力 $\tau_0 \approx 0$，因此水灰比>1.25 的水泥浆液可认为是牛顿流体。以下几种水灰比的牛顿流体浆液流变方程如表 4.1 所示。

表 4.1　牛顿流体浆液流变方程

浆液名称	水灰比	流变方程
	1.5	$\tau=0.0559+0.0156\gamma$ [6]
	2.0	$\tau=0.0372+0.0047\gamma$ [7]
单液水泥浆	5.0	$\tau=0.088+0.0027\gamma$ [7]
	10.0	$\tau=0.0454+0.0019\gamma$ [7]

4.1.2　基本模型推导

1. 球面扩散模型

为了便于模型建立，对盾构壁后注浆过程作如下假设：浆液不可压缩、均质及各向同性且黏度存在时变性，其变化关系为指数函数(式(4.1))；忽略盾构管片曲率影响，将盾构外沿视为平面，浆液在渗透范围内，以注浆孔为球心，以半圆球形向四周扩散(图 4.1)。在盾尾管片壁后注浆中，因为存在盾尾间隙，孔隙率在一定范围内增大，从而影响浆液的扩散过程。本小节采用叶飞、宋天田等提出的有效孔隙率 n' 替代砂性土层本身的孔隙率 n，以考虑盾尾间隙的影响[8-10]。

设 t 时刻在 r 与 $r+\mathrm{d}r$ 之间浆液稳定渗透扩散，其渗流运动方程为

$$v=-K_{\mathrm{g}}(t)\frac{\mathrm{d}h}{\mathrm{d}r} \tag{4.5}$$

式中，v 为浆液扩散速度；h 为浆液压力水头高度。

将式(4.3)代入式(4.5)得

$$\mathrm{d}h=-\frac{\beta_0 v}{K_{\mathrm{w}}\mathrm{e}^{-\alpha t}}\mathrm{d}r \tag{4.6}$$

又因 $\mathrm{d}h=\mathrm{d}P/(\rho g)$，式(4.6)可化为

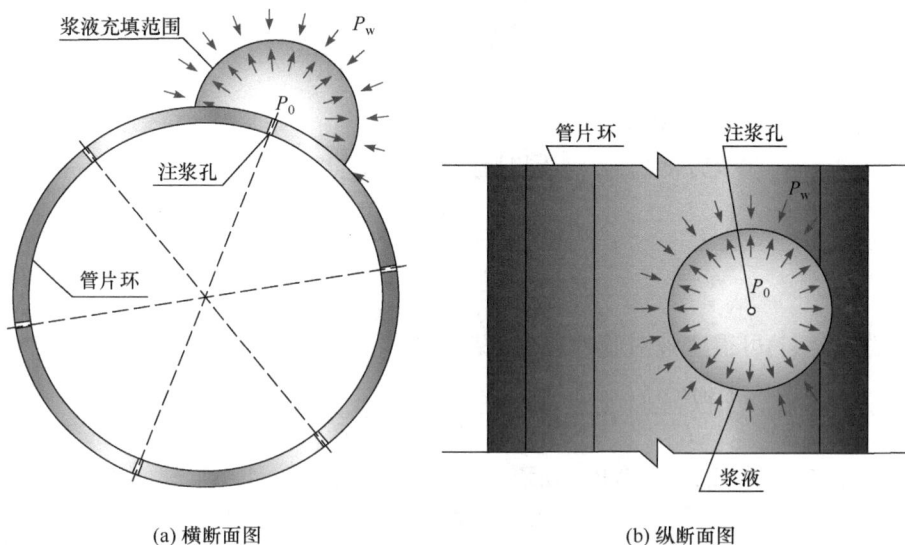

(a) 横断面图　　　　　　　　　　　　(b) 纵断面图

图 4.1 　球面扩散模型示意图

$$dP = -\frac{\beta_0 \rho g v}{K_w e^{-\alpha t}} dr \tag{4.7}$$

浆液呈球面扩散时，其扩散速度可表示为

$$v = \frac{q}{2\pi r^2} \tag{4.8}$$

将式(4.8)代入式(4.7)中，可得

$$dP = -\frac{\beta_0 \rho g q}{2K_w e^{-\alpha t} \pi r^2} dr \tag{4.9}$$

根据边界条件，在 r_0 处，浆液压力为 P_0；当浆液扩散距离达到 r 时，浆液压力为 P_r。因此，

$$q = \frac{2\pi K_w e^{-\alpha t}(P_0 - P_r)}{\beta_0(1/r_0 - 1/r)} \tag{4.10}$$

对式(4.10)从 0 到 t 积分，得 t 时刻的注浆量为

$$Q = \int_0^t q dt = \frac{2\pi K_w(P_0 - P_r)}{\beta_0\left(\dfrac{1}{r_0} - \dfrac{1}{r}\right)} \cdot \frac{1 - e^{-\alpha t}}{\alpha} \tag{4.11}$$

将 $Q = 2\pi r^3 n'/3$ 代入式(4.11)中，可得注浆压力分布公式为

$$P_r = P_0 - \frac{r^3 \beta_0 n'}{3K_w}\left(\frac{1}{r_0} - \frac{1}{r}\right) \cdot \frac{\alpha}{1 - e^{-\alpha t}} \tag{4.12}$$

式中，n' 为土体有效孔隙率。

令 $P_r = P_w$，并记 $P_0 - P_w = \Delta P$，同时考虑 $r \gg r_0$，则由式(4.11)可得浆液扩散距离为

$$r = \sqrt[3]{\frac{3K_w \Delta P r_0}{\beta_0 n'} \cdot \frac{1 - e^{-\alpha t}}{\alpha}} \tag{4.13}$$

由式(4.11)可得浆液对管片产生的压力为

$$F = P_0 \pi r^2 + \frac{\pi \beta_0 \rho g}{K_w}\left[-\frac{2n}{15r_0}r^5 - \frac{d(1-n)}{4r_0}r^4 + \frac{n}{6}r^4 + \frac{d(1-n)}{3}r^3\right] \cdot \frac{\alpha}{1 - e^{-\alpha t}} \tag{4.14}$$

式(4.12)～式(4.14)为考虑浆液黏度时变性条件下管片注浆球面扩散理论的基本公式。盾构隧道壁后注浆的黏度时变性浆液球面扩散模型中土体有效孔隙率 n'，可根据叶飞[8]与宋天田等[10]的研究计算：

$$n' = n + 3b(1-n)/2r \tag{4.15}$$

式中，b 为盾尾间隙厚度。

扩散模型中的参数 α 与 β_0，可通过浆液试验得到。本小节提出的黏度时变性浆液的球面扩散模型适用于砂性土中盾构隧道的单液浆管片注浆。由该模型推导得到的公式可为盾构壁后注浆施工中相关参数的确定提供理论依据。

为验证推导的合理性，采用实例计算的方式进行分析，由考虑浆液黏度时变性条件下管片注浆球面扩散理论的基本公式可以看出：壁后注浆浆液扩散距离及浆液对管片产生的压力与注浆压力、注浆时间、浆液黏度、土体渗透率、盾尾间隙厚度、注浆管半径等众多因素有关。以下分别应用叶飞[8]、宋天田等[10]及本小节的公式，通过实例分析，讨论盾构隧道壁后注浆的扩散距离及浆液对管片产生的压力与各因素的关系。

1) 注浆压力

假设注浆管半径 $r_0 = 2.5\text{cm}$，土体孔隙率 $n = 20\%$，土体的渗透系数 $K = 5 \times 10^{-4}\text{cm/s}$，浆液初始黏度与水的黏度比 $\beta_0 = 4$，盾尾间隙厚度取 $d = 10\text{cm}$，注浆点处的地下水压力 $P_w = 0$，由阮文军[4]、汪鹏程等[5]的试验数据，取 $\alpha = 1/6000\text{s}^{-1}$。当注浆时间 $t = 30\text{min}$ 时，则由式(4.12)和式(4.13)可求得各种注浆压力条件下的浆液扩散距离、浆液对管片产生的压力和浆液对单位面积管片产生的压力，如图4.2～图4.4所示。

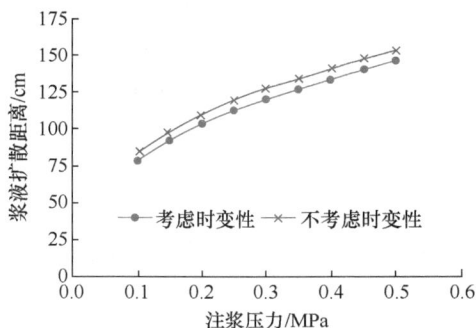

图 4.2 浆液扩散距离与注浆压力的关系

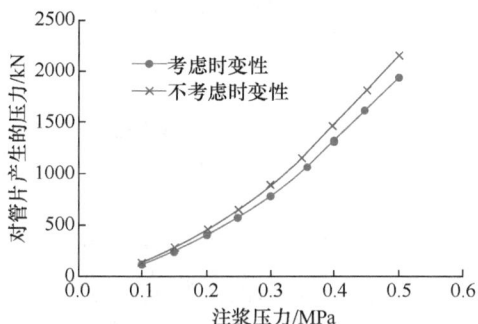

图 4.3 浆液对管片产生的压力与注浆压力
的关系

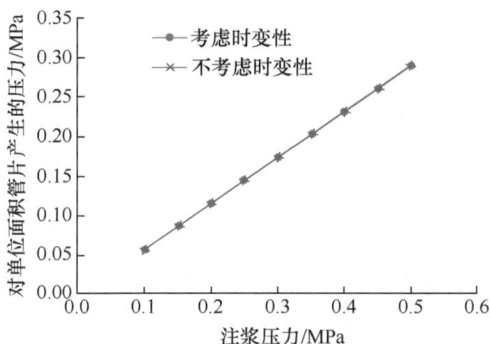

图 4.4 浆液对单位面积管片产生的压力与注浆压力的关系

由图 4.2 可知，浆液扩散距离在考虑浆液黏度时变性(简称"时变性")和不考虑时变性 2 种条件下的计算值都随注浆压力的增大而增大。当注浆压力由 0.1MPa 增大到 0.5MPa 时，浆液扩散距离在考虑时变性条件下，增加了不到 1 倍；在不考虑时变性条件下，也增加了不到 1 倍。但是，相同注浆压力下，考虑时变性的计算值略小于不考虑时变性的计算值,且两者的差距随注浆压力的增大略有增大。

由图 4.3 可知，浆液对管片产生的压力在考虑时变性和不考虑时变性两种条件下的计算值都随注浆压力的增大而增大。当注浆压力由 0.1MPa 增大到 0.5MPa 时，浆液对管片产生的压力在考虑时变性和不考虑时变性条件下，均增加了约 16 倍。但是，在相同注浆压力下，考虑时变性的计算值小于不考虑时变性的计算值,且两者的差距随着注浆压力的增大而增大。

由图 4.4 可知，在考虑时变性和不考虑时变性 2 种条件下所得的浆液对单位面积管片产生的压力与注浆压力的关系曲线重合，且近似呈直线。浆液对单位面积管片产生的压力在 2 种条件下的计算值几乎相同,都随注浆压力的增大而增大。

分析图 4.2～图 4.4 可以发现，当注浆压力由 0.1MPa 增大到 0.5MPa 时，浆液扩散距离仅增加不到 1 倍。但是，浆液对管片产生的压力却增加了十几倍，浆液对单位面积管片产生的压力也呈直线上升。这说明，盾构壁后注浆施工中，仅靠增加注浆压力来改善注浆效果应慎重，因为增大注浆压力的同时也大大增加了浆液对管片的压力，如果因施工要求确实需要用较大的注浆压力，则需对管片环进行承受注浆产生附加压力的结构计算。

2) 注浆时间

沿用前文相关参数的设定,当注浆压力 P_0=0.3MPa 时,则由式(4.12)和式(4.13)可求得不同注浆时间的浆液扩散距离、浆液对管片产生的压力和浆液对单位面积管片产生的压力，如图 4.5～图 4.7 所示。

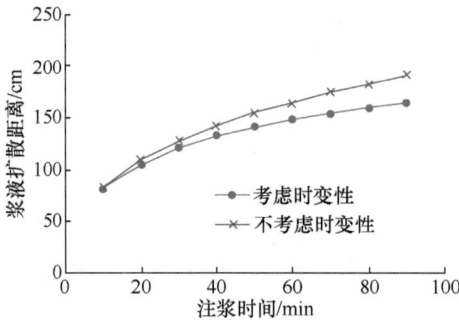

图 4.5　浆液扩散距离与注浆时间的关系

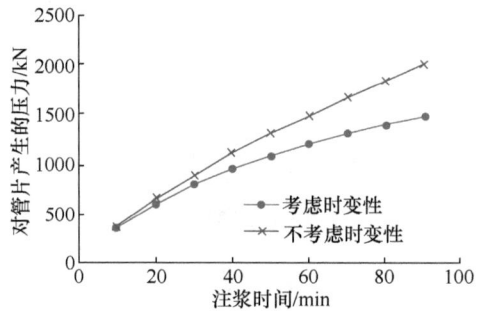

图 4.6　浆液对管片产生的压力与注浆时间的关系

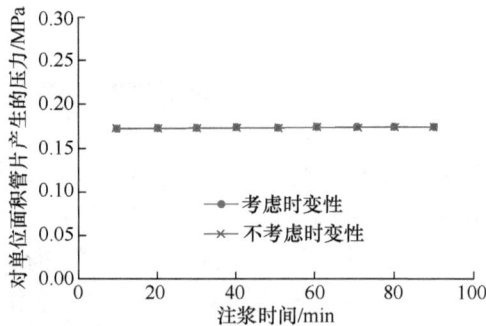

图 4.7　浆液对单位面积管片产生的压力与注浆时间的关系

由图 4.5 可知，浆液扩散距离在考虑时变性和不考虑时变性两种条件下的计算值都随注浆时间的延长而增大。当注浆时间由 10min 延长到 90min 时，浆液扩散距离在两种条件下的计算值均增加了约 1 倍。但是，相同注浆时间下，考虑时变性的计算值小于不考虑时变性的计算值，且两者的差距随注浆时间的延长而增大。

由图 4.6 可知，浆液对管片产生的压力在考虑时变性和不考虑时变性两种条件下的计算值都随注浆时间的延长而增大。当注浆时间由 10min 延长到 90min 时，浆液对管片产生的压力在考虑时变性条件下，增加了约 3 倍；在不考虑时变性条件下，增加了 4 倍多。在相同注浆时间下，考虑时变性的计算值小于不考虑时变性的计算值，且两者的差距随着注浆时间的延长而增大。

由图 4.7 可知，在考虑时变性和不考虑时变性两种条件下所得的浆液对单位面积管片产生的压力与注浆时间的关系曲线重合，且近似呈水平直线。浆液对单位面积管片产生的压力在 2 种条件下的计算值近乎相同，都不随注浆时间变化。

分析图 4.5～图 4.7 可以发现，当注浆时间由 10min 延长到 90min 时，浆液扩散距离仅增加了约 1 倍，浆液对管片产生的压力增加了 3～4 倍，浆液对单位面积管片产生的压力几乎保持不变。这说明，盾构壁后注浆施工中，可通过适当延长注浆时间来改善注浆效果。但是，注浆时间受浆液凝胶时间限制，因此应结合凝胶时间来调整注浆时间。

3）浆液初始黏度与水的黏度比

沿用前文相关参数的设定，当注浆时间 t=30min 时，则可由式(4.12)和式(4.13)求得浆液初始黏度与水的黏度比不同时浆液扩散距离、浆液对管片产生的压力和浆液对单位面积管片产生的压力，如图 4.8～图 4.10 所示。

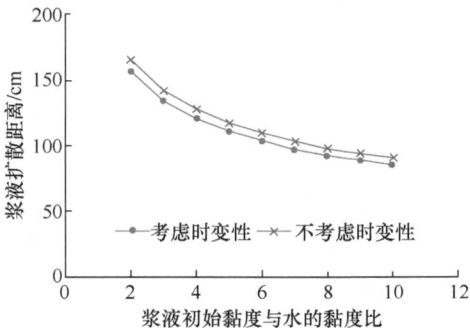

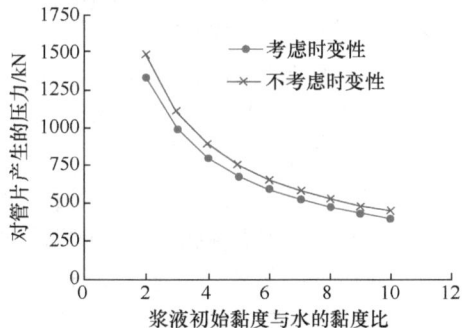

图 4.8　浆液扩散距离和浆液初始黏度与水　　　图 4.9　浆液对管片产生的压力和浆液初始
　　　　的黏度比之间的关系　　　　　　　　　　　　黏度与水的黏度比之间的关系

由图 4.8 可知，浆液扩散距离在考虑时变性和不考虑时变性两种条件下的计算值都随浆液初始黏度与水的黏度比增大而减小。当浆液初始黏度与水的黏度比从 2 增大到 10 时，浆液扩散距离在两种条件下计算值均减小了约 50%。在相同浆液初始黏度与水的黏度比下，考虑时变性的计算值略小于不考虑时变性的计算值，且两者的差距随浆液初始黏度与水的黏度比增大而逐渐减小。

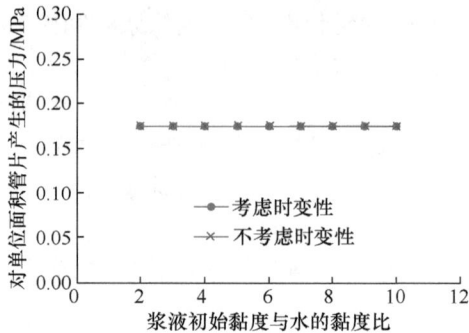

图 4.10　浆液对单位面积管片产生的压力和浆液初始黏度与水的黏度比之间的关系

由图 4.9 可知，浆液对管片产生的压力在考虑时变性和不考虑时变性两种条件下的计算值都随浆液初始黏度与水的黏度比增大而减小。当浆液初始黏度与水的黏度比从 2 增大到 10 时，浆液对管片产生的压力在两种条件下的计算值均减小了约 70%。但是，在相同初始黏度与水的黏度比下，考虑时变性的计算值小于不考虑时变性的计算值，且两者的差距随着浆液初始黏度与水的黏度比的减小而增大。

由图 4.10 可知，在考虑时变性和不考虑时变性 2 种条件下所得的浆液对单位面积管片产生的压力与浆液初始黏度与水的黏度比的关系曲线重合，且近似呈水平直线。浆液对单位面积管片产生的压力在 2 种条件下的计算值近乎相同，都不随浆液初始黏度与水的黏度比变化。

分析图 4.8～图 4.10 可以发现，当浆液初始黏度与水的黏度比从 2 增大到 10 时，浆液扩散距离减小了约 50%，浆液对管片产生的压力减小了约 70%，浆液对单位面积管片产生的压力几乎保持不变。这说明，浆液初始黏度与水的黏度比对壁后注浆扩散距离影响明显，对浆液对管片产生的压力影响较小，可通过选择合适初始黏度的浆液来调整盾构隧道壁后注浆效果。

4) 渗透系数

沿用前文相关参数的设定，当注浆时间 $t=30\text{min}$ 时，则由式(4.12)和式(4.13)可求得不同渗透系数 K 的土体中浆液扩散距离、浆液对管片产生的压力和浆液对单位面积管片产生的压力，如图 4.11～图 4.13 所示。

由图 4.11 可知，浆液扩散距离在考虑时变性和不考虑时变性两种条件下的计算值都随土体渗透系数的增大而增大。当渗透系数由 10^{-4}m/s 增大到 10^{-2}m/s 时，浆液扩散距离在两种条件下计算值均增加了不到 1 倍。但是，相同土体渗透系数下，考虑时变性的计算值小于不考虑时变性的计算值，且两者的差距随渗透系数的增大而增大。

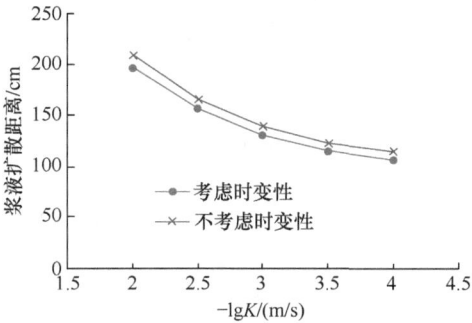

图 4.11　浆液扩散距离与土体渗透系数的关系

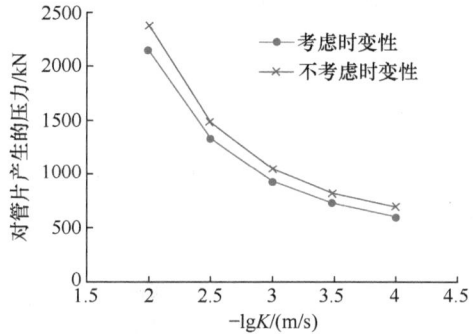

图 4.12　浆液对管片产生的压力与土体渗透系数的关系

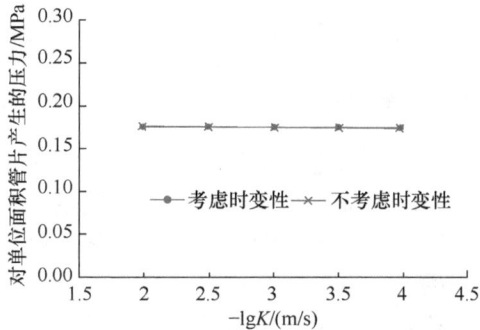

图 4.13　浆液对单位面积管片产生的压力与土体渗透系数的关系

由图 4.12 可知,浆液对管片产生的压力在考虑时变性和不考虑时变性两种条件下的计算值都随土体渗透系数的增大而增大。当土体渗透系数由 10^{-4} m/s 增大到 10^{-2} m/s 时,浆液对管片产生的压力在两种条件下的计算值均增加了两倍多。但是,相同土体渗透系数下,考虑时变性的计算值小于不考虑时变性的计算值,且两者的差距随渗透系数的增大而增大。

由图 4.13 可知,在考虑时变性和不考虑时变性两种条件下所得的浆液对单位面积管片产生的压力与土体渗透系数的关系曲线几乎重合,且近似呈水平直线。浆液对单位面积管片产生的压力在两种条件下的计算值几乎相同,均不随土体渗透系数变化。

分析图 4.11～图 4.13 可以发现,土体渗透系数对注浆效果有较大影响,土体渗透系数越大,浆液扩散距离越大,浆液对管片产生的压力也越大。说明在盾构隧道壁后注浆设计中,土体本身的特性不可忽视。换言之,在盾构隧道掘进中,应该随土性参数的变化调整注浆施工参数和浆液参数,在大断面盾构隧道施工中,同一横断面不同注浆点处的土性参数也会不同，也应区别对待。

假设注浆管半径 r_0=2.5cm，土体孔隙率 n=20%，土体的渗透系数 K=5×10^{-4}cm/s，浆液黏度与水的黏度比 β_0=4，盾尾间隙厚度取 d=10cm，注浆点处的地下水压力为 P_w=0，注浆压力 P_0=0.3MPa，注浆时间 t=30min。在此假设下，分别求出两种条件下浆液对管片产生的压力与浆液扩散距离的关系曲线，如图 4.14 所示。

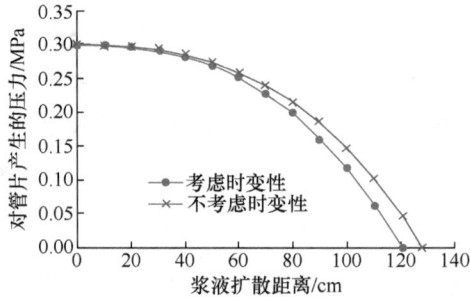

图 4.14　浆液对管片产生的压力与浆液扩散距离的关系

从图 4.14 可知，对于盾构隧道管片注浆，考虑时变性和不考虑时变性两种条件下，浆液对管片产生的压力都呈抛物线形分布，但浆液对管片产生的压力和扩散距离均满足考虑时变性时小于不考虑时变性时，浆液对管片产生的压力差距随浆液扩散距离的增大而增大。可见，浆液黏度时变性对注浆压力分布影响比较显著。考虑时变性时，管片所受的注浆压力及浆液扩散距离均减小，导致浆液对管片产生的压力减小。由于浆液对管片产生的压力与浆液扩散距离同步减小，所以浆液对单位面积管片产生的压力保持不变。

2. 柱面扩散模型

为了方便研究，对盾构壁后注浆过程作如下假设：仅将球面扩散模型中假设修改为浆液在渗透范围内，以注浆孔为球心，以柱面向四周扩散，其余均一致。盾构壁后注浆按照注浆孔位置的不同可分为盾尾注浆和管片注浆，依然沿袭球面扩散模型研究浆液扩散距离的思路，以下分别就这两种类型的浆液扩散距离及浆液对管片产生的压力计算式进行理论推导。

盾尾注浆时，浆液的渗透扩散模型如图 4.15 和图 4.16 所示，图中 P_0 为注浆压力，P_w 为注浆点处的地下水压力，r_0 为注浆孔半径，r 为经过注浆时间 t 后的浆液扩散距离，λb 为浆液扩散体的厚度，即注浆浆液的影响厚度，λ 为注入率，b 为盾尾间隙厚度。

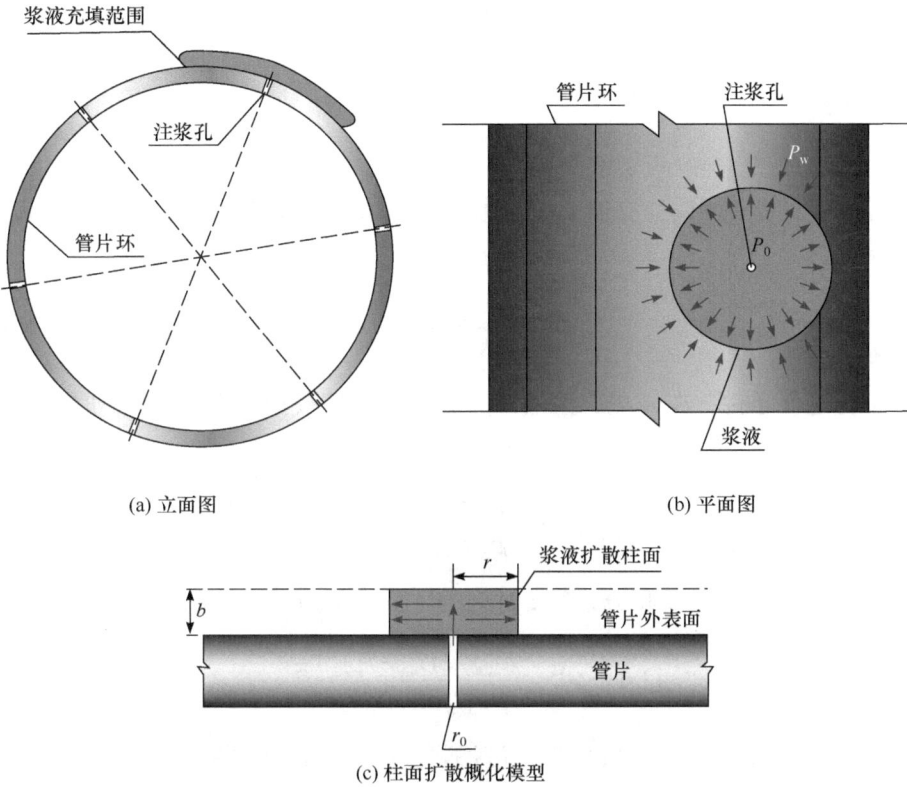

(a) 立面图　　　　　　　　　　　　(b) 平面图

(c) 柱面扩散概化模型

图 4.15　盾尾注浆渗透扩散模型示意图

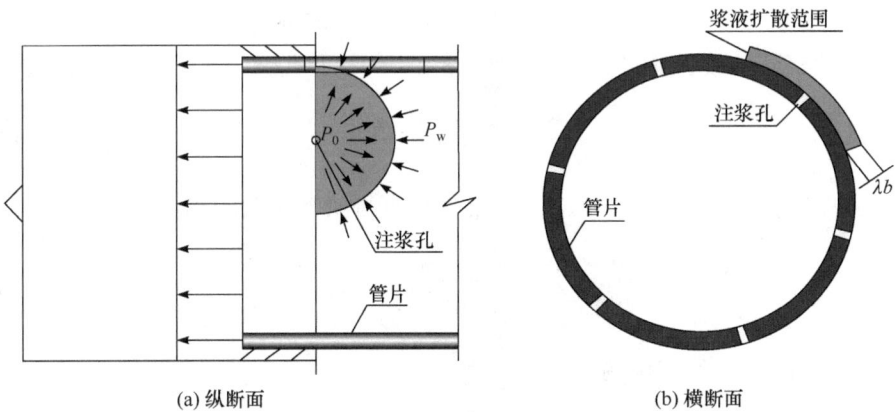

(a) 纵断面　　　　　　　　　　　　(b) 横断面

图 4.16　盾尾注浆柱面渗透扩散模型

设 t 时刻在 r 与 $r+\mathrm{d}r$ 之间浆液稳定渗透扩散，其渗流运动方程为式(4.5)：

$$v = -K_{\mathrm{g}}(t)\frac{\mathrm{d}h}{\mathrm{d}r}$$

式中，v 为浆液扩散速度；h 为浆液压力水头高度。

将式(4.3)代入式(4.5)，得式(4.6)：

$$dh = -\frac{\beta_0 v}{K_w e^{-\alpha t}} dr$$

设单孔注浆量为 q，又因 $v = q/\pi r \lambda b$，密度为 ρ 的浆液满足 $dh = dP/\rho g$，式(4.6)可化为

$$dP = -\frac{\beta_0 q \rho g}{K_w e^{-\alpha t} \pi r \lambda b} dr \tag{4.16}$$

根据边界条件，在 r_0 处，浆液压力为 P_0；当浆液扩散距离达到 r 时，浆液压力为 P_r。因此，

$$q = \frac{K_w \pi \lambda b e^{-\alpha t}(P_0 - P_r)}{\rho g \beta_0 \ln(r/r_0)} \tag{4.17}$$

对式(4.16)从 0 到 t 积分，得 t 时刻的注浆总量 Q 为

$$Q = \int_0^t q \, dt = \frac{K_w \pi \lambda b (P_0 - P_r)}{\rho g \beta_0 \ln(r/r_0)} \cdot \frac{1 - e^{-\alpha t}}{\alpha} \tag{4.18}$$

将 $Q = \pi r^2 \lambda b n'/2$ 代入式(4.18)，可得浆液压力分布公式为

$$P_r = P_0 - \frac{r^2 n' \beta_0 \rho g \ln(r/r_0)}{2K_w} \cdot \frac{\alpha}{1 - e^{-\alpha t}} \tag{4.19}$$

式中，n' 为浆液扩散范围的有效孔隙率，n' 由土体初始孔隙率 n 及注入率 λ 计算[8,10]：

$$n' = n + \frac{1-n}{\lambda} \tag{4.20}$$

令 $P_r = P_w$，并记 $P_0 - P_w = \Delta P$，由式(4.20)可得浆液扩散距离为

$$r = \sqrt{\frac{2K_w \Delta P}{\beta_0 \rho g n' \ln(r/r_0)} \cdot \frac{1 - e^{-\alpha t}}{\alpha}} \tag{4.21}$$

可得浆液对管片产生的压力 F 计算式为

$$F = \int_0^r P_r \pi r \, dr = \frac{P_0 \pi r^2}{2} - \frac{\pi n' \beta_0 \rho g}{8K_w} \left(\ln \frac{r}{r_0} - \frac{1}{4} \right) r^4 \frac{\alpha}{1 - e^{-\alpha t}} \tag{4.22}$$

管片注浆时，浆液的渗透扩散模型如图 4.17 所示。管片上的注浆孔距离盾尾有一定距离。因此，通过管片注浆孔进行管片注浆时，浆液能在该距离内以完整

的柱面扩散；当扩散距离超出管片注浆孔与盾尾的距离时，浆液不再以完整的柱面扩散。本小节仅研究完整柱面扩散范围内的管片注浆。

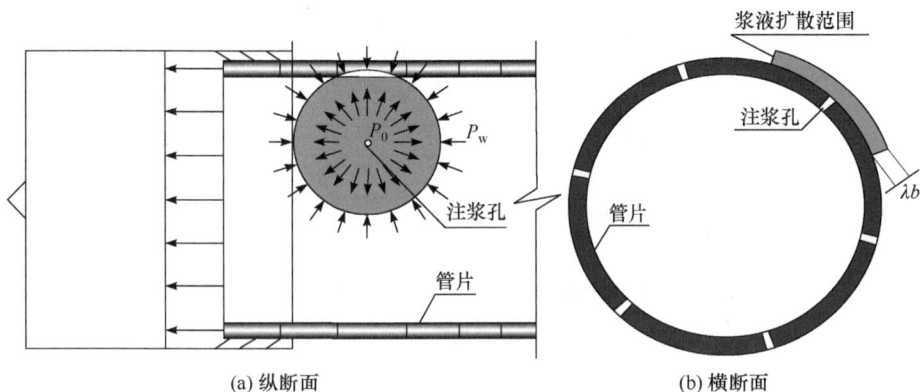

(a) 纵断面　　　　　　　　　　　(b) 横断面

图 4.17　管片注浆渗透扩散模型

经过类似于盾尾注浆的推导，可得到相同的浆液压力分布与浆液扩散距离的表达式。此时，浆液对管片产生的压力表达式为

$$F = P_0 \pi r^2 - \frac{\pi n' \beta_0 \rho g}{4K_w}\left(\ln \frac{r}{r_0} - \frac{1}{4}\right) r^4 \frac{\alpha}{1-e^{-\alpha t}} \tag{4.23}$$

比较式(4.23)与式(4.22)可知，采用管片注浆时，浆液对管片产生的压力是采用盾尾注浆时的 2 倍(实际上，依据盾尾与注浆孔的间距情况，应该在 1～2 倍)，这种差别主要是由浆液扩散范围的不同引起的。现假设 r_0=2.5cm，n=20%，K_w=5×10⁻⁴cm/s，β_0=4，b=10cm，λ=1.5，P_w=0。由阮文军[4]、汪鹏程等[5]的试验数据可取 α=1/6000s⁻¹。将 n=20%代入式(3.19)可得浆液扩散范围内土体的有效孔隙率 n'=73.33%。原土体的孔隙比 e_0=n/(1−n)=0.25，土体等效孔隙比 e'=n'/(1−n')=2.75。由考虑土体孔隙比 e 的渗透系数经验公式 $K=2(d_{10}e)^2$ 可得土体等效渗透系数 K'=6.05×10⁻²cm/s。

1) 注浆压力

当注浆时间 t=30min，注浆压力分别取 0.1～0.5MPa(间隔 0.05MPa)时，将各参数代入式(4.21)，由迭代法求得浆液扩散距离，将浆液扩散距离代入式(4.22)，进而求得浆液对管片产生的压力。由浆液对管片产生的压力和浆液扩散距离可求得浆液对单位面积管片产生的压力。同样将各参数代入叶飞[8]、宋天田等[10]未考虑浆液黏度时变性的公式中，得到相应的浆液扩散距离、浆液对管片产生的压力和浆液对单位面积管片产生的压力。上述计算结果如图 4.18～图 4.20 所示。

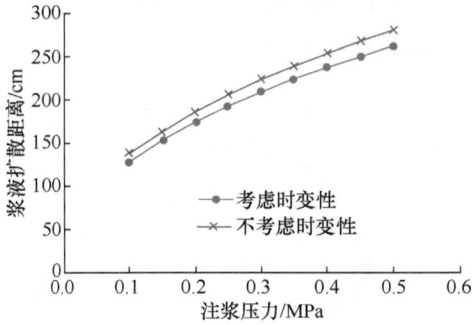

图 4.18　浆液扩散距离与注浆压力的关系

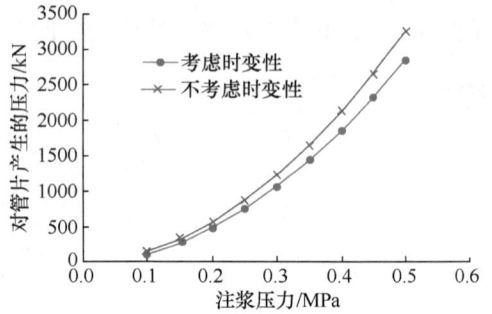

图 4.19　浆液对管片产生的压力与注浆压力的关系

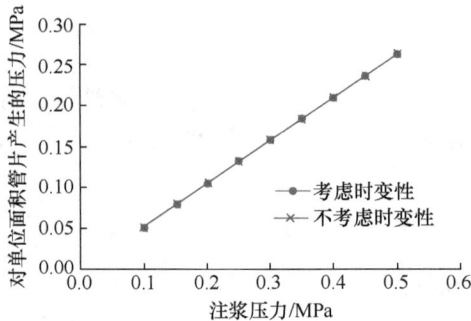

图 4.20　浆液对单位面积管片产生的压力与注浆压力的关系

由图 4.18 可知，是否考虑浆液黏度时变性的两种条件计算所得浆液扩散距离都随注浆压力的增大而增大。在相同注浆压力下，考虑时变性时浆液扩散距离计算值小于不考虑时变性的计算值，两者的差距随着注浆压力的增大而增大。考虑时变性时，随着时间推移浆液黏度不断增大，渗透系数不断减小，从而导致浆液扩散距离比不考虑黏度时变性时小。

由图 4.19 可知，是否考虑浆液黏度时变性的两种条件计算所得浆液对管片产生的压力都随着注浆压力的增大而增大。在相同注浆压力下，考虑时变性时浆液对管片产生的压力计算值小于不考虑时变性的计算值，两者的差距随着注浆压力的增大而增大。随注浆压力的增大，浆液对管片产生的压力受浆液黏度时变性影响逐渐变大。

由图 4.20 可知，是否考虑浆液黏度时变性的两种条件计算所得浆液对单位面积管片产生的压力与注浆压力的关系曲线几乎重合，浆液对单位面积管片产生的压力都随着注浆压力增大呈现近似线性的增长趋势。可见，浆液对单位面积管片产生的压力受浆液黏度时变性的影响微小。

2) 注浆时间

当注浆压力 P_0=0.3MPa，注浆时间分别取 10～90min 时，求得是否考虑时变性两种情况下的浆液扩散距离、浆液对管片产生的压力和浆液对单位面积管片产生的压力。计算结果如图 4.21～图 4.23 所示。

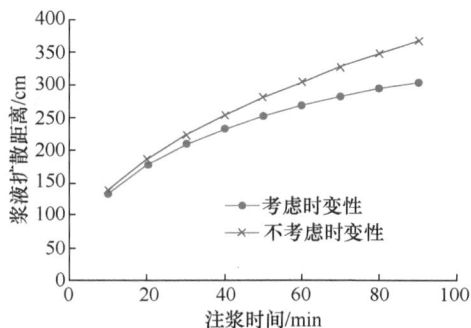

图 4.21　浆液扩散距离与注浆时间的关系

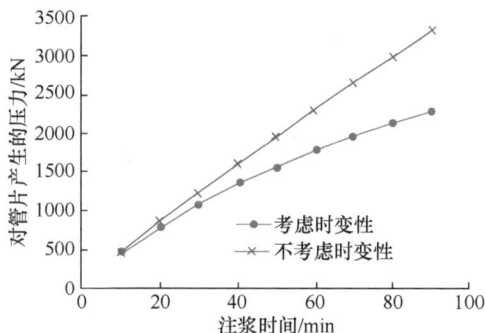

图 4.22　浆液对管片产生的压力与注浆时间的关系

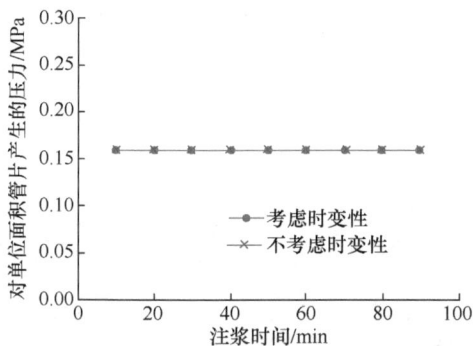

图 4.23　浆液对单位面积管片产生的压力与注浆时间的关系

由图 4.21 可知，是否考虑时变性的两种条件计算所得浆液扩散距离都随注浆时间的推移而增大。在相同注浆时间下，考虑时变性时浆液扩散距离计算值小于不考虑时变性的计算值，两者的差距随着注浆时间的推移而增大。可见，注浆时间较长时，浆液扩散距离受浆液黏度时变性影响显著。

由图 4.22 可知，是否考虑时变性的两种条件计算所得浆液对管片产生的压力都随注浆时间的推移而增大。不考虑时变性时，浆液对管片产生的压力与注浆时间关系曲线近似呈直线，考虑时变性时不再呈直线。在相同注浆时间下，考虑时变性时浆液扩散距离、浆液对管片产生的压力计算值小于不考虑时变性的计算值，两者的差距随着注浆时间的推移而增大。可见，浆液对管片产生的压力受浆液黏度时变性影响较大,当注浆时间较长时,这种影响将更趋显著。

由图 4.23 可知,是否考虑时变性的两种条件计算所得浆液对单位面积管片产生的压力与注浆时间的关系曲线几乎重合且呈水平直线。可见,浆液对单位面积管片产生的压力几乎不受浆液黏度时变性的影响。

3) 凝胶时间

设浆液凝胶时间为 T,则凝胶黏度 μ_T 为

$$\mu_T = \mu_{g0} e^{\alpha T} \tag{4.24}$$

由式(4.24)可将浆液的凝胶时间表示为

$$T = \frac{1}{\alpha} \ln\left(\frac{\mu_T}{\mu_{g0}}\right) \tag{4.25}$$

由式(4.25)可知,在浆液初始黏度和凝胶黏度一定的情况下,浆液凝胶时间与 α 有关,α 大的浆液凝胶时间短。可以认为 α 在一定程度上反映了浆液的凝胶时间。当注浆压力取 0.3MPa,注浆时间分别取 30min、60min、90min 和 120min,$1/\alpha$ 取 1000~9000s 时,利用本小节的公式分别计算出浆液扩散距离、浆液对管片产生的压力和浆液对单位面积管片产生的压力。计算结果如图 4.24~图 4.26 所示。

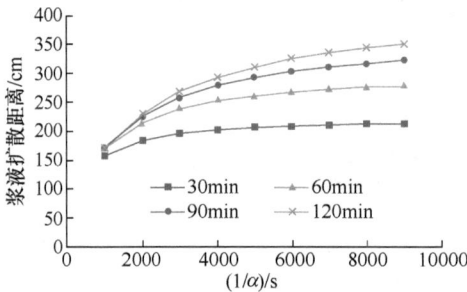

图 4.24　浆液扩散距离与 $1/\alpha$ 的关系曲线　　图 4.25　浆液对管片产生的压力与 $1/\alpha$ 的关系曲线

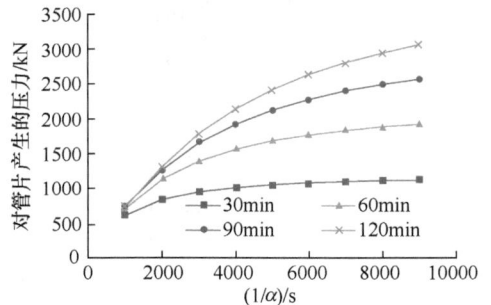

由图 4.24 可知,浆液扩散距离随着 $1/\alpha$ 的增大而增大,注浆压力和注浆时间相同时,凝胶时间长的浆液扩散距离较大。凝胶时间长的浆液在同一时刻的浆液扩散距离比凝胶时间短的浆液大,并且在凝胶时间短的浆液停止扩散后还能继续扩散,所以最终的浆液扩散距离大于凝胶时间短的浆液。可见,浆液的凝胶时间对其扩散距离的影响显著。

由图 4.25 可知,浆液对管片产生的压力随着 $1/\alpha$ 的增大而增大,注浆压力和注浆时间相同,浆液凝胶时间长的浆液对管片产生的压力较大。凝胶时间长的浆液在同一时刻对管片产生的压力比凝胶时间短的浆液大,并且在凝胶时间短的浆液停

止扩散后还能继续扩散，最终的浆液扩散距离大于凝胶时间短的浆液，这使浆液对管片产生的压力更大。可见，浆液对管片产生的压力受凝胶时间的影响显著。

由图 4.26 可知，注浆时间分别为 30min、60min、90min 和 120min 时，浆液对单位面积管片产生的压力与 $1/\alpha$ 的关系曲线重合且近似呈水平直线。可见，浆液对单位面积管片产生的压力几乎不受浆液凝胶时间的影响。

依然采用前文中的参数条件，并取注浆压力为 0.3MPa，注浆时间为 30min，是否考虑浆液黏度时变性的两种条件下，浆液对管片产生的压力与浆液扩散距离间的关系曲线如图 4.27 所示。

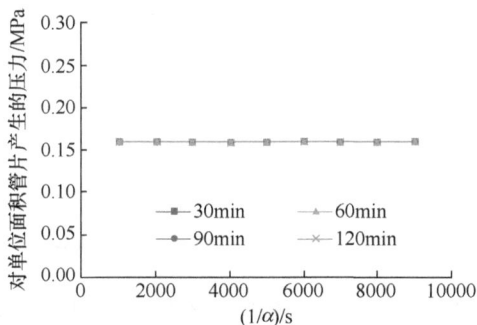

图 4.26 浆液对单位面积管片产生的压力与 $1/\alpha$ 的关系曲线

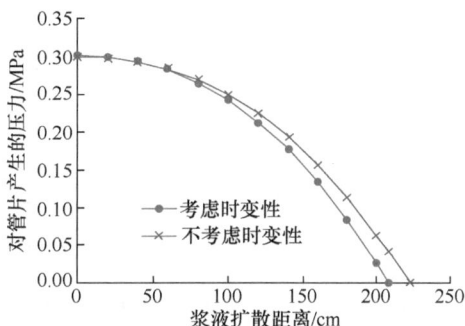

图 4.27 浆液对管片产生的压力与浆液扩散距离的关系曲线

从图 4.27 可知，是否考虑浆液黏度时变性两种条件下，浆液对管片产生的压力都呈抛物线形分布，但浆液对管片产生的压力、浆液扩散距离均表现为考虑时变性时较不考虑时变性小，浆液对管片产生的压力的差距随浆液扩散距离的增大而减小。可见，浆液黏度时变性对管片产生的压力分布影响显著。

3. 球面、柱面扩散模型对比分析

本小节将考虑浆液黏度时变性模型的计算结果与叶飞[8]、宋天田等[10]未考虑浆液黏度时变性模型的计算结果进行对比，两类扩散模型的理论公式对比如表 4.2 所示。

表 4.2　扩散模型理论公式对比表

类型	物理量	考虑时变性	不考虑时变性
球面扩散模型	注浆压力	$P_r = P_0 - \dfrac{r^3 \beta_0 n'}{3K}\left(\dfrac{1}{r_0} - \dfrac{1}{r}\right)\cdot\dfrac{\alpha}{1-e^{-\alpha t}}$	$P_r = P_0 - \dfrac{r^3 \beta_0 n'}{3K}\left(\dfrac{1}{r_0} - \dfrac{1}{r}\right)\cdot\dfrac{1}{t}$
	浆液扩散距离	$r = \sqrt[3]{\dfrac{3K\Delta P r_0}{\beta_0 n'}\cdot\dfrac{1-e^{-\alpha t}}{\alpha}}$	$r = \sqrt[3]{\dfrac{3K\Delta P r_0}{\beta_0 n'}\cdot t}$

类型	物理量	考虑时变性	不考虑时变性
球面扩散模型	浆液对管片产生的压力	$F = \dfrac{\pi r^2 P_0}{2} + \dfrac{\pi \beta \rho g}{2K}\left[-\dfrac{2n}{15r_0}r^5\right.$ $\left. -\dfrac{b(1-n)}{4r_0}r^4 + \dfrac{n}{6}r^4 + \dfrac{b(1-n)}{3}r^3\right]\cdot\dfrac{\alpha}{1-e^{-\alpha t}}$	$F = \dfrac{\pi r^2 P_0}{2} + \dfrac{\pi \beta \rho g}{2K}\left[-\dfrac{2n}{15r_0}r^5\right.$ $\left. -\dfrac{b(1-n)}{4r_0}r^4 + \dfrac{n}{6}r^4 + \dfrac{b(1-n)}{3}r^3\right]\cdot\dfrac{1}{t}$
柱面扩散模型	注浆压力	$P_r = P_0 - \dfrac{r^2 n'\beta_0\rho g \ln\dfrac{r}{r_0}}{2K_w}\cdot\dfrac{\alpha}{1-e^{-\alpha t}}$	$P_r = P_0 - \dfrac{r^2 n'\beta_0\rho g \ln\dfrac{r}{r_0}}{2K_w}\cdot\dfrac{1}{t}$
	浆液扩散距离	$r = \sqrt{\dfrac{2K_w\Delta P}{\beta_0\rho g n' \ln\dfrac{r}{r_0}}\cdot\dfrac{1-e^{-\alpha t}}{\alpha}}$	$r = \sqrt{\dfrac{2K_w\Delta P}{\beta_0\rho g n' \ln\dfrac{r}{r_0}}\cdot t}$
	浆液对管片产生的压力	$F = \dfrac{\pi r^2}{2}P_0$ $-\dfrac{\pi n'\beta_0\rho g}{8K_w}\left(\ln\dfrac{r}{r_0}-\dfrac{1}{4}\right)r^4\cdot\dfrac{\alpha}{1-e^{-\alpha t}}$	$F = \dfrac{\pi r^2}{2}P_0$ $-\dfrac{\pi n'\beta_0\rho g}{8K_w}\left(\ln\dfrac{r}{r_0}-\dfrac{1}{4}\right)r^4\cdot\dfrac{1}{t}$

由表 4.2 可以看出，考虑浆液黏度时变性条件下渗透扩散基本公式中的因子 $(1-e^{-\alpha t})/\alpha$ 与不考虑时变性公式中的因子 t 对应。据此，定义为注浆时效函数为

$$\varphi(t) = \frac{1-e^{-\alpha t}}{\alpha} \tag{4.26}$$

注浆时效函数图像如图 4.28 所示。由图 4.28 可知，注浆时效函数在注浆时间趋于无穷大时，存在极限值 $1/\alpha$，这与浆液的性质正好吻合，即随着注浆时间的推移，浆液最终会凝胶，不再扩散。

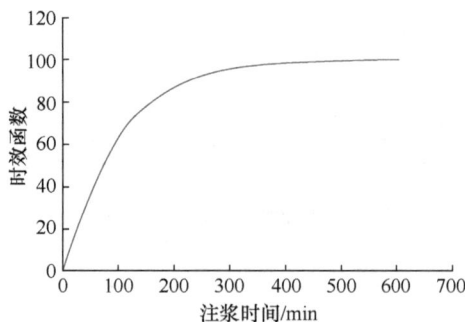

图 4.28　注浆时效函数

通过浆液扩散机理的分析可以发现，盾构壁后注浆效果与三方面因素有关，即注浆压力、注浆时间等施工参数；浆液初始黏度、凝胶时间等浆液特性参数；

渗透系数等土体特性参数。以下通过管片注浆的具体实例，分别从此三方面分析影响注浆效果的因素。

假设注浆管半径 r_0=2.5cm，土体孔隙率 n=20%，土体的渗透系数 K=5×10^{-4}cm/s，浆液黏度与水的黏度比 β_0=4，盾尾间隙厚度取 b=10cm，注浆点处的地下水压力为 P_w=0，α=1/6000s^{-1}。

1) 注浆压力

当注浆时间 t=30min 时，分别用球面扩散模型和柱面扩散模型求得不同注浆压力下浆液扩散距离、浆液对管片产生的压力和浆液对单位面积管片产生的压力，计算结果如图 4.29～图 4.31 所示。

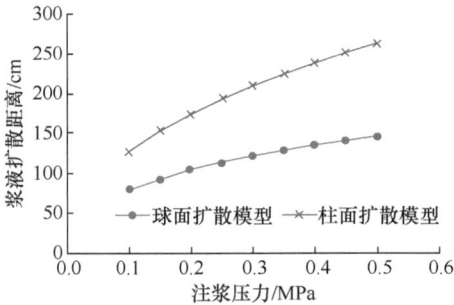

图 4.29　浆液扩散距离与注浆压力的关系

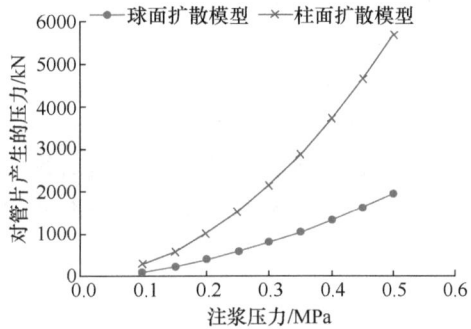

图 4.30　浆液对管片产生的压力与注浆压力的关系

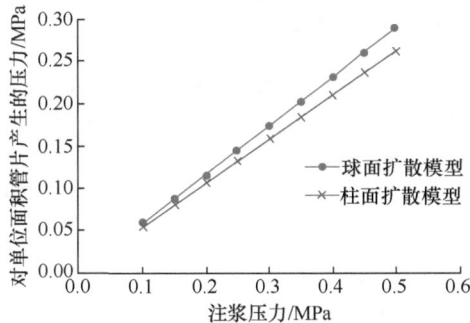

图 4.31　浆液对单位面积管片产生的压力与注浆压力的关系

由图 4.29 可知，浆液扩散距离的球面扩散模型计算值和柱面扩散模型计算值都随注浆压力的增大而增大。注浆压力从 0.1MPa 增加到 0.5MPa 时，两种扩散模型的计算值都增加了约 1 倍。在相同注浆压力下，浆液扩散距离的球面扩散模型计算值小于柱面扩散模型计算值，前者为后者的 55%～60%，两者的差距随着注浆压力的增大而增大。

由图 4.30 可知,对于浆液对管片产生的压力,球面扩散模型计算值和柱面扩散模型计算值都随注浆压力的增大而增大。注浆压力从 0.1MPa 增加到 0.5MPa 时,球面扩散模型计算值增加了约 16 倍,柱面扩散模型计算值增加了约 20 倍。在相同注浆压力和注浆时间下,球面扩散模型计算值小于柱面扩散模型计算值,前者为后者的 35%~40%,两者的差距随着注浆压力的增大而增大。

由图 4.31 可知,对于浆液对单位面积管片产生的压力,球面扩散模型计算值和柱面扩散模型计算值都随注浆压力的增大而增大,且均近似呈线性关系。注浆压力从 0.1MPa 增加到 0.5MPa 时,两种模型的计算值都增加了约 4 倍。在相同注浆压力下,球面扩散模型计算得到的浆液对单位面积管片产生的压力略大于柱面扩散模型,球面扩散模型计算值约为柱面扩散模型计算值的 1.1 倍,且两者的差距随着注浆压力的增大而趋于明显。

2) 注浆时间

当注浆压力 P_0=0.3MPa 时,分别用球面扩散模型和柱面扩散模型求得不同注浆时间下的浆液扩散距离、浆液对管片产生的注浆压力和浆液对单位面积管片产生的压力,计算结果如图 4.32~图 4.34 所示。

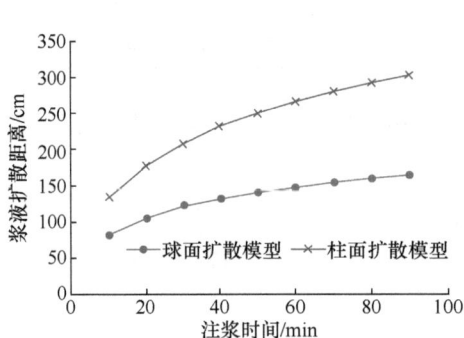

图 4.32　浆液扩散距离与注浆时间的关系

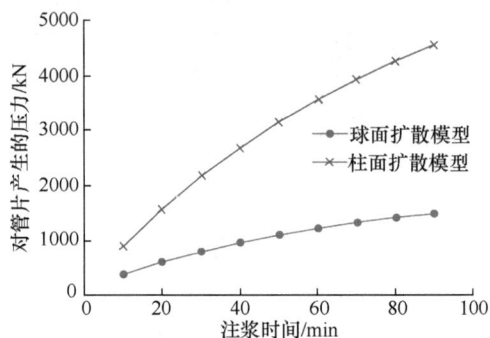

图 4.33　浆液对管片产生的压力与注浆时间的关系

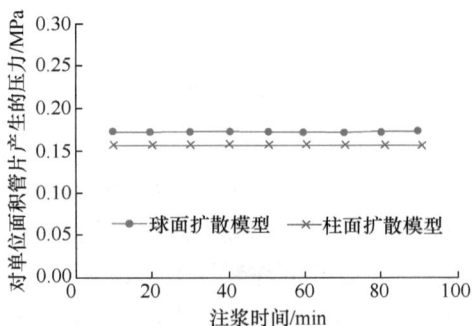

图 4.34　浆液对单位面积管片产生的压力与注浆时间的关系

由图 4.32 可知，球面扩散模型和柱面扩散模型计算得到的浆液扩散距离都随注浆时间的延长而增大。注浆时间从 10min 延长到 90min 时，两种扩散模型的计算值都增加了约 1 倍。在相同注浆时间下，浆液扩散距离的球面扩散模型计算值小于柱面扩散模型计算值，前者为后者的 55%～60%，两者的差距随着注浆时间的延长而增大。

由图 4.33 可知，球面扩散模型和柱面扩散模型计算得到的浆液对管片产生的压力都随注浆时间的延长而增大。注浆时间从 10min 增加到 90min 时，球面扩散模型计算值增加了约 3 倍，柱面扩散模型计算值增加了约 4 倍。在相同注浆压力和注浆时间下，球面扩散模型计算的浆液对管片产生的压力小于柱面扩散模型计算值，前者为后者的 30%～40%，两者的差距随着注浆时间的延长而增大。

由图 4.34 可知，球面扩散模型和柱面扩散模型计算得到的浆液对单位面积管片产生的压力几乎不随注浆时间的延长而变化，球面扩散模型计算值略大于柱面扩散模型计算值，前者约为后者的 1.1 倍。

由以上分析可以发现，当注浆压力由 0.1MPa 增大到 0.5MPa 时，浆液扩散距离仅增加了约 1 倍，但浆液对管片产生的压力却增大约 20 倍，浆液对单位面积管片产生的压力增加了约 4 倍。当注浆时间由 10min 延长到 90min 时，浆液扩散距离仅增加了约 1 倍，浆液对管片产生的压力增大 3～4 倍，浆液对单位面积管片产生的压力基本保持不变。由此可见，盾构壁后注浆施工中，通过增加注浆压力来改善注浆加固效果需要慎重考虑。因为增大注浆压力的同时也大大增加了浆液对管片产生的压力，如果因施工要求，确需采用较大的注浆压力，应考虑注浆附加压力作用下管片环的承受能力。受结构承载限制而不能增加注浆压力时，可通过延长注浆时间来改善注浆效果。但是，注浆时间受浆液凝胶时间限制，因此应结合凝胶时间来控制注浆时间。

3) 浆液初始黏度与水的黏度比

当注浆时间 $t=30min$，注浆压力 $P_0=0.3MPa$ 时，分别用球面扩散模型和柱面扩散模型求得不同浆液初始黏度与水的黏度比时浆液扩散距离、浆液对管片产生的注浆压力和浆液对单位面积管片产生的压力，计算结果如图 4.35～图 4.37 所示。

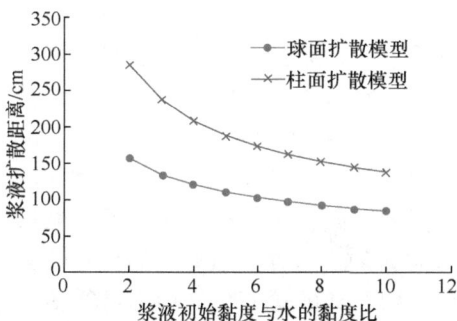

图 4.35　浆液扩散距离和浆液初始黏度与水的黏度比之间的关系

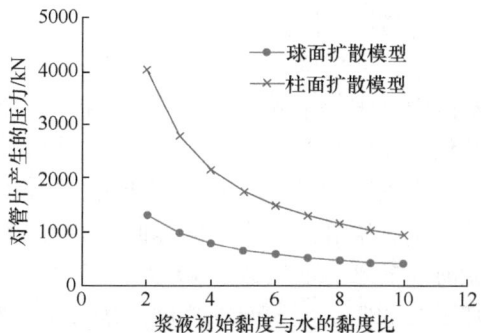

图 4.36　浆液对管片产生的压力和浆液初始黏度与水的黏度比之间的关系

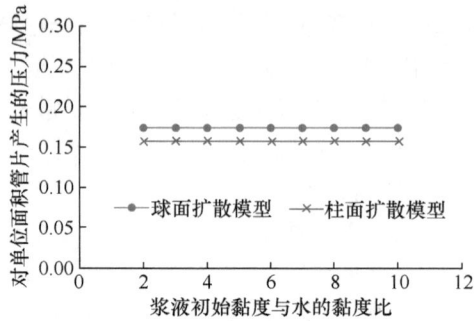

图 4.37　浆液对单位面积管片产生的压力和浆液初始黏度与水的黏度比之间的关系

由图 4.35 可知，在相同注浆压力和注浆时间下，浆液扩散距离的球面扩散模型计算值和柱面扩散模型计算值都随浆液初始黏度与水的黏度比减小而增大。浆液初始黏度与水的黏度比从 10 减小到 2 时，两种扩散模型的计算值都增加了约 1 倍。浆液初始黏度与水的黏度比相同的条件下，浆液扩散距离的球面扩散模型计算值小于柱面扩散模型计算值，前者为后者的 55%～60%，两者的差距随着浆液初始黏度与水的黏度比减小而增大。

由图 4.36 可知，在相同注浆压力和注浆时间下，浆液对管片产生的压力的球面扩散模型计算值和柱面扩散模型计算值都随浆液初始黏度与水的黏度比减小而增大。浆液初始黏度与水的黏度比从 10 减小到 2 时，球面扩散模型计算值增加了约 3 倍，柱面扩散模型计算值增加了约 4 倍。浆液初始黏度与水的黏度比相同的条件下，浆液对管片产生的压力的球面扩散模型计算值小于柱面扩散模型计算值，前者为后者的 35%～40%，两者的差距随着浆液初始黏度与水的黏度比减小而增大。

由图 4.37 可知，浆液对单位面积管片产生的压力的球面扩散模型计算值和柱面扩散模型计算值几乎不随浆液初始黏度与水的黏度比变化而变化，球面扩散模型计算值略大于柱面扩散模型计算值，前者约为后者的 1.1 倍。

4) 凝胶时间

当注浆时间 $t=30\text{min}$，注浆压力 $P_0=0.3\text{MPa}$ 时，分别用球面扩散模型和柱面扩散模型求得不同 $1/\alpha$ 时的浆液扩散距离、浆液对管片产生的注浆压力和浆液对单位面积管片产生的压力，计算结果如图 4.38～图 4.40 所示。

由图 4.38 可知，在注浆压力、注浆时间及浆液初始黏度与水的黏度比相同的条件下，浆液扩散距离的球面扩散模型计算值和柱面扩散模型计算值都随浆液凝胶时间的延长而增大。$1/\alpha$ 从 1000s 增大到 9000s 时，两种扩散模型的计算值都增加了约 30%。凝胶时间相同的条件下，浆液扩散距离的球面扩散模型计算值小于柱面扩散模型计算值，前者为后者的 55%～60%，两者的差距随着浆液凝胶时间的延长而增大。

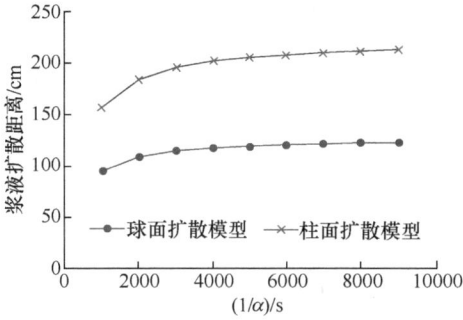

图 4.38　浆液扩散距离与 $1/\alpha$ 的关系

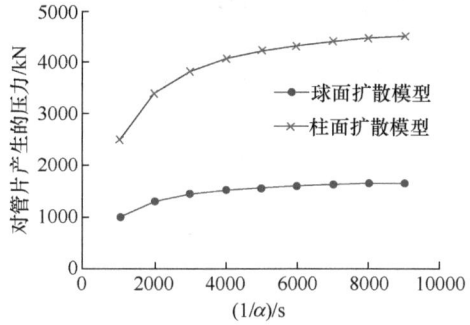

图 4.39　浆液对管片产生的压力与 $1/\alpha$ 的关系

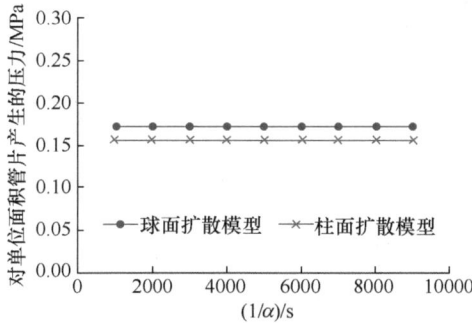

图 4.40　浆液对单位面积管片产生的压力与 $1/\alpha$ 的关系

由图 4.39 可知，在注浆压力、注浆时间及浆液初始黏度与水的黏度比相同的条件下，浆液对管片产生的压力的球面扩散模型计算值和柱面扩散模型计算值都随浆液凝胶时间的延长而增大。$1/\alpha$ 从 1000s 增大到 9000s 时，球面扩散模型计算值增加了约 70%，柱面扩散模型计算值增加了约 80%。凝胶时间相同的条件下，浆液扩散距离的球面扩散模型计算值小于柱面扩散模型计算值，前者为后者的35%～40%，两者的差距随着浆液凝胶时间的延长而增大。

由图 4.40 可知，浆液对单位面积管片产生的压力的球面扩散模型计算值和柱面扩散模型计算值几乎不随浆液凝胶时间的变化而变化。球面扩散模型计算值略大于柱面扩散模型计算值，前者约为后者的 1.1 倍。

由上述分析可以发现，当浆液初始黏度与水的黏度比由 10 减小到 2 时，浆液扩散距离仅增加了约 1 倍，浆液对管片产生的压力增大了 3～4 倍，浆液对单位面积管片产生的压力几乎保持不变。当 $1/\alpha$ 从 1000s 增大到 9000s 时，浆液扩散距离及浆液对管片产生的压力均增加了不到 1 倍，浆液对单位面积管片产生的压力几乎保持不变。由此可见，盾构壁后注浆设计中，可通过调整浆液特性参数来满足注浆加固效果要求，因为浆液特性参数对浆液扩散距离影响显著，而浆液对单位面积管片产生的压力几乎无影响。但是，调整浆液特性参数，可能会引发其他问题，如浆液窜入盾构内部。

依然采用前文假设条件，并取注浆压力为0.3MPa，注浆时间为30min，分别用球面扩散模型和柱面扩散模型求出浆液扩散距离和各扩散距离处浆液对管片产生的压力，进而得到两种模型浆液对管片产生的压力与浆液扩散距离间的关系曲线，如图4.41所示。

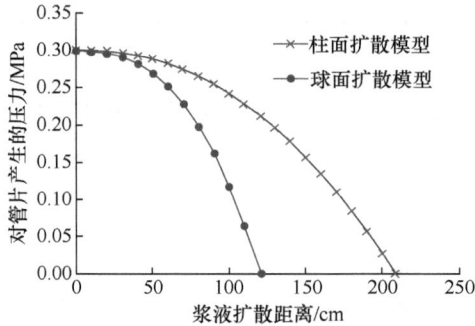

图4.41 浆液对管片产生的压力与浆液扩散距离的关系曲线

4.1.3 考虑驱替效应的模型推导

在注浆工程实际中，由于浆液和地下水性质的差异性，浆液的运动并不能简单地归结为单一液体在多孔介质中的渗流，而是浆液在注浆压力的驱动作用下，驱赶地层孔隙中的自由水(地下水)并取而代之，以完成扩散与加固的过程，即驱替效应。该现象在石油工程二次采油(气顶驱动和水驱动)中较为常见，具体表现为两种具有不同物理化学特性的液体，在多孔介质地层中依据不同的规律同时运动，如图4.42所示。

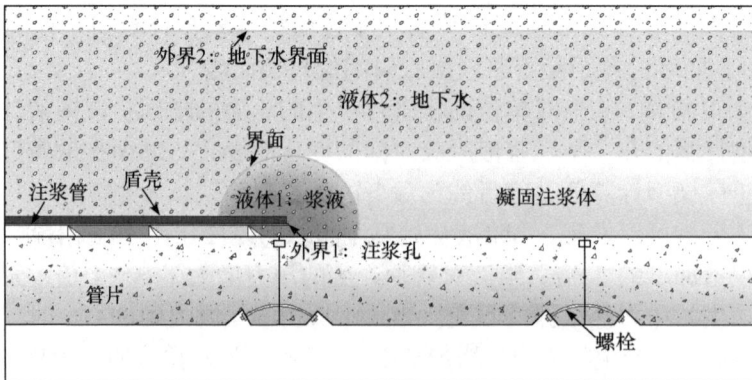

图4.42 浆液扩散过程图

在盾构壁后注浆过程中，由于浆液驱水扩散时两种流体存在混溶现象，所以并不存在突变界面，而是有一个相对较薄的混相过渡区。该过渡区与浆液扩散距离相比较小，可简化为突变界面进行处理。有该理想突变界面的驱替效应称为活塞式驱替。本小节从多孔介质注浆工程中浆液和地下水两种液体界面的平衡和运动条件出发，分析驱水注浆过程中的浆液扩散机理。

1. 渗流方程

对于介质的各向异性，取坐标轴的方向与渗透率主方向一致，即 $K=(K_x,K_y,K_z)$，基于流体连续性方程、达西定律、状态方程，可得单相牛顿流体等温渗流的普遍方程为

$$\frac{\partial}{\partial x}\left(\frac{K_x}{\mu}\frac{\partial P}{\partial x}\right)+\frac{\partial}{\partial y}\left(\frac{K_y}{\mu}\frac{\partial P}{\partial y}\right)+\frac{\partial}{\partial z}\left(\frac{K_z}{\mu}\frac{\partial P}{\partial z}\right)+2\rho g c_{\mathrm{f}}\frac{K_z}{\mu}\frac{\partial P}{\partial z}+q=\phi c_{\mathrm{i}}\frac{\partial P}{\partial t} \tag{4.27}$$

式中，c_{f} 为流体的压缩系数；c_{i} 为综合压缩系数。该方程在一般的注浆工程问题中是成立的。对于流场内无源(汇)分布，即 $q=0$，并且黏度 μ 与空间坐标变化无关，则各向异性多孔介质中的渗流偏微分方程可化为

$$\frac{\partial}{\partial x}\left(K_x\frac{\partial P}{\partial x}\right)+\frac{\partial}{\partial y}\left(K_y\frac{\partial P}{\partial y}\right)+\frac{\partial}{\partial z}\left(K_z\frac{\partial P}{\partial z}\right)+2\rho g c_{\mathrm{f}}K_z\frac{\partial P}{\partial z}=\phi\mu c_{\mathrm{i}}\frac{\partial P}{\partial t} \tag{4.28}$$

均匀各向同性介质中 K_x、K_y、K_z 分别为常数，忽略流体重力影响，则无源(汇)微分方程(4.27)可化为

$$\frac{\partial^2 P}{\partial x^2}+\frac{\partial^2 P}{\partial y^2}+\frac{\partial^2 P}{\partial z^2}=\frac{\phi\mu c_{\mathrm{i}}}{K}\frac{\partial P}{\partial t} \tag{4.29}$$

对于不可压缩流体，则连续性方程中 $\nabla\cdot V=0$，V 为流体速度向量或者对于可压缩流体的稳态渗流，均有 $\partial P/\partial t=0$，于是方程化为拉普拉斯方程为

$$\nabla^2 P=0 \tag{4.30}$$

各种算子在其他正交坐标系中的表达式如下：
圆柱坐标系为

$$\nabla^2 P=\frac{1}{r}\frac{\partial}{\partial r}\left(r\frac{\partial P}{\partial r}\right)+\frac{1}{r^2}\frac{\partial^2 P}{\partial\theta^2}+\frac{\partial^2 P}{\partial z^2} \tag{4.31}$$

球坐标系为

$$\nabla^2 P=\frac{1}{r^2}\frac{\partial}{\partial r}\left(r^2\frac{\partial P}{\partial r}\right)+\frac{1}{r^2\sin^2\varphi}\frac{\partial^2 P}{\partial\theta^2}+\frac{1}{r^2\sin\varphi}\frac{\partial}{\partial\varphi}\left(\sin\varphi\frac{\partial P}{\partial\varphi}\right) \tag{4.32}$$

2. 球面扩散模型推导

为分析盾构隧道管片注浆中牛顿型浆液的扩散过程,本部分作如下基本假设:受注地层为均匀、各向同性介质;所注浆液为牛顿流体,忽略浆液的黏度时效性;采用恒压注浆,浆液从注浆孔以球面渗透扩散的方式进入被注土体;不考虑浆液重力的影响;忽略盾构管片曲率的影响。浆液扩散过程如图 4.43 所示。

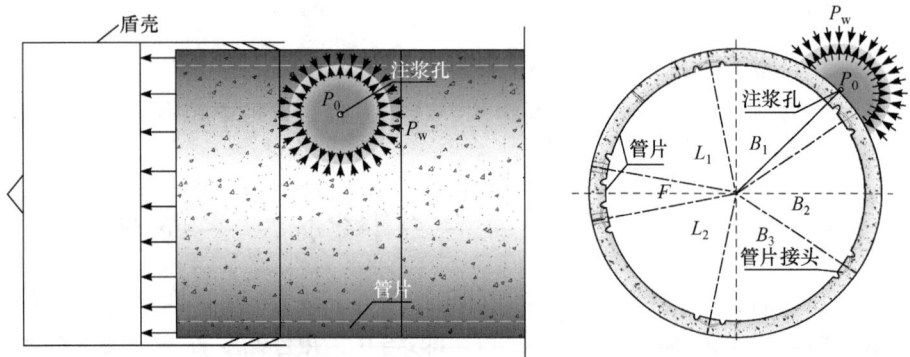

图 4.43　浆液球面扩散模型图

忽略流体重力和压缩性的影响,该模型渗流微分方程和边界条件如下:

$$\begin{cases} \dfrac{1}{r^2}\dfrac{\partial}{\partial r}\left(r^2\dfrac{\partial P_1}{\partial r}\right)=0, & r_0 < r \leqslant r(t) \\[3mm] \dfrac{1}{r^2}\dfrac{\partial}{\partial r}\left(r^2\dfrac{\partial P_2}{\partial r}\right)=0, & r(t) < r < r_{\mathrm{w}} \end{cases} \tag{4.33}$$

在 $r=r_0$ 处 $P_1=P_0$,在 $r=r_{\mathrm{w}}$ 处 $P_2=P_{\mathrm{w}}$,在浆液扩散锋面 $r=r(t)$ 处,压力和流量连续,即有

$$\begin{cases} P_1 = P_2 \\[2mm] -2\pi r^2 \dfrac{K_1}{\mu_1}\dfrac{\partial P_1}{\partial r} = -2\pi r^2 \dfrac{K_2}{\mu_2}\dfrac{\partial P_2}{\partial r} \end{cases} \tag{4.34}$$

式中,下标 1 表示浆液渗流区域;下标 2 表示地下水渗流区域;μ_1 表示浆液的黏度;K_1 表示浆液渗流区域渗透率;μ_2 表示水的黏度;K_2 表示地下水渗流区域渗透率。

令 $\partial P_1/\partial r = Y_1, \partial P_2/\partial r = Y_2$,则有

$$\begin{cases} \dfrac{\partial Y_1}{\partial r}+\dfrac{2}{r}Y_1=0 \\[3mm] \dfrac{\partial Y_2}{\partial r}+\dfrac{2}{r}Y_2=0 \end{cases} \tag{4.35}$$

解得 $Y_1=\dfrac{1}{r^2}C_1, Y_2=\dfrac{1}{r^2}C_2$,故

$$
\begin{cases}
P_1 = -C_1 \dfrac{1}{r} + C_3 \\
P_2 = -C_2 \dfrac{1}{r} + C_4
\end{cases}
\tag{4.36}
$$

根据式(4.33)、式(4.34)、式(4.36)得出

$$
\begin{cases}
P_0 = -C_1 \dfrac{1}{r_0} + C_3 \\
P_{\mathrm{w}} = -C_2 \dfrac{1}{r_{\mathrm{w}}} + C_4 \\
-C_1 \dfrac{1}{r(t)} + C_3 = -C_2 \dfrac{1}{r(t)} + C_4 \\
-\dfrac{K_1}{\mu_1} \dfrac{C_1}{r(t)^2} = -\dfrac{K_2}{\mu_2} \dfrac{C_2}{r(t)^2}
\end{cases}
\tag{4.37}
$$

令 $\dfrac{K_1}{\mu_1} \Big/ \dfrac{K_2}{\mu_2} = M$，当浆流区和水流区地层渗透率相同时，则 M 为水的黏度与浆液的黏度比，$M = \mu_2 / \mu_1$，根据以上边界条件解得

$$
C_1 = \frac{(P_0 - P_{\mathrm{w}})r(t)}{(1-M) - \dfrac{(r_{\mathrm{w}} - Mr_0)r(t)}{r_0 r_{\mathrm{w}}}}
\tag{4.38}
$$

联立式(4.36)～式(4.38)可解得浆流 1 区和水流 2 区的压力分布：

$$
P_1 = -\frac{(P_0 - P_{\mathrm{w}})r(t)}{\left[(1-M) - \dfrac{(r_{\mathrm{w}} - Mr_0)r(t)}{r_0 r_{\mathrm{w}}}\right]r} + P_0 + \frac{(P_0 - P_{\mathrm{w}})r(t)}{\left[(1-M) - \dfrac{(r_{\mathrm{w}} - Mr_0)r(t)}{r_0 r_{\mathrm{w}}}\right]r_0}
\tag{4.39a}
$$

$$
P_2 = -\frac{M(P_0 - P_{\mathrm{w}})r(t)}{\left[(1-M) - \dfrac{(r_{\mathrm{w}} - Mr_0)r(t)}{r_0 r_{\mathrm{w}}}\right]r} + P_{\mathrm{w}} + \frac{M(P_0 - P_{\mathrm{w}})r(t)}{\left[(1-M) - \dfrac{(r_{\mathrm{w}} - Mr_0)r(t)}{r_0 r_{\mathrm{w}}}\right]r_{\mathrm{w}}}
\tag{4.39b}
$$

由式(4.39)可以求得流量 $Q(r)$ 为

$$
Q(r) = -\frac{2\pi r(t)^2 K_1}{\mu_1} \cdot \frac{(P_0 - P_{\mathrm{w}})r(t)}{\left[(1-M) - \dfrac{(r_{\mathrm{w}} - Mr_0)r(t)}{r_0 r_{\mathrm{w}}}\right]r(t)^2}
\tag{4.40}
$$

以上得到的浆液扩散过程中渗透压力分布规律和注入流量均与浆液扩散锋面位置 $r = r(t)$ 有关，因此必须研究浆液锋面随时间 t 的运动规律。浆液的有效过水面积 A_{e} 为

$$
A_{\mathrm{e}} = \phi A = 2\pi r^2 \phi
\tag{4.41}
$$

锋面上流体质点的平均速度等于流量 Q 与有效过水面积 A_{e} 的比值，即

$$\frac{dr(t)}{dt} = \frac{Q}{A_e} = -\frac{K_1}{\phi\mu_1}\frac{P_0 - P_w}{\left[(1-M) - \dfrac{(r_w - Mr_0)r(t)}{r_0 r_w}\right]r(t)} \tag{4.42}$$

对式(4.42)积分,并根据初始条件 $t = 0, r = r_0$,可得球面扩散的时间关系为

$$t = \frac{\mu_1\phi}{K_1(P_w - P_0)}\left[\frac{(1-M)\left(r(t)^2 - r_0^2\right)}{2} - \frac{(r_w - Mr_0)\left(r(t)^3 - r_0^3\right)}{3r_0 r_w}\right] \tag{4.43}$$

由式(4.43)可知,浆液扩散距离不仅与注浆参数(注浆压力、注浆时间)、地层特性(地层渗透率、孔隙率、地下水压力及其作用位置)、设备条件(注浆管尺寸)有关,还与浆液初始黏度与水的黏度比(水灰比)有关。

由此可得浆液对管片产生的压力为

$$F_g = \int_{r_0}^{r(t)} 2\pi r P_1 dr + \int_0^{r_0} 2\pi r P_0 dr \tag{4.44}$$

对式(4.42)求一阶导数,可求得分界界面运动的加速度为

$$\frac{dr^2(t)}{dt^2} = -\frac{K_1^2(P_0 - P_w)^2}{\phi^2\mu_1^2}\frac{(1-M) - \dfrac{r_w - Mr_0}{r_0 r_w}\cdot 2r(t)}{\left[(1-M)r(t) - \dfrac{(r_w - Mr_0)r(t)^2}{r_0 r_w}\right]^3} \tag{4.45}$$

对于孔隙率 ϕ,由于壁后注浆过程中,在盾尾间隙的影响下,衬砌管片周边一定范围内的地层孔隙率增大,因此本小节采用有效孔隙率代替原始土体孔隙率,盾尾间隙体积为 $\pi r^2 d$(d 为盾尾间隙厚度)[8],则

$$\phi = \eta' = \eta + \frac{3d(1-\eta)}{2R} \tag{4.46}$$

式中,η'表示有效孔隙率;R 表示盾构间隙对周边地层扰动的影响范围,根据黎春林等[7]相关研究可知不同水灰比水泥浆液的屈服应力,本小节中地层扰动范围取 5m;d 表示盾尾间隙厚度,$d=5cm$;η 表示原始土体孔隙率。μ_2 取 20℃水的黏度 $1.01\times10^{-3}Pa\cdot s$,注浆管半径 $r_0 = 2.5cm$。

1) 注浆压力

取浆液的水灰比 $W/C = 2.0$,浆液的黏度 $\mu = 0.0047Pa\cdot s$,地下水在 $r_w = 5m$ 处 $P_w = 0.02MPa$,地层孔隙率 $\eta = 0.3$,渗透系数为 $0.05cm/s$。选取不同的注浆压力(0.25MPa、0.30MPa、0.35MPa、0.40MPa、0.45MPa、0.50MPa),针对牛顿流体浆液球面扩散模型,探讨不同注浆压力下浆液扩散距离、浆液流量与注浆时间的关系,渗透压力与浆液扩散距离的关系,注浆时间与浆液对管片产生的压力及浆液对单位面积管片产生的压力之间的关系,计算结果如图 4.44~图 4.48 所示。

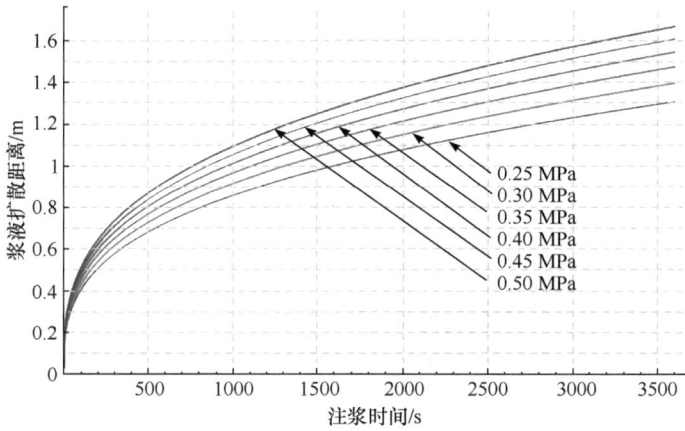

图 4.44　不同注浆压力下浆液扩散距离与注浆时间的关系

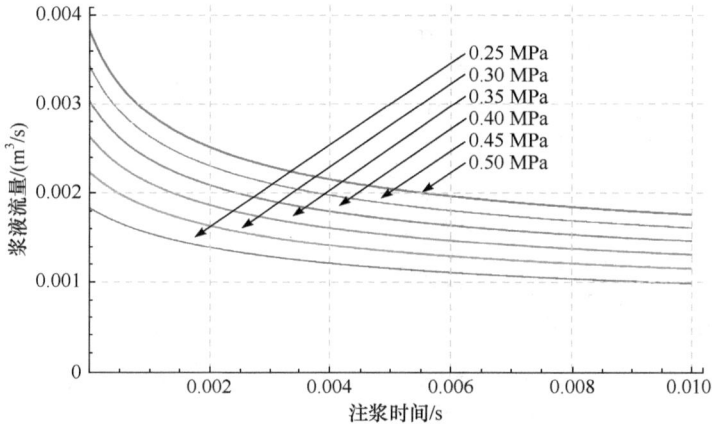

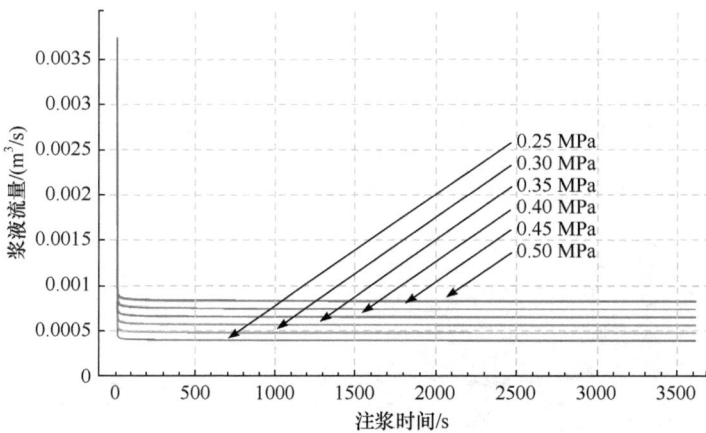

图 4.45　不同注浆压力下浆液流量与注浆时间的关系

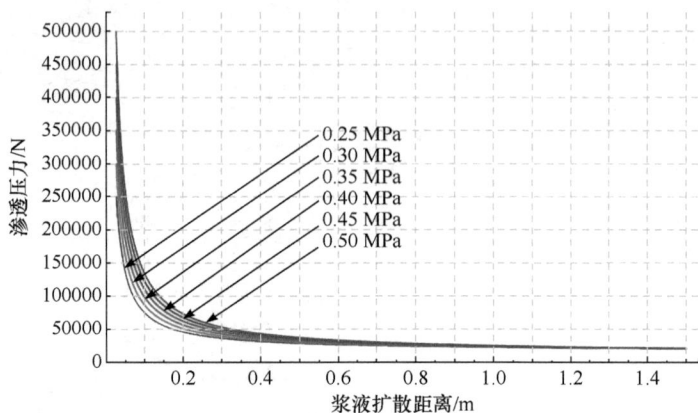

图 4.46　不同注浆压力下对渗透压力与浆液扩散距离的关系

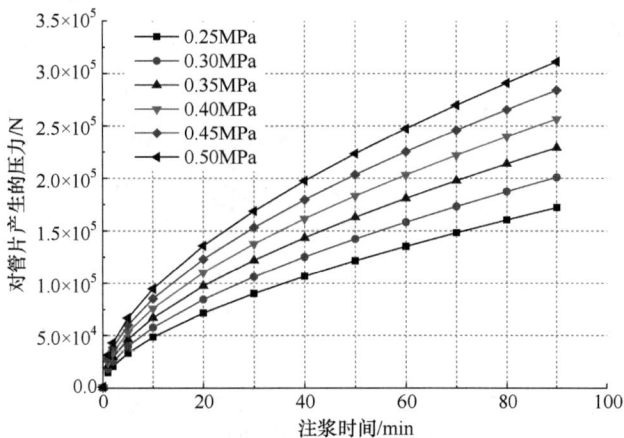

图 4.47　不同注浆压力下注浆时间与浆液对管片产生的压力之间的关系

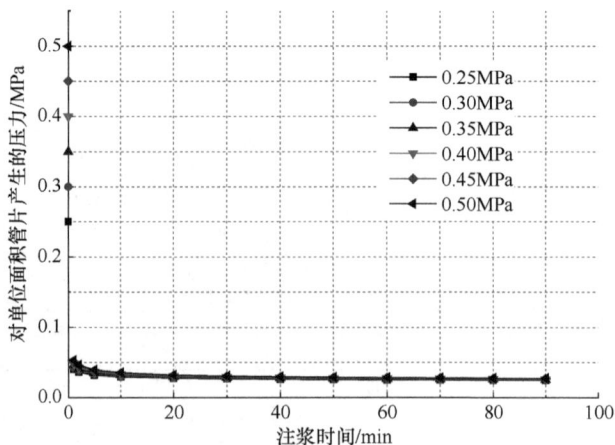

图 4.48　不同注浆压力下注浆时间与浆液对单位面积管片产生的压力之间的关系

在其他条件不变的情况下，浆液扩散速度与注浆压力存在明显的倍数关系，随注浆压力增大而增大。随着注浆时间的增加，相同时间不同注浆压力下浆液扩散距离的差距越来越大，当注浆压力由 0.25MPa 增加到 0.50MPa 时，1min 时浆液扩散距离由 0.34m 增加到 0.43m，增加了 26%；1h 时浆液扩散距离由 1.31m 增加到 1.67m，增加了 27%，可见其增加幅度有小幅增加。并且在相同注浆压力差之下，伴随注浆时间的延长，浆液扩散距离的差异随注浆压力的增大而减小。

由图 4.45 可知，注浆孔出口的浆液流量随注浆压力的增加而增大，当注浆压力由 0.25MPa 增加到 0.50MPa，初始浆液流量由 0.00185249m³/s 增加到 0.00386606m³/s，随着注浆时间的延长，不同注浆压力下的浆液流量均在减小，并且浆液流量存在突降阶段，随着注浆压力的增加，浆液流量的突降有所减缓，流量的骤降幅度由 78%降低到 75%，由此可见前人研究过程中假设浆液流量稳定明显不合理。浆液注入一定时间后，浆液流量将维持在一个较低的水平，变化趋势较为一致。

由图 4.46 可知，浆液扩散过程中渗透压力随着浆液扩散距离的增加而降低，并且存在明显的压力漏斗现象，即压力主要消耗在注浆孔附近，这主要是因为距离注浆孔越近渗流面积越小而渗流阻力越大。当注浆压力为 0.35MPa 时，在 0.1m 的扩散距离内，浆液的渗透压力削减了 70%；当注浆压力由 0.25MPa 增大到 0.50MPa 时，在相同距离内，渗透压力损失由 69%增加到 74%，即注浆压力越大，渗压削减越剧烈，该结果证明了浆液扩散过程中在该范围内流量存在突降的现象。同时由式(4.39)可知，固定空间位置点处渗透压力随注浆时间的延长而变化。

由图 4.47、图 4.48 可知，随着注浆压力的增长，浆液对管片产生的压力及浆液对单位面积管片产生的压力均增加，当注浆压力由 0.25MPa 增加到 0.50MPa 时，注浆时间为 1min 时浆液对管片产生的压力增加了 112%，浆液对单位面积管片产生的压力增加了 32%。随着注浆时间的延长，浆液对管片产生的压力逐渐增大，而浆液对单位面积管片产生的压力却在减小，并且不同注浆压力下浆液对单位面积管片产生的压力差别明显趋于一致，证明了浆液的渗透压力在注浆孔附近衰减得最为严重。

由图 4.44～图 4.48 的分析可以发现，当注浆压力由 0.25MPa 增长到 0.50MPa 时，在相同时间内浆液扩散距离仅增加 26%，但浆液对管片产生的压力却增加了约 1 倍。盾构隧道壁后注浆施工中，靠提高注浆压力优化注浆效果应谨慎考虑，这是因为改善注浆效果的同时也增加了浆液对管片的压力。

2) 地层渗透系数

注浆压力为 $P_0 = 0.35\text{MPa}$，其他参数不变。采用不同的地层渗透系数(0.03cm/s、0.04cm/s、0.05cm/s、0.06cm/s、0.07cm/s、0.08cm/s)，针对牛顿流体浆液球面扩散模型，探讨不同渗透系数下浆液扩散距离与注浆时间关系，计算结果如图 4.49 所示。

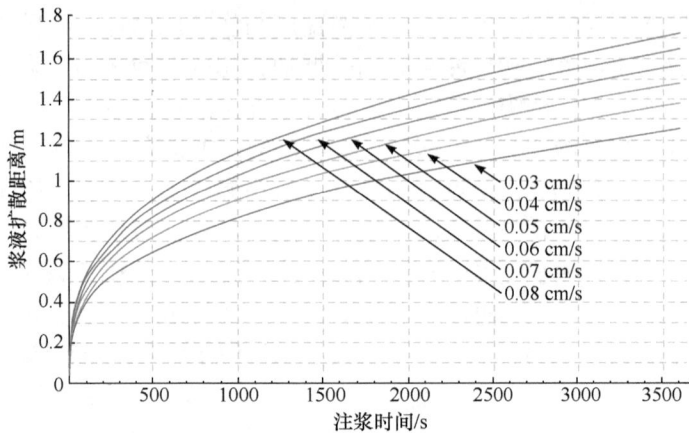

图 4.49 不同渗透系数下浆液扩散距离与注浆时间的关系

推导可知,地层渗透系数的变化对渗透压力毫无影响,同时对浆液对管片产生的压力及浆液对单位面积管片产生的压力也没有影响,其主要原因在控制其他条件(孔隙率)不变的情况下,浆液的渗透系数增加造成地层内的孔隙直径增加。由图 4.49可知,渗透系数增加也引起了浆液扩散速度的增加,这两者的增加对浆液渗透压力变化的作用刚好相反,两者相互抵消,因此渗透系数对渗透压力没有影响。

3) 浆液性质(水灰比)

在其他参数不变的前提下,采用不同的水灰比(W/C=1.5、W/C=2.0、W/C=5.0、W/C=10.0),针对牛顿流体浆液球面扩散模型,探讨不同浆液水灰比下浆液扩散距离、浆液流量与注浆时间关系,渗透压力与浆液扩散距离的关系,注浆时间与浆液对管片产生的压力及浆液对单位面积管片产生的压力之间的关系,计算结果如图 4.50~图 4.54 所示。

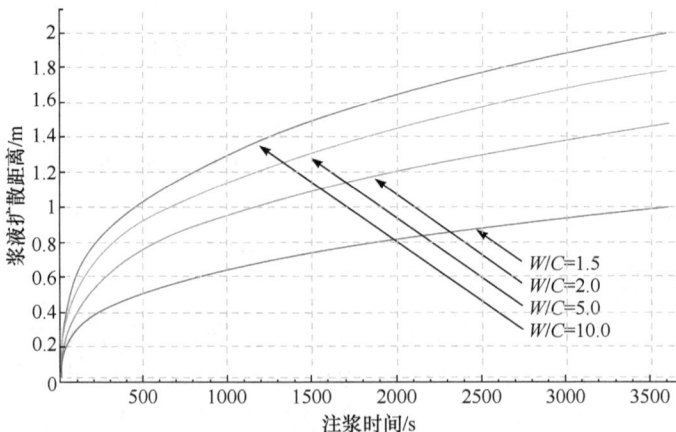

图 4.50 不同水灰比下浆液扩散距离与注浆时间的关系

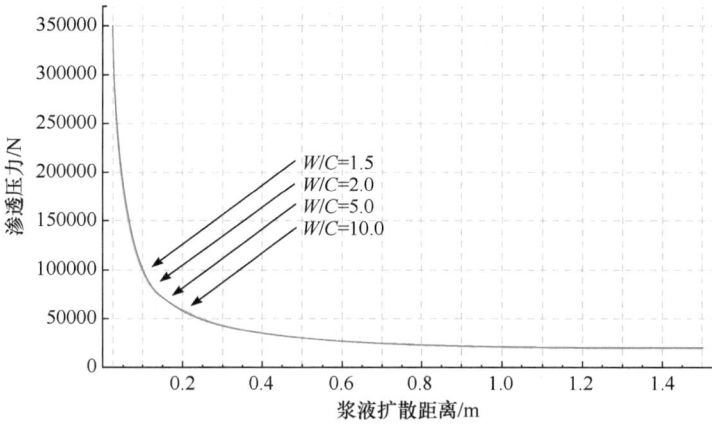

图 4.51　不同水灰比下对渗透压力与浆液扩散距离的关系

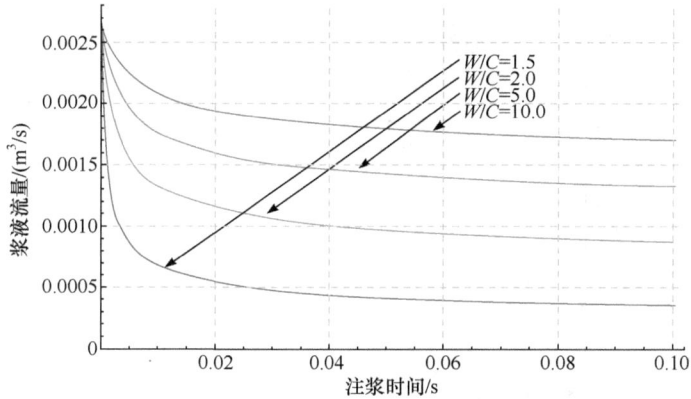

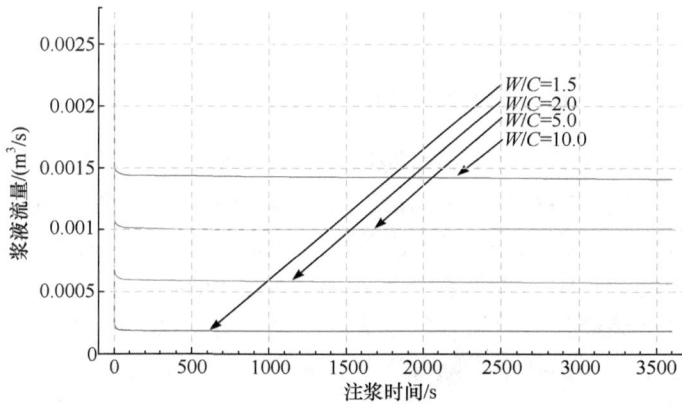

图 4.52　不同水灰比下浆液流量与注浆时间的关系

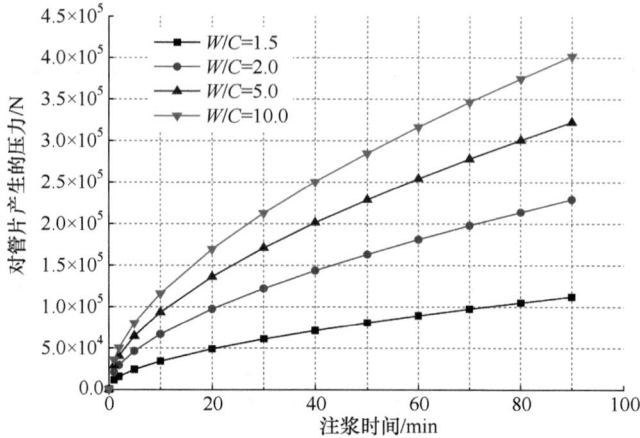

图 4.53　不同水灰比下注浆时间与浆液对管片产生的压力之间的关系

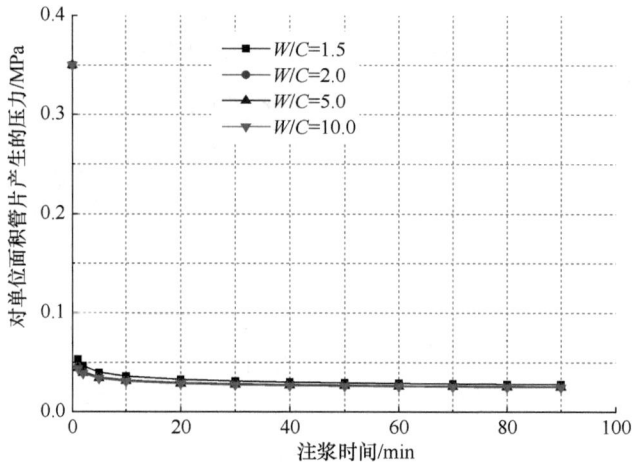

图 4.54　不同水灰比下注浆时间与浆液对单位面积管片产生的压力之间的关系

由图 4.50 分析可得，浆液扩散距离随着浆液水灰比的增大而增大。当浆液的水灰比由 1.5 增大到 10.0 时，相同扩散效果所需注浆时间相差幅度逐渐增大，为 5～10 倍，而相同注浆时间内浆液扩散距离增加了近 1 倍，并且该增幅随着注浆时间的增加而增加，1min 时浆液扩散距离增加了 95%，1h 时增加了 100%。水灰比在 1.5～2.0 的浆液扩散效果存在巨大的差别，而当水灰比>2.0 时，不同水灰比产生的注浆效果的差别减小。随着注浆时间的延长，不同水灰比之间的注浆效果差别也在增加。

由图 4.51 可知，不同浆液水灰比对浆液渗透压力的影响较小。在一定的扩散距离(<0.2m)内变化曲线重合，随着扩散距离的增加，各水灰比之间的差别逐渐表现出来，并且逐渐增大，但总的来说差别较小。水灰比为 10.0 时，初始浆液流

量为 0.00265789m³/s，水灰比为 1.5 时，初始浆液流量为 0.00265814m³/s，可见不同水灰比的浆液在开始注入阶段流量差距较小(图 4.52)，但随着浆液的扩散(注浆时间的延长)，水灰比越小，浆液流量降低的幅度越显著，并且浆液流量也越小，其主要原因在于浆液的水灰比越大，水泥浆液的性质越趋于水的性质，浆液的减速度就越小，浆液流量的衰减也就越小，当浆液的黏度等于水的黏度时，流量将不会有任何衰减。

分析图 4.53、图 4.54 的可知，当浆液的水灰比从 1.5 增大到 10.0 时，相同注浆时间内浆液对管片产生的压力增加了 200%左右，并且增幅逐渐增大，而相同水灰比下浆液对管片产生的压力仅增大 30%左右；浆液对单位面积管片产生的压力随着水灰比的增大而减小。

综上所述，浆液水灰比对盾构隧道壁后注浆浆液扩散距离影响较为显著，但对浆液对管片衬砌的作用影响较小，因此可适当调节浆液水灰比而优化注浆效果。同时应当注意的是，随着水灰比增大，注浆体早期强度会降低，因此在选择配制浆液时，应在注浆效果和注浆体早期强度两者之间均衡利弊，选择适合工程实际的浆液配比。

4) 地层地下水压力

在其他条件不变的前提下，研究地下水压力对注浆效果的影响，分别取 $r_w = 5$ m 处 P_w 为 0.00 MPa、0.02 MPa、0.04 MPa、0.06 MPa、0.08 MPa、0.10 MPa，针对牛顿流体浆液球面扩散模型，探讨不同地下水压力下浆液扩散距离、浆液流量与注浆时间的关系，渗透压力与浆液扩散距离的关系，注浆时间与浆液对管片产生的压力及浆液对单位面积管片产生的压力之间的关系，计算结果如图 4.55～图 4.59 所示。

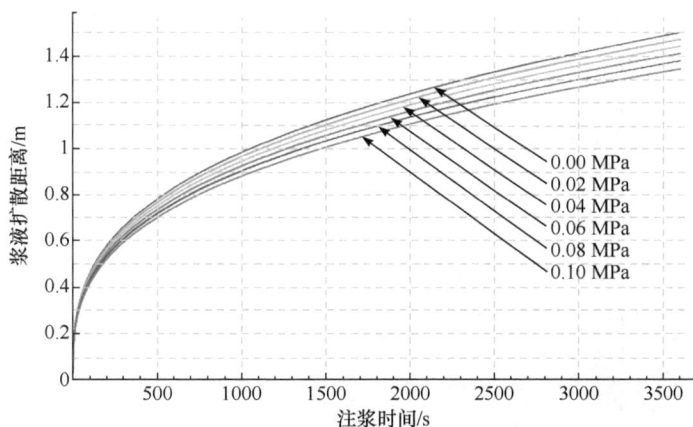

图 4.55　不同地下水压力下浆液扩散距离与注浆时间的关系

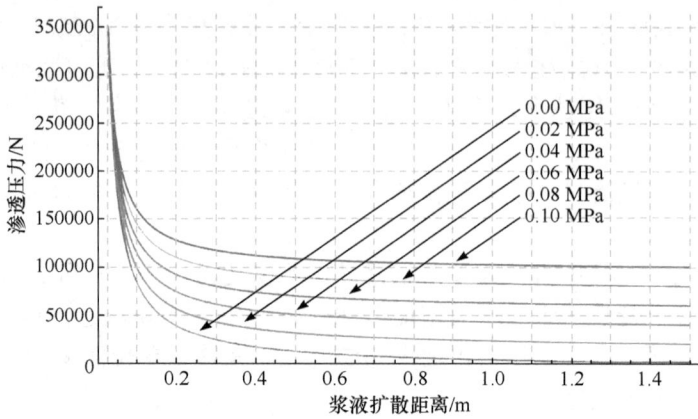

图 4.56 不同地下水压力下渗透压力与浆液扩散距离的关系

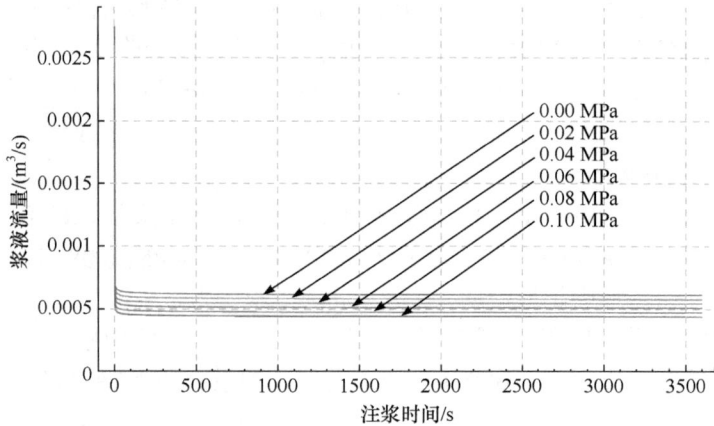

图 4.57 不同地下水压力下浆液流量与注浆时间的关系

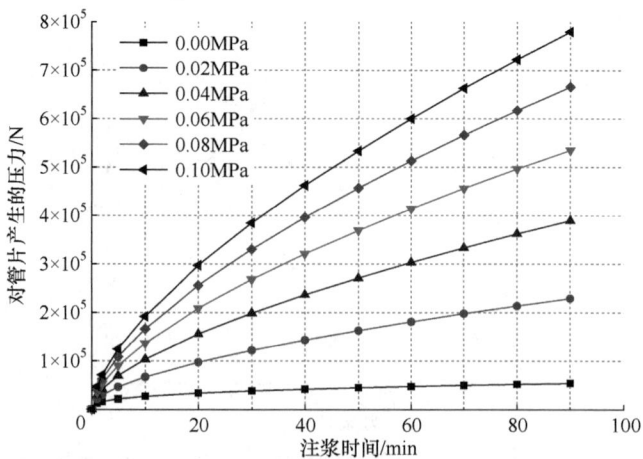

图 4.58 不同地下水压力下注浆时间与浆液对管片产生的压力之间的关系

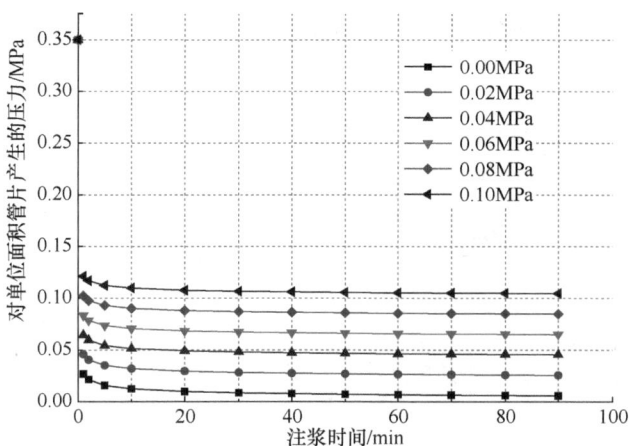

图 4.59　不同地下水压力下注浆时间与浆液对单位面积管片产生的压力之间的关系

由图 4.55 可知，当其他条件一定时，随着地下水压力增大，相同注浆时间内浆液渗透扩散效果逐渐变差，并且随着注浆时间的增加，注浆效果的差别也在逐渐增加，当地下水压力由 0.00MPa 增加到 0.10MPa 时，注浆时间 1min 时浆液扩散距离由 0.392m 减小到 0.351m，1h 时浆液扩散距离由 1.505m 减小到 1.346m，降幅均在 10%左右。

由图 4.56 可知，随着地下水压力的增加，浆液渗透压力的衰减幅度减小，并且趋近于地下水压力。由图 4.57 可知，不同地下水压力对渗透的浆液流量有较大影响，当地下水压力由 0.02MPa 增加到 0.10MPa 时，浆液的初始流量由 0.00265792m³/s 减小到 0.00201537m³/s，并且通过压力漏斗区流量骤降后，不同水灰比下渗透的浆液流量变化趋势较为一致，但地下水压力越小浆液流量越大，即在相同的条件下，浆液扩散距离越大。

分析图 4.58、图 4.59 的可以发现，地下水压力对浆液对管片产生的压力及浆液对单位面积管片产生的压力均存在显著影响。当地下水压力由 0.00MPa 增加到 0.10MPa 时，相同注浆时间浆液对管片产生的压力及浆液对单位面积管片产生的压力相差 10 倍以上，并且随着扩散距离的增加压力差也在逐渐增加，浆液扩散距离为 0.04m 时，两者差别为 8.56%，当浆液扩散距离为 0.4m 时，两者的差别为 124.34%，因此在盾构壁后注浆时，应根据注浆孔所在位置的地下水压力合理确定注浆参数。

3. 柱面扩散模型推导

朱建春等[6]、van Poollen[11]认为浆液在盾尾间隙影响范围内沿管片衬砌表面平行方向均匀扩散，本部分在前文假设的前提下，将第四条修改如下：浆液在盾尾间隙影响范围内，沿与管片表面平行的方向呈柱面扩散，且假设盾尾与注浆孔之间存在一定距离，即浆液呈完整的柱面扩散。其柱面扩散模型如图 4.60 所示。

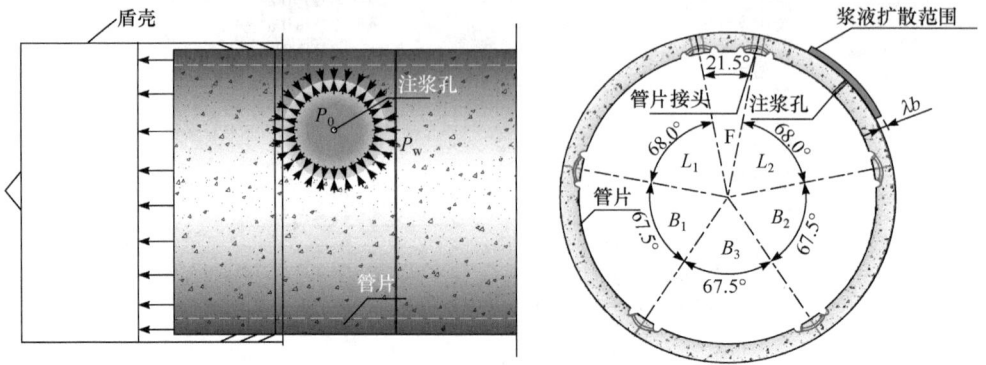

图 4.60　浆液柱面渗透扩散模型图

忽略流体重力和压缩性影响，该模型渗流微分方程和边界条件如下：

$$\begin{cases} \dfrac{1}{r}\dfrac{\partial}{\partial r}\left(r\dfrac{\partial P_1}{\partial r}\right)=0, & r_0 < r \leqslant r(t) \\[3mm] \dfrac{1}{r}\dfrac{\partial}{\partial r}\left(r\dfrac{\partial P_2}{\partial r}\right)=0, & r(t) < r < r_{\mathrm{w}} \end{cases} \tag{4.47}$$

在 $r=r_0$ ，$P_1=P_0$ 处；在 $r=r_{\mathrm{w}}$ 处，$P_1=P_{\mathrm{w}}$。在浆液扩散锋面 $r=r(t)$ 处，压力和流量连续，即

$$\begin{cases} P_1 = P_2 \\[2mm] -\pi r h\dfrac{K_1}{\mu_1}\dfrac{\partial P_1}{\partial r}=-\pi r h\dfrac{K_2}{\mu_2}\dfrac{\partial P_2}{\partial r} \end{cases} \tag{4.48}$$

式中，下标 1 表示浆液渗流区域；下标 2 表示地下水渗流区域；μ_1 表示浆液的黏度；K_1 表示浆液渗流区域渗透率；μ_2 表示水的黏度；K_2 表示地下水渗流区域渗透率。

令 $\partial P_1/\partial r = Y_1, \partial P_2/\partial r = Y_2$ ，则有

$$\begin{cases} \dfrac{\partial Y_1}{\partial r}+\dfrac{1}{r}Y_1=0 \\[3mm] \dfrac{\partial Y_2}{\partial r}+\dfrac{1}{r}Y_2=0 \end{cases} \tag{4.49}$$

解得 $Y_1=C_1/r, Y_2=C_2/r$ ，故

$$\begin{cases} P_1 = C_1\ln r + C_3 \\[2mm] P_2 = C_2\ln r + C_4 \end{cases} \tag{4.50}$$

根据式(4.50)得

$$\begin{cases} P_0 = C_1 \ln r_0 + C_3 \\ P_{\mathrm{w}} = C_2 \ln r_{\mathrm{w}} + C_4 \\ C_1 \ln r(t) + C_3 = C_2 \ln r(t) + C_4 \\ -\dfrac{K_1}{\mu_1}\dfrac{C_1}{r(t)} = -\dfrac{K_2}{\mu_2}\dfrac{C_2}{r(t)} \end{cases} \tag{4.51}$$

令 $\dfrac{K_1}{\mu_1}\Big/\dfrac{K_2}{\mu_2}=M$ ，当浆流区和水流区地层渗透率相同时，则 M 为水的黏度与浆液的黏度比，即 $M=\mu_2/\mu_1$ ，根据以上边界条件解得

$$C_1 = \frac{P_{\mathrm{w}} - P_0}{M\ln\dfrac{r_{\mathrm{w}}}{r(t)} + \ln\dfrac{r(t)}{r_0}} \tag{4.52}$$

联立式(4.50)~式(4.52)可解得浆流 1 区和水流 2 区的压力分布：

$$\begin{cases} P_1 = \dfrac{P_{\mathrm{w}} - P_0}{M\ln\dfrac{r_{\mathrm{w}}}{r(t)} + \ln\dfrac{r(t)}{r_0}}\ln r + P_0 - \dfrac{P_{\mathrm{w}} - P_0}{M\ln\dfrac{r_{\mathrm{w}}}{r(t)} + \ln\dfrac{r(t)}{r_0}}\ln r_0 \\[3mm] P_2 = \dfrac{M(P_{\mathrm{w}} - P_0)}{M\ln\dfrac{r_{\mathrm{w}}}{r(t)} + \ln\dfrac{r(t)}{r_0}}\ln r + P_{\mathrm{w}} - \dfrac{M(P_{\mathrm{w}} - P_0)}{M\ln\dfrac{r_{\mathrm{w}}}{r(t)} + \ln\dfrac{r(t)}{r_0}}\ln r_{\mathrm{w}} \end{cases} \tag{4.53}$$

由式(4.53)可以求得流量 $Q(r)$ 为

$$Q(r) = A\left(-\frac{K_1}{\mu_1}\frac{\partial P_1}{\partial r}\right) = -\frac{AK_1}{\mu_1}\frac{P_{\mathrm{w}} - P_0}{\left(M\ln\dfrac{r_{\mathrm{w}}}{r(t)} + \ln\dfrac{r(t)}{r_0}\right)r(t)} \tag{4.54}$$

以上得到的浆液扩散过程中渗透压力分布规律和注入流量均与浆液扩散锋面位置 $r=r(t)$ 有关，因此必须研究浆液锋面随时间 t 的运动规律。锋面上流体质点的平均速度等于流量 Q 与有效过水面积 A_{e} 的比值，即

$$\frac{\mathrm{d}r(t)}{\mathrm{d}t} = \frac{Q}{A_{\mathrm{e}}} = \frac{K_1}{\phi\mu_1}\frac{P_0 - P_{\mathrm{w}}}{\left(M\ln\dfrac{r_{\mathrm{w}}}{r(t)} + \ln\dfrac{r(t)}{r_0}\right)r(t)} \tag{4.55}$$

对式(4.55)积分，并根据初始条件 $t=0$ ， $r=r_0$ ，可得柱面扩散的时间关系为

$$t = \frac{\phi\mu_1}{K_1(P_0 - P_{\mathrm{w}})}\left\{\left[\frac{r^2}{2}\ln\left(\frac{r}{r_0}\right) - \frac{r^2 - r_0^2}{4}\right] + M\left[\frac{r^2}{2}\ln\left(\frac{r_{\mathrm{w}}}{r}\right) - \frac{r_0^2}{2}\ln\left(\frac{r_{\mathrm{w}}}{r_0}\right) + \frac{r^2 - r_0^2}{4}\right]\right\} \tag{4.56}$$

由式(4.56)可见，浆液扩散距离不仅与注浆参数(注浆压力、注浆时间)、地层特性(地层渗透率、孔隙率、地下水压力及其作用位置)、设备条件(注浆管尺寸)有关，还与浆液初始黏度与水的黏度比(水灰比)有关。可得浆液对管片产生的压力为

$$F_{\mathrm{g}} = \int_{r_0}^{r(t)} \pi r P_1 \mathrm{d}r + \int_0^{r_0} \pi r P_0 \mathrm{d}r \tag{4.57}$$

对式(4.55)求一阶导数，可求得分界界面运动的加速度为

$$\frac{\mathrm{d}^2 r(t)}{\mathrm{d}t^2} = -\frac{K_1^2 (P_0 - P_{\mathrm{w}})^2}{\phi^2 \mu_1^2} \frac{M \ln r_{\mathrm{w}} - \ln r_0 + (1 - M)(\ln r(t) + 1)}{\left(M \ln \dfrac{r_{\mathrm{w}}}{r(t)} + \ln \dfrac{r(t)}{r_0} \right)^3 r(t)^3} \tag{4.58}$$

根据叶飞[8]的研究，可知不同水灰比水泥浆液的屈服应力，μ_2 取 20℃水的黏度 $1.01 \times 10^{-3}\,\mathrm{Pa \cdot s}$，注浆管半径 $r_0 = 2.5\mathrm{cm}$，盾尾间隙厚度 $d = 5\mathrm{cm}$，取注入率 $\lambda = 150\%$，对于孔隙率 ϕ，采用有效孔隙率替代原始土体孔隙率得

$$\phi = \eta' = \eta + \frac{1 - \eta}{\lambda} \tag{4.59}$$

盾尾间隙的影响区域厚度可根据注浆设计和施工中实用注浆量和理论注浆量的比值与盾尾间隙厚度来确定，其真实意义在于管片衬砌脱离盾尾后，盾尾间隙的产生致使管片衬砌周边一定区域内土体孔隙率高于原始土体孔隙率，因此设定浆液均在该厚度区域内渗透扩散。

1) 注浆压力

取浆液的水灰比 $W/C = 2.0$，浆液的黏度为 $\mu = 0.0047\mathrm{Pa \cdot s}$，地下水在 $r_{\mathrm{w}} = 5\mathrm{m}$ 处，$P_{\mathrm{w}} = 0.02\mathrm{MPa}$，地层原始孔隙率 $\eta = 0.3$，取浆液扩散范围内的渗透系数为 $0.05\mathrm{cm/s}$。选取不同的注浆压力(0.25MPa、0.30MPa、0.35MPa、0.40MPa、0.45MPa、0.50MPa)，基于柱面渗透扩散模型，探讨不同注浆压力下浆液扩散距离与注浆时间的关系，渗透压力与浆液扩散距离的关系，浆液扩散距离与浆液对管片产生的压力及浆液对单位面积管片产生的压力之间的关系，计算结果如图4.61~图4.64所示。

由图4.61可知，浆液的扩散速度随注浆压力的增大而增大，并且随着浆液扩散距离的增加，不同注浆压力下注浆时间之间的差别也越来越大。当注浆压力由0.25MPa增大到0.50MPa时，在不同的浆液扩散距离下，所需的注浆时间均增加了1倍，在其他条件不变的情况下，浆液扩散速度与注浆压力存在明显的倍数关系。

由图4.62可知，随着注浆压力的增加，不同扩散距离处浆液的渗透压力也在增加，并且渗透压力随着扩散距离的增加衰减速度逐渐减小，逐渐趋于一致。由图中可看出明显的压力漏斗现象，即压力主要消耗在注浆孔附近，这主要是因为距离注浆孔越近，渗流面积越小而渗流阻力越大，并且注浆压力越大，衰减的幅

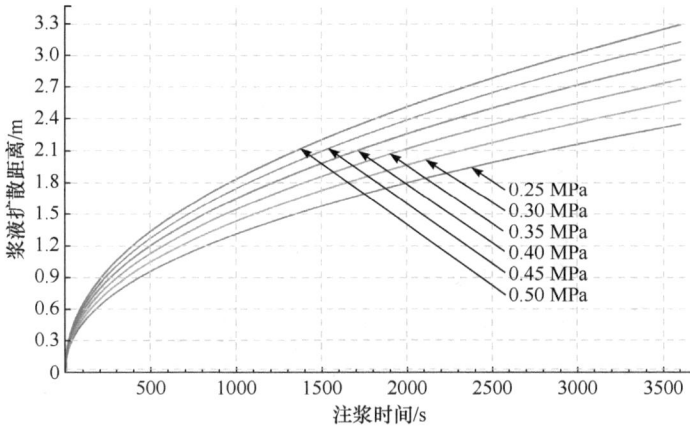

图 4.61 不同注浆压力下浆液扩散距离与注浆时间的关系

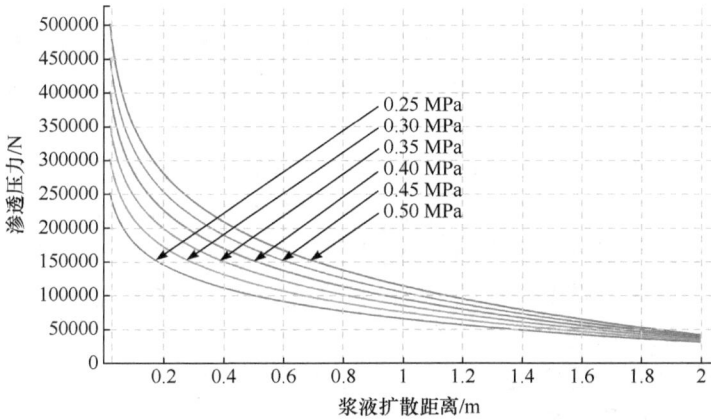

图 4.62 不同注浆压力下渗透压力与浆液扩散距离的关系

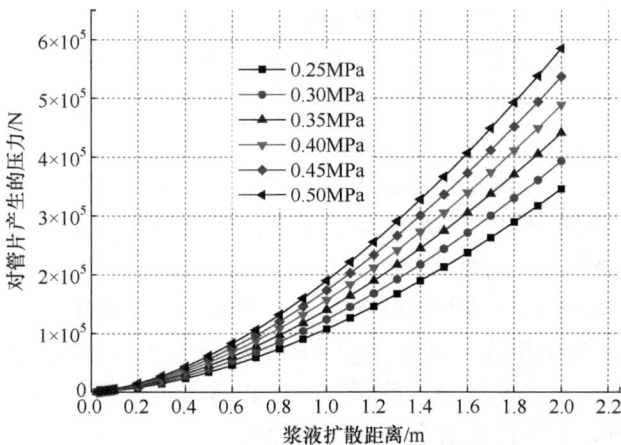

图 4.63 不同注浆压力下浆液扩散距离与浆液对管片产生的压力之间的关系

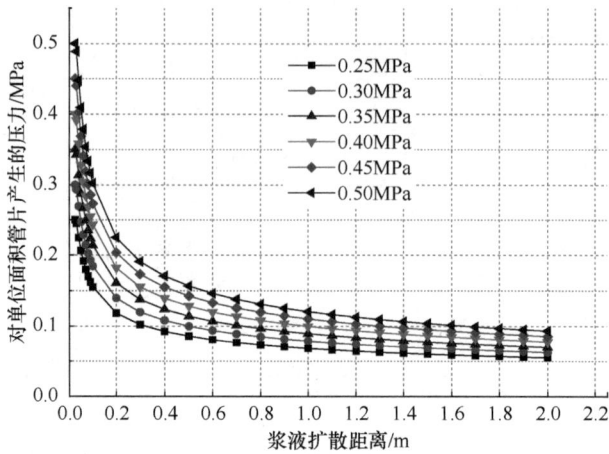

图 4.64 不同注浆压力下浆液扩散距离与浆液对单位面积管片产生的压力之间的关系

度越大。与球面扩散理论相比，其渗压的骤降幅度较小，主要原因在于柱面扩散的路径只表现为平面径向，而球面扩散的路径是空间径向，其在注浆孔附近的渗流阻力更大。

由图 4.63、图 4.64 可知，随着注浆压力的增长，浆液对管片产生的压力及浆液对单位面积管片产生的压力均随之增加。当注浆压力由 0.25MPa 增加到 0.50MPa 时，浆液对管片产生的压力及浆液对单位面积管片产生的压力增加了近 1 倍，但是随着浆液扩散距离的增加，两者之间的差别在明显地减小，从另一个方向证明了浆液的渗透压力在注浆孔附近衰减得最为厉害。由于浆液渗透压力的衰减及浆液扩散距离的增加，作用在单位面积管片上的平均浆液压力逐渐减小，其趋势与浆液渗透压力变化较为一致。

2) 浆液性质(水灰比)

在其他条件不变的情况下，选取不同的浆液配比(W/C=1.5、W/C=2.0、W/C=5.0、W/C=10.0)，基于柱面渗透扩散模型，探讨不同浆液水灰比下浆液扩散距离与注浆时间关系，渗透压力与浆液扩散距离的关系，浆液扩散距离与浆液对管片产生的压力及浆液对单位面积管片产生的压力之间的关系，计算结果如图 4.65～图 4.68 所示。

由图 4.65 可知，浆液扩散距离随着浆液水灰比的增大而增大，并且随着注浆时间的延长，不同水灰比之间的注浆效果差距愈加明显，当浆液水灰比由 1.5 增加到 10.0 时，扩散 0.1m 所需时间由 4.1s 减小到 1.3s，扩散 1m 所需时间由 1169.5s 减小到 184.5s。由图 4.66 可知，随着水灰比的增加，浆液渗透压力衰减的幅度减小，在不同浆液扩散距离处，水灰比较大的浆液渗透压力总是大于水灰比较小的，并且随着浆液扩散距离的增加，不同水灰比之间的渗透压力差距逐渐增加，这也解释了不同水灰比之间注浆效果差别的变化趋势。

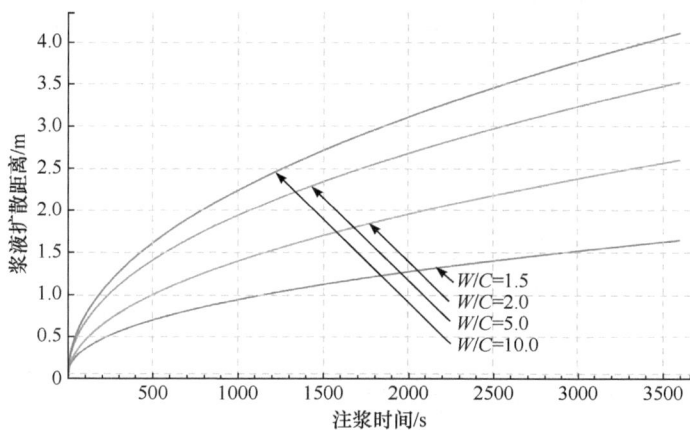

图 4.65　不同水灰比下浆液扩散距离与注浆时间的关系

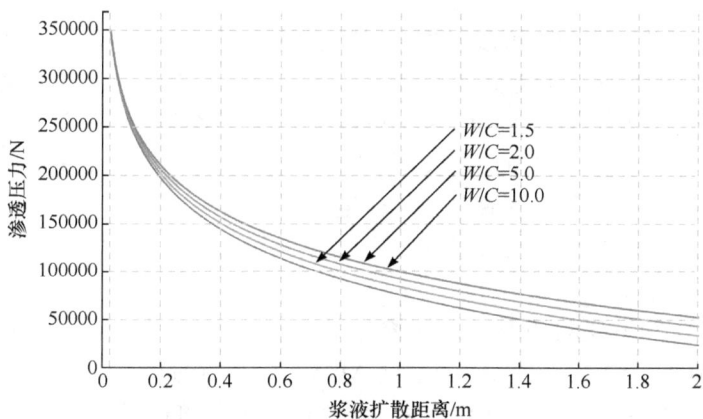

图 4.66　不同水灰比下渗透压力与浆液扩散距离的关系

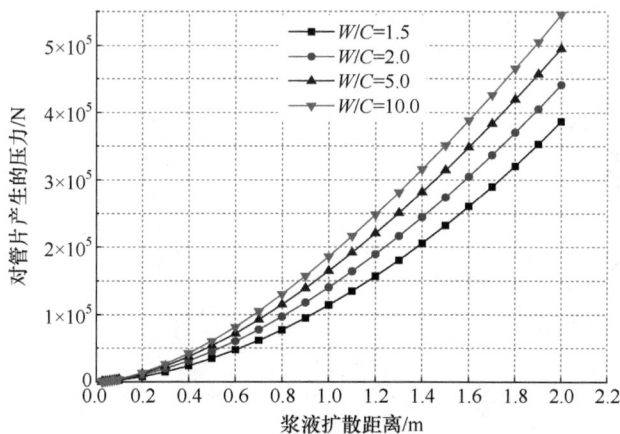

图 4.67　不同水灰比下浆液扩散距离与浆液对管片产生的压力之间的关系

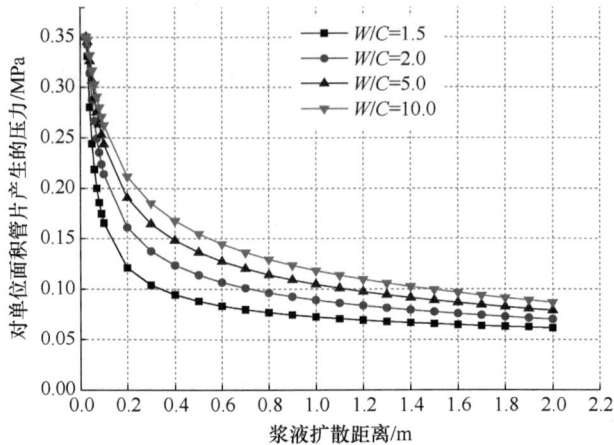

图 4.68　不同水灰比下浆液扩散距离与浆液对单位面积管片产生的压力之间的关系

　　分析图 4.67、图 4.68 可以发现，当浆液的水灰比从 2.0 增大到 10.0 时，相同扩散距离所需的注浆时间差距逐渐增大，且降幅也在增加。例如，浆液扩散距离由 0.1m 到 1m，注浆时间降幅由 44% 增加到 52%；浆液对管片产生的压力及浆液对单位面积管片产生的压力均增长了 35% 左右。这说明浆液黏度对壁后注浆扩散距离影响较为明显，但对浆液对管片产生的压力影响相对较小，因此通过选择适当的浆液水灰比可调节注浆效果。

　　3) 地下水压力

　　在其他条件不变的情况下，研究地下水在 $r_w = 5m$ 处 P_w 分别为 0.00MPa、0.02 MPa、0.04 MPa、0.06 MPa、0.08 MPa、0.10 MPa 时，基于柱面渗透扩散模型，探讨不同地下水压力下浆液扩散距离与注浆时间的关系，浆液扩散距离对渗透压力、浆液对管片产生的压力及浆液对单位面积管片产生的压力的影响，计算结果如图 4.69～图 4.72 所示。

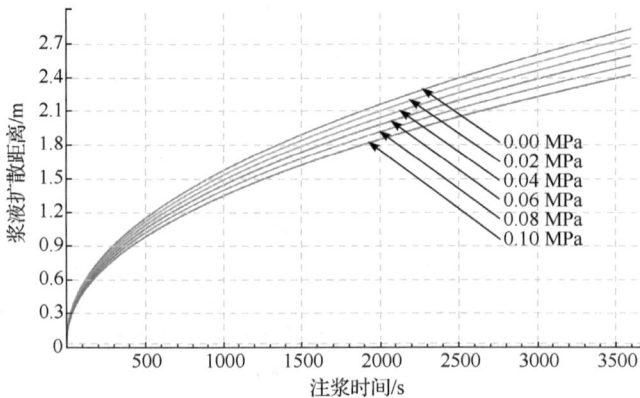

图 4.69　不同地下水压力下浆液扩散距离与注浆时间的关系

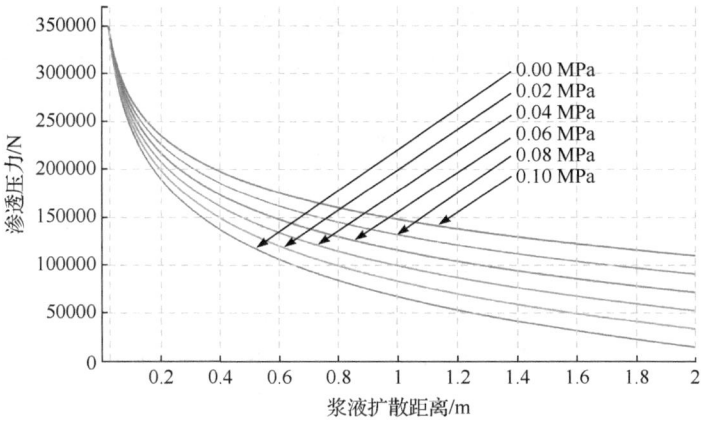

图 4.70 不同地下水压力下对渗透压力与浆液扩散距离的关系图

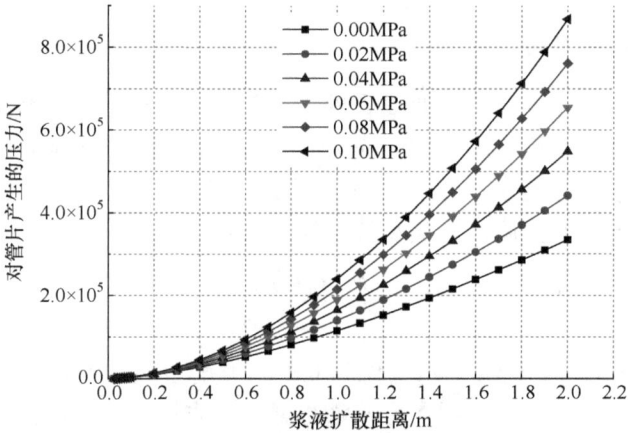

图 4.71 不同地下水压力下浆液扩散距离与浆液对管片产生的压力之间的关系

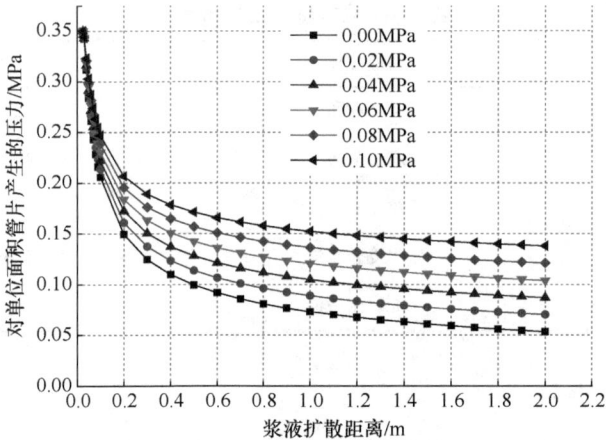

图 4.72 不同地下水压力下浆液扩散距离与浆液对单位面积管片产生的压力之间的关系

由图 4.69 可知，当注浆压力及其他条件一定时，随着地下水压力增大，相同浆液扩散距离所需的注浆时间越长，且随着浆液扩散距离的增加，相同地下水压力下所需注浆时间差也越来越大。由图 4.70 可知，随着地下水压力的增加，浆液渗透压力的衰减幅度减弱，并且随着浆液扩散渗透压力的变化趋势趋向一致，接近地下水压力。

分析图 4.71、图 4.72 可以发现，地下水压力对浆液对管片产生的压力及浆液对单位面积管片产生的压力有较大影响。当地下水压力由 0.00MPa 增长到 0.10MPa 时，浆液对管片产生的压力越来越大，并且随着浆液扩散距离的增加压力差也在逐渐增加，与柱面扩散理论计算结果相比，两者存在较大的差距。

4.2　宾厄姆流体渗透扩散模型

4.2.1　浆液的流变方程

对于宾厄姆流体，其流变曲线表现为在剪切应力轴上存在截距的直线，该截距表示屈服应力，在流体所受剪切应力 $\tau \partial p / \partial t = 0$ 达到屈服应力(启动压力梯度) τ_0 之前，流体不发生运动；当 $\tau > \tau_0$ 时，流体开始流动，之后其剪切应力与剪切速率关系类似于牛顿流体，该类流体的流变方程为

$$\tau = \tau_0 + \mu\gamma \tag{4.60}$$

式中，τ_0 为屈服应力，Pa。

根据黎春林等[7]的研究，水灰比为 0.8～1.0 的单液水泥基浆液属于宾厄姆流体，同时水泥复合浆液和水泥黏土浆液也显现出宾厄姆流体的性质，流变方程如表 4.3 所示。

表 4.3　宾厄姆流体流变方程

浆液名称	浆液配比	流变方程
单液水泥浆	W/C=0.8	τ=5.321+0.0229γ
	W/C=0.9	τ=1.884+0.0119γ
	W/C=1.0	τ=1.536+0.0096γ
水泥基浆液	水泥复合浆液	τ=6.126+0.0478γ
	水泥黏土浆液	τ=0.666+0.0146γ

4.2.2　基本模型推导

考虑工程实际的同时，为了易于建立数学模型，作如下假设：盾构隧道位于

砂性土地层，土体均匀、各向同性；管片被土体均匀包裹，盾尾间隙的影响通过有效孔隙率代替；注浆恒压匀速，浆液符合宾厄姆流体特性，浆液不被地下水稀释；忽略地层对浆液运动产生的摩阻力；忽略衬砌管片弯曲带来的影响，认为管片外表面为平面。壁后注浆浆液扩散示意图如图 4.73 所示。

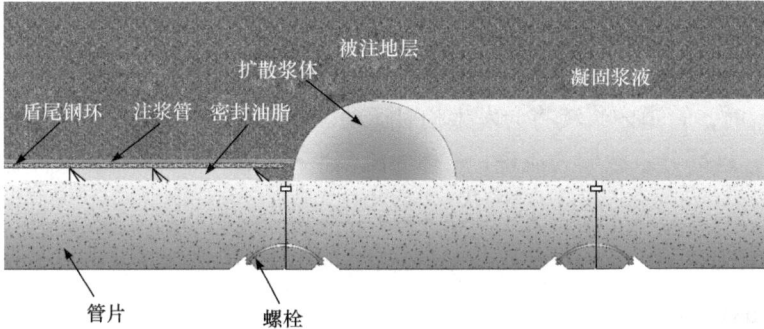

图 4.73　壁后注浆浆液扩散示意图

在浆液渗透区域取一微浆体，微浆体在重力、水的浮力及注浆压力的作用下沿着地层有效孔隙流动，微浆体受力分析如图 4.74 所示。

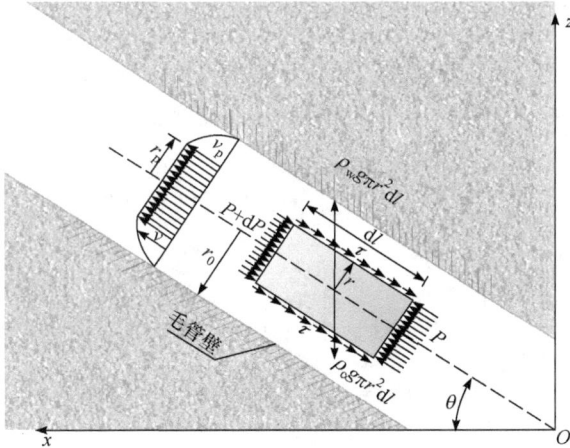

图 4.74　宾厄姆微浆体受力分析图

由受力平衡方程可得

$$P\pi r^2 - (P+\mathrm{d}P)\pi r^2 + \rho_{\mathrm{w}}g\sin\theta\pi r^2\,\mathrm{d}l = 2\pi r\tau\,\mathrm{d}l + \rho_{\mathrm{c}}g\sin\theta\pi r^2\,\mathrm{d}l \tag{4.61}$$

式中，P 为注浆压力；r 为微浆体半径；ρ_{w} 为地下水密度；$\mathrm{d}l$ 为微浆体长度；ρ_{c} 为浆液密度；θ 为有效孔隙与水平面之间的夹角。

对式(4.61)进行简化可得

$$\tau = -\frac{r}{2}\left[(\rho_c - \rho_w)g\sin\theta + \frac{dP}{dl}\right] \tag{4.62}$$

对于宾厄姆流体而言，其流变计算公式为 $\tau(t) = \tau_0(0) + \eta_0 e^{\lambda t}\dfrac{dv}{dr}$，结合式(4.62)可得

$$\frac{dv}{dr} = \frac{\tau_0 - \tau}{\eta_0 e^{\lambda t}} = \frac{1}{\eta_0 e^{\lambda t}}\left\{\tau_0 + \frac{r}{2}\left[\frac{dP}{dl} + (\rho_c - \rho_w)g\sin\theta\right]\right\} \tag{4.63}$$

由此可知，宾厄姆流体存在屈服应力 τ_0，$\tau \leqslant \tau_0$ 时，宾厄姆流体呈现整体活塞运动；$\tau > \tau_0$ 时，管道内浆液将会发生相对运动，但是存在半径 r_p，$r_p < r_0$ 的浆液仍是整体流动，这部分浆液成为流核，r_p 称为流核半径，由式(4.63)可知其计算表达式为

$$r_p = -\frac{2\tau_0}{\dfrac{dP}{dl} + (\rho_c - \rho_w)g\sin\theta} \tag{4.64}$$

式(4.63)变形可得

$$v = \int_0^r \frac{1}{\eta_0 e^{\lambda t}}\left\{\tau_0 + \frac{r}{2}\left[\frac{dP}{dl} + (\rho_c - \rho_w)g\sin\theta\right]\right\}dr \tag{4.65}$$

根据边界条件 $r=r_0$ 时，$v=0$ 可以求得管道内的流速为

$$v = -\frac{1}{\eta_0 e^{\lambda t}}\left\{\tau_0(r_0 - r) + \frac{1}{4}\left[\frac{dP}{dl} + (\rho_c - \rho_w)g\sin\theta\right](r_0^2 - r^2)\right\} \tag{4.66}$$

对于宾厄姆流体而言，由于存在流核，$0 \leqslant r \leqslant r_p$ 时浆液发生整体运动；$r_p < r \leqslant r_0$ 时浆液发生相对运动，因此浆液流速表达式为分段函数，当 $0 \leqslant r \leqslant r_p$ 时，有

$$v_1 = -\frac{1}{\eta_0 e^{\lambda t}}\left\{\tau_0(r_0 - r_p) + \frac{1}{4}\left[\frac{dP}{dl} + (\rho_c - \rho_w)g\sin\theta\right](r_0^2 - r_p^2)\right\} \tag{4.67}$$

当 $r_p < r \leqslant r_0$ 时，有

$$v_2 = -\frac{1}{\eta_0 e^{\lambda t}}\left\{\tau_0(r_0 - r) + \frac{1}{4}\left[\frac{dP}{dl} + (\rho_c - \rho_w)g\sin\theta\right](r_0^2 - r^2)\right\} \tag{4.68}$$

由式(4.66)、式(4.67)积分可得，管道内浆液流量表达式为

$$Q = \pi r_p^2 v_1 + \int_{r_p}^{r_0} 2\pi r v_2 dr$$

$$= -\frac{\pi r_0^4}{8\eta_0 e^{\lambda t}}\left\{1 - \frac{4}{3}\left[\frac{2\tau_0/r_0}{-\dfrac{dP}{dl} - (\rho_c - \rho_w)g\sin\theta}\right] + \frac{1}{3}\left[\frac{2\tau_0/r_0}{-\dfrac{dP}{dl} - (\rho_c - \rho_w)g\sin\theta}\right]^4\right\}$$

$$\times\left[\frac{dP}{dl} + (\rho_c - \rho_w)g\sin\theta\right] \tag{4.69}$$

对式(4.69)进行简化可得

$$Q = -\frac{\pi r_0^4}{8\eta_0 e^{\lambda t}}\left[1 - \frac{4}{3}\frac{r_p}{r_0} + \frac{1}{3}\left(\frac{r_p}{r_0}\right)^4\right] \times \left[\frac{dP}{dl} + (\rho_c - \rho_w)g\sin\theta\right] \tag{4.70}$$

由式(4.70)可得管道内平均流速的表达式为

$$\bar{v} = \frac{Q}{\pi r_0^2} = -\frac{r_0^2}{8\eta_0 e^{\lambda t}}\left[1 - \frac{4}{3}\frac{r_p}{r_0} + \frac{1}{3}\left(\frac{r_p}{r_0}\right)^4\right] \times \left[\frac{dP}{dl} + (\rho_c - \rho_w)g\sin\theta\right] \tag{4.71}$$

令 $\bar{v} = 0$，即 $1 - \frac{4}{3}\frac{r_p}{r_0} + \frac{1}{3}\left(\frac{r_p}{r_0}\right)^4 = 0$，可以解得 $r_p/r_0 = 1$，此时有

$$-\frac{dP}{dl} = \frac{2\tau_0}{r_0} + (\rho_c - \rho_w)g\sin\theta = \varphi \tag{4.72}$$

参数 φ 为管道浆液流动平均起动压力梯度，由 Dupuit-Forchheimer 公式可知

$$V = \phi\bar{v} \tag{4.73}$$

式中，V 为平均渗流速度；ϕ 为地层孔隙率。

联立式(4.71)～式(4.73)，可以得到浆液在地层中的渗滤速度表达式为

$$V = -\frac{\varphi r_0^2}{8\eta_0 e^{\lambda t}}\left[1 - \frac{4}{3}\frac{r_p}{r_0} + \frac{1}{3}\left(\frac{r_p}{r_0}\right)^4\right] \times \left[\frac{dP}{dl} + (\rho_c - \rho_w)g\sin\theta\right] \tag{4.74}$$

引入等效渗透系数 K 的概念，表示水在砂卵石地层中的渗透系数，K 的表达式为

$$K = \frac{\phi r_0^2}{8} \tag{4.75}$$

通过式(4.74)可以对式(4.75)进行简化，得到

$$V = -\frac{K}{\eta_0 e^{\lambda t}}\left[1 - \frac{4}{3}\frac{r_p}{r_0} + \frac{1}{3}\left(\frac{r_p}{r_0}\right)^4\right] \times \left[\frac{dP}{dl} + (\rho_c - \rho_w)g\sin\theta\right] \tag{4.76}$$

假设浆液符合球面扩散模型，设浆液的渗流半径为 l，最终渗流半径为 l_m，注浆管半径为 l_0，注浆管内浆液以恒定流流动，流速为 v_0。由流体连续性方程可知：

$$q = 2\pi l^2 V = v_0\pi l_0^2 \tag{4.77}$$

注浆压力越大，浆液的流核半径就越小，由于盾构隧道壁后注浆压力一般情况较大(0.3MPa 左右)，此时有 $r_p/r_0 \ll 1$，因此可以将式(4.69)简化为

$$V = -\frac{K}{\eta_0 e^{\lambda t}} \left\{ 1 - \frac{4}{3} \left[\frac{\phi - (\rho_c - \rho_w)g\sin\theta}{-\dfrac{\mathrm{d}P}{\mathrm{d}l} - (\rho_c - \rho_w)g\sin\theta} \right] \right\} \left[\frac{\mathrm{d}P}{\mathrm{d}l} + (\rho_c - \rho_w)g\sin\theta \right] \quad (4.78)$$

设在 t 时间内注浆量为 Q，由流体连续性方程可得

$$Q = \frac{2}{3}\pi l_m^3 \varphi = v_0 \pi l_0^2 t = 2\pi l^2 V t \quad (4.79)$$

将式(4.78)代入式(4.79)可以得到

$$\frac{l_m^3 \varphi}{3 l^2 t} = -\frac{K}{\eta_0 e^{\lambda t}} \left\{ 1 - \frac{4}{3} \left[\frac{\phi - (\rho_c - \rho_w)g\sin\theta}{-\dfrac{\mathrm{d}P}{\mathrm{d}l} - (\rho_c - \rho_w)g\sin\theta} \right] \right\} \left[\frac{\mathrm{d}P}{\mathrm{d}l} + (\rho_c - \rho_w)g\sin\theta \right] \quad (4.80)$$

设 P_0 为注浆孔的注浆压力，P_w 为注浆孔处的地下水压力，则浆液扩散距离为 l_m 处的地下水压力为 $P_w' = P_w - l_m \rho_w g\sin\theta$，令 $\Delta P = P_0 - P_w$，对式(4.80)积分可得

$$\Delta P = \frac{\eta_0 e^{\lambda t}\varphi}{3tK}(l_m^3 / l_0 - l_m^2) + \frac{l_m - l_0}{3}[4\phi - (\rho_c - \rho_w)g\sin\theta] - l_m \rho_w g\sin\theta \quad (4.81)$$

因此，浆液扩散距离为

$$l_m = \sqrt{\frac{tKl_0}{\eta_0 e^{\lambda t}\varphi} \left\{ \frac{3(\Delta P + l_m \rho_w g\sin\theta)}{l_m - l_0} - [4\phi - (\rho_c - \rho_w)g\sin\theta] \right\}} \quad (4.82)$$

浆液压力计算式为

$$f = -\frac{\pi r_0^4}{8\eta_0 e^{\lambda t}} \left[1 - \frac{4}{3}\frac{r_p}{r_0} + \frac{1}{3}\left(\frac{r_p}{r_0}\right)^4 \right] \times \left[\frac{\mathrm{d}P}{\mathrm{d}l} + (\rho_c - \rho_w)g\sin\theta \right] \quad (4.83)$$

积分可得到盾构隧道壁后注浆对管片产生附加荷载的计算表达式为

$$F = P_0 \pi l_m^2 - \frac{\pi \mu_0 e^{\lambda t}\varphi l_m^2}{3tK}\left(\frac{l^2}{l_0} - 2l \right) - \frac{2\pi}{3}\left(\frac{l^3}{3} - \frac{l^2 l_0}{2} \right)[4\phi - (\rho_c - \rho_w)g\sin\theta] \quad (4.84)$$

以上分析为注浆孔位于顶端或下端时的浆液扩散公式，当注浆孔与水平方向呈现角度 β 时，如图 4.75 所示。

浆液扩散距离是注浆时间 t 与正弦函数 $\sin\theta$ 的函数，即 $l = l(f(\sin\theta), t)$。按照浆液重力是否有利于扩散的标准划分角度，在局部坐标系 x-y 中，当 $0 \leqslant \theta \leqslant \beta + \pi/2$ 时，浆液重力抑制浆液扩散，当 $\beta + \pi/2 < \theta \leqslant \pi$ 时重力会加速浆液扩散。此时，当注浆孔整体位于 x 轴以上时：

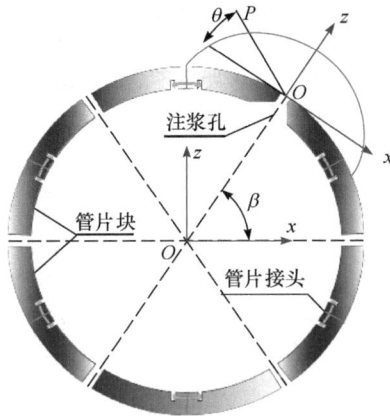

图 4.75　注浆孔位置与注浆扩散关系图

$$l = \begin{cases} l\big(f(\cos(\theta - \beta)), t\big), & 0 \leqslant \theta \leqslant \beta + \pi/2 \\ l\big(f(-\cos(\theta - \beta)), t\big), & \beta + \pi/2 < \theta \leqslant \pi \end{cases} \tag{4.85}$$

当注浆孔在整体坐标系 x 轴下方时，

$$l = \begin{cases} l\big(f(\cos(\theta + \beta)), t\big), & 0 \leqslant \theta \leqslant \pi/2 - \beta \\ l\big(f(-\cos(\theta + \beta)), t\big), & \pi/2 - \beta < \theta \leqslant \pi \end{cases} \tag{4.86}$$

砂卵石地层中，地层渗透系数 $K=6\times10^{-4}$m/s，地层初始孔隙率 $\phi=0.3$，注浆浆液水灰比为 0.9，浆液初始黏度 $\tau_0=1.884$Pa，黏度时变函数为 $\eta(t)=13.51 \times e^{0.332t}$（$t$ 的单位为 min），浆液密度 $\rho_c=1560$kg/m³，水的密度 $\rho_w=1000$kg/m³，水的黏度为 0.00101Pa·s，盾尾间隙厚度为 10cm，注浆管内壁半径为 2.5cm，注浆压力为 0.4MPa，盾构推进速度为 48mm/min，拼装一环管片的注浆时间为 25min。分别研究注浆压力为 0.40MPa 时的浆液扩散距离，以及浆液对管片产生的压力。

1. 注浆管位于上部 45°方位

将参数代入计算公式中，可以得到注浆管位于上部 45°时的浆液扩散距离，计算结果如表 4.4 所示。

表 4.4　上部 45°注浆管浆液扩散表

变换角度/(°)	−45	−35	−25	−15	−5	5	15	25	35	45
角度/(°)	0	10	20	30	40	50	60	70	80	90
浆液扩散距离/cm	32.91	32.93	32.94	32.95	32.96	32.96	32.95	32.94	32.93	32.91
变换角度/(°)	55	65	75	85	95	105	115	125	135	—
角度/(°)	100	110	120	130	140	150	160	170	180	—
浆液扩散距离/cm	32.89	32.84	32.82	32.82	32.84	32.87	32.89	32.91	32.89	—

上部 45°注浆管不同浆液扩散距离下的注浆压力分布如表 4.5 所示。

表 4.5　上部 45°注浆管不同浆液扩散距离下的注浆压力分布表　　　（单位：MPa）

角度	浆液扩散距离					
	0.05 m	0.10m	0.15m	0.20m	0.25m	0.30m
0°	0.32	0.27	0.26	0.24	0.23	0.22
10°	0.32	0.27	0.26	0.24	0.23	0.22
20°	0.32	0.27	0.26	0.24	0.23	0.22
30°	0.32	0.27	0.26	0.24	0.23	0.22
40°	0.32	0.27	0.26	0.24	0.23	0.22
50°/60°/70°	0.32	0.27	0.26	0.24	0.23	0.22
80°	0.32	0.27	0.26	0.24	0.23	0.22
90°	0.32	0.27	0.26	0.24	0.23	0.22
100°	0.32	0.27	0.26	0.24	0.23	0.22
110°	0.32	0.27	0.26	0.24	0.23	0.22
120°	0.32	0.27	0.26	0.24	0.23	0.22
130°	0.32	0.27	0.26	0.24	0.23	0.22
140°	0.32	0.27	0.26	0.24	0.23	0.22
150°	0.32	0.27	0.26	0.24	0.23	0.22
160°	0.32	0.27	0.26	0.24	0.23	0.22
170°	0.32	0.27	0.26	0.24	0.23	0.22

根据表 4.5 计算的数据，绘制极坐标系图形，为了使注浆管在上方 45°处，人为将图像角度逆时针旋转 45°，如图 4.76 所示。绘制上部 45°注浆管浆液压力消散如图 4.77 所示。

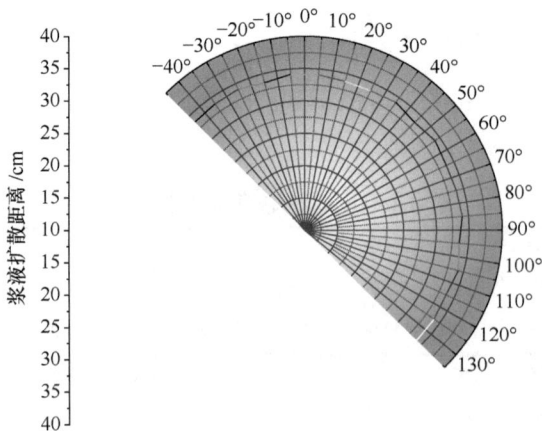

图 4.76　上部 45°注浆管浆液扩散图

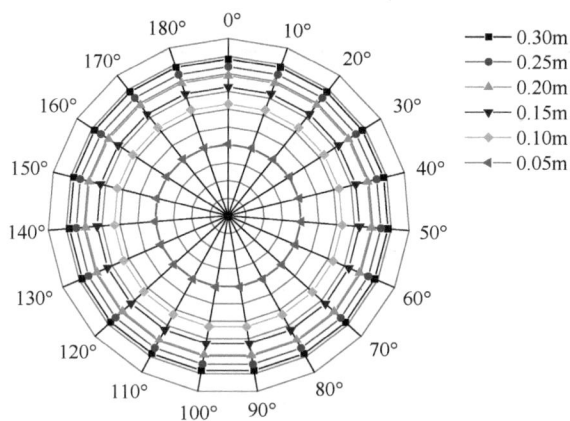

图 4.77 上部 45°注浆管浆液压力消散图

2. 注浆管位于下部 45°方位

将参数代入式(4.84)中, 可以得到注浆管位于下部 45°时的浆液扩散距离, 计算结果如表 4.6 所示。

表 4.6 下部 45°注浆管浆液扩散表

变换角度/(°)	−135	−125	−115	−105	−95	−85	−75	−65	−55	−45
角度/(°)	0	10	20	30	40	50	60	70	80	90
浆液扩散距离/cm	32.88	32.86	32.85	32.83	32.81	32.81	32.83	32.85	32.86	32.88
变换角度/(°)	−35	−25	−15	−5	5	15	25	35	45	—
角度/(°)	100	110	120	130	140	150	160	170	180	—
浆液扩散距离/cm	32.89	32.90	32.91	32.91	32.91	32.91	32.90	32.89	32.88	—

下部 45°注浆管不同浆液扩散距离下注浆压力分布如表 4.7 所示。

表 4.7 下部 45°注浆管不同浆液扩散距离下注浆压力分布表 (单位: MPa)

角度	浆液扩散距离					
	0.05 m	0.1m	0.15m	0.2m	0.25m	0.3m
0°	0.22	0.23	0.24	0.26	0.27	0.32
10°	0.22	0.23	0.24	0.25	0.27	0.32
20°	0.22	0.23	0.24	0.25	0.27	0.32
30°	0.22	0.23	0.24	0.25	0.27	0.32
40°	0.22	0.23	0.24	0.25	0.27	0.32
50°	0.22	0.23	0.24	0.25	0.27	0.32

角度	浆液扩散距离					
	0.05 m	0.1m	0.15m	0.2m	0.25m	0.3m
60°	0.22	0.23	0.24	0.25	0.27	0.32
70°	0.22	0.23	0.24	0.25	0.27	0.32
80°	0.22	0.23	0.24	0.25	0.27	0.32
90°	0.22	0.23	0.24	0.25	0.27	0.32
100°	0.22	0.23	0.24	0.25	0.27	0.32
110°	0.22	0.23	0.24	0.25	0.27	0.32
120°	0.22	0.23	0.24	0.25	0.27	0.32
130°	0.22	0.23	0.24	0.25	0.27	0.32
140°	0.22	0.23	0.24	0.25	0.27	0.32
150°	0.22	0.23	0.24	0.25	0.27	0.32
160°	0.22	0.23	0.24	0.25	0.27	0.32
170°	0.22	0.23	0.24	0.25	0.27	0.32
180°	0.22	0.23	0.24	0.26	0.27	0.32

　　根据表 4.6、表 4.7 的计算数据,绘制极坐标系图形,为了使注浆管在下方 45°处,将图像角度逆时针旋转 45°,如图 4.78 所示。绘制下部 45°注浆管浆液压力消散图如图 4.79 所示。

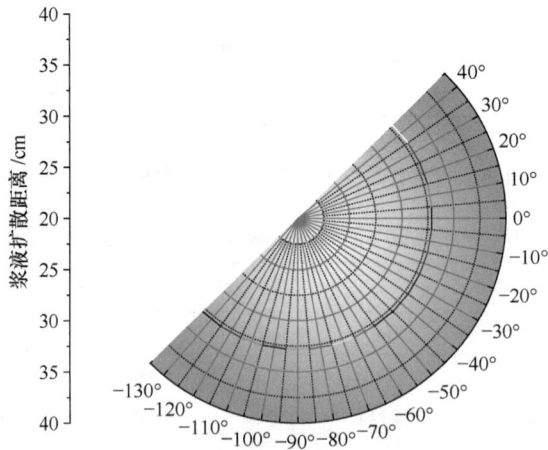

图 4.78　下部 45°注浆管浆液扩散图

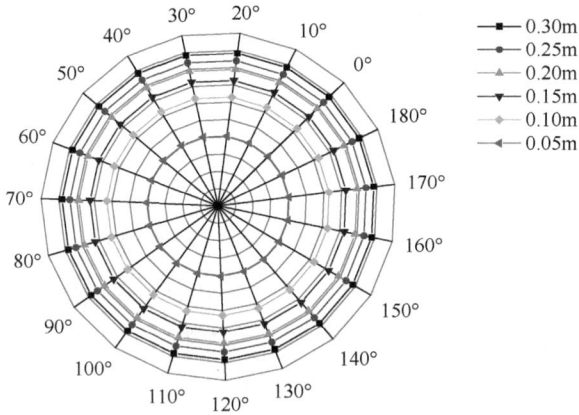

图 4.79　下部 45°注浆管浆液压力消散图

4.2.3　考虑驱替效应的模型推导

多孔介质砂卵石地层孔隙尺寸极小，因此可认为浆液的渗流状态是层流。根据毛细管组理论，假设单个毛细管道的半径为 r_0，选取与毛细管道同轴的长度为 $\mathrm{d}l$，半径为 r 的柱形微元体，则管内微元体受力状况如图 4.80 所示。

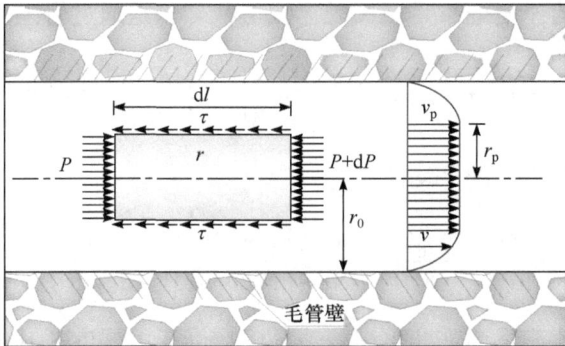

图 4.80　管内流体受力示意图

1. 渗流方程

宾厄姆流体的流变方程为

$$\tau = \tau_0 + \mu\gamma \tag{4.87}$$

式中，τ_0 为屈服应力，Pa。

对该微元进行受力分析，平衡方程可简化为

$$\tau = -\frac{r}{2}\frac{\mathrm{d}P}{\mathrm{d}l} \tag{4.88}$$

由式(4.87)、式(4.88)可知：

$$\frac{dv}{dr} = \frac{\tau_0 - \tau}{\mu} = \frac{1}{\mu}\left(\tau_0 + \frac{r}{2}\frac{dP}{dl}\right)$$
(4.89)

由宾厄姆流体本构方程可知，只有剪切应力 $\tau = -(r/2)dP/dl > \tau_0$ 的部分可产生相对流动，而剪切应力小于屈服应力的部分流体类似于固体一样整体运动。毛细管道中无相对运动的部分流体称作流核区，流核区以外存在相对运动的部分称作速递区，假设流核半径为 r_p，则 $0 \le r \le r_p$ 时的流体无相对运动，$r_p < r \le r$ 时的流体存在相对运动，根据式(4.89)可解得流核区半径为

$$r_p = -\frac{2\tau_0}{dP/dl}$$
(4.90)

对式(4.89)积分，并用 r_p 替换 r，得

$$\begin{cases} v = -\frac{1}{\mu}\left[\tau_0(r_0 - r) + \frac{1}{4}\frac{dP}{dl}(r_0^2 - r^2)\right], & r_p < r \le r_0 \\ v_p = -\frac{1}{\mu}\left[\tau_0(r_0 - r_p) + \frac{1}{4}\frac{dP}{dl}(r_0^2 - r_p^2)\right], & 0 \le r \le r_p \end{cases}$$
(4.91)

圆管中流体的速度分布是截头抛物线形状，于是通过管道内的总流量为

$$Q = \int_{r_p}^{r_0} 2\pi r v\, dr + \pi r_p^2 v_p = -\frac{\pi r_0^4}{8\mu}\left[1 - \frac{4}{3}\left(\frac{2\tau_0/r_0}{-dP/dl}\right) + \frac{1}{3}\left(\frac{2\tau_0/r_0}{-dP/dl}\right)^4\right]\frac{dP}{dl}$$
(4.92)

因此，可得管道内的平均流速为

$$\bar{v} = \frac{Q}{\pi r_0^2} = -\frac{r_0^2}{8\mu}\left[1 - \frac{4}{3}\left(\frac{2\tau_0/r_0}{-dP/dl}\right) + \frac{1}{3}\left(\frac{2\tau_0/r_0}{-dP/dl}\right)^4\right]\frac{dP}{dl}$$
(4.93)

使管道内流体流量为零即可解得流体的启动压力梯度，其值为

$$-\frac{dP}{dl} = 2\tau_0/r_0 = \lambda$$
(4.94)

利用 Dupuit-Forchheimer 关系式 $K = \frac{\phi r_0^2}{8}$（K 为水在砂卵石地层的渗透率）即可将式(4.93)化为

$$V = -\frac{K}{\mu}\left[1 - \frac{4}{3}\left(\frac{\lambda}{-dP/dl}\right) + \frac{1}{3}\left(\frac{\lambda}{-dP/dl}\right)^4\right]\frac{dP}{dl}, \quad \left|\frac{dP}{dl}\right| > \lambda$$
(4.95)

根据不均匀毛细管组理论,宾厄姆流体透过多孔介质的有效渗透率 K_p 与牛顿

流体通过多孔介质的渗透率 K 相等，即为介质的绝对渗透率 K。在非牛顿流体中只有宾厄姆流体具有此特性，主要是因为该流体在克服启动压力梯度之后与牛顿流体类似。

将式(4.95)推广到三维情形，宾厄姆流体渗流的广义达西定律可表示为

$$V = -\frac{K}{\mu}\nabla P\left[\left(1-\frac{\lambda}{|\nabla P|}\right)-\frac{1}{3}\frac{\lambda}{|\nabla P|}\left(1-\frac{\lambda^3}{|\nabla P|^3}\right)\right] \tag{4.96}$$

2. 柱面扩散模型

令 $1/|\nabla P|=H(x,y,z,t)$，式(4.96)可以转换为

$$V = -\frac{K}{\mu}\nabla P\left[\left(1-\lambda H\right)-\frac{1}{3}\lambda H\left(1-\lambda^3 H^3\right)\right] \tag{4.97}$$

整理式(4.97)，并根据 $\dfrac{\partial(\rho\phi)}{\partial t}+\nabla\cdot(\rho V)=q\rho$，得到宾厄姆流体渗流微分方程的一般形式为[12]

$$\nabla^2 P\left(1-\frac{4}{3}\lambda H+\frac{1}{3}\lambda^4 H^4\right)-\frac{4}{3}\left(\lambda+\lambda^4 H^3\right)\nabla P\cdot\nabla H=\frac{\phi\mu c_i}{K}\frac{\partial P}{\partial t} \tag{4.98}$$

由于该微分方程含有高次因式，因此微分方程的解不唯一，对宾厄姆流体运动方程进行适当简化，得到其近似的广义达西定律：

$$V = -\frac{K}{\mu}\nabla P(1-\lambda H)，\quad \varphi H<1 \tag{4.99}$$

对比式(4.99)和式(4.97)可知，两者在 $\lambda/|\nabla P|<0.1$ 时对速度引起的相对误差在3%以内，如果 $\lambda/|\nabla P|>0.1$，其误差较大。在盾构管片注浆过程中，启动压力梯度过大，因此浆液扩散过程中只有在极小的扩散范围内满足 $\lambda/|\nabla P|<0.1$，利用该近似方程必须进行验证。

将近似的达西定律式(4.99)代入渗流方程 $\dfrac{\partial(\rho\phi)}{\partial t}+\nabla\cdot(\rho V)=q\rho$，可表示为

$$\nabla^2 P(1-\lambda H)-\lambda\nabla P\cdot\nabla H=\frac{\phi\mu c_i}{K}\frac{\partial P}{\partial t} \tag{4.100}$$

对于稳态渗流，$\partial P/\partial t=0$，则式(4.100)可表示为

$$\nabla^2 P(1-\lambda H)-\lambda\nabla P\cdot\nabla H=0 \tag{4.101}$$

对于柱面扩散模型，满足以下条件：

$$\nabla P=\frac{\partial P}{\partial r}<0,\quad H=-1\left/\frac{\partial P}{\partial r}\right.,\nabla H=\frac{\partial^2 P}{\partial r^2}\left/\left(\frac{\partial P}{\partial r}\right)^2\right. \tag{4.102}$$

于是渗流微分方程(4.101)可写成

$$\frac{\partial^2 P}{\partial r^2} + \frac{1}{r}\frac{\partial P}{\partial r} + \frac{\lambda}{r} = 0, \quad \left|\frac{\partial P}{\partial r}\right| > \lambda \tag{4.103}$$

在盾构壁后注浆过程中，浆液为宾厄姆流体，地下水为牛顿流体。因此，忽略流体重力和压缩性，该模型渗流微分方程和边界条件如下：

$$\begin{cases} \dfrac{\partial^2 P_1}{\partial r^2} + \dfrac{1}{r}\dfrac{\partial P_1}{\partial r} + \dfrac{\lambda}{r} = 0, & r_0 < r \leqslant r(t) \\[2mm] \dfrac{1}{r}\dfrac{\partial}{\partial r}\left(r\dfrac{\partial P_2}{\partial r}\right) = 0, & r(t) < r < r_{\mathrm{w}} \\[2mm] P_1 = P_0, & r = r_0 \\[2mm] P_2 = P_{\mathrm{w}}, & r = r_{\mathrm{w}} \end{cases} \tag{4.104}$$

在浆液扩散锋面 $r = r(t)$ 处，压力和流量连续，即有

$$\begin{cases} P_1 = P_2 \\[2mm] \pi r h\left[-\dfrac{K_1}{\mu_1}\dfrac{\partial P_1}{\partial r}\left(1 - \dfrac{\lambda}{-\dfrac{\partial P_1}{\partial r}}\right)\right] = -\pi r h\dfrac{K_2}{\mu_2}\dfrac{\partial P_2}{\partial r} \end{cases} \tag{4.105}$$

令 $\dfrac{\partial P_1}{\partial r} = Y_1, \dfrac{\partial P_2}{\partial r} = Y_2$ ，则有

$$\begin{cases} \dfrac{\partial Y_1}{\partial r} + \dfrac{1}{r}Y_1 + \dfrac{\lambda}{r} = 0 \\[2mm] \dfrac{\partial Y_2}{\partial r} + \dfrac{1}{r}Y_2 = 0 \end{cases} \tag{4.106}$$

解得 $Y_1 = \dfrac{\partial P_1}{\partial r} = -\lambda - \dfrac{C_1}{r}, Y_2 = \dfrac{\partial P_2}{\partial r} = \dfrac{1}{r}C_2$ ，故

$$\begin{cases} P_1 = -C_1\ln r - \lambda r + C_3 \\[2mm] P_2 = C_2\ln r + C_4 \end{cases} \tag{4.107}$$

根据式(4.104)、式(4.105)、式(4.107)得出

$$\begin{cases} P_0 = -C_1\ln r_0 - \lambda r_0 + C_3 \\[2mm] P_{\mathrm{w}} = C_2\ln r_{\mathrm{w}} + C_4 \\[2mm] -C_1\ln r(t) - \lambda r(t) + C_3 = C_2\ln r(t) + C_4 \\[2mm] -\dfrac{K_1}{\mu_1}\left(-\dfrac{C_1}{r(t)}\right) = -\dfrac{K_2}{\mu_2}\dfrac{C_2}{r(t)} \end{cases} \tag{4.108}$$

令 $\dfrac{K_1}{\mu_1}\Big/\dfrac{K_2}{\mu_2}=M$ ，当浆流区和水流区地层渗透率相同时，则 M 为水的黏度与浆液的黏度比，即 $M=\mu_2/\mu_1$ ，根据以上边界条件解得

$$C_1=\frac{P_{\mathrm{w}}-P_0-\lambda\left(r_0-r(t)\right)}{\ln\dfrac{r_0}{r(t)}-M\ln\dfrac{r_{\mathrm{w}}}{r(t)}}=\frac{P_0-P_{\mathrm{w}}-\lambda\left(r(t)-r_0\right)}{M\ln\dfrac{r_{\mathrm{w}}}{r(t)}-\ln\dfrac{r_0}{r(t)}} \tag{4.109}$$

联立式(4.107)~式(4.109)可解得 1 区和 2 区的压力分布：

$$\begin{cases} P_1=-\dfrac{P_0-P_{\mathrm{w}}-\lambda\left(r(t)-r_0\right)}{M\ln\dfrac{r_{\mathrm{w}}}{r(t)}-\ln\dfrac{r_0}{r(t)}}\ln r-\lambda r+P_0+\dfrac{P_0-P_{\mathrm{w}}-\lambda\left(r(t)-r_0\right)}{M\ln\dfrac{r_{\mathrm{w}}}{r(t)}-\ln\dfrac{r_0}{r(t)}}\ln r_0+\varphi r_0 \\[4mm] P_2=\dfrac{-M\left[P_0-P_{\mathrm{w}}-\lambda\left(r(t)-r_0\right)\right]}{M\ln\dfrac{r_{\mathrm{w}}}{r(t)}-\ln\dfrac{r_0}{r(t)}}\ln r+P_{\mathrm{w}}+\dfrac{M\left[P_0-P_{\mathrm{w}}-\lambda\left(r(t)-r_0\right)\right]}{M\ln\dfrac{r_{\mathrm{w}}}{r(t)}-\ln\dfrac{r_0}{r(t)}}\ln r_{\mathrm{w}} \end{cases} \tag{4.110}$$

前文针对宾厄姆流体渗流速度进行了一定的简化，因此必须验证其适用性。浆液渗透扩散的速度方程可描述为一系列连续的速度点，因此可对简化的速度方程进行系数折减，计算发现不同系数折减结果得出的 C、$\lambda\Big/\dfrac{\partial P}{\partial r}$ 的差距极小，相差范围小于 1%，说明浆液扩散速度对浆液渗透过程中的压降影响较小，可见对宾厄姆流体浆液扩散速度简化是可行的。

由式(4.110)可以求得流量 $Q(r)$ 为

$$Q(r)=-\frac{AK_1}{\mu_1}\left\{\frac{\lambda}{3}-\frac{P_{\mathrm{w}}-P_0-\lambda\left(r_0-r(t)\right)}{\left(\ln\dfrac{r_0}{r(t)}-M\ln\dfrac{r_{\mathrm{w}}}{r(t)}\right)r(t)}-\frac{\lambda^4}{3}\frac{1}{\left[\lambda+\dfrac{P_{\mathrm{w}}-P_0-\lambda\left(r_0-r(t)\right)}{\left(\ln\dfrac{r_0}{r(t)}-M\ln\dfrac{r_{\mathrm{w}}}{r(t)}\right)r(t)}\right]^3}\right\} \tag{4.111}$$

将式(4.111)所表示的 $Q(r)$ 除以有效过水面积，得到

$$\frac{\mathrm{d}r(t)}{\mathrm{d}t}=-\frac{K_1}{\phi\mu_1}\left\{\frac{\lambda}{3}-\frac{P_{\mathrm{w}}-P_0-\lambda\left(r_0-r(t)\right)}{\left(\ln\dfrac{r_0}{r(t)}-M\ln\dfrac{r_{\mathrm{w}}}{r(t)}\right)r(t)}-\frac{\lambda^4}{3}\frac{1}{\left[\lambda+\dfrac{P_{\mathrm{w}}-P_0-\lambda\left(r_0-r(t)\right)}{\left(\ln\dfrac{r_0}{r(t)}-M\ln\dfrac{r_{\mathrm{w}}}{r(t)}\right)r(t)}\right]^3}\right\} \tag{4.112}$$

令 $\dfrac{K_1}{\phi\mu_1}=A$, $P_{\mathrm{w}}-P_0-\lambda r_0=B$, $C=M-1, \ln r_0 - M\ln r_{\mathrm{w}}=D$，则式(4.112)可改写为

$$\frac{\mathrm{d}r(t)}{\mathrm{d}t}=-A\left[\frac{\lambda}{3}-\frac{B+\lambda r(t)}{Dr(t)-Cr(t)\ln r(t)}-\frac{\lambda^4}{3}\frac{1}{\left(\lambda+\dfrac{B+\lambda r(t)}{Dr(t)-Cr(t)\ln r(t)}\right)^3}\right] \tag{4.113}$$

由于该微分方程的原函数不能用基本函数表示，因此该方程无解析解，但可利用 Mathmatics 软件求得该方程的数值解。求解前先明确各参数的取值，针对具体情况进行求解。

由式(4.111)可得浆液对管片产生的压力为

$$F_{\mathrm{g}}=\int_{r_0}^{r(t)}\pi r P_1 \mathrm{d}r+\int_0^{r_0}\pi r P_0 \mathrm{d}r \tag{4.114}$$

3. 球面扩散模型

对于球面扩散模型，根据质量守恒原理，弱压缩流体球面不定常渗流连续性方程可表示为

$$-\frac{1}{r^2}\frac{\partial}{\partial r}\left(r^2\cdot v_r\right)=\phi c_{\mathrm{f}}\frac{\partial P}{\partial t} \tag{4.115}$$

对于稳态渗流，式(4.115)中 $\partial P/\partial t=0$，因此稳态渗流球面连续性方程可写成

$$\frac{1}{r^2}\frac{\partial}{\partial r}\left(r^2\cdot v_r\right)=0 \tag{4.116}$$

宾厄姆流体在孔隙介质中的运动方程为

$$V=-\frac{K}{\mu}\nabla P\left(1-\frac{\lambda}{|\nabla P|}\right) \tag{4.117}$$

可求得宾厄姆流体球面渗流微分方程为

$$\frac{\partial^2 P}{\partial r^2}+\frac{2}{r}\frac{\partial P}{\partial r}+\frac{2\lambda}{r}=0, \quad \left|\frac{\partial P}{\partial r}\right|>\lambda \tag{4.118}$$

壁后注浆过程中，假设注入浆液属于宾厄姆流体，而地下水属于牛顿流体，忽略流体重力和压缩性，该模型渗流微分方程和边界条件如下：

$$\begin{cases} \dfrac{\partial^2 P_1}{\partial r^2} + \dfrac{2}{r}\dfrac{\partial P_1}{\partial r} + \dfrac{2\lambda}{r} = 0, & r_0 < r \leqslant r(t) \\[3mm] \dfrac{1}{r^2}\dfrac{\partial}{\partial r}\left(r^2 \dfrac{\partial P_2}{\partial r} \right) = 0, & r(t) < r < r_\mathrm{w} \\[3mm] P_1 = P_0, & r = r_0 \\[3mm] P_2 = P_\mathrm{w}, & r = r_\mathrm{w} \end{cases} \tag{4.119}$$

与柱形模型类似，求解可得

$$\begin{cases} P_0 = C_1 \dfrac{1}{r_0} - \lambda r_0 + C_3 \\[3mm] P_\mathrm{w} = -C_2 \dfrac{1}{r_\mathrm{w}} + C_4 \\[3mm] C_1 \dfrac{1}{r(t)} - \lambda r(t) + C_3 = -C_2 \dfrac{1}{r(t)} + C_4 \\[3mm] -\dfrac{K_1}{\mu_1}\left(-\dfrac{C_1}{r(t)^2} \right) = -\dfrac{K_2}{\mu_2}\dfrac{C_2}{r(t)^2} \end{cases} \tag{4.120}$$

令 $\dfrac{K_1}{\mu_1}\bigg/\dfrac{K_2}{\mu_2} = M$ ，当浆流区和水流区地层渗透率相同时，则 M 为水的黏度与浆液的黏度比，即 $M = \mu_2 / \mu_1$ ，根据以上边界条件解得

$$C_1 = \frac{P_\mathrm{w} - P_0 - \lambda\left(r_0 - r(t)\right)}{\left(\dfrac{1}{r(t)} - \dfrac{1}{r_0} \right) - M\left(\dfrac{1}{r(t)} - \dfrac{1}{r_\mathrm{w}} \right)} \tag{4.121}$$

联立式(4.118)～式(4.121)可解得 1 区和 2 区的压力分布：

$$\begin{cases} P_1 = \dfrac{P_\mathrm{w} - P_0 - \lambda\left(r_0 - r(t)\right)}{\left[\left(\dfrac{1}{r(t)} - \dfrac{1}{r_0} \right) - M\left(\dfrac{1}{r(t)} - \dfrac{1}{r_\mathrm{w}} \right) \right]r} - \lambda r + P_0 - \dfrac{P_\mathrm{w} - P_0 - \lambda\left(r_0 - r(t)\right)}{\left[\left(\dfrac{1}{r(t)} - \dfrac{1}{r_0} \right) - M\left(\dfrac{1}{r(t)} - \dfrac{1}{r_\mathrm{w}} \right) \right]r_0} + \lambda r_0 \\[6mm] P_2 = \dfrac{M\left[P_\mathrm{w} - P_0 - \lambda\left(r_0 - r(t)\right) \right]}{\left[\left(\dfrac{1}{r(t)} - \dfrac{1}{r_0} \right) - M\left(\dfrac{1}{r(t)} - \dfrac{1}{r_\mathrm{w}} \right) \right]r} + P_\mathrm{w} - \dfrac{M\left[P_\mathrm{w} - P_0 - \lambda\left(r_0 - r(t)\right) \right]}{\left[\left(\dfrac{1}{r(t)} - \dfrac{1}{r_0} \right) - M\left(\dfrac{1}{r(t)} - \dfrac{1}{r_\mathrm{w}} \right) \right]r_\mathrm{w}} \end{cases}$$
$$\tag{4.122}$$

前文针对宾厄姆流体渗流速度进行了一定的简化，因此必须验证其适用性。浆液渗透扩散的速度方程可描述为一系列连续的速度点，因此可对简化的速度方

程进行系数折减，计算发现不同系数折减的结果得出的 C、$\lambda \big/ \dfrac{\partial P}{\partial r}$ 的差距极小，相差范围小于 1%，说明浆液扩散速度对浆液渗透过程中的压降影响较小，因此对宾厄姆流体浆液扩散速度简化是可行的。

由式(4.122)可以求得流量 $Q(r)$ 为

$$Q(r) = -\frac{AK_1}{\mu_1}\left\{\frac{\lambda}{3} - \frac{P_{\mathrm{w}} - P_0 - \lambda\left(r_0 - r(t)\right)}{\left[\left(\dfrac{1}{r(t)} - \dfrac{1}{r_0}\right) - M\left(\dfrac{1}{r(t)} - \dfrac{1}{r_{\mathrm{w}}}\right)\right]r(t)^2} \right.$$
$$\left. -\frac{\lambda^4}{3}\frac{1}{\left(\lambda + \dfrac{P_{\mathrm{w}} - P_0 - \lambda\left(r_0 - r(t)\right)}{\left[\left(\dfrac{1}{r(t)} - \dfrac{1}{r_0}\right) - M\left(\dfrac{1}{r(t)} - \dfrac{1}{r_{\mathrm{w}}}\right)\right]r(t)^2}\right)^3}\right\} \qquad (4.123)$$

将式(4.123)所表示的 $Q(r)$ 除以有效过水面积，得到

$$\frac{\mathrm{d}r(t)}{\mathrm{d}t} = -\frac{K_1}{\phi\mu_1}\left\{\frac{\lambda}{3} - \frac{P_{\mathrm{w}} - P_0 - \lambda\left(r_0 - r(t)\right)}{\left[\left(\dfrac{1}{r(t)} - \dfrac{1}{r_0}\right) - M\left(\dfrac{1}{r(t)} - \dfrac{1}{r_{\mathrm{w}}}\right)\right]r(t)^2} \right.$$
$$\left. -\frac{\lambda^4}{3}\frac{1}{\left(\lambda + \dfrac{P_{\mathrm{w}} - P_0 - \lambda\left(r_0 - r(t)\right)}{\left[\left(\dfrac{1}{r(t)} - \dfrac{1}{r_0}\right) - M\left(\dfrac{1}{r(t)} - \dfrac{1}{r_{\mathrm{w}}}\right)\right]r(t)^2}\right)^3}\right\} \qquad (4.124)$$

令式(4.124)中 $\dfrac{K_1}{\phi\mu_1} = A$，$P_{\mathrm{w}} - P_0 - \lambda r_0 = B, 1 - M = C, \dfrac{M}{r_{\mathrm{w}}} - \dfrac{1}{r_0} = D$，则可改写为

$$\frac{\mathrm{d}r(t)}{\mathrm{d}t} = -A\left[\frac{\lambda}{3} - \frac{B + \lambda r(t)}{Cr(t) + Dr(t)^2} - \frac{\lambda^4}{3}\frac{1}{\left(\lambda + \dfrac{B + \lambda r(t)}{Cr(t) + Dr(t)^2}\right)^3}\right] \qquad (4.125)$$

该微分方程的原函数不能用基本函数表示，因此该方程无解析解，但可利用 Mathmatics 软件求得该方程的数值解。

由式(4.122)可得浆液对管片产生的压力为

$$F_{\mathrm{g}} = \int_{r_0}^{r(t)} 2\pi r P_1 \mathrm{d}r + \int_0^{r_0} 2\pi r P_0 \mathrm{d}r \qquad (4.126)$$

4. 参数分析

针对宾厄姆球面扩散模型，选取地下水黏度 μ_2 在 20℃时为 $1.01×10^{-3}Pa·s$，注浆管半径 $r_0 = 2.5cm$，盾尾间隙厚度 $d=5cm$，讨论以下情况。

1) 地层渗透系数

选择浆液的水灰比 $W/C = 0.9$，则宾厄姆流体的屈服应力 $\tau_0 = 1.884Pa$，黏度为 $\mu_1 = 0.0119Pa·s$，注浆压力为 $P_0 = 0.35MPa$，地下水在 $r_w = 5m$ 处 $P_w = 0.02MPa$，地层孔隙率 $\eta = 0.3$。考虑不同地层渗透系数(0.03cm/s、0.04cm/s、0.05cm/s、0.06cm/s、0.07cm/s、0.08cm/s)，基于球面扩散模型，探讨不同渗透系数下，浆液扩散距离、浆液流量、浆液对管片产生的压力及浆液对单位面积管片产生的压力与注浆时间的关系，计算结果如图 4.81～图 4.84 所示。

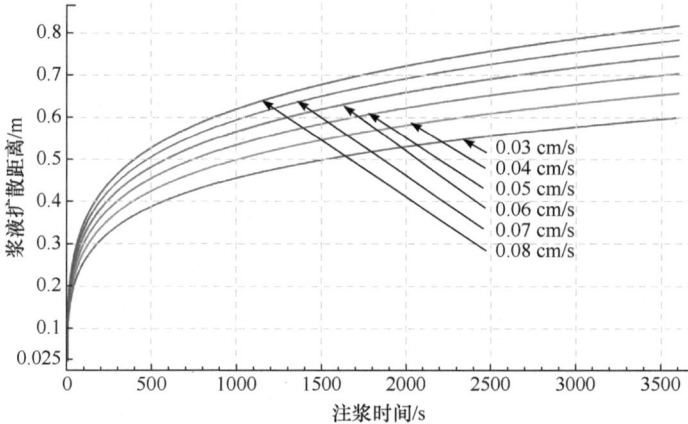

图 4.81 不同渗透系数下浆液扩散距离与注浆时间的关系

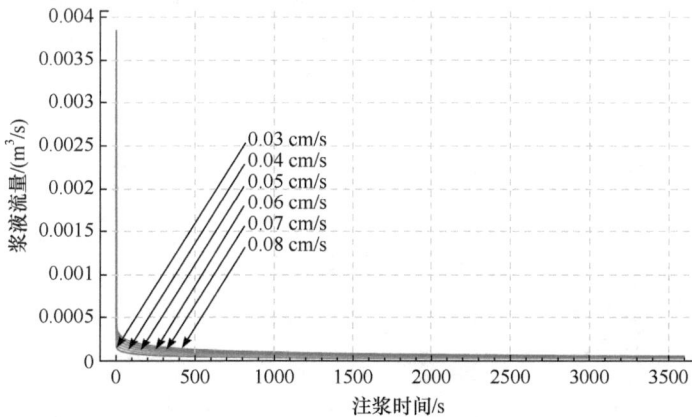

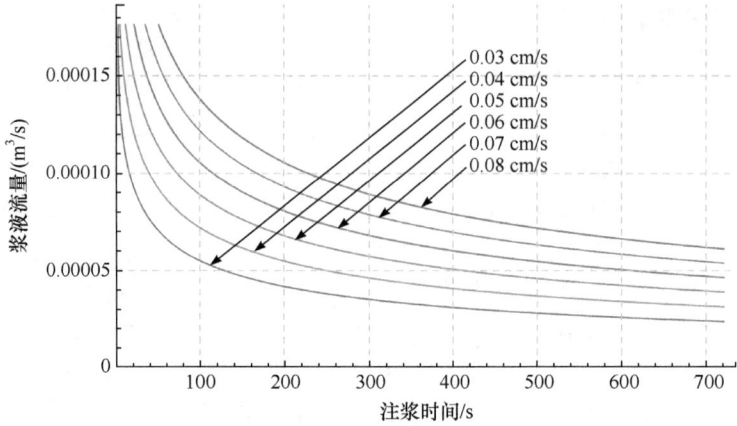

图 4.82　不同渗透系数下注浆时间与浆液流量的关系

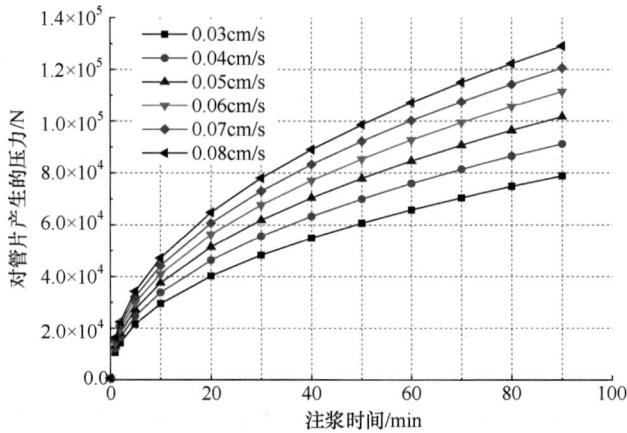

图 4.83　不同渗透系数下注浆时间与浆液对管片产生的压力之间的关系

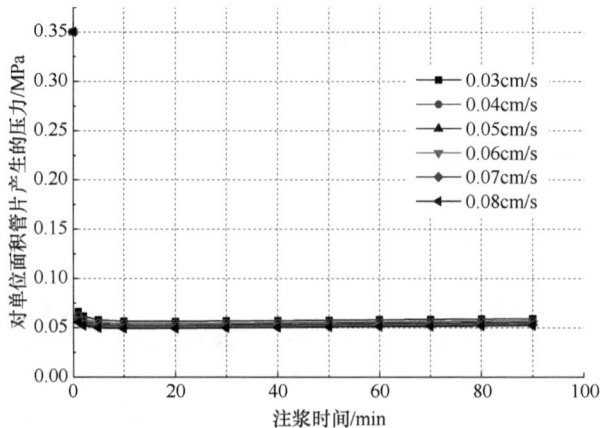

图 4.84　不同渗透系数下注浆时间与浆液对单位面积管片产生的压力之间的关系

由图 4.81 可知，相同注浆时间浆液扩散距离随地层渗透系数的增大而增大。当地层渗透系数由 0.03cm/s 增加到 0.06cm/s 时，随着注浆时间的延长，不同渗透系数下壁后注浆效果的差异程度逐渐增加，以 1min 到 1h 为例，浆液扩散距离差由 0.054m 增加到 0.146m，浆液扩散距离增加幅度由 24%增加到 24.4%。相同渗透系数差下浆液扩散距离差随着渗透系数的增加而减小。例如，渗透系数由 0.03cm/s 增加到 0.05cm/s，0.01cm/s 的渗透系数差下，1h 时管片压力差由 0.058m 减小到 0.047m。由图 4.82 可知，浆液流量随渗透系数的增大而增大，随着注浆时间的延长，不同渗透系数下浆液流量均在减小，浆液流量存在突降阶段。

由图 4.83、图 4.84 可知，浆液对管片产生的压力随着渗透系数的增加而增加，并且随着注浆时间的延长，浆液对管片产生的压力差逐渐增大，而相同渗透系数差下浆液对管片产生的压力差随着渗透系数的增加而减小。例如，渗透系数由 0.03cm/s 增加到 0.05cm/s，0.01cm/s 的渗透系数差下，1h 时浆液对管片产生的压力差由 10217N 减小到 8655N。浆液对单位面积管片产生的压力随渗透系数增加而减小，原因在于地层的渗透系数越大，浆液的扩散范围越广，虽然浆液对管片产生的压力越大，但是平均到整个扩散范围时相对较小。

2) 注浆压力

地层渗透系数选取 0.05cm/s，其他参数取值同上，针对不同的注浆压力 (0.25MPa、0.30MPa、0.35MPa、0.40MPa、0.45MPa、0.50MPa)，基于浆液球面扩散模型，探讨不同注浆压力下，浆液扩散距离、浆液流量、浆液对管片产生的压力及浆液对单位面积管片产生的压力与注浆时间的关系，计算结果如图 4.85～图 4.88 所示。

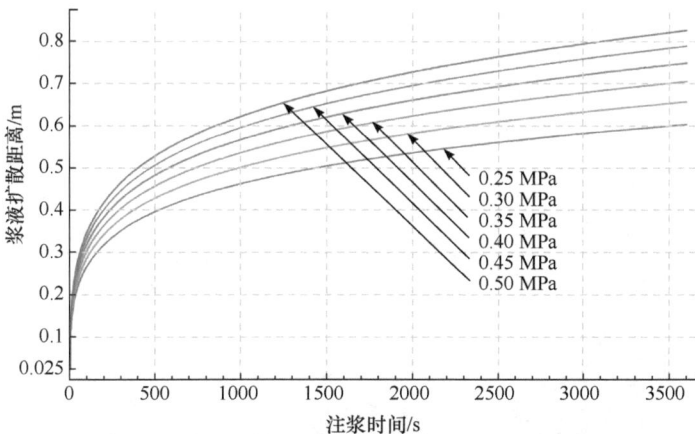

图 4.85　不同注浆压力下浆液扩散距离与注浆时间的关系

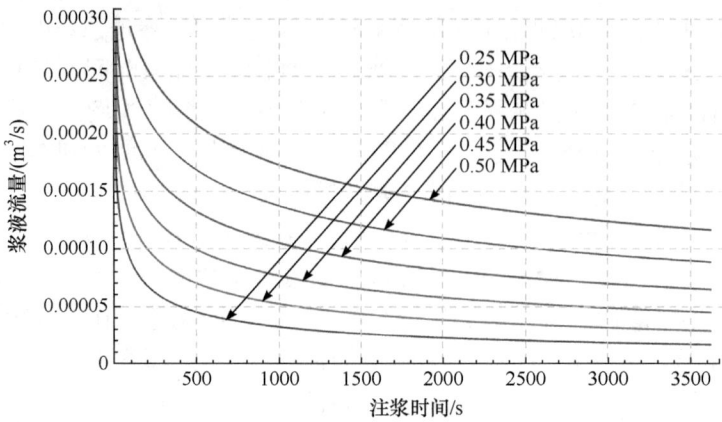

图 4.86　不同注浆压力下注浆时间与浆液流量的关系

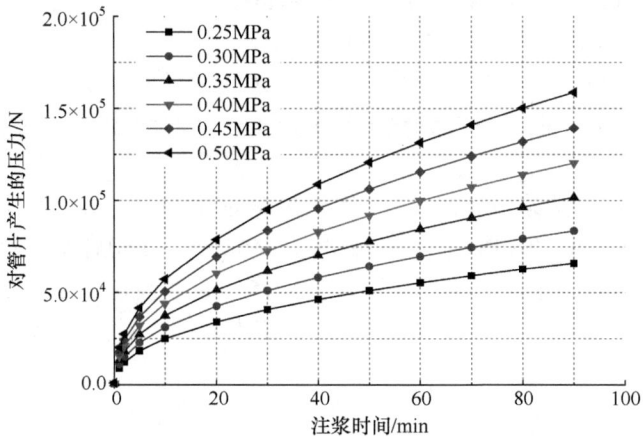

图 4.87　不同注浆压力下注浆时间与浆液对管片产生的压力之间的关系

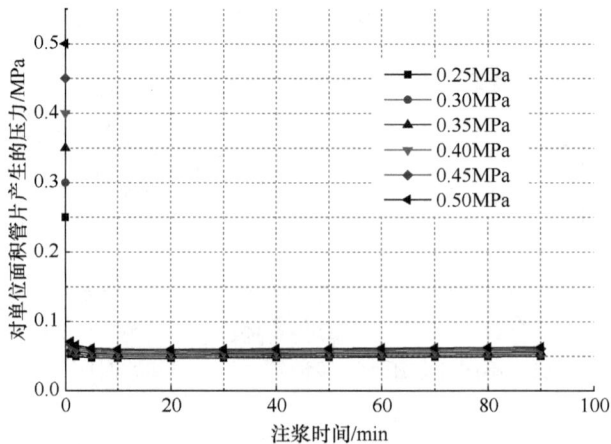

图 4.88　不同注浆压力下注浆时间与浆液对单位面积管片产生的压力之间的关系

由于宾厄姆流体扩散必须满足 $\lambda\left/\left|-\lambda-\dfrac{C}{r^2}\right|\right.>1$，因此 C 必须为正值，由式 (4.115)可得不同注浆压力下可能的最大浆液扩散距离。由图 4.85 可知，浆液的扩散速度随注浆压力的增加而增大，随注浆时间的延长，不同注浆压力下浆液扩散距离差距越来越大，当注浆压力由 0.25MPa 增大到 0.50MPa，1min 时浆液扩散距离相差 0.068m，1h 时相差 0.223m。

由图 4.86 可知，注浆孔出口流量随注浆压力的增加越来越大，且相同注浆压力差下浆液流量的差距也随注浆压力增大而增大。随着注浆时间的延长，不同注浆压力下的浆液流量均在减小，并且浆液流量存在突降阶段。当注浆压力由 0.25MPa 增大到 0.50MPa 时，浆液流量的突降愈加显著。

分析图 4.87、图 4.88 可知，当注浆压力由 0.25MPa 增加到 0.50MPa 时，浆液对管片产生的压力增加了 1 倍以上，可见注浆压力的改变对管片衬砌的浆液压力有显著的作用。浆液对单位面积管片产生的压力也随注浆压力的增大而增加，但是其变化总体趋势是随着注浆时间的延长先减小后增大，主要是因为后期浆液扩散距离增长幅度相对浆液对管片产生的压力增长幅度小。

3) 地层地下水压力

取注浆压力 $p_0 = 0.35\text{MPa}$，其他参数条件同上，选取地下水在 $r_w = 5\text{m}$ 处不同的地下水压力(0.00MPa、0.02MPa、0.04MPa、0.06MPa、0.08MPa、0.10MPa)，基于球面扩散模型，分析不同地下水压力下，浆液扩散距离、浆液流量、浆液对管片产生的压力及浆液对单位面积管片产生的压力与注浆时间的关系，计算结果如图 4.89～图 4.92 所示。

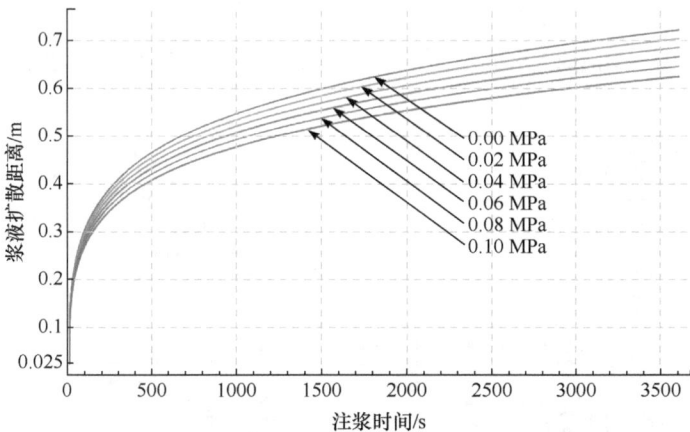

图 4.89 不同地下水压力下浆液扩散距离与注浆时间的关系

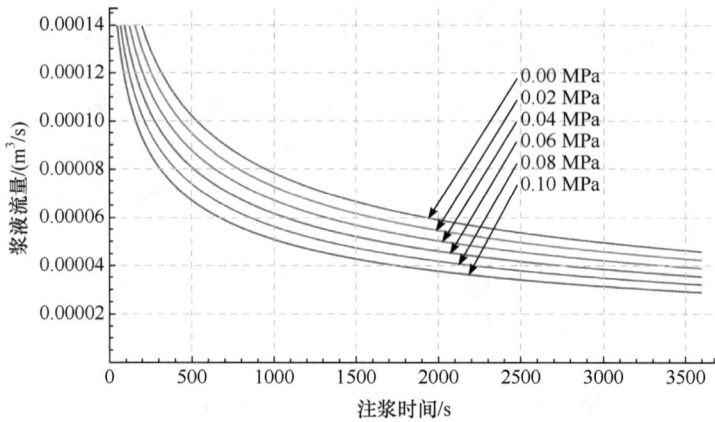

图 4.90　不同地下水压力下注浆时间与浆液流量的关系

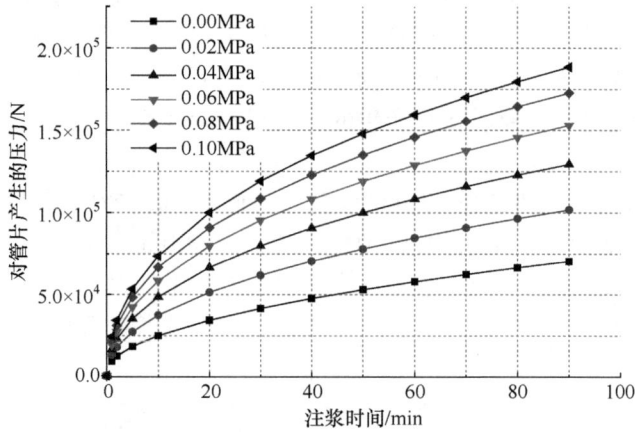

图 4.91　不同地下水压力下注浆时间与浆液对管片产生的压力之间的关系

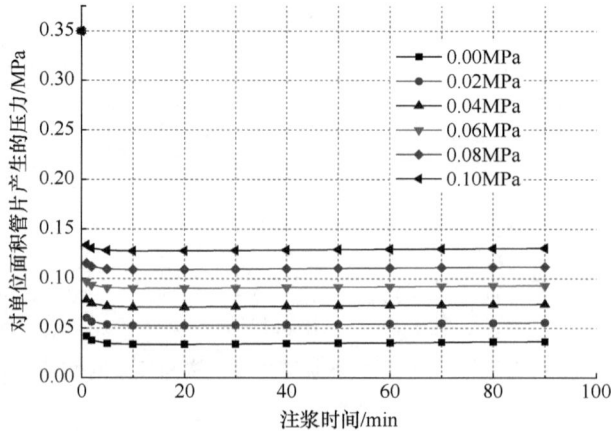

图 4.92　不同地下水压力下注浆时间与浆液对单位面积管片产生的压力之间的关系

由图 4.89 可知，当其他条件一定时，随着地下水压力增大，相同注浆时间内浆液扩散距离减小，注浆效果逐渐变差，因此在盾构壁后注浆时，应根据注浆孔所在位置的地下水压力合理确定注浆参数。

由图 4.90 可知，不同地下水压力对渗透的浆液流量有较大影响，地下水压力越小浆液流量越大，并且通过压力漏斗区流量骤降后，不同地下水压力下浆液的渗透流量变化趋势较为一致。

分析图 4.91、图 4.92 可以发现，地下水压力对浆液对管片产生的压力及浆液对单位面积管片产生的压力存在较大影响。当地下水压力由从 0.00MPa 增加到 0.10MPa 时，通过压力漏斗区后，浆液对管片产生的压力及浆液对单位面积产生的压力都增大了 1 倍以上，因此盾构施工过程中应该重视地下水压力通过浆液扩散对管片的作用。

4) 浆液配比

其他参数同上，选择不同的浆液配比(W/C=0.8、W/C=0.9、W/C=1.0、水泥复合浆液、水泥黏土浆液)，基于球面扩散模型，分析不同浆液配比下，浆液扩散距离、浆液流量、浆液对管片产生的压力及浆液对单位面积管片产生的压力与注浆时间的关系，计算结果如图 4.93～图 4.96 所示。

由图 4.93 可知，对于水泥基单液浆，浆液扩散距离随浆液水灰比的增大而增大。当浆液的水灰比由 0.8 增大到 1.0 时，相同注浆时间内浆液扩散距离的差距不断增大，2min 时扩散距离增加了 44%，1h 时扩散距离增加了 62%。以水灰比 0.8～1.0 为例，随浆液水灰比的增大，相同水灰比差下浆液扩散距离差逐渐减小。此外，要达到相同的注浆效果所需的注浆时间相差极大，部分浆液扩散距离所需注浆时间相差超过 8 倍。

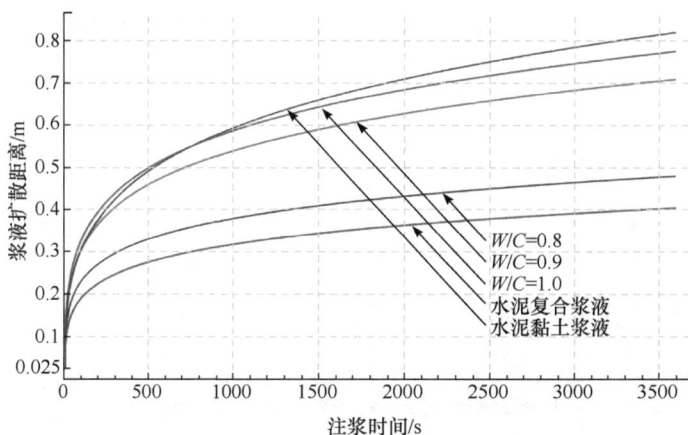

图 4.93　不同浆液配比下浆液扩散距离与注浆时间的关系

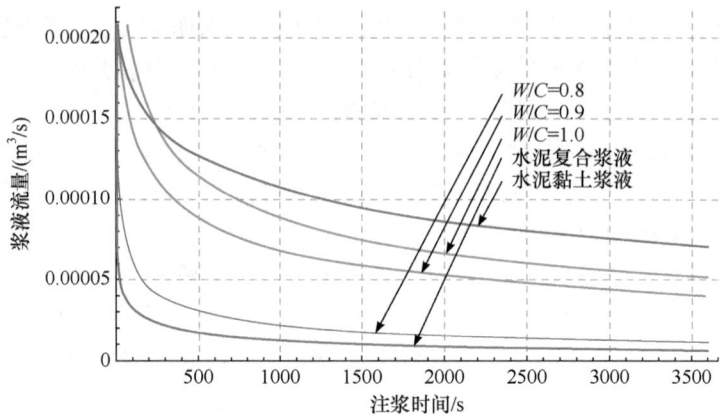

图 4.94　不同浆液配比下注浆时间与浆液流量的关系

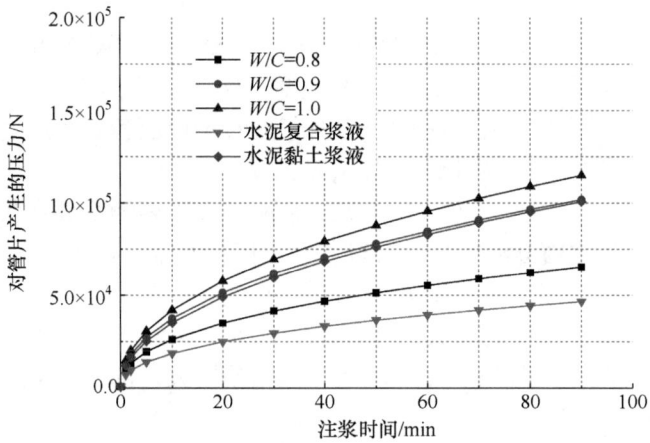

图 4.95　不同浆液配比下注浆时间与浆液对管片产生的压力之间的关系

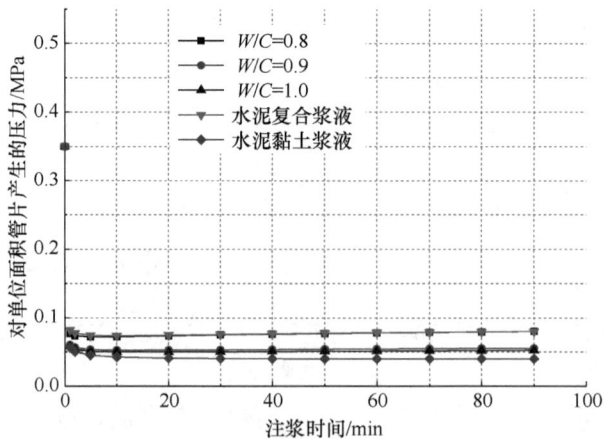

图 4.96　不同浆液配比下注浆时间与浆液对单位面积管片产生的压力之间的关系

由图 4.94 可知，水灰比不同浆液流量也不同，在注浆开始阶段水灰比为 1.0 时初始浆液流量较大，为 0.0028m³/s，其他配比时浆液流量相差较少，在 0.00265m³/s 左右，可见注浆开始阶段浆液的黏度影响较大，水灰比越小，浆液流量降低的幅度越明显，并且浆液流量也越小。注浆后期浆液流量骤减后水泥黏土浆液流量较大，主要是因为其屈服应力较小，可以维持较高的浆液流量。

分析图 4.95、图 4.96 可以看到，当宾厄姆流体的水泥基单液浆的水灰比从 0.8 增大到 1.0 时，在相同注浆时间内浆液对管片产生的压力逐渐增大，对单位面积管片产生的压力表现为先减小后增大的趋势。

4.3 幂律流体浆液渗透扩散模型

4.3.1 浆液的流变方程

对于幂律流体而言，一个极小的剪切应力都可使其流动，其剪切应力的增长率随速度梯度增大而变缓，即流变曲线呈下凹趋势，该类流体的流变方程为

$$\tau = C\gamma^n \tag{4.127}$$

式中，C 为稠度系数，$\mathrm{Pa \cdot s}^n$；n 为幂律指数，$n<1$。

由寇磊等[13]的研究可知，当水灰比 W/C 改变时，幂律流体流变方程中的稠度系数 C 与幂律指数 n 也随之变化，其不同水灰比所对应的 C、n 如表 4.8 所示。

表 4.8　不同水灰比对应的 C、n

水灰比 W/C	0.5	0.6	0.7
C	10.442	4.615	1.932
n	0.1406	0.2692	0.4537

4.3.2 考虑驱替效应的模型推导

1. 渗流方程

本小节直接考虑驱替效应，对幂律流体浆液的渗透扩散模型进行推导。根据毛细管组理论，假设单个毛细管道的半径为 r_0，选取与毛细管道同轴的长度为 $\mathrm{d}l$，半径为 r 的柱形微元体，根据受力分析，其平衡关系为

$$P\pi r^2 - (P+\mathrm{d}P)\pi r^2 = 2\pi r\tau\mathrm{d}l \tag{4.128}$$

可化简为

$$\tau = -\frac{r}{2}\frac{dP}{dl} \tag{4.129}$$

将 $\tau = C\gamma^n$ 代入流变方程 $F_g = \int_{r_0}^{r(t)} 2\pi r P_1 dr + \int_0^{r_0} 2\pi r P_0 dr$，得

$$\gamma = -\frac{dv}{dr} = \left(-\frac{1}{2C}\frac{dP}{dl}\right)^{\frac{1}{n}} r^{\frac{1}{n}} \tag{4.130}$$

对式(4.127)进行变量分离并代入边界条件 $r = r_0$ 时，$v = 0$，可得

$$v = \left[\left(-\frac{1}{2C}\frac{dP}{dl}\right)^{\frac{1}{n}} \frac{n}{1+n}\right]\left(r_0^{\frac{1+n}{n}} - r^{\frac{1+n}{n}}\right) \tag{4.131}$$

利用式(4.129)求得管道内的平均流速为

$$\bar{v} = \frac{Q_p}{\pi r_0^2} = \left(-\frac{1}{2C}\frac{dP}{dl}\right)^{\frac{1}{n}} \frac{n}{1+3n} r_0^{\frac{1+n}{n}} \tag{4.132}$$

由 Dupuit-Forchheimer 关系式可得任意时刻的渗流速度为

$$V = \phi v = \phi\left(-\frac{1}{2C}\frac{dP}{dl}\right)^{\frac{1}{n}} \frac{n}{1+3n} r_0^{\frac{1+n}{n}} \tag{4.133}$$

为便于研究，引入等效黏度 μ_e 与有效渗透系数 K_e，分别为

$$\mu_e = C\left(\frac{1+3n}{\phi r_0 n}\right)^{n-1}, \quad K_e = \frac{\phi r_0^2}{2}\left(\frac{n}{1+3n}\right) \tag{4.134}$$

化简式(4.131)可得

$$V = -\left(\frac{K_e}{\mu_e}\frac{dP}{dl}\right) = \left(\frac{K_e}{\mu_e}\right)^{\frac{1}{n}}\left(-\frac{dP}{dl}\right)^{\frac{1}{n}} \tag{4.135}$$

2. 柱面扩散模型

将式(4.133)推广到三维情形，幂律流体渗流的广义达西定律可写为

$$V = -\left(\frac{K_e}{u_e}\right)^{\frac{1}{n}} |\nabla P|^{\frac{1-n}{n}} \nabla P = -\left(\frac{K_e}{u_e}\right)^{\frac{1}{n}} H^{\frac{n-1}{n}} \nabla P \tag{4.136}$$

式中，令 $H(x,y,z,t) = 1/|\nabla P|$，根据 Umlanf 整理得幂律流体渗流方程的一般形

式为[12]

$$\nabla^2 P + \frac{n-1}{n} H^{-1} \nabla P \cdot \nabla H + H^{\frac{1-n}{n}} \left(\frac{\mu_e}{K_e} \right)^{1/n} q = H^{\frac{1-n}{n}} \phi c_f \left(\frac{\mu_e}{K_e} \right)^{1/n} \frac{\partial P}{\partial t} \tag{4.137}$$

对于盾构隧道壁后注浆柱面扩散模型而言，有

$$\nabla H = \frac{\partial H}{\partial r} = \frac{\partial}{\partial r} \left(-\frac{1}{\partial P / \partial r} \right) = \frac{\partial^2 P / \partial r^2}{(\partial P / \partial r)^2} \tag{4.138}$$

整理得幂律流体平面径向流的渗透方程为

$$\frac{\partial^2 P}{\partial r^2} + \frac{n}{r} \frac{\partial P}{\partial r} + \left| \frac{\partial P}{\partial r} \right|^{\frac{n-1}{n}} \left(\frac{\mu_e}{K_e} \right)^{1/n} q = \frac{n}{\chi_e} \left| \frac{\partial P}{\partial r} \right|^{\frac{n-1}{n}} \frac{\partial P}{\partial t} \tag{4.139}$$

对于无源(汇)稳态渗流而言，式(4.137)可改写为

$$\frac{\partial^2 P}{\partial r^2} + \frac{n}{r} \frac{\partial P}{\partial r} = 0 \tag{4.140}$$

壁后注浆过程中，假设注入浆液属于幂律流体，地下水属于牛顿流体，因此忽略流体重力和压缩性，该模型渗流微分方程和边界条件如下：

$$\begin{cases} \dfrac{\partial^2 P_1}{\partial r^2} + \dfrac{n}{r} \dfrac{\partial P_1}{\partial r} = 0, & r_0 < r \leqslant r(t) \\ \dfrac{1}{r} \dfrac{\partial}{\partial r} \left(r \dfrac{\partial P_2}{\partial r} \right) = 0, & r(t) < r < r_w \\ P_1 = P_0, & r = r_0 \\ P_2 = P_w, & r = r_w \end{cases} \tag{4.141}$$

在浆液扩散锋面 $r = r(t)$ 处，压力和流量连续，即有

$$\begin{cases} P_1 = P_2 \\ 2\pi r^2 h \left[\left(\dfrac{K_e}{\mu_e} \right)^{\frac{1}{n}} \left(-\dfrac{\partial P_1}{\partial r} \right)^{\frac{1}{n}} \right] = -2\pi r^2 h \dfrac{K_2}{\mu_2} \dfrac{\partial P_2}{\partial r} \end{cases} \tag{4.142}$$

令 $\dfrac{\partial P_1}{\partial r} = Y_1, \dfrac{\partial P_2}{\partial r} = Y_2$ ，则有

$$\begin{cases} \dfrac{\partial Y_1}{\partial r} + \dfrac{n}{r} Y_1 = 0 \\ \dfrac{\partial Y_2}{\partial r} + \dfrac{1}{r} Y_2 = 0 \end{cases} \tag{4.143}$$

解得 $Y_1 = C_1 \dfrac{1}{r^n}, Y_2 = C_2 \dfrac{1}{r}$ ，故

$$
\begin{cases}
P_1 = \dfrac{C_1}{1-n} r^{1-n} + C_3 \\[2mm]
P_2 = C_2 \ln r + C_4
\end{cases}
\tag{4.144}
$$

根据式(4.141)、式(4.142)、式(4.144)可得

$$
\begin{cases}
P_0 = \dfrac{C_1}{1-n} r_0^{1-n} + C_3 \\[2mm]
P_{\mathrm{w}} = C_2 \ln r_{\mathrm{w}} + C_4 \\[2mm]
\dfrac{C_1}{1-n} r(t)^{1-n} + C_3 = C_2 \ln r(t) + C_4 \\[2mm]
\left(\dfrac{K_{\mathrm{e}}}{\mu_{\mathrm{e}}} \right)^{\frac{1}{n}} \left(-\dfrac{C_1}{r(t)^n} \right)^{\frac{1}{n}} = -\dfrac{K_2}{\mu_2} \dfrac{C_2}{r(t)}
\end{cases}
\tag{4.145}
$$

令 $\left(\dfrac{K_{\mathrm{e}}}{\mu_{\mathrm{e}}} \right)^{\frac{1}{n}} \Big/ \dfrac{K_2}{\mu_2} = M$ ，根据以上条件解得

$$
C_1 = \frac{(1-n)\left[P_0 - P_{\mathrm{w}} + M\,(-C_1)^{\frac{1}{n}} \ln \dfrac{r(t)}{r_{\mathrm{w}}} \right]}{r_0^{1-n} - r(t)^{1-n}}
\tag{4.146}
$$

由式(4.146)可以求得流量 $Q(r)$ 为

$$
Q(r) = A\left[\left(\dfrac{K_{\mathrm{e}}}{\mu_{\mathrm{e}}} \right)^{\frac{1}{n}} \left(-\dfrac{\partial P_1}{\partial r} \right)^{\frac{1}{n}} \right] = A\left[\left(\dfrac{K_{\mathrm{e}}}{\mu_{\mathrm{e}}} \right)^{\frac{1}{n}} \left(-\dfrac{C_1}{r(t)^n} \right)^{\frac{1}{n}} \right]
\tag{4.147}
$$

锋面上流体质点的平均速度等于流量 Q 与有效过水面积 A_{e} 的比值，即

$$
\frac{\mathrm{d}r(t)}{\mathrm{d}t} = \frac{Q}{A_{\mathrm{e}}} = \frac{1}{\phi}\left[\left(\dfrac{K_{\mathrm{e}}}{\mu_{\mathrm{e}}} \right)^{\frac{1}{n}} \left(-\dfrac{C_1}{r(t)^n} \right)^{\frac{1}{n}} \right]
\tag{4.148}
$$

由于式(4.146)中 C_1 为隐函数，无法直接求得该参数，但分析可知，C_1 与浆液扩散距离 $r(t)$ 存在直接关系，因此可先利用一系列的 $r(t)$ 计算出相应的 C_1，然后根据公式(4.148)可以计算出一系列的速度，即 $\dfrac{\mathrm{d}r(t)}{\mathrm{d}t}$，最后进行数据拟合得到扩散距离与注浆时间的关系式。

联立式(4.144)~式(4.148)可解得 1 区和 2 区的压力分布为

$$\begin{cases} P_1 = \dfrac{C_1}{1-n} r^{1-n} + P_0 - \dfrac{C_1}{1-n} r_0^{1-n} \\[3mm] P_2 = -M\left(-C_1\right)^{\frac{1}{n}} \ln r + P_{\mathrm{w}} + M\left(-C_1\right)^{\frac{1}{n}} \ln r_{\mathrm{w}} \end{cases} \tag{4.149}$$

由式(4.149)可得浆液对管片产生的压力为

$$F_{\mathrm{g}} = \int_{r_0}^{r(t)} \pi r P_1 \mathrm{d}r + \int_0^{r_0} \pi r P_0 \mathrm{d}r \tag{4.150}$$

3. 球面扩散模型

对于球面扩散模型，根据质量守恒原理，弱压缩流体不定常球向渗流连续性方程可表示为

$$-\frac{1}{r^2}\frac{\partial}{\partial r}\left(r^2 \cdot v_r\right) = \phi c_{\mathrm{f}} \frac{\partial P}{\partial t} \tag{4.151}$$

幂律流体在孔隙介质中的运动方程为

$$V = \left(\frac{K_{\mathrm{e}}}{\mu_{\mathrm{e}}}\right)^{1/n}\left(-\frac{\partial P}{\partial r}\right)^{1/n} \tag{4.152}$$

将式(4.152)代入式(4.151)，可得幂律流体球面渗流非线性微分方程为

$$\frac{1}{r^{2n}}\frac{\partial}{\partial r}\left(r^{2n}\frac{\partial P}{\partial r}\right) = nc\phi\left(\frac{\mu_{\mathrm{e}}}{K_{\mathrm{e}}}\right)^{1/n}\left(-\frac{\partial P}{\partial r}\right)^{\frac{n-1}{n}}\frac{\partial P}{\partial t} \tag{4.153}$$

对于稳态渗流，式(4.153)中 $\partial P / \partial t = 0$ ，因此稳态球面渗流微分方程可写成

$$\frac{1}{r^{2n}}\frac{\partial}{\partial r}\left(r^{2n}\frac{\partial P}{\partial r}\right) = 0 \tag{4.154}$$

壁后注浆过程中，假设注入浆液属于幂律流体，地下水为牛顿流体，忽略流体重力和压缩性，该模型渗流微分方程和边界条件如下：

$$\begin{cases} \dfrac{\partial^2 P_1}{\partial r^2} + \dfrac{2n}{r}\dfrac{\partial P_1}{\partial r} = 0, & r_0 < r \leqslant r(t) \\[3mm] \dfrac{1}{r^2}\dfrac{\partial}{\partial r}\left(r^2\dfrac{\partial P_2}{\partial r}\right) = 0, & r(t) < r < r_{\mathrm{w}} \\[3mm] P_1 = P_0, & r = r_0 \\[2mm] P_2 = P_{\mathrm{w}}, & r = r_{\mathrm{w}} \end{cases} \tag{4.155}$$

在浆液扩散锋面 $r = r(t)$ 处，压力和流量连续，即有

$$\begin{cases} P_1 = P_2 \\ 2\pi r^2 \left[\left(\dfrac{K_e}{\mu_e} \right)^{\frac{1}{n}} \left(-\dfrac{\partial P_1}{\partial r} \right)^{\frac{1}{n}} \right] = -2\pi r^2 \dfrac{K_2}{\mu_2} \dfrac{\partial P_2}{\partial r} \end{cases} \tag{4.156}$$

根据渗流微分方程，解得 $Y_1 = C_1 \dfrac{1}{r^{2n}}, Y_2 = C_2 \dfrac{1}{r^2}$ ，故

$$\begin{cases} P_1 = \dfrac{C_1}{1-2n} r^{1-2n} + C_3 \\ P_2 = -C_2 \dfrac{1}{r} + C_4 \end{cases} \tag{4.157}$$

由式(4.155)、式(4.156)、式(4.157)得出

$$\begin{cases} P_0 = \dfrac{C_1}{1-2n} r_0^{1-2n} + C_3 \\ P_w = -C_2 \dfrac{1}{r_w} + C_4 \\ \dfrac{C_1}{1-2n} r(t)^{1-2n} + C_3 = -C_2 \dfrac{1}{r(t)} + C_4 \\ \left(\dfrac{K_e}{\mu_e} \right)^{\frac{1}{n}} \left(-\dfrac{C_1}{r(t)^{2n}} \right)^{\frac{1}{n}} = -\dfrac{K_2}{\mu_2} \dfrac{C_2}{r(t)^2} \end{cases} \tag{4.158}$$

令 $\left(\dfrac{K_e}{\mu_e} \right)^{\frac{1}{n}} \Big/ \dfrac{K_2}{\mu_2} = M$ ，根据边界条件解得

$$C_1 = \frac{(1-2n) \left[P_0 - P_w + M(-C_1)^{\frac{1}{n}} \left(\dfrac{1}{r_w} - \dfrac{1}{r(t)} \right) \right]}{r_0^{1-2n} - r(t)^{1-2n}} \tag{4.159}$$

由式(4.159)可以求得流量 $Q(r)$ 为

$$Q(r) = A \left[\left(\dfrac{K_e}{\mu_e} \right)^{\frac{1}{n}} \left(-\dfrac{\partial P_1}{\partial r} \right)^{\frac{1}{n}} \right] = A \left[\left(\dfrac{K_e}{\mu_e} \right)^{\frac{1}{n}} \left(-\dfrac{C_1}{r(t)^{2n}} \right)^{\frac{1}{n}} \right] \tag{4.160}$$

锋面上流体质点的平均速度等于流量 Q 与有效过水面积 A_e 的比值，即

$$\frac{\mathrm{d}r(t)}{\mathrm{d}t} = \frac{Q}{A_e} = \frac{1}{\phi} \left[\left(\frac{K_e}{\mu_e} \right)^{\frac{1}{n}} \left(-\frac{C_1}{r(t)^{2n}} \right)^{\frac{1}{n}} \right] \tag{4.161}$$

由于式(4.146)中 C_1 为隐函数，无法直接求得该参数，但分析可知，C_1 与浆液扩散距离 $r(t)$ 存在直接关系，因此可先利用一系列的 $r(t)$ 计算出相应的 C_1，然后根据公式(4.148)可以计算出一系列的速度，即 $\dfrac{\mathrm{d}r(t)}{\mathrm{d}t}$，最后进行数据拟合得到浆液扩散距离与注浆时间的关系式。

联立式(4.159)～式(4.161)可解得 1 区和 2 区的压力分布为

$$\begin{cases} P_1 = \dfrac{C_1}{1-2n}r^{1-2n} + P_0 - \dfrac{C_1}{1-2n}r_0^{1-2n} \\ P_2 = M\left(-C_1\right)^{\frac{1}{n}}r^{-1} + P_w - M\left(-C_1\right)^{\frac{1}{n}}r_w^{-1} \end{cases} \tag{4.162}$$

由式(4.162)可得浆液对管片产生的压力为

$$F_g = \int_{r_0}^{r(t)} 2\pi r P_1 \mathrm{d}r + \int_0^{r_0} 2\pi r P_0 \mathrm{d}r \tag{4.163}$$

4. 参数分析

根据叶飞[8]的研究，μ_2 取 20℃水的黏度 1.01×10^{-3} Pa·s，注浆管半径 $r_0 = 2.5\mathrm{cm}$，盾尾间隙厚度 $d=5\mathrm{cm}$；浆液水灰比 $W/C=0.7$ 时，C 取 1.932，n 取 0.4537；地层初始孔隙率 $\eta = 0.3$，地下水在 $r_w = 5\mathrm{m}$ 处 $P_w = 0.02\mathrm{MPa}$，讨论以下情况：

$$K_2 = \frac{k\mu_2}{\rho_{水}g} = \frac{5.0\times10^{-4}\times1.01\times10^{-3}}{9.8\times1.0\times10^3} = 5.15306\times10^{-11}(\mathrm{m^2}), \quad r_s = \sqrt{8K_2/\phi} = 3.64\times10^{-5}(\mathrm{m})$$

$$\mu_e = C\left(\frac{1+3n}{\phi r_s n}\right)^{n-1} = 1.932\times\left(\frac{1+3\times0.4537}{0.3105\times3.64\times10^{-5}\times0.4537}\right)^{0.4537-1}$$

$$= 1.557\times10^{-3}(\mathrm{Pa\cdot s^n\cdot m^{1-n}})$$

$$K_e = \frac{\phi r_0^2}{2}\left(\frac{n}{1+3n}\right) = \frac{0.3105\times\left(3.64\times10^{-5}\right)^2}{2}\times\left(\frac{0.4537}{1+3\times0.4537}\right) = 3.96\times10^{-11}(\mathrm{m^2})$$

$$M = \left(\frac{K_e}{\mu_e}\right)^{\frac{1}{n}} \Big/ \frac{K_2}{\mu_2} = 3.57\times10^{-10}\left(\mathrm{Pa^{n-1}/m^{n-1}}\right)^{\frac{1}{n}}$$

1) 注浆压力

选择地层渗透系数为 0.05cm/s，其他参数条件同上，选取不同的注浆压力(0.30MPa、0.35MPa、0.40MPa、0.45MPa、0.50MPa)，基于浆液球面扩散模型，利用所得结论分析不同注浆压力下浆液扩散距离、浆液流量、浆液对管片产生的压力及浆液对单位面积管片产生的压力与注浆时间的关系，计算结果如图 4.97～图 4.100 所示。

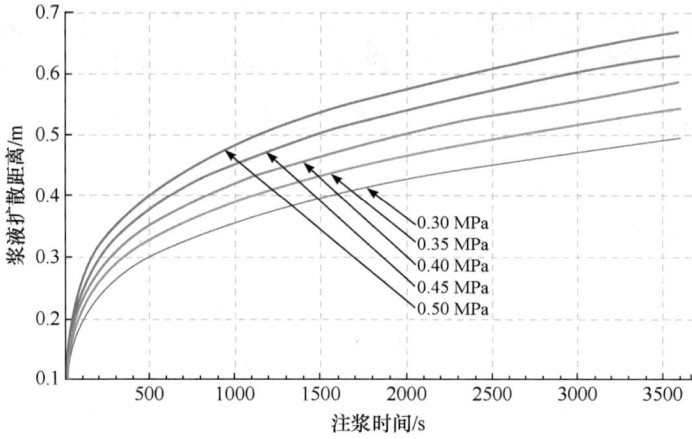

图 4.97　不同注浆压力下浆液扩散距离与注浆时间的关系

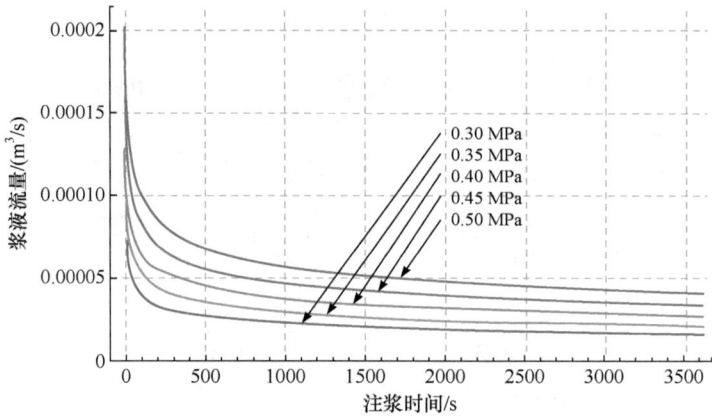

图 4.98　不同注浆压力下注浆时间与浆液流量的关系

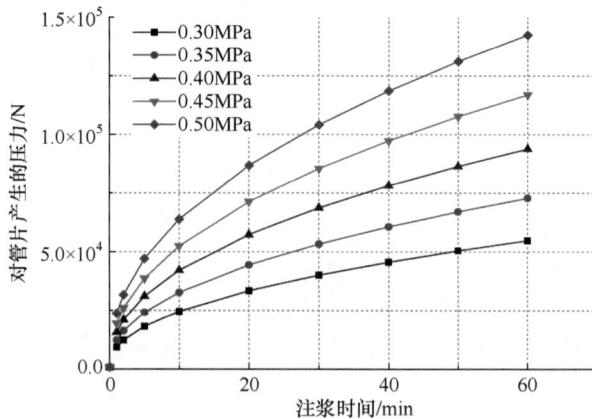

图 4.99　不同注浆压力下注浆时间与浆液对管片产生的压力之间的关系

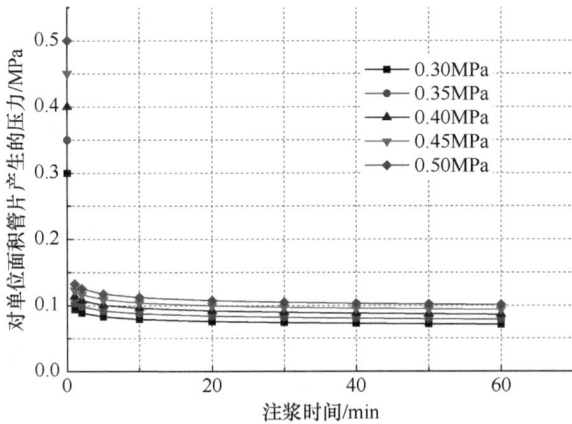

图 4.100 不同注浆压力下注浆时间与浆液对单位面积管片产生的压力之间的关系

由图 4.97 可知, 浆液的扩散速度随注浆压力增大而增大, 当注浆压力由 0.30MPa 增大到 0.50MPa 时, 在相同条件下浆液扩散距离增加了 36%。随着注浆时间的延长 不同注浆压力下浆液扩散距离差距越来越大, 当注浆时间取 1min 时, 注浆压力由 0.30MPa 增大到 0.50MPa 的情况下, 浆液扩散距离由 0.177m 增加到了 0.238m; 注浆 时间为 1h 时, 浆液扩散距离由 0.495m 增加到了 0.670m。可以发现, 随着注浆压力 的增大, 同一注浆时间内相同注浆压力差下浆液扩散距离差距逐渐缩小。

由图 4.98 可知, 浆液流量随注浆压力的增大而增大, 随着注浆时间的延长, 不同注浆压力下的浆液流量均在减小, 并且浆液流量存在突降阶段。当注浆压力 由 0.30MPa 增大到 0.50MPa 时, 浆液流量的突降越来越明显, 但仍然表现为注浆 压力越大浆液流量越大, 且随着注浆压力的增大, 相同注浆压力差下浆液流量的差 距逐渐增大。

由图 4.99、图 4.100 可知, 幂律流体浆液对管片产生的压力及浆液对单位面 积管片产生的压力均随注浆压力的增加而增大。当注浆压力增加时, 随着注浆时 间的延长, 浆液对管片产生的压力差逐渐增加, 当浆液压力由 0.30MPa 增加到 0.50MPa 时, 注入时间为 1s 时, 由 2494N 增加到 5660N, 增加了 1.27 倍; 注入 时间 1h 时由 54792N 增加到 142457N, 增加了 1.60 倍。不同注浆压力下, 浆液对 单位面积管片产生的压力由 0.0713MPa 增加到了 0.1010MPa, 均随注浆时间的延 长而逐渐减小。

2) 地层渗透系数

选择浆液注浆压力 $P_0 = 0.35$MPa , 针对不同地层渗透系数(0.03cm/s、0.04cm/s、 0.05cm/s、0.06cm/s、0.07cm/s), 运用球面扩散模型公式, 分析不同渗透系数下, 幂 律流体浆液扩散距离、浆液流量、浆液对管片产生的压力及浆液对单位面积管片产 生的压力与注浆时间的关系, 计算结果如图 4.101～图 4.104 所示。

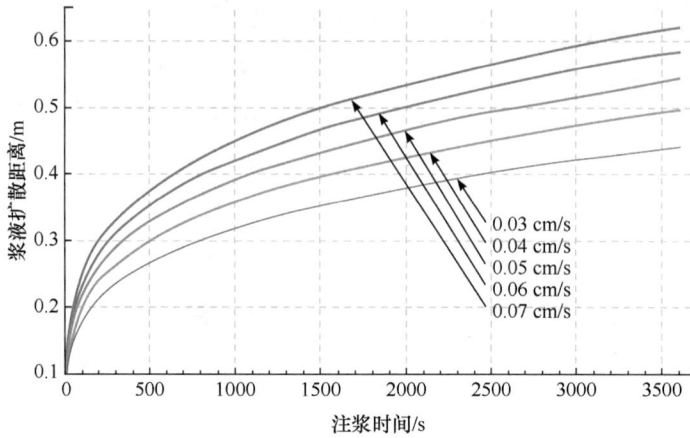

图 4.101　不同渗透系数下浆液扩散距离与注浆时间的关系

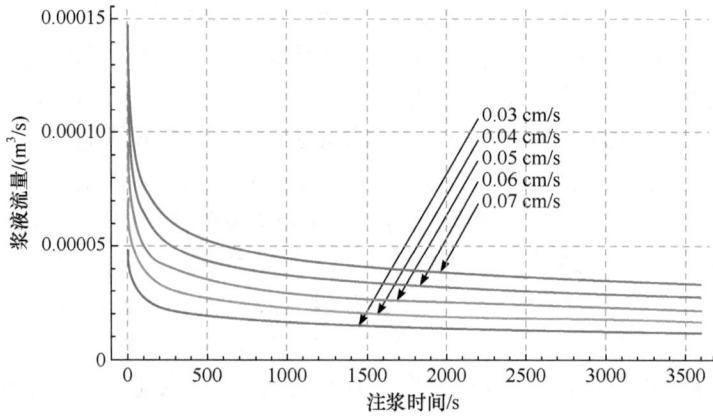

图 4.102　不同渗透系数下浆液流量与注浆时间的关系

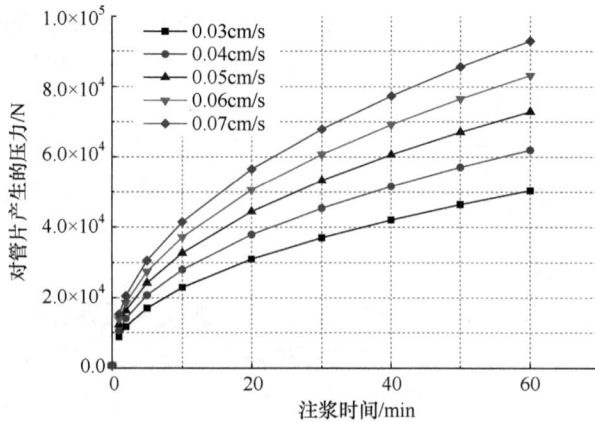

图 4.103　不同渗透系数下注浆时间与浆液对管片产生的压力之间的关系

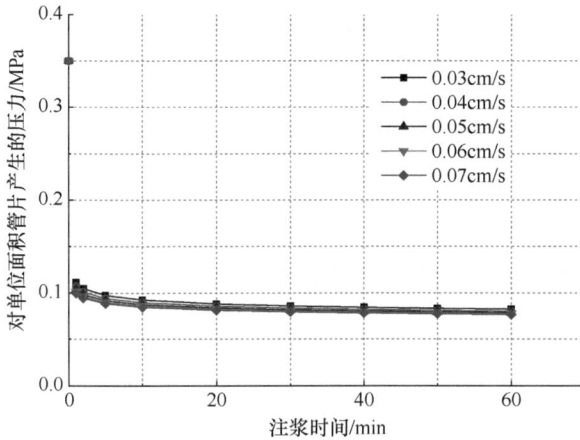

图 4.104 不同渗透系数下注浆时间与浆液对单位面积管片产生的压力之间的关系

由图 4.101 可知，浆液的扩散速度随渗透系数的增大而增大。不同渗透系数下，随着注浆时间的增加浆液扩散距离差越来越大，当注浆时间为 1min 时，渗透系数由 0.03cm/s 增加到 0.06cm/s，浆液扩散增加了 0.0163m，增加幅度为 39%；注浆时间为 1h 时，浆液扩散距离增加了 0.1425m，增加幅度为 41%。相同渗透系数差下，浆液扩散距离差随着渗透系数的增加而减小，当渗透系数由 0.03cm/s 增加到 0.05cm/s 时，渗透系数差为 0.01cm/s 下浆液扩散距离差由 0.054m 减小到 0.047m。

由图 4.103、图 4.104 可知，渗透系数的增加，浆液对管片产生的压力随之增加，而浆液对单位面积管片产生的压力随之减小。当渗透系数增加时，随着注浆时间的延长，浆液对管片产生的压力差增逐渐增加，当渗透系数由 0.03cm/s 增加到 0.07cm/s 时，注浆时间 1min 时，由 8867N 增加到 15309N，增加了 73%；注浆时间 1h 时，浆液对管片产生的压力差由 50403N 增加到 93012N，增加了 84%；随着渗透系数的增加，浆液对单位面积管片产生的压力差随注浆时间的延长逐渐减小。

参 考 文 献

[1] QIN N, YE F, HE B, et al. Model study on backfill grouting in shield tunnels based on fractal theory[J]. European Journal of Environmental and Civil Engineering, 2022, 26(12): 5901-5911.

[2] 苟长飞. 盾构隧道壁后注浆浆液扩散机理研究[D]. 西安: 长安大学, 2013.

[3] 田焜. 高性能盾构隧道同步注浆材料的研究与应用[D]. 武汉: 武汉理工大学, 2007.

[4] 阮文军. 基于浆液粘度时变性的岩体裂隙注浆扩散模型[J]. 岩石力学与工程学报, 2005, 24(15): 2709-2714.

[5] 汪鹏程, 朱向荣, 方鹏飞. 考虑土应变软化及剪胀特性的大应变球孔扩张的问题[J]. 水利学报, 2004(9): 78-82.

[6] 朱建春, 李乐, 杜文库. 北京地铁盾构同步注浆及其材料研究[J]. 建筑机械化, 2004(11): 26-29.

[7] 黎春林, 缪林昌. 盾构隧道施工土体扰动范围研究[J]. 岩土力学, 2016, 37(3): 759-766.

[8] 叶飞. 软土盾构隧道施工期上浮机理分析及控制研究[D]. 上海: 同济大学, 2007.

[9] YE F, YANG T, MAO J, et al. Half-spherical surface diffusion model of shield tunnel backfill grouting based on infiltration effect[J]. Tunnelling and Underground Space Technology, 2019, 83: 274-281.

[10] 宋天田, 周顺华, 徐润泽. 盾构隧道盾尾同步注浆机理与注浆参数的确定[J]. 地下空间与工程学报, 2008, 4(1): 130-133.

[11] VAN POOLEN H K. Radius-of-drainage and stabilization-time equations[J]. The Oil and Gas Journal, 1964, 62:138-146.

[12] 高翔. 基于驱替效应的砂卵石地层盾构隧道同步注浆浆液渗透扩散机理研究[D].西安: 长安大学, 2016.

[13] 寇磊, 徐建国, 王博. 考虑有效孔隙比影响的饱和黏性土中注浆渗透机理[J]. 应用数学和力学, 2018, 39(1): 83-91.

第5章 压密扩散

盾构隧道壁后注浆在浆液充填和渗透阶段基本完成后，或在黏土、细砂等小孔隙地层注入时，注浆压力将通过浆液传递至周围地层。当注浆压力大于周围地层应力时，将对周围地层产生压密效应，改变地层原始应力状态和地层渗透性，该阶段或该模式下浆液的扩散称为压密扩散。压密扩散阶段壁后注浆对土体的压密效应可概括为以下两种情况：①浆液直接压密周围土体。当地层自稳性较差时，管片脱离盾尾后立即被周围土体包裹，不能形成持续的盾尾间隙，此时若从管片注浆孔及时注浆，浆液将呈半球形压密周围土体(图 5.1(a))。②浆液先充填满盾尾间隙，之后开始压密周围土体。当地层自稳性较好，盾尾间隙在管片脱离盾尾后能持续一段时间，此时从管片注浆孔及时注浆，则浆液先充填满盾尾间隙，后开始压密周围土体。地层自稳性差，采用同步注浆，盾尾间隙在形成的同时被浆液充填，浆液充填满盾尾间隙后开始压密周围土体，这种情况下，浆液呈柱形(类似桶形壳体)压密周围土体[1](图 5.1(b))。本章将分别讨论以上两种情况。

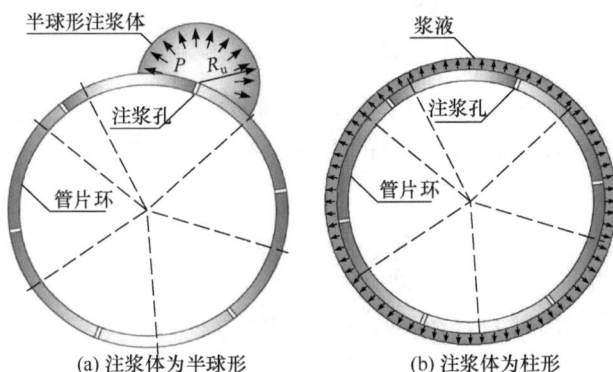

图 5.1 压密扩散注浆体类型

5.1 球形压密模型

5.1.1 模型推导

为研究方便，结合盾构隧道壁后注浆的特点，提出如下基本假设：
黏土渗透系数很小，可忽略浆液和土体交界面的渗透，认为注浆过程中仅存在浆液对土体的压密效应；由于盾构隧道半径远大于压密注浆浆体扩张范围，忽略盾构管片的弧度效应，认为管片外壁为平面；假设注浆体在土体中呈半球形，压密注浆过程就相当于在半无限土体中扩张一个半径为 R_u 的半球形孔(图 5.2(a))，在半球形孔四周形成了一个应力影响区。该应力影响区由塑性区和弹性区组成(图 5.2(b))。另外，假设土体在初始状态下为均质各向同性体；受到浆体扩张挤压后，发生弹塑性变形，且变形在应力施加后立刻发生；浆液和土颗粒不可压缩，并忽略重力对土体压缩的影响。

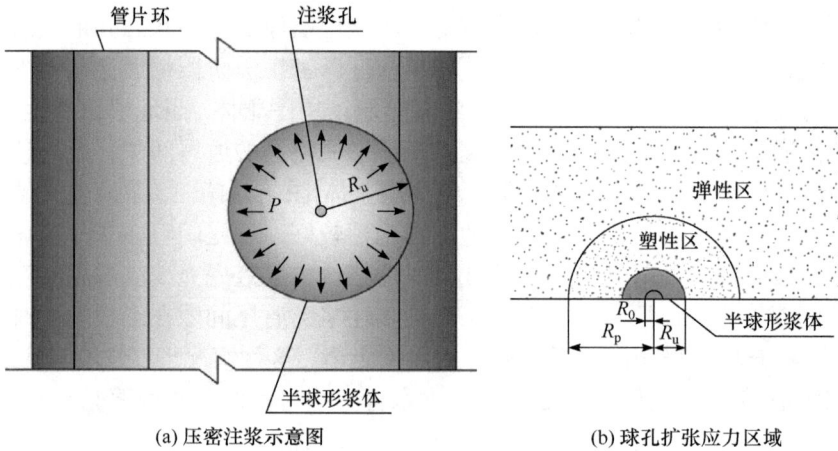

(a) 压密注浆示意图　　　　　　　　(b) 球孔扩张应力区域

图 5.2　压密注浆球孔扩张示意图

设半球形浆体的初始半径为 R_0，扩张后半径(现时半径)为 R_u，相应的塑性区最大半径为 R_p，而在半径 R_p 以外的土体仍然保持弹性状态。球对称问题的平衡方程为

$$\frac{\mathrm{d}\sigma_r}{\mathrm{d}r} + 2\frac{\sigma_r - \sigma_\theta}{r} = 0 \tag{5.1}$$

式中，σ_r 为土体径向应力；σ_θ 为土体环向应力。

几何方程为

$$\begin{cases} \varepsilon_r = -\dfrac{\mathrm{d}u_r}{\mathrm{d}r} \\[2mm] \varepsilon_\theta = -\dfrac{u_r}{r} \end{cases} \tag{5.2}$$

式中，u_r 为沿半径方向的位移。

弹性物理方程为

$$\begin{cases} \varepsilon_r = \dfrac{\sigma_r - 2\nu\sigma_\theta}{E} \\[3mm] \varepsilon_\theta = \dfrac{(1-\nu)\sigma_\theta - \nu\sigma_r}{E} \end{cases} \tag{5.3}$$

式中，ν 为泊松比。

边界条件为

$$\begin{cases} \sigma_r(R_u) = P \\[2mm] \lim\limits_{r\to\infty} \sigma_r = P_0 \end{cases} \tag{5.4}$$

式中，P 为注浆压力；P_0 为地下水压力。

当注浆压力较小时，半球形浆体周围土体全部处于弹性状态，解式(5.1)～式(5.4)可得弹性解为

$$\begin{cases} \sigma_r = P_0 + (P - P_0)\left(\dfrac{R_u}{r}\right)^3 \\[3mm] \sigma_\theta = P_0 - \dfrac{P - P_0}{2}\left(\dfrac{R_u}{r}\right)^3 \\[3mm] u_r = \dfrac{2\nu - 1}{E} P_0 r + \dfrac{(1+\nu)(P - P_0)r}{2E}\left(\dfrac{R_u}{r}\right)^3 \end{cases} \tag{5.5}$$

Mohr-Coulomb 屈服准则为

$$\sigma_r - \alpha\sigma_\theta = y \tag{5.6}$$

式中，$\alpha = \dfrac{1+\sin\varphi}{1-\sin\varphi}$，$\varphi$ 为土体的内摩擦角；$y = \dfrac{2c\cos\varphi}{1-\sin\varphi}$，$c$ 为土体的黏聚力。

随着注浆压力增大，浆体边缘土逐渐进入屈服状态。将 $r = R_u$ 代入式(5.5)，并根据屈服准则式(5.6)，可得土体进入塑性状态的临界压力为

$$P_p = P_0 + \dfrac{2[y + (\alpha - 1)P_0]}{2 + \alpha}$$

在弹性区域($r > R_p$)，分别用 R_p、P_p 代替式(5.5)中的 R_u、P，得弹性区应力和位移为

$$\begin{cases} \sigma_r = P_0 + (P_p - P_0)\left(\dfrac{R_p}{r}\right)^3 \\[3mm] \sigma_\theta = P_0 - \dfrac{P_p - P_0}{2}\left(\dfrac{R_p}{r}\right)^3 \\[3mm] u_r = \dfrac{2\nu - 1}{E} P_0 r + \dfrac{(1+\nu)(P_p - P_0)r}{2E}\left(\dfrac{R_p}{r}\right)^3 \end{cases} \tag{5.7}$$

在塑性区域($R_u \leqslant r < R_p$)，由平衡方程式(5.1)和屈服准则式(5.6)，解微分方程，得

$$\begin{cases} \sigma_r = -\dfrac{y}{\alpha-1} + C_1 r^{-\frac{2(\alpha-1)}{\alpha}} \\[3mm] \sigma_\theta = -\dfrac{y}{\alpha-1} + \dfrac{C_1}{\alpha} r^{-\frac{2(\alpha-1)}{\alpha}} \end{cases} \tag{5.8}$$

弹塑性交界面($r = R_p$)，径向应力为临界扩张压力 P_p，即

$$\sigma_r(R_p) = P_p \tag{5.9}$$

将式(5.9)代入式(5.8)，可得

$$C_1 = R_p^{\frac{2(\alpha-1)}{\alpha}} \left(P_p + \frac{y}{\alpha-1} \right) \tag{5.10}$$

将边界条件 $\sigma_r(R_u) = P$、$\sigma_r(R_p) = P_p$ 分别代入式(5.8)，可得 R_p、R_u 及压力水平 F 之间的关系为

$$\beta = \frac{R_p}{R_u} = \left[\frac{(\alpha-1)P + y}{(\alpha-1)P_p + y} \right]^{\frac{\alpha}{2(\alpha-1)}} = F^{\frac{\alpha}{2(\alpha-1)}} \tag{5.11}$$

$$F = \frac{(\alpha-1)P + y}{(\alpha-1)P_p + y} \tag{5.12}$$

将 $r = R_p$ 代入式(5.7)，可得弹塑性交界面的位移为

$$u_p = \left[\frac{2v-1}{E} P_0 + \frac{(1+v)(P_p - P_0)}{2E} \right] R_p = \delta R_p \tag{5.13}$$

式中，$\delta = \dfrac{2v-1}{E} P_0 + \dfrac{(1+v)(P_p - P_0)}{2E}$。

同理，可得弹塑性交界面的应力和应变为

$$\begin{cases} \sigma_r(R_p) = P_p \\[3mm] \sigma_\theta(R_p) = \dfrac{3P_0 - P_p}{2} \end{cases} \tag{5.14}$$

$$\begin{cases} \varepsilon_r(R_p) = 2\delta - \dfrac{3(1-2v)P_0}{E} \\[3mm] \varepsilon_\theta(R_p) = -\delta \end{cases} \tag{5.15}$$

在塑性区域不相关联的流动法则，有

$$\frac{\dot{\varepsilon}_r^{\mathrm{p}}}{\dot{\varepsilon}_\theta^{\mathrm{p}}} = -2\frac{1+\sin\psi}{1-\sin\psi} \tag{5.16}$$

式中，ψ 为土的剪胀角。

对于非关联流动法则，$\psi < \varphi$，通常近似取 ψ 为 0，因此式(5.16)可简化为

$$\dot{\varepsilon}_r^{\mathrm{p}} + 2\dot{\varepsilon}_\theta^{\mathrm{p}} = 0 \tag{5.17}$$

又因为 $\dot{\varepsilon}_r = \dot{\varepsilon}_r^{\mathrm{e}} + \dot{\varepsilon}_r^{\mathrm{p}}$，$\dot{\varepsilon}_\theta = \dot{\varepsilon}_\theta^{\mathrm{e}} + \dot{\varepsilon}_\theta^{\mathrm{p}}$，结合式(5.17)有

$$\dot{\varepsilon}_r + 2\dot{\varepsilon}_\theta = \dot{\varepsilon}_r^{\mathrm{e}} + 2\dot{\varepsilon}_\theta^{\mathrm{e}} \tag{5.18}$$

将弹性区应变式(5.3)代入式(5.18)，两边积分，并结合弹塑性交界面的应力式 (5.14)和应变式(5.15)，可得

$$\varepsilon_r + 2\varepsilon_\theta = \frac{(1-2\nu)(\sigma_r + 2\sigma_\theta)}{E} \tag{5.19}$$

由应变式(5.3)可得

$$\begin{cases} \varepsilon_r = -\dfrac{\mathrm{d}u_r}{\mathrm{d}r} = -\dfrac{\mathrm{d}(r-r_0)}{\mathrm{d}r} = \dfrac{\mathrm{d}r_0}{\mathrm{d}r} - 1 \\[2mm] \varepsilon_\theta = -\dfrac{u_r}{r} = -\dfrac{r-r_0}{r} = \dfrac{r_0}{r} - 1 \end{cases} \tag{5.20}$$

将式(5.8)、式(5.20)代入式(5.19)，可得土体塑性区扩张过程的微分方程为

$$\frac{\mathrm{d}r_0}{\mathrm{d}r} + 2\frac{r_0}{r} = \frac{C_1(1-2\nu)(\alpha+1)}{E\alpha}r^{-\frac{2(\alpha-1)}{\alpha}} + 3\left[1 - \frac{y(1-2\nu)}{E(\alpha-1)}\right] \tag{5.21}$$

式中，r_0 为浆体扩张前的半径；r 为浆体扩张后的半径。

当 $r = R_{\mathrm{p}}$ 时，$r_0 = R_{\mathrm{p}} - u_{\mathrm{p}}$，解微分方程式(5.21)，得

$$r_0 = Ar^{\frac{2-\alpha}{\alpha}} + Br - \frac{C}{r^2} \tag{5.22}$$

式中，$A = \dfrac{(1-2\nu)(\alpha+1)}{E(\alpha+2)}\left(P_{\mathrm{p}} + \dfrac{y}{\alpha-1}\right)R_{\mathrm{p}}^{\frac{2(\alpha-1)}{\alpha}}$；$B = 1 - \dfrac{y(1-2\nu)}{E(\alpha-1)}$；$C = \left[\dfrac{(1-2\nu)(\alpha+1)}{E(\alpha+2)}\cdot\right.$

$\left.\left(P_{\mathrm{p}} + \dfrac{y}{\alpha-1}\right) - \dfrac{y(1-2\nu)}{E(\alpha-1)} + \delta\right]R_{\mathrm{p}}^3$。

将 $r_0 = R_0$ 时，$r = R_{\mathrm{u}}$，代入式(5.22)，并结合式(5.11)，可得浆体初始半径 R_0 与现时半径 R_{u} 的关系式为

$$\frac{1}{\xi} = \frac{R_0}{R_u} = \frac{(1-2\nu)(\alpha+1)}{E(\alpha+2)}\left(P_p + \frac{y}{\alpha-1}\right)\left[\beta^{\frac{2(\alpha-1)}{\alpha}} - \beta^3\right] + \frac{y(1-2\nu)}{E(\alpha-1)}(\beta^3-1) - \delta\beta^3 + 1$$

(5.23)

式中，ξ 为浆体扩张率。

塑性区的浆体扩张率为

$$\zeta = \frac{R_p}{R_0} = \frac{R_p}{R_u}\cdot\frac{R_u}{R_0} = \beta\xi$$

(5.24)

半球形浆体对管片产生的压力为

$$F_g = P\cdot\pi R_u^2 = \pi P R_u^2$$

(5.25)

塑性土体对管片产生的压力为

$$F_p = \int_{R_u}^{R_p}\sigma_\theta\cdot 2\pi r\mathrm{d}r = \pi\left[-\frac{y}{\alpha-1}\left(R_p^2 - R_u^2\right) + C_1\left(R_p^{\frac{2}{\alpha}} - R_u^{\frac{2}{\alpha}}\right)\right]$$

(5.26)

压密注浆对管片产生的总压力为

$$F_s = F_g + F_p = \pi\left[P R_u^2 - \frac{y}{\alpha-1}\left(R_p^2 - R_u^2\right) + C_1\left(R_p^{\frac{2}{\alpha}} - R_u^{\frac{2}{\alpha}}\right)\right]$$

(5.27)

5.1.2　参数确定及适用范围

1. 参数确定

从模型的推导过程可以看出，与压密注浆浆体扩张过程有关的参数如下：半球形浆体初始半径 R_0、地下水压力 P_0、注浆压力 P 和土体的弹性模量 E、黏聚力 c、内摩擦角 φ、泊松比 ν。浆体初始半径 R_0 应与注浆孔半径相等，注浆压力 P 可通过盾构机上的监测系统测得；土体的特性参数虽可通过试验得到，但弹性模量 E 受盾尾间隙厚度影响较大，因此下面重点进行讨论。

盾构壁后压密注浆与传统压密注浆问题的不同之处在于，盾尾脱离管片后土体因失去支撑而产生应力释放，应力释放过程中，土体的孔隙比增大，弹性模量减小。因此，5.1.1 小节推导的理论公式中，弹性模量应是土体原始弹性模量的折减值。为研究方便，暂不考虑土体泊松比、黏聚力、内摩擦角的变化，仅探讨弹性模量的变化。因此，引入考虑盾尾间隙厚度影响的土体弹性模量折减系数 η。

考虑盾尾间隙厚度的等效孔隙比为

$$e' = \frac{\left(\dfrac{2\pi}{3}R_{\mathrm{p}}^3 - \pi R_{\mathrm{p}}^2 d\right) \cdot \dfrac{e_0}{e_0+1} + \pi R_{\mathrm{p}}^2 d}{\left(\dfrac{2\pi}{3}R_{\mathrm{p}}^3 - \pi R_{\mathrm{p}}^2 d\right) \cdot \dfrac{1}{e_0+1}} = e_0 + \frac{d(e_0+1)}{2R_{\mathrm{p}} - 3d} \qquad (5.28)$$

式中，d 为盾尾间隙厚度；e_0 为土体的初始孔隙比。

根据土力学原理，土体的压缩模量计算式为

$$E_{\mathrm{s}} = \frac{(P - P_0)(1 + e_0)}{e_{\min} - e_0} \qquad (5.29)$$

式中，$e_{\min}$ 为土体压缩后的孔隙比。

因此，土体的等效压缩模量为

$$E'_{\mathrm{s}} = \frac{(P - P_0)(1 + e')}{e_{\min} - e'} \qquad (5.30)$$

土体的变形模量 E 与压缩模量 E_{s} 的关系可用广义胡克定律推导得

$$E = \frac{(1+\nu)(1-2\nu)}{1-\nu} E_{\mathrm{s}} \qquad (5.31)$$

可见，在泊松比不变的条件下，变形模量与压缩模量成正比，即

$$\frac{E'}{E} = \frac{E'_{\mathrm{s}}}{E_{\mathrm{s}}} = \eta \qquad (5.32)$$

式中，E' 为土体松弛后的变形模量；E'_{s} 为土体松弛后的压缩模量。

由式(5.28)～式(5.30)、式(5.32)可得土体弹性模量折减系数为

$$\eta = \frac{\dfrac{P - P_0}{E_{\mathrm{s}}} \cdot \left[1 + e_0 + \dfrac{d(e_0+1)}{2R_{\mathrm{p}} - 3d}\right]}{\dfrac{P - P_0}{E_{\mathrm{s}}} \cdot (1 + e_0) - \dfrac{d(e_0+1)}{2R_{\mathrm{p}} - 3d}} \qquad (5.33)$$

2. 适用范围

本模型认为管片脱离盾尾后立即被周围土体包裹，无法形成持续的盾尾间隙，浆液注入后直接压密周围土体；在理论推导中，忽略浆液向土体的渗透作用。因此，本模型适用于渗透系数较小的软黏土地层中从管片注浆孔进行及时壁后注浆的情况，不适用于渗透性相对较大的砂性土地层壁后注浆分析。另外，本模型中未涉及浆液特性参数，无法考虑浆液特性对压密注浆效果的影响。

5.1.3　实例分析

压密注浆的效果与浆液特性、注浆工艺、土体特性参数等众多因素有关。从上文的理论推导可知，压密注浆浆体的扩张与注浆压力和土体特性参数两方面因素有关。本小节通过工程实例，来分析注浆压力和土体的弹性模量、黏聚力、内摩擦角等特性参数对浆体扩张及浆液对管片产生的压力的影响。

1. 注浆压力分析

假设土体的弹性模量折减值 $E'=1.12\text{MPa}$，黏聚力 $c=0.006\text{MPa}$，内摩擦角 $\varphi=18°$，泊松比 $\nu=0.2$，注浆点处的地下水压力 $P_0=0.06\text{MPa}$。

1) 半球形浆体和塑性区土体扩张率

将土体特性参数代入式(5.23)和式(5.24)，可求得各种注浆压力下的半球形浆体扩张率和塑性区土体扩张率，如图 5.3 所示。

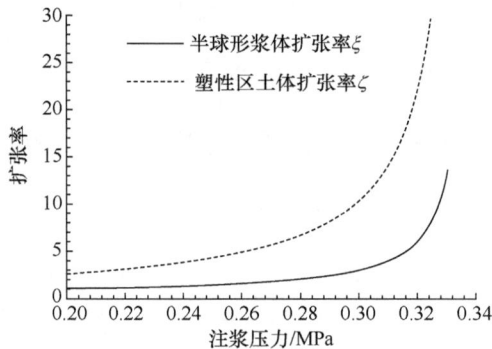

图 5.3　扩张率与注浆压力关系曲线

由图 5.3 可知，注浆压力对半球形浆体扩张率和塑性区土体扩张率的影响明显：半球形浆体扩张率和塑性区土体扩张率均随注浆压力的增大而增大，增大的速度也在不断提高；注浆压力超过 0.33MPa 后，两种扩张率开始趋于无穷大。可见，从保持隧道周围土体稳定性角度来讲，壁后注浆压力不宜过大，在此种工况下不宜超过 0.33MPa。另外，混凝土管片的封顶块螺栓在注浆压力为 0.40MPa 左右时，有可能被剪断；钢管片在注浆压力为 0.40~0.60MPa 时，管片环会产生变形，然后造成主梁、肋板变形[2]。可见，将注浆压力控制在 0.33MPa 以下，对于保持地层稳定和管片衬砌结构安全都是满足的。

2) 注浆对管片产生的压力

将土体特性参数代入式(5.25)~式(5.27)，可求得各种注浆压力下浆液对管片产生的压力 F_g、塑性区土体对管片产生的压力 F_p、注浆对管片产生的总压力 F_s 及浆液对单位面积管片产生的压力，如图 5.4、图 5.5 所示。

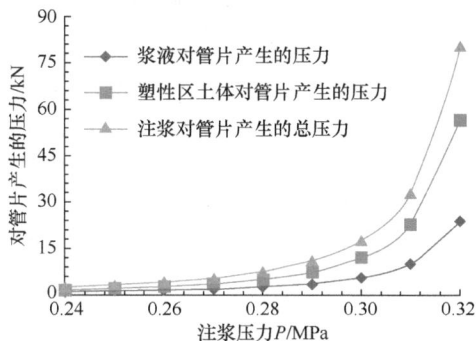

图 5.4　浆液对管片产生的压力　　　　图 5.5　浆液对单位面积管片产生的压力

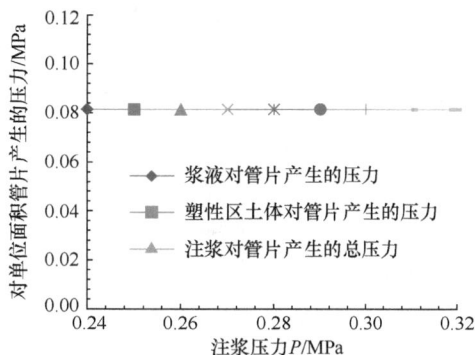

由图 5.4 可知，浆液对管片产生的压力、塑性区土体对管片产生的压力及注浆对管片产生的总压力均随着注浆压力的增大而增大，增大的速度也在不断增大。由图 5.5 可知，浆液对单位面积管片产生的压力不随注浆压力的改变而改变，始终为 0.081MPa。结合图 5.4、图 5.5 可知，压密注浆对管片产生的压力随着注浆压力的增大而增大，这种增大主要是浆液和塑性区土体的扩张引起的。因此，合理地控制注浆压力和注浆量，可有效控制注浆效果，防止管片因承受过大的注浆附加荷载而出现开裂、错台等破坏。可通过式(5.27)计算注浆压力产生的荷载效应，进而选取合理的注浆压力。

2. 土体特性参数

假设土体的黏聚力 $c = 0.0060\text{MPa}$，内摩擦角 $\varphi = 18°$，泊松比 $\nu = 0.20$；注浆点处的地下水压力 $P_0 = 0.06\text{MPa}$。分别改变土体黏聚力(改为 $c = 0.0065\text{MPa}$)、内摩擦角(改为 $\varphi = 19°$)、泊松比(改为 $\nu = 0.22$)，计算各种弹性模量折减值下，压密注浆对管片产生的压力及对单位面积管片产生的压力，如图 5.6、图 5.7 所示。

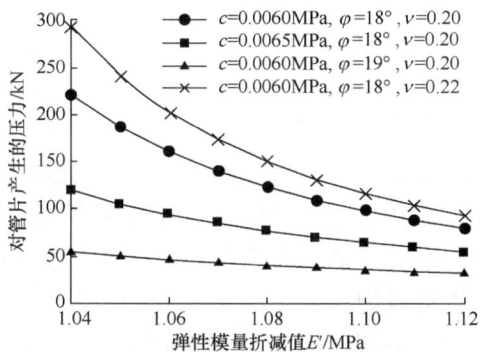

图 5.6　压密注浆对管片产生的压力　　　图 5.7　压密注浆对单位面积管片产生的压力

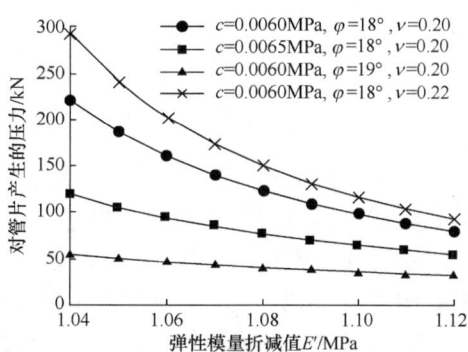

由图 5.6 可知，压密注浆对管片产生的压力受土体特性参数影响显著：压密注浆对管片产生的压力随着土体泊松比的增大而增大，随着土体弹性模量、黏聚力和内摩擦角的增大而减小。由图 5.7 可知，压密注浆对单位面积管片产生的压力不随土体特性参数的改变而改变。结合图 5.6、图 5.7 可知，土体特性参数不同引起浆液和塑性区土体扩大范围的不同，导致管片承受不同的注浆附加荷载。因此，应该根据土体特性参数选择合适的注浆压力进行壁后注浆，还应注意注浆量的控制。

3. 压力分布

压力分布是指由于注浆而产生的作用于管片衬砌上的应力分布。压密注浆对管片产生的注浆压力(应力)分为三部分，即半球形浆体对管片产生的压力、塑性区土体对管片产生的压力和弹性区土体对管片产生的压力。浆液对管片产生的压力与注浆压力相等，弹性区土体对管片产生的压力较小，因此仅分析塑性区土体对管片产生的压力分布。塑性区土体对管片产生的压力应与塑性区土体的环向应力相等。

假设土体的弹性模量折减值 $E'=1.12\text{MPa}$，黏聚力 $c=0.0060\text{MPa}$，内摩擦角 $\varphi=18°$，泊松比 $\nu=0.20$，注浆点处的地下水压力 $P_0=0.06\text{MPa}$，注浆压力 $P=0.032\text{MPa}$。由式(5.26)可得塑性区土体应力分布，如图 5.8 所示。

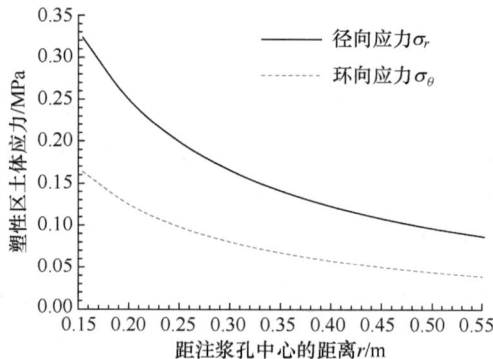

图 5.8　塑性区土体应力分布

由图 5.8 可知，塑性区土体径向应力和环向应力均随着距注浆孔中心的距离增大而减小，其中环向应力 σ_θ 的分布反映了作用于管片衬砌上的应力分布。可见，注浆对管片衬砌产生的压力(应力)随着距注浆孔中心的距离增大而减小，这与日本盾构规范[3]建议注浆压力按三角形分布考虑较为接近。

综上所述，球形压密模型适用于软黏土地层中盾构施工时的壁后注浆分析，在已知土体弹性模量、黏聚力、内摩擦角、泊松比的前提下，可用该模型公式计算压密注浆体的扩张率、塑性区土体扩张率及浆液对管片产生的压力。球形压密模型的实例分析表明：①压密注浆对管片产生的压力与注浆压力和土体的弹性模量、黏聚力、内摩擦角、泊松比等因素有关，随着注浆压力和土体泊松比的增大而增大，随着土体弹性模量、黏聚力和内摩擦角的增大而减小；压密注浆对单位面积管片产生的压力不随注浆压力和土体特性参数的改变而改变。②压密注浆对管片产生的压力在浆体扩张范围内与注浆压力相等；在土体塑性区范围内随着距注浆孔中心的距离增大而减小；在土体弹性区范围内，对管片产生的压力相对较小，可不考虑。

5.2　柱形压密模型

5.2.1　模型推导

为简化计算，进而建立同步注浆对地层变形影响的计算模型，根据同步注浆浆液与地层的作用机理，提出如下基本假设：

假设盾尾脱离管片后，在盾构机尾部形成均匀环形盾尾间隙，其概化图见图 5.9。假设同步注浆过程中，浆液完全充填盾尾间隙，并对周围地层施加与注浆压力相等的径向均布压力。忽略浆液和土体之间的渗透作用，认为浆液充填盾尾间隙后对土体产生挤压效应；不考虑浆液性能和土体变形的时效性，土体变形在浆液充填满整个间隙之后瞬间发生。假设土体是均质的线弹性、各向同性体；土体变形为小变形。

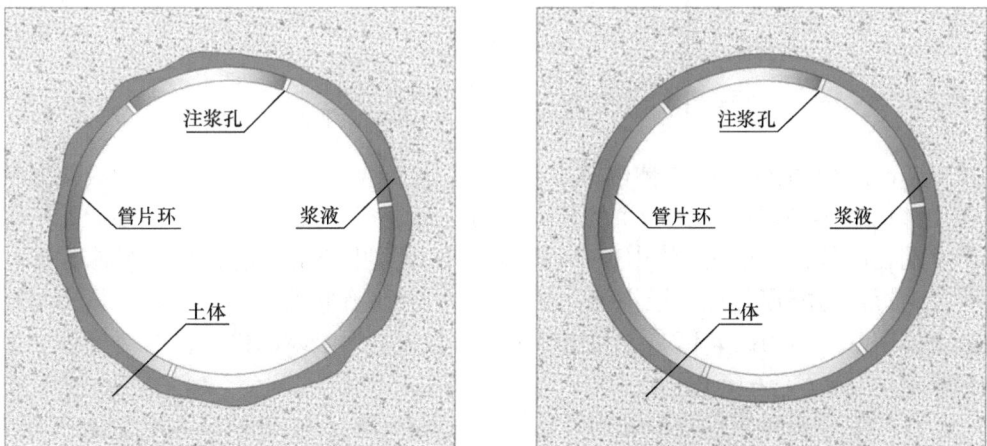

(a) 实际中分布不均的盾尾间隙　　　　　　　(b) 概化后的均匀环形盾尾间隙

图 5.9　盾尾间隙概化图

根据基本假设，同步注浆对地层的作用，相当于在半无限弹性体中进行柱形孔扩张，见图 5.10。

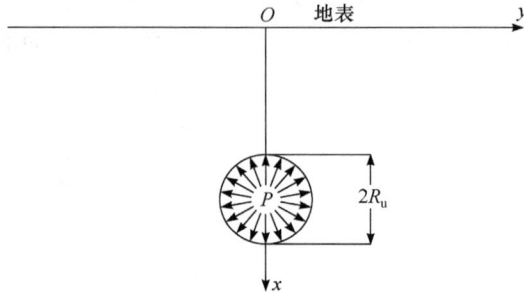

图 5.10 半无限弹性体中柱形孔扩张示意图

半无限问题的求解可以采用镜像法思路：将地表视为对称面，在基本柱形孔对应位置同时作用相同的镜像柱形孔进行扩张,此时将在地表产生竖向应力集中。将与该集中应力大小相同、方向相反的竖向应力作用于地表，则可消除地表的集中应力，最终得到满足半无限边界条件的解答[4]。

在极坐标系中,无限土体中基本柱形孔扩张的解答(应力压为正、位移向下为正)为

$$
\begin{cases}
\sigma_{r1} = P\left(\dfrac{R_u}{r_1}\right)^2 \\[3mm]
\sigma_{\theta1} = -P\left(\dfrac{R_u}{r_1}\right)^2 \\[3mm]
u_{r1} = \dfrac{(\nu+1)Pr_1}{E}\left(\dfrac{R_u}{r_1}\right)^2 = \dfrac{Pr_1}{2G}\left(\dfrac{R_u}{r_1}\right)^2
\end{cases}
\tag{5.34}
$$

式中，σ_{r1} 为极坐标系中土体内基本柱形孔扩张产生的径向应力；$\sigma_{\theta1}$ 为极坐标系中土体内基本柱形孔扩张产生的环向应力；u_{r1} 为极坐标系中的基本柱形孔扩张产生的径向位移；r_1 为土体中任一点到基本柱形孔中心的距离；R_u 为基本柱形孔半径，近似与隧道开挖半径相等；P 为土体内柱形孔扩张压力，即注浆压力与初始土体中水土压力的差值；E 为土体弹性模量；ν 为土体泊松比；G 为土体的剪切模量，$G = E/[2(1+\nu)]$。

在与地表相对应位置放置同样的镜像柱形孔(图 5.11)，其在无限土体中的解答与式(5.34)相似，记为

$$\begin{cases} \sigma_{r2} = P\left(\dfrac{R_{\mathrm{u}}}{r_2}\right)^2 \\[3mm] \sigma_{\theta2} = -P\left(\dfrac{R_{\mathrm{u}}}{r_2}\right)^2 \\[3mm] u_{r2} = \dfrac{(v+1)Pr_2}{E}\left(\dfrac{R_{\mathrm{u}}}{r_2}\right)^2 = \dfrac{Pr_2}{2G}\left(\dfrac{R_{\mathrm{u}}}{r_2}\right)^2 \end{cases} \tag{5.35}$$

式中，σ_{r2} 为极坐标系中土体内镜像柱形孔扩张产生的径向应力；$\sigma_{\theta2}$ 为极坐标系中土体内镜像柱形孔扩张产生的环向应力；u_{r2} 为极坐标系中的镜像柱形孔扩张产生的径向位移；r_2 为土体中任一点到镜像柱形孔中心的距离，r_1、r_2 满足：

$$\begin{cases} r_1 = \sqrt{(x-h)^2 + y^2} \\[2mm] r_2 = \sqrt{(x+h)^2 + y^2} \end{cases} \tag{5.36}$$

式中，h 为扩张柱形孔中心到地表的距离，即隧道埋深。

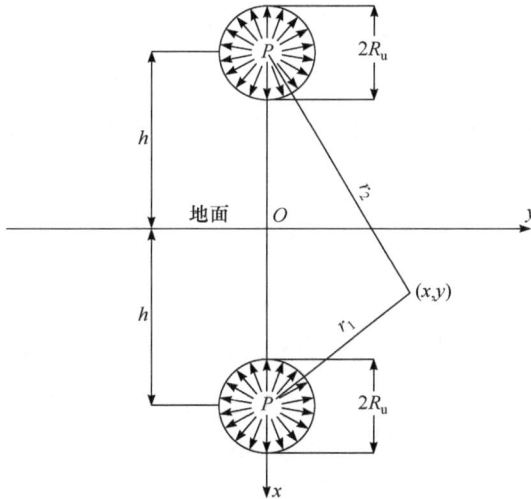

图 5.11　柱形孔与镜像柱形孔叠加示意图

将基本柱形孔和镜像柱形孔解答进行叠加，并转化到直角坐标系下，得到相应的应力和位移的解答：

$$\sigma_x^0 = PR_{\mathrm{u}}'^2\left[\frac{(x-h)^2}{r_1^4} - \frac{y^2}{r_1^4} + \frac{(x+h)^2}{r_2^4} - \frac{y^2}{r_2^4}\right] \tag{5.37}$$

$$\sigma_y^0 = PR_u'^2 \left[\frac{y^2}{r_1^4} - \frac{(x-h)^2}{r_1^4} + \frac{y^2}{r_2^4} - \frac{(x+h)^2}{r_2^4} \right] \tag{5.38}$$

$$\tau_{xy}^0 = 2PR_u'^2 \left[\frac{y(x-h)}{r_1^4} + \frac{y(x+h)}{r_2^4} \right] \tag{5.39}$$

$$u_x^0 = \frac{PR_u'^2}{2G} \left(\frac{x-h}{r_1^2} + \frac{x+h}{r_2^2} \right) \tag{5.40}$$

$$u_y^0 = \frac{PR_u'^2}{2G} \left(\frac{y}{r_1^2} + \frac{y}{r_2^2} \right) \tag{5.41}$$

式中，σ_x^0、σ_y^0、τ_{xy}^0 分别为对称柱形孔叠加后在直角坐标系中，土体内的竖向应力、水平向应力、剪切应力；u_x^0、u_y^0 分别为对称柱形孔叠加后在直角坐标系中，土体内的竖向位移和水平位移。

式(5.37)中，当 $x=0$ 时，得到半无限边界处的竖向应力为

$$\sigma_x^0 \big|_{x=0} = 2PR_u'^2 \frac{h^2 - y^2}{r_0^4} = 2PR_u'^2 \frac{h^2 - y^2}{\left(h^2 + y^2\right)^2} \tag{5.42}$$

将与 $\sigma_x^0 \big|_{x=0}$ 大小相同、方向相反的竖向应力 $q(y)$ 作用于地表(图 5.12)，求解应力和位移。

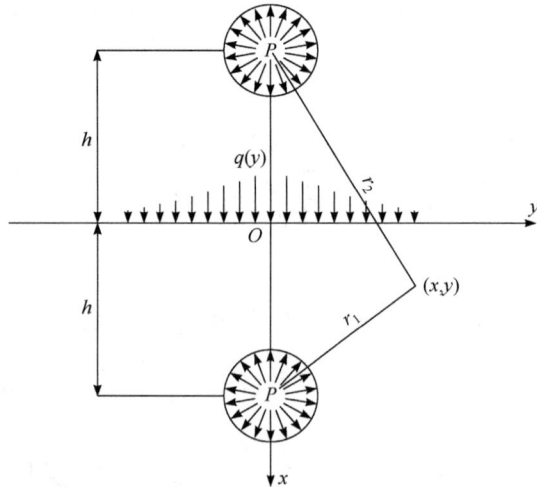

图 5.12　柱形孔扩张修正应力边界条件示意图

根据弹性力学理论，半无限平面边界上受连续分布荷载 $q(y)$ 作用时，有应力

分布[5]：

$$
\begin{cases}
\sigma'_x = \dfrac{2}{\pi} \displaystyle\int_{-b}^{a} \dfrac{x^3 q(\xi)}{\left[x^2 + (y-\xi)^2\right]^2} \mathrm{d}\xi \\[3mm]
\sigma'_y = \dfrac{2}{\pi} \displaystyle\int_{-b}^{a} \dfrac{x(y-\xi)^2 q(\xi)}{\left[x^2 + (y-\xi)^2\right]^2} \mathrm{d}\xi \\[3mm]
\tau'_{xy} = \dfrac{2}{\pi} \displaystyle\int_{-b}^{a} \dfrac{x^2(y-\xi) q(\xi)}{\left[x^2 + (y-\xi)^2\right]^2} \mathrm{d}\xi
\end{cases}
\tag{5.43}
$$

式中，σ'_x、σ'_y、τ'_{xy} 分别为在附加分布荷载 $q(y)$ 作用下土体的竖向应力、水平应力和剪切应力；a、b 为荷载分布范围。

令 $q(y) = -\sigma_x^0\big|_{x=0} = -2PR_u'^2 \dfrac{h^2 - y^2}{\left(h^2 + y^2\right)^2}$，将 $a = b = h$ 代入式(5.43)，得

$$
\begin{cases}
\sigma'_x = -\dfrac{4PR_u'^2 x^3}{\pi} I_x \\[3mm]
\sigma'_y = -\dfrac{4PR_u'^2 x}{\pi} I_y \\[3mm]
\tau'_{xy} = -\dfrac{4PR_u'^2 x^2}{\pi} I_{xy}
\end{cases}
\tag{5.44}
$$

式中，I_x、I_y、I_{xy} 分别为

$$
I_x = \int_{-h}^{h} \frac{h^2 - \xi^2}{\left[x^2 + (y-\xi)^2\right]^2 \left(h^2 + \xi^2\right)^2} \mathrm{d}\xi
\tag{5.45}
$$

$$
I_y = \int_{-h}^{h} \frac{(y-\xi)^2(h^2 - \xi^2)}{\left[x^2 + (y-\xi)^2\right]^2 \left(h^2 + \xi^2\right)^2} \mathrm{d}\xi
\tag{5.46}
$$

$$
I_{xy} = \int_{-b}^{a} \frac{(y-\xi)\left(h^2 - \xi^2\right)}{\left[x^2 + (y-\xi)^2\right]^2 \left(h^2 + \xi^2\right)^2} \mathrm{d}\xi
\tag{5.47}
$$

将式(5.45)、式(5.46)、式(5.47)的被积分部分分别在 $\xi = h$ 处展开成幂级数，得

$$
I_x = \frac{25h^2 - 34hy + 9(x^2 + y^2)}{3h[x^2 + (h-y)^2]^3}
\tag{5.48}
$$

$$I_y = \frac{h-y}{3h\left[x^2+(h-y)^2\right]^3}\left[17h^3-43h^2y-9y(x^2+y^2)+h(x^2+35y^2)\right] \quad (5.49)$$

$$I_{xy} = \frac{16x^2}{3\left[x^2+(h-y)^2\right]^3}+\frac{-7h+3y}{h\left[x^2+(h-y)^2\right]^2} \quad (5.50)$$

根据弹性力学理论，有

$$\begin{cases} \varepsilon_x' = \dfrac{\sigma_x'-\nu\sigma_y'}{E} = \dfrac{\partial u_x'}{\partial x} \\[3mm] \varepsilon_y' = \dfrac{\sigma_y'-\nu\sigma_x'}{E} = \dfrac{\partial u_y'}{\partial y} \end{cases} \quad (5.51)$$

式中，ε_x'、ε_y'分别为在集中应力作用下土体的竖向应变和水平应变；u_x'、u_y'分别为在集中应力作用下的竖向土体的竖向位移和水平位移。

由式(5.51)可得分布荷载下的地层位移为

$$\begin{cases} u_x' = \dfrac{1}{E}\displaystyle\int_x^h\left[\sigma_x'(u,v)-\nu\sigma_y'(u,v)\right]\mathrm{d}u \\[3mm] u_y' = \dfrac{1}{E}\displaystyle\int_0^y\left[\sigma_y'(u,v)-\nu\sigma_x'(u,v)\right]\mathrm{d}y \end{cases} \quad (5.52)$$

将式(5.37)～式(5.39)与式(5.44)进行对应叠加，便可得到半无限土体中柱形孔扩张产生的应力解答和位移解答为

$$\begin{cases} \sigma_x = PR_{\mathrm{u}}'^2\left[\dfrac{(x-h)^2}{r_1^4}-\dfrac{y^2}{r_1^4}+\dfrac{(x+h)^2}{r_2^4}-\dfrac{y^2}{r_2^4}\right]-\dfrac{4PR_{\mathrm{u}}'^2x^3}{\pi}I_x \\[4mm] \sigma_y = PR_{\mathrm{u}}'^2\left[\dfrac{y^2}{r_1^4}-\dfrac{(x-h)^2}{r_1^4}+\dfrac{y^2}{r_2^4}-\dfrac{(x+h)^2}{r_2^4}\right]-\dfrac{4PR_{\mathrm{u}}'^2x}{\pi}I_y \\[4mm] \tau_{xy} = 2PR_{\mathrm{u}}'^2\left[\dfrac{y(x-h)}{r_1^4}+\dfrac{y(x+h)}{r_2^4}\right]-\dfrac{4PR_{\mathrm{u}}'^2x^2}{\pi}I_{xy} \end{cases} \quad (5.53)$$

$$\begin{cases} u_x = \dfrac{PR_{\mathrm{u}}'^2}{2G}\left(\dfrac{x-h}{r_1^2}+\dfrac{x+h}{r_2^2}\right)+u_x' \\[4mm] u_y = \dfrac{PR_{\mathrm{u}}'^2}{2G}\left(\dfrac{y}{r_1^2}+\dfrac{y}{r_2^2}\right)+u_y' \end{cases} \quad (5.54)$$

式中，σ_x、σ_y、τ_{xy}分别为半无限土体中柱形孔扩张的竖向应力、水平应力和剪切应力；u_x、u_y分别为半无限土体中柱形孔扩张的竖向位移和水平位移。

一般而言，盾构隧道施工引起的地表沉降对施工控制非常重要，将式(5.52)代入式(5.54)，令 $x = 0$ 可得地表竖向位移为

$$u_x\big|_{x=0} = u_x'\big|_{x=0}$$

$$= \frac{4PR_u^2}{3\pi hE}\int_0^h \frac{x}{[x^2+(h-y)^2]^3}\Big\{\nu(h-y)\Big[17h^3-43h^2y-9y(x^2+y^2)+h(x^2+35y^2)\Big]$$

$$-x^2\Big[25h^2-34hy+9(x^2+y^2)\Big]\Big\}\mathrm{d}x \tag{5.55}$$

地表最大竖向位移应在 $y = 0$ 处，此时，由式(5.55)可得最大地表隆起值为

$$u_{\max} = -u(0,0) = -\frac{PR_u'^2}{3\pi Eh}(5+13\nu-18\ln 2) \approx \frac{PR_u'^2}{3\pi Eh}(7.4766-13\nu) \tag{5.56}$$

5.2.2　模型应用的讨论

理论上，由式(5.54)可计算出同步注浆引起的土体任意点的竖向位移和水平位移。但是，由于附加分布荷载作用下土体的位移解答十分复杂，涉及式(5.52)中的复杂积分问题。因此，很难显化竖向位移和水平位移的解析解式(5.54)。这一问题可通过数值积分解决：在给定隧道半径、埋深、土体弹性模量、泊松比、注浆压力等参数的前提下，可通过式(5.54)采用数值积分方法，计算任意一坐标已知点 $M(x_0, y_0)$ 的竖向位移和水平位移。

工程实际中，往往以地表最大沉降值作为控制参数。因此，式(5.56)给出了同步注浆引起的地表最大隆起值计算公式。该式可为盾构施工过程中地表沉降控制及同步注浆压力设置提供理论依据。

对式(5.56)进行恒等变换，并考虑地层初始水土压力，便可得到控制地表隆起的最大注浆压力为

$$P_{\max} = P_0 + \frac{3\pi Ehu_{\max}}{R_u'^2(7.4766-13\nu)} \tag{5.57}$$

式中，P_0 为地层初始水土压力。

需要指出的是，本章将半无限问题的求解用于注浆引起的地层变形分析中，得到了概化模型，推导出了解析解。本章假设在浆液充填满整个间隙之前，土体是不发生变形的，实际上，更多的地层移动是与注浆过程同时发生的。本章计算理论忽略这一点造成的误差尚不清楚，还有待通过室内试验、现场实测等研究手段进行验证或修正。5.2.3 小节将通过实例分析，验证本章该理论的可行性。

5.2.3 实例分析

某地铁盾构隧道刀盘开挖半径 $R_u = 3.2\text{m}$，埋深 $h = 10\text{m}$，周围土体初始土压力 $P_0 = 0.24\text{MPa}$，弹性模量 $E = 2.85\text{MPa}$，黏聚力 $c = 0.0060\text{MPa}$，内摩擦角 $\varphi = 18°$，泊松比 $\nu = 0.20$，注浆压力 $P_g = 0.3\text{MPa}$。

1. 注浆引起的地表最大隆起值计算

将相关参数代入式(5.56)，可计算出同步注浆引起的地表最大隆起值为

$$u_{max} = \frac{PR_u'^2}{3\pi Eh}(7.4766 - 13\nu) = \frac{(0.3 - 0.24) \times 3.2^2}{3\pi \times 2.85 \times 10}(7.4766 - 13 \times 0.20) \approx 0.01116(\text{m})$$
$$= 11.16(\text{mm})$$

可见，在此种工况下，同步注浆引起的地表最大隆起值达 11.16mm，在地表沉降分析中忽视壁后注浆引起的地表隆起效应，显然是不尽合理的。

2. 影响因素分析

由式(5.56)可知，同步注浆引起的地表隆起值受注浆压力、隧道埋深、隧道开挖半径、土体初始水土压力、弹性模量、泊松比等因素影响。下文在工程实例中基本参数的基础上，绘制部分因素与地表最大隆起值的关系曲线，如图 5.13~图 5.17 所示。

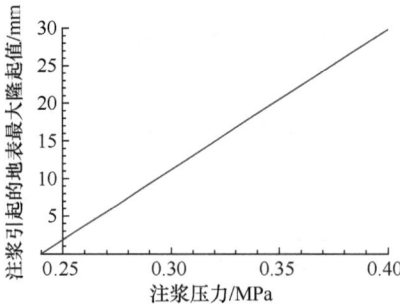

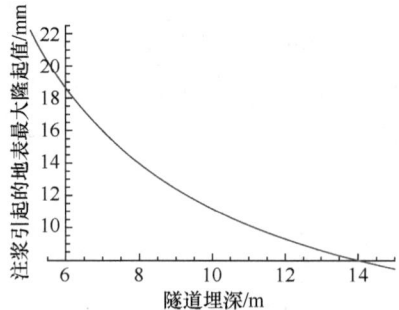

图 5.13　地表最大隆起值与注浆压力的关系　图 5.14　地表最大隆起值与隧道埋深的关系

由图 5.13~图 5.17 及式(5.56)可以看出，同步注浆引起的地表最大隆起值随着注浆压力和隧道开挖半径的增大而增大，随着隧道埋深、土体弹性模量和泊松比的增大而减小。同步注浆引起的地表最大隆起值与注浆压力和土体泊松比呈线性关系。可见，为严格控制地表隆起，应选择与隧道开挖半径、隧道埋深、土体特性参数相匹配的注浆压力，尤其应注意软土地层、大断面、浅埋条件下注浆压力的选择。

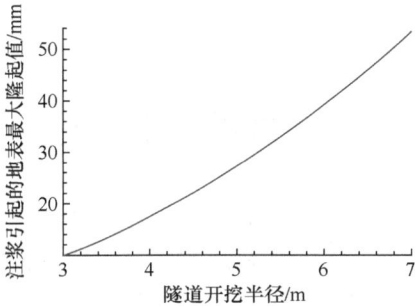

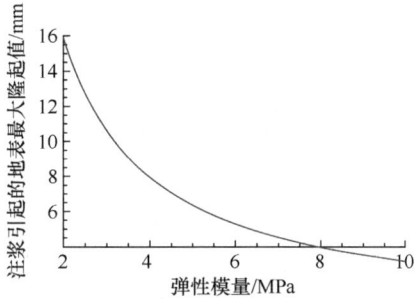

图 5.15 地表最大隆起值与隧道开挖半径的 图 5.16 地表最大隆起值与土体弹性模量的
关系 关系

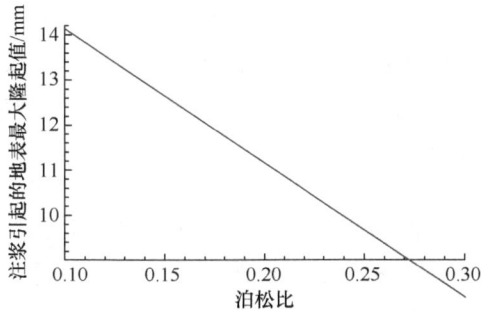

图 5.17 地表最大隆起值与土体泊松比的关系

柱形孔压密注浆模型的实例分析表明：

(1) 同步注浆引起的地表隆起值受注浆压力、隧道埋深、隧道开挖半径、土体初始水土压力、弹性模量、泊松比等因素影响。

(2) 同步注浆引起的地表最大隆起值随着注浆压力和隧道开挖半径的增大而增大；随着隧道埋深、土体弹性模量和泊松比的增大而减小；与注浆压力和土体泊松比分别呈线性关系。

(3) 为严格控制地表隆起，应选择与隧道开挖半径、隧道埋深、土体特性参数相匹配的注浆压力，尤其应注意软土地层、大断面、浅埋条件下的注浆压力选择。

参 考 文 献

[1] 苟长飞. 盾构隧道壁后注浆浆液扩散机理研究[D]. 西安: 长安大学, 2013.

[2] 杨冠天. 盾构隧道周围地层位移分析[D]. 北京: 北京交通大学, 2004.

[3] 土木学会. 隧道标准规范[盾构篇]及解说: 2006 年制定[M]. 朱伟, 译. 北京: 中国建筑工业出版社, 2011.

[4] 朱宁, 施建勇, 陈海丰. 一种半无限土体中圆孔扩张的分析方法[J]. 岩土力学, 2006, 27(2): 257-260.

[5] 程昌钧, 朱媛媛. 弹性力学[M]. 上海: 上海大学出版社, 2005.

第6章 考虑浆液-土体颗粒特性的扩散模型

第 3～5 章分别建立了盾构隧道壁后注浆的充填扩散、渗透扩散及压密扩散的基本模型，给出了各注浆阶段或模式下浆液扩散特征及注浆压力的解析方法。上述模型在推导中简化了浆液与土体的相互作用，始终认为浆液是较为均一的流体。然而，最常见的水泥浆液是由水和水泥颗粒组成的悬浮液。当浆液颗粒粒径较大时，水泥颗粒无法进入地层，仅浆液中的自由水可渗透进入地层，水泥颗粒在盾尾间隙内沿地层表面发生沉积，在盾尾间隙内形成滤饼，这一现象称为土体对浆液的筛滤效应。当浆液颗粒粒径相对较小时，浆液中的水泥颗粒与自由水一同渗透进入地层，但浆液中的水泥颗粒会被地层孔隙结构吸附、拦截，导致浆液颗粒在地层中发生沉积，地层渗透系数降低，此现象称为地层对浆液的渗滤效应。若浆液扩散过程不引起地层孔隙结构的变化，则可考虑浆液扩散为渗透扩散，可采用第 4 章建立的浆液渗透扩散模型进行分析。前述浆液筛滤效应、渗滤效应、渗透扩散均未考虑浆液扩散对地层结构的影响，即地层结构未出现变形等现象，但随着地层渗透系数的减小和浆液扩散距离的增加，浆液将无法进一步扩散进入地层，浆液中的压力将导致地层结构发生变形，使地层进一步发生压密变形，由于此过程中仍有部分自由水可在地层中扩散，该现象称为地层对浆液的压滤效应。本章将在浆液充填扩散、渗透扩散、压密扩散的基础上，进一步考虑地层对浆液的筛滤效应、渗滤效应、压滤效应，建立可以考虑浆液-土体颗粒特性的浆液扩散模型，以便更好地指导工程实践。

6.1 考虑筛滤效应的扩散模型

6.1.1 筛滤效应

根据浆液颗粒与地层孔隙尺寸的关系，当水泥颗粒尺寸大于地层孔隙尺寸的三分之一时，浆液颗粒将无法进入地层，仅浆液中的地下水可扩散进入地层，浆液颗粒将在地层表面发生沉积，形成由水泥颗粒及自由水组成的滤饼，该滤饼的厚度将不断增加(图 6.1)，最后充填整个盾尾间隙，在盾尾间隙内形成滤饼，这一现象称为土体对浆液的筛滤效应[1]。

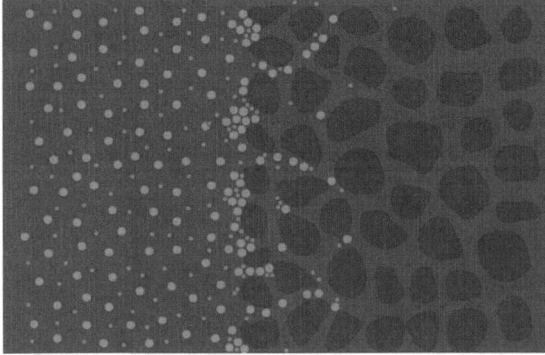

图 6.1　筛滤效应

6.1.2　滤饼沉积扩散模型

　　根据盾尾间隙内浆液充填扩散的分析,提出壁后注浆浆液滤饼沉积扩散模型。该模型将盾尾间隙简化为一个均质圆环,该均质圆环内充填的浆液对管片及周围地层具有压力作用,在该压力作用下,盾尾间隙内的浆液发生了滤饼沉积扩散。滤饼形成过程中,滤饼为一个内半径均匀缩小的环形,滤饼沉积扩散模型如图 6.2 所示。

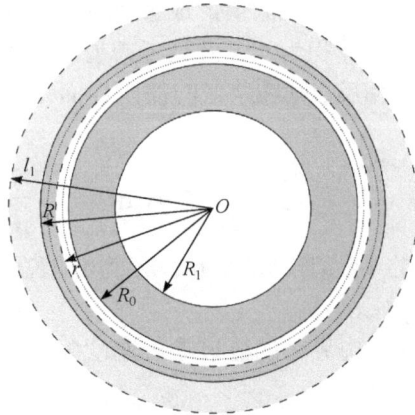

图 6.2　盾尾间隙内浆液滤饼沉积扩散模型

　　该模型考虑了浆液颗粒对地层孔隙结构堵塞后,滤饼的形成及发展过程。滤饼开始沉积后,浆液中的大颗粒在地层中逐渐沉积下来,而浆液中的自由水及小颗粒在先期形成的滤饼层及周边地层中渗透扩散。浆液中自由水和小颗粒等滤液的渗透扩散受注浆压力和地下水压力的影响,浆液在滤饼层及周边地层中的渗透扩散,将通过毛细管模型进行计算。

1. 基本假设

盾构隧道施工过程中，盾尾间隙的形状和尺寸与隧道所处的地层、隧道施工技术、盾构隧道的设计参数等诸多因素有关，为了便于理论计算的开展，提出以下基本假设：

(1) 管片周围的间隙呈均质圆环形间隙，圆环的径向厚度为盾尾间隙厚度，圆环的纵向宽度为单位时间内的盾构掘进长度；

(2) 环形盾尾间隙内，浆液发生滤饼沉积前，首先充填盾尾间隙，浆液内部压力均匀分布，等于注浆压力，且注浆压力保持恒定；

(3) 滤饼形成后，其体积不可压缩，且不考虑隧道周边地层的变形；

(4) 不考虑重力对滤液扩散的影响。由前文可知，浆液对盾尾间隙充填完成后，各注浆孔的压力可按照注浆孔之间浆液柱的高度产生的压力差进行设置，而隧道周边地下水压力也按照重力梯度增加，因此在计算中忽略重力对滤液扩散的影响。

2. 模型建立

1) 模型基本参数

根据图 6.2 所示模型，假设在滤饼形成过程中，单位滤液与浆液颗粒分离在地层中渗透扩散形成的滤饼体积为 α，此处考虑滤饼层不可压缩，且滤液的流速和滤饼内半径的衰减方向相反，则在浆液与滤饼界面处，dr 厚度范围内的滤饼与滤液间的关系为

$$\frac{2\pi r \mathrm{d}r}{\alpha} = -2\pi r v_r \mathrm{d}t \tag{6.1}$$

式中，r 为滤饼内边界的半径(图 6.2)，m；v_r 为滤液在滤饼内边界处的渗透速度，m/s。

对式(6.1)简化可得滤饼边界处的滤液渗透速度为

$$v_r = -\frac{\mathrm{d}r}{\alpha \mathrm{d}t} \tag{6.2}$$

滤液在滤饼层及周边地层中渗透扩散时，各环形断面内滤液流量相等，为

$$q = v 2\pi l = v_r 2\pi r = v_R 2\pi R = v_1 2\pi l_1 \tag{6.3}$$

式中，l 为滤液扩散范围内的任意半径，m；v 为滤液扩散范围内任意半径 l 处的流速，m/s；R 为盾尾间隙和地层界面的半径，相应流速为 v_R；l_1 为滤液在地层中渗透扩散边界的半径，相应流速为 v_1。各半径符号如图 6.2 所示。

对式(6.3)变形可得

$$v = \frac{v_r r}{l} = \frac{v_R R}{l} = \frac{v_1 l_1}{l} \tag{6.4}$$

另外，根据滤饼层及滤液体积关系，有以下关系式：

$$\frac{\pi R^2 - \pi r^2}{\alpha} = (\pi l_1^2 - \pi R^2)\phi_2 \tag{6.5}$$

式中，ϕ_2 为周边地层的孔隙率。

化简式(6.5)可得

$$l_1^2 = \frac{R^2 - r^2}{\alpha \phi_2} + R^2 \tag{6.6}$$

2) 滤液渗透扩散毛细管模型

滤饼和地层中主要是浆液中地下水和细小颗粒的渗透扩散，滤液表现为牛顿流体，建立牛顿流体的毛细管模型。假设地层中的有效孔隙是以相同直径的毛细管排列而成，取其中的一个毛细管进行分析，如图 6.3 所示。

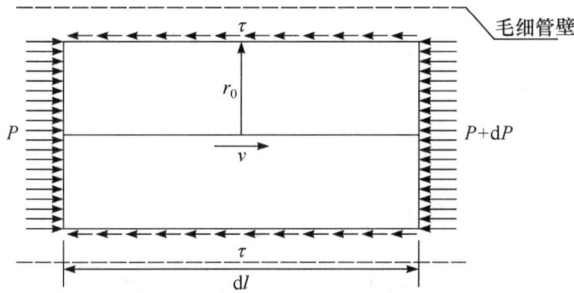

图 6.3　浆液在毛细管中流动的示意图

依据 Hagen-Poiseuille 流动方程，对于不可压缩的牛顿流体，通过毛细管的流量与压力梯度的关系为

$$Q_1 = -\frac{\pi r_0^4}{8\mu}\frac{\mathrm{d}P}{\mathrm{d}l} \tag{6.7}$$

式中，Q_1 为流量；$\mathrm{d}P/\mathrm{d}l$ 为压力梯度；r_0 为毛细管半径。

毛细管中质点速度 v 为

$$v = \frac{Q_1}{\pi r_0^2} = -\frac{r_0^2}{8\mu}\frac{\mathrm{d}P}{\mathrm{d}l} \tag{6.8}$$

由 Dupuit-Forchheimer 关系式可得任意时刻的渗流速度为

$$v = -\frac{\phi r_0^2}{8\mu}\frac{\mathrm{d}P}{\mathrm{d}l} \tag{6.9}$$

式中，ϕ 为地层孔隙率。

对比达西定律的定义，根据式(6.9)，可以得牛顿流体浆液毛细管渗透扩散的渗透率表达式为

$$K = \frac{1}{8}\phi r_0^2 \tag{6.10}$$

3) 浆液滤饼沉积方程

将毛细管模型中求得的浆液渗透扩散速度与前述毛细管模型进行联立求解，根据式(6.4)及式(6.9)可得到

滤饼层内：

$$v = \frac{v_r r}{l} = -\frac{\phi_1 r_{01}^2}{8\mu_1}\frac{dP}{dl} \tag{6.11}$$

式中，ϕ_1 为滤饼层内的孔隙率。

将式(6.11)在 r 到 R 范围内积分，其中 r 处的压力为注浆压力 P_0，假设 R 处的浆液压力为 P_R，可得

$$\int_r^R \frac{v_r r}{l}dl = \int_{P_0}^{P_R} -\frac{\phi_1 r_{01}^2}{8\mu_1}dP \tag{6.12}$$

解得

$$v_r r(\ln R - \ln r) = \frac{\phi_1 r_{01}^2}{8\mu_1}(P_0 - P_R) \tag{6.13}$$

另外，在 l_1 处，滤液所受的压力为 P_w，同理可得

$$v_r r(\ln R - \ln l_1) = \frac{\phi_2 r_{02}^2}{8\mu_2}(P_w - P_R) \tag{6.14}$$

联立式(6.13)、式(6.14)可得

$$P_0 - P_w = \frac{8\mu_1}{\phi_1 r_{01}^2}v_r r(\ln R - \ln r) - \frac{8\mu_2}{\phi_2 r_{02}^2}v_r r(\ln R - \ln l_1) \tag{6.15}$$

将式(6.2)、式(6.6)代入式(6.15)，有

$$P_0 - P_w = -\frac{8\mu_1}{\phi_1 r_{01}^2}\frac{dr}{\alpha dt}r(\ln R - \ln r)$$

$$+ \frac{8\mu_2}{\phi_2 r_{02}^2}\frac{dr}{\alpha dt}r\left[\ln R - \frac{1}{2}\ln\left(\frac{R^2 - r^2}{\alpha \phi_2} + R^2\right)\right] \tag{6.16}$$

根据 $t = 0$ 时，$r = R$，求解式(6.16)可得

$$(P_0 - P_{\mathrm{w}})t = -\frac{8\mu_1}{\phi_1 r_{01}^2}\frac{1}{2\alpha}\left[r^2(\ln R - \ln r) + \frac{1}{2}(r^2 - R^2)\right]$$

$$+\frac{8\mu_2}{\phi_2 r_{02}^2}\frac{1}{2\alpha}\left[-(R^2 m - r^2)\ln R + \frac{1}{2}(r^2 - R^2)\right]$$

$$+\frac{8\mu_2}{\phi_2 r_{02}^2}\frac{1}{2\alpha}\times\frac{1}{2}(R^2 m - r^2)\times\ln\left(\frac{R^2 m - r^2}{m - 1}\right) \tag{6.17}$$

式中，$m = \alpha\phi_2 + 1$。

通常从浆液中滤出的液体主要为地下水和细小颗粒，滤液的黏度和地下水的黏度十分接近，分别采用滤饼和地层的渗透系数描述滤液在地层中的流动，联立式(6.10)和粗粒土地层中渗透系数和渗透率的关系式(6.18)得到式(6.19)、式(6.20)：

$$k = \frac{K\gamma}{\mu} \tag{6.18}$$

$$K = \frac{k\mu}{\rho g} = \frac{1}{8}\phi r_0^2 \tag{6.19}$$

$$\frac{8\mu}{\phi r_0^2} = \frac{\rho g}{k} \tag{6.20}$$

式(6.17)可化简为

$$(P_0 - P_{\mathrm{w}})t = -\frac{\rho_1 g}{k_1}\frac{1}{2\alpha}\left[r^2(\ln R - \ln r) + \frac{1}{2}(r^2 - R^2)\right]$$

$$+\frac{\rho_2 g}{k_2}\frac{1}{2\alpha}\left[-(R^2 m - r^2)\ln R + \frac{1}{2}(r^2 - R^2)\right]$$

$$+\frac{\rho_2 g}{k_2}\frac{1}{2\alpha}\times\frac{1}{2}(R^2 m - r^2)\times\ln\left(\frac{R^2 m - r^2}{m - 1}\right) \tag{6.21}$$

式中，k_1 为滤饼层的渗透系数；ρ_1 为滤饼层内流体的密度；k_2 为周边地层的渗透系数；ρ_2 为周边地层内流体的密度。

4) 模型参数确定

单位滤液与浆液颗粒分离在地层中渗透扩散形成的滤饼体积为 α，该参数为浆液的基本特性，可通过室内固结测得

$$\alpha = \frac{1}{n_{\mathrm{i}} - n_{\mathrm{e}}} - 1 \tag{6.22}$$

式中，n_{i} 为滤饼形成前浆液中液体的体积分数(固结前的孔隙率)；n_{e} 为滤饼形成后滤饼层中液体的体积分数(固结后的孔隙率)。

3. 参数分析

基于上述滤饼沉积扩散模型,选择盾构隧道基本参数:管片外径 6.2m,管片内径 5.5m,盾尾间隙厚度为 12cm,滤饼层参数根据 Bezuijen 等 [2] 的研究选取,地层为砂性土,基本参数如表 6.1 所示。

表 6.1　滤饼层及周边地层基本参数

类型	参数	数值	含义
滤饼层	ρ_1 /(kg/m³)	1000	滤饼层内流体的密度
	k_1 /(m/s)	4.7×10⁻⁸	滤饼层的渗透系数
	$\dfrac{\rho_1 g}{k_1}$ /[kg/(m³·s)]	2.085×10¹¹	——
	n_1	0.327	滤饼形成前,浆液中液体体积分数
	n_e	0.275	滤饼形成后,滤饼层中液体体积分数
	α /m³	18.23	单位滤液与浆液颗粒分离在地层中渗透扩散所形成的滤饼体积
周边地层	ρ_2 /(kg/m³)	1000	周边地层内流体的密度
	k_2 /(m/s)	5×10⁻⁵	周边地层的渗透系数
	$\dfrac{\rho_2 g}{k_2}$ /[kg/(m³·s)]	1.96×10⁸	——
	ϕ_2	0.35	周边地层内的孔隙率
注浆参数	P_0 /MPa	0.3	注浆孔注浆压力
	P_w /MPa	0.1	地下水压力

1) 滤饼沉积及滤液扩散

根据表 6.1 所示的基本参数,在恒定注浆压力下,滤饼内半径和滤液扩散半径随注浆时间的变化曲线如图 6.4 所示,滤饼内边界处滤液渗流速度与注浆时间的关系如图 6.5 所示。

在注浆压力作用下,由于浆液中水和细颗粒的滤失,滤饼厚度逐渐增大。通过图 6.4 可以看出,滤饼内半径随着注浆时间的增加而逐渐减小,即滤饼的厚度逐渐增大。滤饼的厚度在注浆初期增长速度较快,并随着注浆时间的增加而逐渐减缓。产生该现象的原因主要是随着滤饼厚度的增加,滤液扩散过程中所受的阻力逐渐增大。通过图 6.5 可以看出,随着注浆时间的增大,滤饼内边界处滤液渗流速度逐渐减小,而且在注浆初期衰减速度较快,之后衰减速度逐渐减小。同时,根据图 6.4 可以看出,滤液扩散半径大于滤饼内半径,其增长速度逐渐减缓。通过

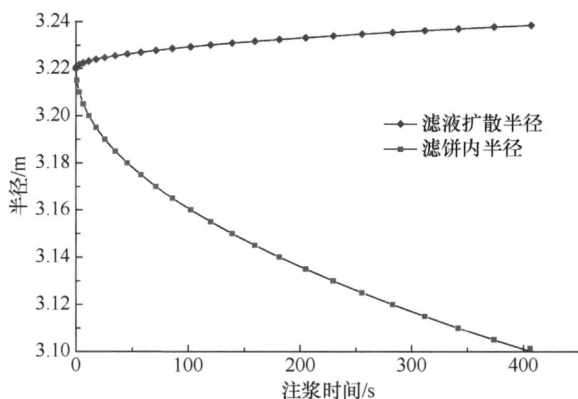

图 6.4　滤饼内半径和滤液扩散半径与注浆时间的关系

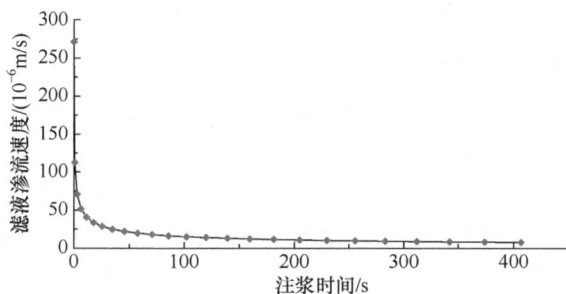

图 6.5　滤饼内边界处滤液渗流速度与注浆时间的关系

以上分析可以看出，在浆液对盾尾间隙充填完后，保持注浆压力约 400s(6.7min)，将在盾尾间隙中形成较为密实的滤饼，在控制地层变形，提高盾构隧道的抗渗性方面将发挥重要作用。

2) 注浆压力的影响

注浆压力为浆液扩散提供动力，随着注浆压力的提高，浆液扩散速度增大，计算不同注浆压力下，滤饼内半径、滤液扩散半径随注浆时间的变化规律，如图 6.6 所示。

通过图 6.6 可知，由于盾尾间隙厚度是一定的，随着注浆压力的提高，浆液滤饼充填盾尾间隙的时间逐渐缩短，注浆压力由 0.3MPa 提高到 0.5MPa 时，滤饼充填盾尾间隙的时间由 407s 缩短至 203s，滤饼形成的效率提高了 1 倍。该处考虑浆液在不同注浆压力下的滤失量一致，且盾尾间隙厚度不变，因此不同注浆压力下滤液的扩散距离相同，只是在不同注浆压力滤液扩散的速率不同。

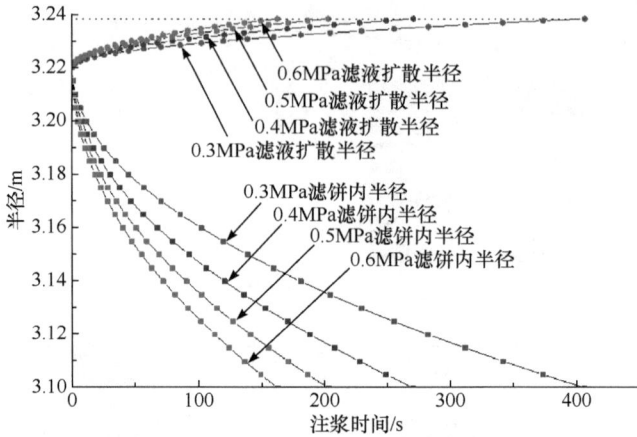

图 6.6　注浆压力对滤饼内半径和滤液扩散半径的影响

3) 滤饼渗透系数的影响

上述分析表明，随着注浆压力的提高，滤液在地层中的扩散速度逐渐增大。然而随着注浆压力的升高，所形成滤饼的孔隙率将减小，地层被压缩导致其渗透系数降低，关于注浆压力、地层孔隙率、滤饼渗透系数之间的关系需通过固结试验、渗透试验测得，本书主要分析各因素对滤饼的形成和滤液扩散过程的影响。本节主要分析在一定注浆压力下，滤饼厚度与滤饼渗透系数的关系。计算滤饼渗透系数分别为 $4.7 \times 10^{-8}\text{m/s}$、$3.7 \times 10^{-8}\text{m/s}$、$2.7 \times 10^{-8}\text{m/s}$、$1.7 \times 10^{-8}\text{m/s}$ 时，滤饼和滤液的发展过程，计算结果如图 6.7 所示。

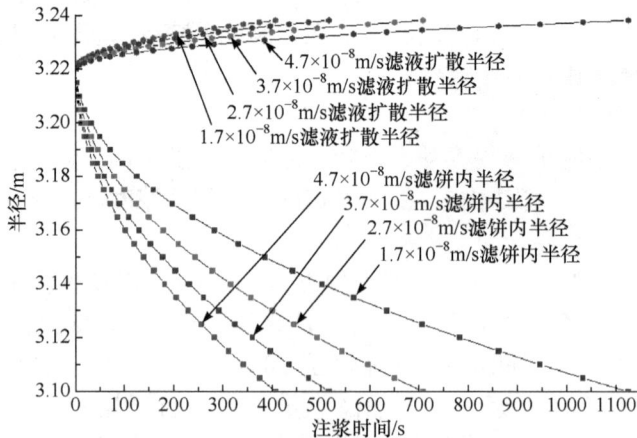

图 6.7　滤饼渗透系数对滤饼内半径和滤液扩散半径的影响

通过图 6.7 可知，滤饼渗透系数对滤饼内半径及滤液扩散半径的影响较为显著，在盾尾间隙厚度相同的条件下，随着滤饼渗透系数的减小，形成滤饼所需的注浆时间增大，当滤饼渗透系数由 $4.7×10^{-8}$m/s 减小到 $1.7×10^{-8}$m/s 时，所需的注浆时间分别约为 407s、517s、708s 到 1124s，所需注浆时间的增加梯度越来越大，表明滤饼渗滤系数是影响滤饼形成的重要因素。

6.1.3　半球形滤饼充填模型

盾构隧道施工过程中，管片周边间隙的形状受隧道周边地层、施工技术等多种因素的影响，除常见的环形间隙外，盾构施工导致地层松弛[3]，受地层中大粒径颗粒的影响，隧道周边产生较大的局部脱空区。常通过注浆施工来充填这些脱空区，局部脱空区通常形状不规则，考虑到盾尾脱空区的局部稳定性常呈拱形，将其简化为半球形进行分析。在充填盾尾局部脱空区域时，当浆液无法渗透进入地层时，在空腔内表面产生滤饼，本小节对半球形脱空区的滤饼充填过程进行分析。

浆液对盾尾局部半球形间隙充填时，包括两个主要的步骤：浆液对盾尾局部半球形间隙的充填扩散；充填完成后，浆液中的水分和细小颗粒渗透进入地层，在半球形间隙的表面形成滤饼。盾尾局部半球形间隙内浆液滤饼充填模型如图 6.8 所示。

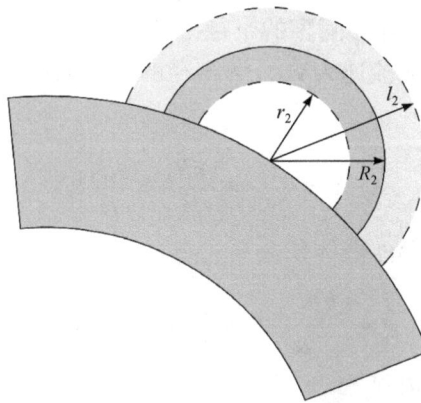

图 6.8　盾尾局部半球形间隙内浆液滤饼充填模型

1. 基本假设

(1) 管片周围间隙呈半球形，半球形的球心在注浆孔处；

(2) 半球形间隙内，浆液发生滤饼沉积前，浆液充填盾尾间隙，浆液内部压力均匀分布，等于注浆压力，且注浆压力保持恒定；

(3) 滤饼形成后，滤饼体积不可压缩，且不考虑隧道周边地层的变形；

(4) 不考虑重力对滤液扩散的影响；

(5) 浆液扩散过程中，管片边界界面假设为平面。

2. 模型建立

1) 模型基本参数

根据上述基本假设，滤饼形成过程中单位滤液与浆液颗粒分离在地层中渗透扩散形成的滤饼体积为 α，且滤饼层不可压缩，在浆液与滤饼界面处，dr 厚度范围内的滤饼与滤液间的关系为

$$-\frac{2\pi r_2^2 dr}{\alpha} = 2\pi r_2^2 v_r dt \tag{6.23}$$

式中，r_2 为滤饼内边界的半径(图 6.8)，m；v_r 为滤液在滤饼内边界处的渗流速度，m/s。

对式(6.23)进行简化可得滤饼内边界处的滤液渗流速度为

$$v_r = -\frac{dr}{\alpha dt} \tag{6.24}$$

滤液在滤饼层及周边地层中渗透扩散时，各环形断面内浆液流量相等，为

$$q = v2\pi l^2 = v_r 2\pi r_2^2 = v_R 2\pi R_2^2 = v_2 2\pi l_2^2 \tag{6.25}$$

式中，l 为滤液扩散范围内的任意半径，m；v 为滤液扩散范围内任意半径 l 处的流速，m/s；R_2 为盾尾半球形间隙的半径，相应流速为 v_R；l_2 为滤液在地层中渗透扩散边界的半径，相应流速为 v_2，各半径的含义如图 6.8 所示。

对式(6.25)变形可得

$$v = \frac{v_r r_2^2}{l^2} = \frac{v_R R_2^2}{l^2} = \frac{v_2 l_2^2}{l^2} \tag{6.26}$$

另外，根据滤饼层及滤液体积关系，有

$$\frac{2}{3} \times \frac{\pi R_2^3 - \pi r_2^3}{\alpha} = \frac{2}{3} \times (\pi l_2^3 - \pi R_2^3)\phi_2 \tag{6.27}$$

式中，ϕ_2 为周边地层的孔隙率。

化简式(6.27)可得

$$l_2^3 = \frac{R_2^3 - r_2^3}{\alpha\phi_2} + R_2^3 \tag{6.28}$$

2) 局部半球形间隙滤饼沉积方程

将毛细管模型中求得的浆液渗透扩散速度与半球形滤饼充填模型联立进行求解，根据式 (6.26) 及式 (6.10) 可得

滤饼层内：

$$v = \frac{v_r r_2^2}{l^2} = -\frac{\phi_1 r_{01}^2}{8\mu_1}\frac{\mathrm{d}P}{\mathrm{d}l} \tag{6.29}$$

将式(6.29)在 r_2 到 R_2 范围内积分，其中 r_2 处的压力为注浆压力 P_0，假设 R_2 处的浆液压力为 P_{R_2}，可得

$$\int_{r_2}^{R_2}\frac{v_r r_2^2}{l^2}\mathrm{d}l = \int_{P_0}^{P_{R_2}} -\frac{\phi_1 r_{01}^2}{8\mu_1}\mathrm{d}P \tag{6.30}$$

解得

$$v_r r_2^2\left(\frac{1}{r_2}-\frac{1}{R_2}\right) = \frac{\phi_1 r_{01}^2}{8\mu_1}(P_0 - P_{R_2}) \tag{6.31}$$

另外，在 l_2 处，滤液所受的压力为 P_w，同理可得

$$v_r r_2^2\left(\frac{1}{l_2}-\frac{1}{R_2}\right) = \frac{\phi_2 r_{02}^2}{8\mu_2}(P_\mathrm{w} - P_{R_2}) \tag{6.32}$$

联立式(6.31)、式(6.32)可得

$$P_0 - P_\mathrm{w} = \frac{8\mu_1}{\phi_1 r_{01}^2}v_r r_2^2\left(\frac{1}{r_2}-\frac{1}{R_2}\right) - \frac{8\mu_2}{\phi_2 r_{02}^2}v_r r_2^2\left(\frac{1}{l_2}-\frac{1}{R_2}\right) \tag{6.33}$$

将式(6.24)代入式(6.33)，有

$$P_0 - P_\mathrm{w} = -\frac{8\mu_1}{\phi_1 r_{01}^2}\frac{\mathrm{d}r}{\alpha\mathrm{d}t}r_2^2\left(\frac{1}{r_2}-\frac{1}{R_2}\right) + \frac{8\mu_2}{\phi_2 r_{02}^2}\frac{\mathrm{d}r}{\alpha\mathrm{d}t}r_2^2\left(\frac{1}{l_2}-\frac{1}{R_2}\right) \tag{6.34}$$

式中，l_2 由式(6.28)确定，根据 $t=0$ 时，$r_2 = R_2$，求解式(6.34)可得

$$
\begin{aligned}
(P_0 - P_\mathrm{w})t = & -\frac{8\mu_1}{\phi_1 r_{01}^2}\frac{1}{\alpha}\left(\frac{1}{2}r_2^2 - \frac{1}{6}R_2^2 - \frac{1}{3}\frac{r_2^3}{R_2}\right) \\
& + \frac{8\mu_2}{\phi_2 r_{02}^2}\frac{1}{\alpha}\left[-\frac{1}{2}\alpha\phi_2\left(\frac{R_2^3 - r_2^3}{\alpha\phi_2} + R_2^3\right)^{\frac{2}{3}} + \frac{1}{2}\alpha\phi_2 R_2^2\right] \\
& + \frac{8\mu_2}{\phi_2 r_{02}^2}\frac{1}{\alpha}\left(-\frac{1}{3}\frac{r_2^3}{R_2} + \frac{1}{3}R_2^2\right)
\end{aligned} \tag{6.35}
$$

与前文类似，单位滤液与浆液颗粒分离在地层中渗透扩散形成的滤饼体积为 α，该参数可通过室内固结试验测得，如式(6.22)所示。

3. 参数分析

基于上述盾尾局部半球形滤饼充填模型，分析滤饼随注浆时间的发展过程。其中盾尾半球形间隙的半径为 0.2m，其他参数如表 6.1 所示。

1) 滤饼沉积及滤液扩散

根据表 6.1 的基本参数，计算恒定注浆压力下，半球形间隙内滤饼内半径和滤液扩散半径随注浆时间的变化曲线如图 6.9 所示，滤饼内边界处滤液渗流速度与注浆时间的关系如图 6.10 所示，滤饼和地层界面处滤液的渗流速度与注浆时间的关系如图 6.11 所示。

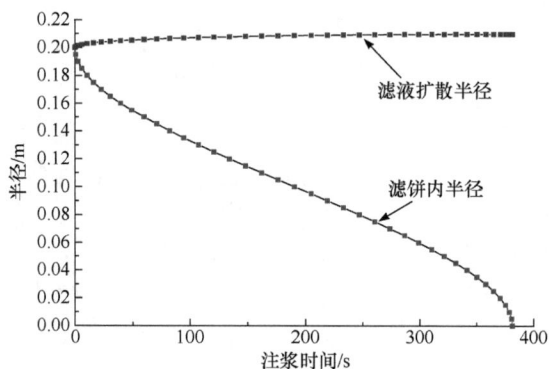

图 6.9　滤饼内半径和滤液扩散半径与注浆时间的关系

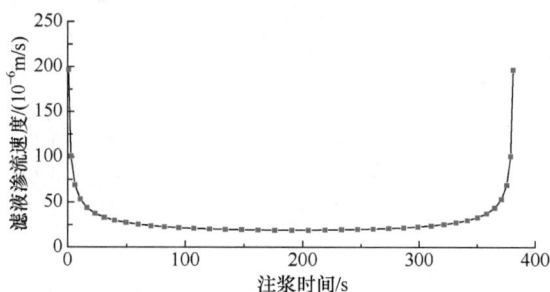

图 6.10　滤饼内边界处滤液渗流速度与注浆时间的关系

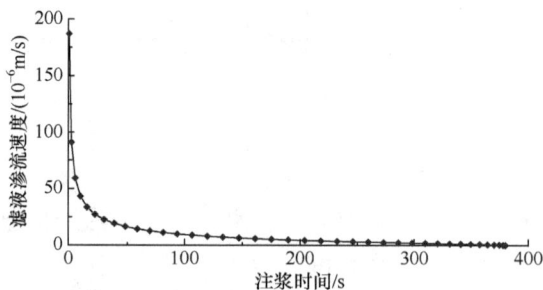

图 6.11　滤饼和地层界面处滤液渗流速度与注浆时间的关系

通过图 6.9 可以看出，滤饼内半径随注浆时间的增加逐渐减小，即滤饼的厚度随注浆时间延长逐渐增大。与环形间隙中滤饼的扩散过程有所差异，半球形滤饼发展过程中，总体表现为前期滤饼的沉积速度逐渐减小，后期滤饼的沉积速度逐渐增大。根据图 6.10 滤饼内边界处滤液渗流速度与注浆时间的关系可以看出，滤饼内边界处滤液渗流速度在注浆初期是逐渐减小的，而在注浆后期又逐渐增大。

产生上述现象的原因与间隙的半球形形状有关，滤液在滤饼及地层中的渗流过程与滤液在地层中的渗流速度和渗流距离有关。滤饼发展的前期，滤饼的内外边界较近，随着滤饼厚度的增大，滤液在滤饼中渗流所受的阻力增高，滤饼内边界处滤液的流速逐渐减小，该扩散过程与环形滤饼充填扩散过程类似。然而随着滤饼厚度的不断增加，由于半球形间隙内各半径处流量相同，随着半径的增加浆液流速逐渐减小，根据式(6.25)滤饼内滤液流速随距离的二次方变化(图 6.11)，即滤饼层内滤液所受的阻力随注浆时间的增加而逐渐减小，滤饼内边界处的滤液渗流速度提高，滤饼厚度的增长速度提高。

2) 注浆压力的影响

注浆压力为浆液的扩散提供动力，因此在不同注浆压力下浆液的扩散速度不同，在表 6.1 的基础上，分别计算注浆压力为 0.3MPa、0.4MPa、0.5MPa、0.6MPa 时，滤饼内半径和滤液扩散半径随注浆时间的变化过程，如图 6.12 所示。

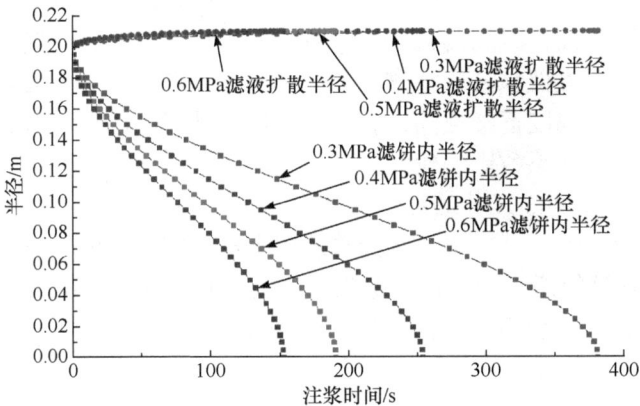

图 6.12　注浆压力对滤饼内半径及滤液扩散半径的影响

根据图 6.12 可以看出，不同注浆压力下滤饼内半径及滤液扩散半径随注浆时间的关系曲线基本相似，均表现为注浆初期滤饼厚度增长速率随注浆时间的增加而减小，注浆后期滤饼厚度增长速率随注浆时间的增加而增大。在不同注浆压力下滤饼充填半球形间隙所需的注浆时间不同，在给定条件下，注浆压力分别为 0.3MPa、0.4MPa、0.5MPa、0.6MPa 时，所需的注浆时间分别为 381s、254s、191s、153s，随着注浆压力的提高，所需注浆时间逐渐衰减，但随着注浆压力的提高，所节省的注浆时间逐渐减少。

3) 滤饼渗透系数的影响

渗透系数是影响滤液在滤饼中渗透扩散的重要因素，根据表 6.1 的基本参数，计算滤饼渗透系数分别为 4.7×10^{-8}m/s、3.7×10^{-8}m/s、2.7×10^{-8}m/s、1.7×10^{-8}m/s 时，滤饼和滤液的发展过程，计算结果如图 6.13 所示。

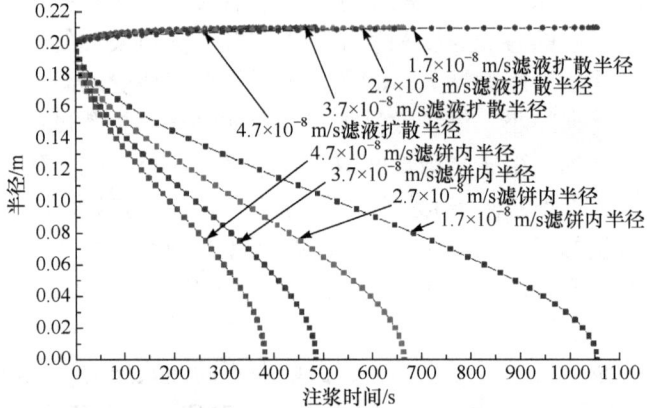

图 6.13　滤饼渗透系数对滤饼内半径和滤液扩散半径的影响

根据图 6.13 可以看出，随着渗透系数由 4.7×10^{-8}m/s 减小到 1.7×10^{-8}m/s，滤饼充填盾尾间隙的注浆时间约为 381s、484s、664s、1054s。与前述对环形盾尾间隙内滤饼充填过程类似，随着渗透系数的增加，充填球形盾尾间隙所需的时间逐渐增大，且其增大幅度逐渐提高，表明在盾尾半球形间隙内，滤饼充填盾尾间隙的过程受滤饼的渗透系数影响较大。

4) 盾尾半球形间隙尺寸的影响

盾尾半球形间隙尺寸决定了浆液在盾尾半球形间隙中滤饼充填过程中所需的注浆时间，分别计算盾尾半球形间隙的半径为 0.1m、0.2m、0.3m、0.4m 时，滤饼内半径随注浆时间的发展过程，如图 6.14 所示。

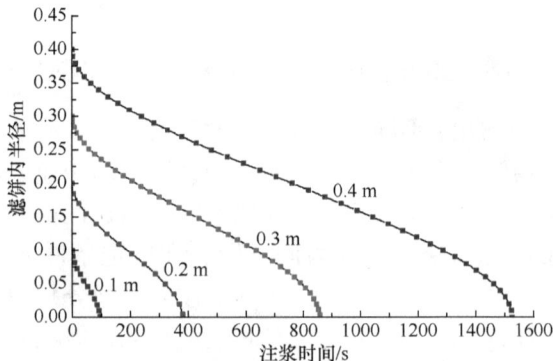

图 6.14　不同半径半球形间隙中滤饼内半径与注浆时间的关系

通过图 6.14 可知，滤饼内半径为 0.1m、0.2m、0.3m、0.4m 时，所需的注浆时间分别为 95s、381s、858s、1525s，即在本小节所描述的条件下，随着盾尾半球形间隙的半径增加，滤饼充填盾尾间隙所需的时间呈倍数增长。

通过对单液浆同步注浆浆液充填扩散模型的理论推导及相关参数的分析发现，基于宾厄姆流体和牛顿流体的同步注浆浆液充填压力环形充填扩散模型可反映浆液的黏度、密度，注浆孔分布及各孔注浆压力，隧道半径及盾尾间隙厚度，浆液流动环饼厚度等对盾尾同步注浆浆液充填压力环向分布的影响。浆液由注浆孔注入盾尾间隙沿环向充填的过程中，其压力沿环向的变化主要受两方面因素影响：浆液自重的加压(向下充填)或减压(向上充填)作用，浆液剪切应力的减压作用。浆液由注浆孔向上充填或由非拱顶注浆孔向下充填时，浆液充填压力随着距注浆孔中心的距离增大而减小。浆液自拱顶注浆孔向下充填时，浆液充填压力随着距注浆孔中心的距离先减小后增大。盾尾同步注浆浆液充填压力环形充填扩散模型采用宾厄姆流体和牛顿流体计算所得的浆液充填压力曲线十分接近。宾厄姆流体比牛顿流体具有更高的流动阻力，其充填过程中产生的压力损失比牛顿流体大，导致其计算值略小于牛顿流体。

盾构隧道采用双液浆进行壁后充填注浆时，浆液压力分布规律与单液浆相似，不同之处是双液浆可忽略浆液自重影响，且双液浆压力的衰减主要与黏滞阻力有关。此外，同步注浆(单液浆、双液浆)模型仅可分析浆液压力的环向分布，无法考虑浆液压力的纵向分布。即时注浆(双液浆)模型由于得到的浆液压力呈锥形分布，可同时用于分析浆液压力的环向分布和纵向分布。

针对盾尾间隙呈环形的情况，建立盾尾滤饼沉积扩散模型，该模型根据滤饼及地层中流量的关系，结合毛细管模型，给出了滤饼内边界随注浆时间的变化关系。分析表明，滤饼沉积后随注浆时间的增加逐渐减小，注浆压力和滤饼的渗透系数对滤饼厚度的形成过程有较大的影响。针对盾尾局部空隙，将局部空隙简化为局部半球形间隙，建立局部半球形滤饼充填模型，给出了滤饼内半径随注浆时间的关系式。研究发现，盾尾局部半球形间隙内，滤饼厚度的增长速率在注浆初期随注浆时间的增加逐渐减小；在注浆后期，随注浆时间的增加而逐渐增大，在滤饼内半径越小时，该处的渗流速度越高。在局部半球形间隙中，随着半球形孔隙半径的增加，滤饼充填盾尾所需的时间成倍数增加。

6.2　考虑渗滤效应的扩散模型

6.2.1　渗滤效应

一般水泥浆液是由水和水泥颗粒组成的。区别于浆液颗粒粒径较大时的筛滤效应，当浆液颗粒粒径相对较小时，浆液中的水泥颗粒与自由水一同渗透进入地层，但浆液中的水泥颗粒会被地层孔隙结构吸附、拦截，导致浆液颗粒在地层中发生沉积(图 6.15)，地层渗透系数降低，此现象称为地层对浆液的渗滤效应。

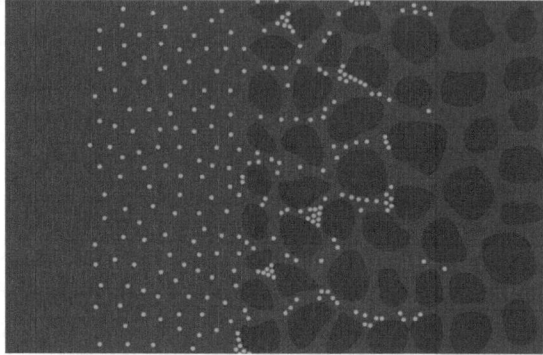

图 6.15　渗滤效应

6.2.2　渗滤扩散模型

对地层进行注浆，当浆液颗粒粒径相对于地层孔隙结构较小时，浆液颗粒不会被地层大量地截留在地层表面形成滤饼，浆液悬浮液会在地层中发生渗透扩散。在浆液渗透扩散过程中，由于地层孔隙结构对浆液颗粒的吸附、拦截等作用，浆液颗粒在地层中发生沉积，浆液颗粒的沉积导致地层孔隙尺寸减小，地层渗透系数降低，当浆液在地层中沉积严重时会堵塞地层孔隙结构。若地层中大部分孔隙结构被堵塞，浆液颗粒会在地层中发生沉积，形成滤饼层。本小节主要针对浆液渗透扩散过程中浆液颗粒的沉积过程进行分析。

1. 模型建立

浆液在地层中的渗透扩散过程可采用浆的运动方程、质量守恒方程来描述，考虑浆液颗粒在地层中的吸附、沉积过程时，地层和浆液的特性发生相应的变化，浆液颗粒发生沉积时引起地层孔隙率、渗透率发生相应的减小，同时浆液的密度、黏度相应减小。在描述浆液颗粒在地层中的沉积过程时，主要需要确定浆液在地层中的渗滤系数，即浆液颗粒在地层中渗滤沉积的速度，渗滤系数与浆液和地层颗粒的粒径、地层孔隙结构、浆液流速、浆液颗粒浓度等有关。

水泥浆液是盾构壁后注浆施工采用的主要浆液，水泥浆液将水泥颗粒分散于水中形成悬浮液。描述浆液在多孔介质中的渗透扩散过程，干燥地层中浆液的渗透流动范围即浆液的渗透扩散范围，在饱和多孔介质中，浆液渗透扩散受地下水的影响。

本章针对饱和多孔介质，根据浆液渗透扩散的质量守恒定律、渗透扩散运动方程及浆液渗透扩散的传质方程，分析浆液在地层中的渗透扩散过程。

1) 浆液运动方程和连续性方程

浆液渗透扩散过程中，采用运动方程和连续性方程描述浆液的渗透扩散过程。运动方程描述流体质点的加速度、速度等运动量与流体所受的压力梯度、重力、黏性力等外力的关系。流体在多孔介质渗透扩散过程中，受孔道结构复杂、孔隙结构未知、孔隙比表面积大、黏性作用显著等因素的影响，多孔介质的渗透扩散以试验测试为主。达西定律稳态渗流的基本方程为

$$V = -\frac{K}{\mu}(\nabla P - \rho g) \tag{6.36}$$

式中，K 为地层的渗透率。渗透率与地层的渗透能力有关，表征地层固有的属性，与地层颗粒级配、地层孔隙结构有关，与地层中所渗透扩散的性质无关。

浆液在地层中渗透扩散的连续性方程式以欧拉观点表述流体质量守恒定律。方程的积分形式为

$$\int_\Omega \frac{\partial \rho \phi}{\partial t} \mathrm{d}\Omega = \int_\Omega q\rho \mathrm{d}\Omega - \oiint_\sigma \rho V n \mathrm{d}\sigma \tag{6.37}$$

连续方程的微分形式为

$$\frac{\partial \rho \phi}{\partial t} + \nabla \cdot (\rho u) = Q_\mathrm{m} \tag{6.38}$$

考虑地层为无源渗流过程时，方程(6.38)可化为

$$\frac{\partial \rho \phi}{\partial t} + \nabla \cdot (\rho u) = 0 \tag{6.39}$$

2) 多孔介质中质量守恒方程

浆液颗粒在浆液渗透扩散中的沉积规律遵守质量守恒方程，在传质方程中，忽略浆液的扩散。水泥浆液在饱和多孔介质中的扩散过程可采用以对流为主的质量平衡方程描述，该方程中源项表示水泥浆液与地层孔隙结构的传质过程[4]，方程如下：

$$\frac{\partial c}{\partial t} + \nabla \cdot (-D\nabla c) + u \cdot \nabla c = -\frac{\partial \sigma}{\partial t} \tag{6.40}$$

式中，c 为多孔介质中浆液的物质的量浓度，简称浓度，$\mathrm{mol/m^3}$；u 为浆液在多孔介质中的渗流速度，$\mathrm{m/s}$；D 为浆液颗粒的扩散系数；σ 为单位初始孔隙体积中浆液沉积的物质的量，$\mathrm{mol/m^3}$；等式右侧分式为浆液颗粒的沉积过程。

浆液颗粒的沉积过程可表示为浓度的一阶函数[5]：

$$\frac{\partial \sigma}{\partial t} = \lambda c \tag{6.41}$$

式中，λ 为渗滤系数，s^{-1}。

3) 地层基本特性随浆液颗粒沉积的变化

浆液渗透扩散过程中，浆液颗粒在地层内的沉积、吸附导致地层孔隙率逐渐降低，进而导致地层的渗透率降低。在地层中，根据沉积浆液颗粒的体积与地层孔隙体积的关系，可以建立浆液颗粒沉积导致地层孔隙率变化的微分方程：

$$\frac{\mathrm{d}\phi}{\mathrm{d}t} = -\phi \times r \times c \times \frac{M_c}{\rho_c} \tag{6.42}$$

式中，r 为单位体积浆液单位时间内沉积出浆液颗粒的体积，s^{-1}；c 为地层中浆液的浓度，mol/m^3；M_c 为地层中浆液颗粒的摩尔质量，kg/mol；ρ_c 为地层中浆液颗粒沉积层颗粒的密度，kg/m^3。

由于孔隙率的变化引起地层渗透率的降低，地层渗透率与孔隙率的关系符合 K-C 方程，该方程的基本形式如下：

$$K = \frac{\gamma_w}{\mu_w} \frac{1}{C_s} \frac{1}{S^2} \frac{\phi^3}{(1-\phi)^2} \tag{6.43}$$

式中，γ_w 为水的容重，在水温为 20℃时，γ_w / μ_w 取值为 $9.93 \times 10^4 cm^{-1} \cdot s^{-1}$；$C_s$ 为 K-C 常数，其在颗粒为近似均匀球体时，取值为 4.8±0.3，一般 C_s 取值为 5；S 为土颗粒的比表面积，单位为 cm^2/cm^3。

地层的渗透率可通过地层土颗粒的直径表示为

$$K = \frac{d_p^2}{180} \frac{\phi^3}{(1-\phi)^2} \tag{6.44}$$

式中，d_p 为地层中土颗粒的直径。

4) 浆液基本参数随浆液颗粒沉积的变化

浆液在地层渗透扩散过程中，浆液颗粒的沉积导致浆液的密度相应降低，同时影响了浆液的黏度。水泥浆液特性与浆液中水泥颗粒的体积分数有关，水泥颗粒体积分数是浆液浓度的等效表征方法，因此水泥浆液中的水泥颗粒体积分数可表示为

$$\delta = c \times \frac{M_s}{\rho_s} \tag{6.45}$$

式中，M_s 为浆液颗粒的摩尔质量，kg/mol；ρ_s 为水泥浆液中浆液颗粒的密度，kg/m^3，该值不同于水泥浆液颗粒沉积层中水泥颗粒的密度 ρ_c。

浆液密度随浆液中水泥颗粒体积分数的变化如下：

$$\rho = \delta \times \rho_s + (1-\delta) \times \rho_w \tag{6.46}$$

式中，ρ_w 为水泥浆液中水的密度。

浆液的黏度与浆液中水泥颗粒的体积分数直接相关，当浆液中水泥颗粒的体积分数 δ 较小时，浆液的黏度 μ_g 可近似地由 Einstein 公式表示为

$$\mu_g = \mu_w \left(1 + \frac{5}{2}\delta\right) \tag{6.47}$$

式(6.47)适用于浆液中固体颗粒体积分数较小的情况，通过该式计算的浆液黏度偏小，崔玖江等 [6]拟合得出近似表示浆液黏度与水泥颗粒体积分数的关系式为

$$\mu_g = \mu_w \left(1 + 100 \times \delta\right) \tag{6.48}$$

5) 浆液渗透扩散渗滤系数

为了得到浆液渗滤系数的解析表达式，Reddi 等 [7]提出浆液颗粒在多孔介质中渗透扩散的沉积概率模型如图 6.16 所示，相关学者对该模型进行了优化、修正。

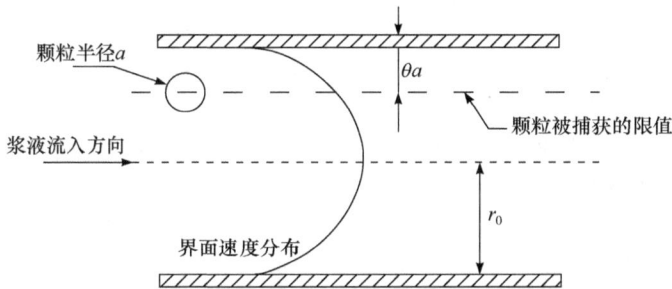

图 6.16　毛细管内浆液颗粒沉积概率模型

浆液颗粒的初始捕获概率为

$$p(r) = 4 \times \left[\left(\frac{\theta a}{r_0}\right)^2 - \left(\frac{\theta a}{r_0}\right)^3\right] + \left(\frac{\theta a}{r_0}\right)^4 \tag{6.49}$$

式中，r_0 为孔隙半径，m；a 为孔隙中水泥浆液颗粒的半径，m；θ 为渗滤系数，表示孔隙中水泥颗粒受到的惯性、重力、水动力、双电层、范德华力等因素的作用。

θ 受多个因素的影响，根据相关试验研究，考虑水流速度对浆液颗粒沉积的影响，该参数可表示为

$$\theta = \theta_0 \exp(-V/V^*) \tag{6.50}$$

式中，θ_0 为常数，该常数与离子浓度、pH 等条件有关；V^* 为相对于该颗粒物的孔隙水临界流速，m/s。

参数 θ 采用指数函数的形式表示孔隙中水流速度对浆液中水泥颗粒沉积的影

响，该函数表示当孔隙中水流速度远小于临界流速时，$\theta \approx \theta_0$，水泥浆液颗粒的沉积受孔隙中水流速度的影响较小；当孔隙中水流速度接近临界水流速度时，孔隙中水流速度对浆液颗粒的沉积速度有较大的影响。

采用上述浆液颗粒沉积概率表达式，单位孔隙体积中浆液颗粒的沉积过程可表示为

$$\frac{\partial \sigma(r)}{\partial t} = p(r)q(r)n(r)c \tag{6.51}$$

式中，$\sigma(r)$ 为单位初始孔隙体积中浆液沉积的物质的量，mol/m^3；$q(r)$ 为地层孔隙中浆液流量，采用孔隙截面面积乘以孔隙中浆液流速表示，m^3/s；$n(r)$ 为流体流动方向单位体积中半径为 r_0 的毛细管数量。

考虑地层中的毛细管为均匀毛细管，则单位体积地层中，毛细管半径为 r_0 的毛细管数量为

$$n(r) = \frac{\phi}{\pi r_0^2} \tag{6.52}$$

地层多孔介质毛细管中，浆液的流量可采用地层浆液毛细管内浆液流速乘以毛细管半径的方式表示为

$$q(r) = \frac{V}{\phi} \pi r_0^2 \tag{6.53}$$

将式(6.49)、式(6.52)及式(6.53)代入式(6.51)可得浆液在多孔介质中的渗滤系数为

$$\lambda = V \times \left[4\left(\frac{\theta a}{r_1}\right)^2 - 4\left(\frac{\theta a}{r_1}\right)^3 + \left(\frac{\theta a}{r_1}\right)^4 \right] \tag{6.54}$$

式中，V 为浆液在地层中考虑地层孔隙率后的流速，m/s。

在浆液渗透扩散的模型中，浆液颗粒沉积引起地层孔隙半径减小，浆液颗粒在毛细管中的沉积导致毛细管半径减小，进而影响浆液颗粒的沉积，因此采用浆液颗粒沉积后的毛细管半径 r_1 代替原孔隙半径 r_0。假设在浆液沉积过程中，各毛细管由于浆液颗粒沉积引起毛细管半径减小的量相同，根据毛细管的总数不变可得

$$\pi r_1^2 = \phi \left/ \frac{\phi_0}{\pi r_0^2} \right. \tag{6.55}$$

式中，ϕ 为浆液渗透扩散过程中，浆液颗粒发生沉积后地层的孔隙率；ϕ_0 为地层

初始孔隙率；r_1 为浆液颗粒发生沉积后毛细管的半径。

浆液颗粒的沉积导致地层中毛细管半径减小为

$$r_1 = r_0 \sqrt{\frac{\phi}{\phi_0}} \tag{6.56}$$

式(6.56)表示由于浆液颗粒的沉积，地层中毛细管半径随孔隙率的变化关系。

式(6.48)、式(6.54)、式(6.56)共同构成浆液渗透扩散渗滤系数表达式，在该表达式中考虑了浆液的颗粒半径与地层孔隙直径的关系、浆液的渗流速度、浆液渗透扩散的临界流速等因素的影响：

$$\lambda = V \times \left\{ 4\left[\frac{\theta_0 \exp(-V/V^*) \times a}{r_0} \times \sqrt{\frac{\phi_0}{\phi}} \right]^2 - 4\left[\frac{\theta_0 \exp(-V/V^*) \times a}{r_0} \times \sqrt{\frac{\phi_0}{\phi}} \right]^3 \right.$$
$$\left. + \left[\frac{\theta_0 \exp(-V/V^*) \times a}{r_0} \times \sqrt{\frac{\phi_0}{\phi}} \right]^4 \right\} \tag{6.57}$$

2. 参数分析

1) 求解过程及基本参数选取

为了得到浆液渗滤系数的解析表达式，上述多个方程需要通过迭代求解，因此上述系列方程无法直接求解析结果。Kim 等[5]采用步进式迭代法求解了式 (6.57)，本书采用 COMSOL Multiphysical 多物理场软件求解式(6.57)，据此来分析考虑浆液扩散的渗滤效应时浆液的渗透扩散特征。在研究部分设置 2 个主要的研究步骤：步骤 1，稳态主要是为了建立模型初始平衡条件，为了求解瞬态过程建立初始条件；步骤 2，瞬态是为了求解浆液随着时间的渗透扩散过程。

分析壁后注浆浆液渗透扩散过程，考虑的主要注浆参数包括：水泥浆基本参数、地下水参数、地层参数、注浆参数及临界参数。

表 6.2　模型基本参数

类型	参数	数值	含义
水泥浆基本参数	a/m	6×10^{-6}	水泥浆液颗粒的直径
	M_s/(kg/mol)	0.22823	水泥浆液颗粒的摩尔质量
	ρ_c /(kg/m³)	1500	沉积层浆液颗粒密度
	ρ_s /(kg/m³)	3000	浆液颗粒的密度(硅酸盐水泥)
	W/C	2.37	水灰比

续表

类型	参数	数值	含义
地下水参数	$\mu_w/(\text{Pa·s})$	0.001	地下水的黏度
	$\rho_w/(\text{kg/m}^3)$	1000	地下水的密度
地层参数 (粗砂)	ϕ_0	0.4	地层初始孔隙率
	d_p/m	2×10^{-4}	地层颗粒的等效平均直径
	r_0/m	2.5×10^{-5}	地层初始毛细管半径
注浆参数	P_0/Pa	3×10^5	注浆孔注浆压力(恒压注浆)
	$u_0/(\text{m/s})$	0.2	浆液注入速度(恒速注浆)
临界参数 (和地层有关)	θ_0	1	地层初始渗透扩散参数
	$V^*/(\text{m/s})$	0.3	水泥浆液颗粒在管道内沉积临界流速

根据 2.1.2 小节分析可知，地层的渗透系数可通过多种理论模型求得，工程实践中可测得地层的渗透系数和孔隙率，根据渗透率和渗透系数的换算关系式(6.58)可求得地层的渗透率，由渗透率及地层的孔隙率，根据 K-C 方程式(6.59)和毛细管组理论式(6.60)可进一步求得地层颗粒的等效平均直径 d_p 和地层毛细管半径 r_0：

$$K = \frac{k\mu}{\rho g} \tag{6.58}$$

$$K = \frac{1}{180}\frac{\phi^3}{(1-\phi)^2}d_p^2 \tag{6.59}$$

$$K = \frac{1}{8}\phi r_0^{\,2} \tag{6.60}$$

式中，K 为地层的渗透率；k 为地下水在地层中的渗透系数；μ、ρ 分别为地下水的黏度和密度；ϕ 为地层的孔隙率。

2) 盾构壁后注浆浆液渗透扩散

基于对浆液渗透扩散过程的分析及所建立的数学模型，在分析浆液渗透扩散受渗滤效应的影响前，先分析不考虑渗滤效应条件下浆液的渗透扩散过程，即设置地层的参数 $\theta_0 = 0$，重点分析浆液的扩散特征、管片衬砌结构的受力、注浆压力对浆液扩散过程的影响等。通过对不考虑浆液渗滤效应的浆液渗透扩散过程的分析，为进一步分析浆液渗滤效应对浆液渗透扩散的影响奠定基础。

(1) 浆液扩散过程分析。

浆液渗透扩散受多个因素的影响，首先针对不考虑浆液滤过效应的渗透扩散过程展开分析。考虑采用恒压注浆方式进行盾构隧道壁后注浆施工，设定注浆压力为 0.3MPa，计算浆液在 2h 内渗滤扩散过程。注浆初期浆液扩散速度较快，扩散初期取时间间隔为 1min，后期取时间间隔为 10min，部分浆液扩散过程如图 6.17、图 6.18 所示。

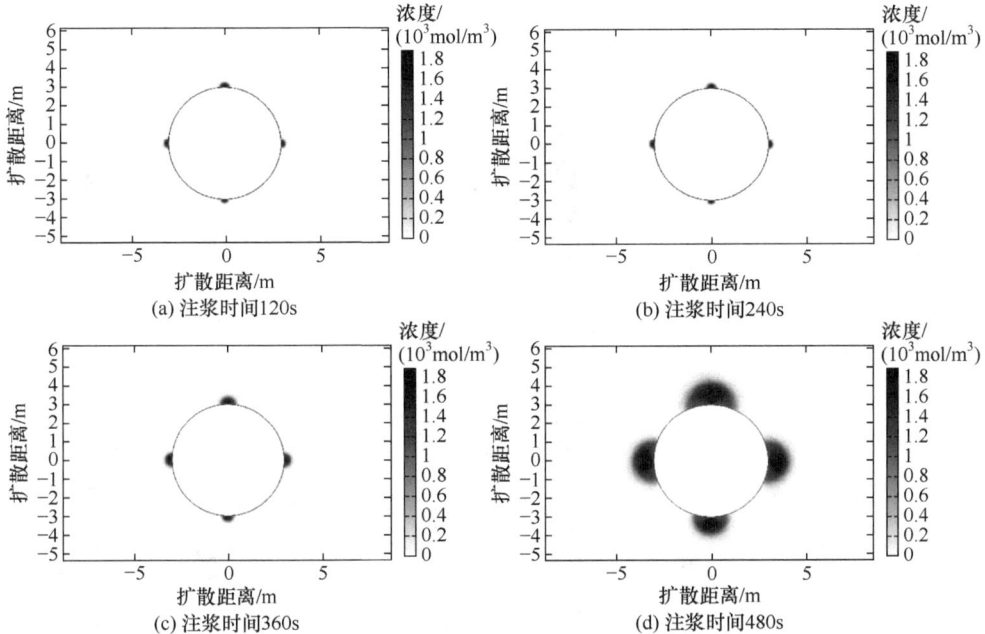

图 6.17　随着注浆时间的增加不同位置处浆液的浓度(时间间隔 1min)

根据图 6.17、图 6.18 可以看出，不考虑浆液的滤过效应时，恒压注浆条件下，浆液扩散距离的增加量随着时间增加而逐渐减小，即在注浆初期浆液的扩散速度较快，随着时间的增加浆液扩散速度逐渐减小。浆液的扩散形状基本呈半圆形，高浓度浆液分布区呈现以注浆孔为中心的扇形，产生该现象主要是受速度场的影响，通过箭头图表征注浆施工时地层中的达西速度场，如图 6.19 所示(比例因子为 4000)。根据图 6.19 可以看出，浆液的扩散速度主要沿隧道径向向外，即浆液的达西速度场方向影响了浆液的渗透扩散过程。

根据图 6.19 不同注浆时间地层中达西速度场的分布可以看出，随着时间的增加，浆液在地层中不断地渗透扩散，地层中达西速度场逐渐减小，对比 0s、5s、10s、60s 四个不同的注浆时间，可以看出地层中达西速度场的衰减速度逐渐减小。

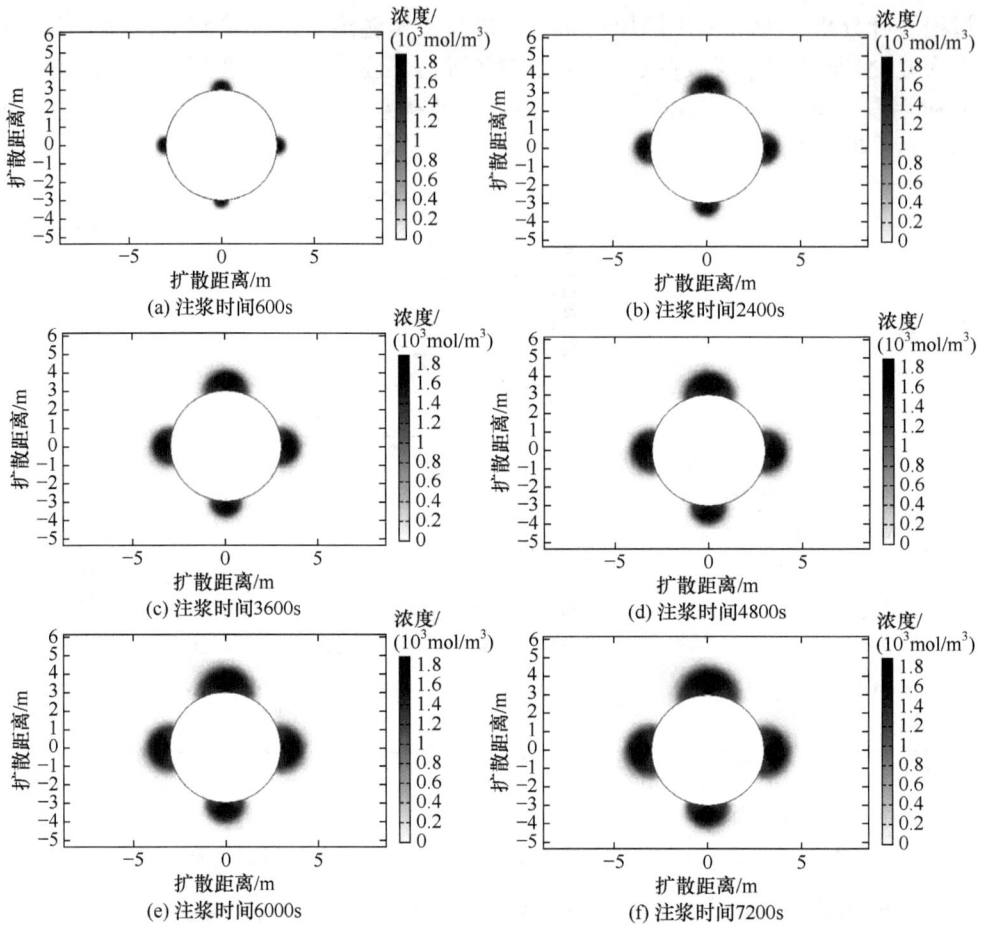

图 6.18　随着注浆时间的增加不同位置处浆液的浓度(时间间隔 10min)

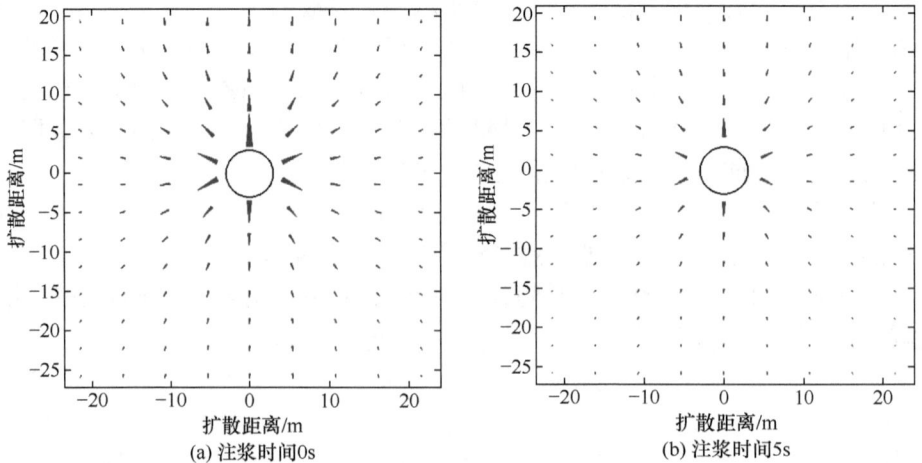

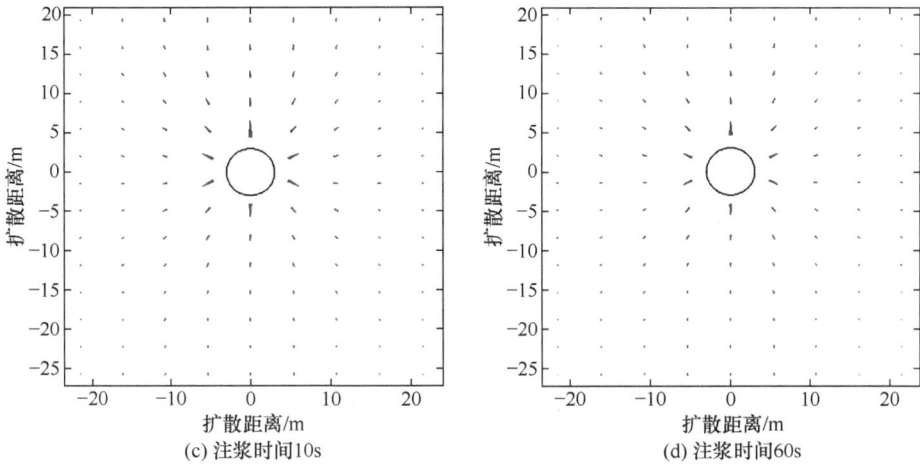

图 6.19　不同注浆时间的达西速度场分布

由图 6.19 可知，0s 时隧道上部注浆孔附近达西速度场强于下部注浆孔，产生该现象的原因主要是各注浆孔所施加的注浆压力相同，但地下水压力随着深度的增加而不断升高，即下部注浆孔周边的地下水压力高于上部注浆孔周边的地下水压力。根据图 6.17、图 6.18 可以看出，上部注浆孔浆液的扩散距离大于两侧注浆孔浆液扩散距离，下部注浆孔浆液的扩散距离最小，即不同位置注浆孔浆液的扩散距离与地层中达西速度场分布具有密切关系。

(2) 浆液渗透扩散管片受力分析。

在进行盾构壁后注浆施工时，除关注浆液的扩散距离外，还需关注的一个重要因素为管片结构受力。壁后注浆施工时，由于受注浆压力的影响，管片所受的压力急剧升高。在高压力作用下，管片衬砌结构极易发生错缝和破坏。选取浆液渗透扩散过程注浆时间为 0s、5s、10s、60s、1800s、3600s、7200s 时管片衬砌结构所受的压力，汇总如图 6.20 所示。图中横坐标为管片外表面的弧长，纵坐标为管片所受压力，弧长 0 点为右侧注浆孔，沿逆时针方向展开，注浆压力较大处为各注浆孔的位置，沿弧长依次为右侧注浆孔→上部注浆孔→左侧注浆孔→下部注浆孔→右侧注浆孔。

根据图 6.20 可以看出，管片所受的压力在注浆孔处最大，为所施加的注浆压力，在两注浆孔中间管片所受的压力逐渐减小。管片所受的压力随着注浆时间的增加、浆液不断地渗透扩散而逐渐减小，对比图 6.20 中 0s、5s、10s、60s 管片所受的压力，在注浆孔之间的区段，管片所受的压力呈逐渐减小的趋势，而且随着时间的增加，管片所受压力减小的速率逐渐减小。对比图 6.20 中 60s、1800s、3600s、7200s 时管片所受的压力，可以看出注浆孔之间管片所受的压力基本稳定在某一值处，表现为 1800s、3600s、7200s 时管片所受的压力曲线基本重合；在注

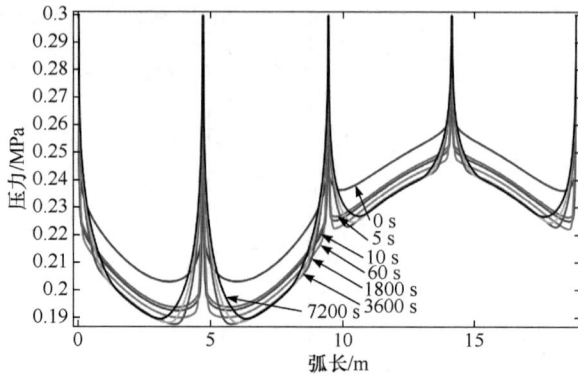

图 6.20 不同注浆时间管片所受压力
注浆压力：0.3Mpa

浆孔附近，管片所受的压力随着注浆的持续而不断增加，而且受压增大范围由注浆孔中心不断向两侧扩展，但在注浆初期这一现象不明显。为了进一步分析管片所受压力的变化情况，采用极坐标的方式表示管片所受压力与管片所处空间位置的关系，为了进一步对比分析，将未施加注浆压力时管片所受的压力(初始荷载)也绘制在图中，如图6.21所示。

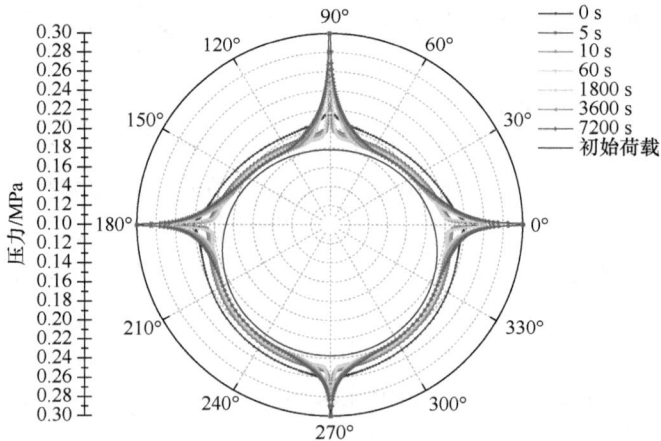

图 6.21 管片所受压力随注浆时间的关系

施加注浆压力后管片所受的压力与注浆施工前管片周边的地下水压力有关，管片所受的压力表现为注浆初期管片所受的压力呈整体增大趋势，在管片所受原地下水压力的基础上呈"同心圆"增大，之后随着注浆时间的增加，注浆孔之间管片所受压力曲线呈"同心圆"逐渐减小，与此同时，注浆孔附近一定范围内管片所受压力逐渐增大，而且压力增长的范围逐渐增大。注浆孔之间管片所受压力呈先增大后逐渐减小的趋势，而注浆口附近管片所受的压力呈先增加再逐渐减小而后又逐渐增大的趋势。该现象产生的原因主要是管片受地下水压力、浆液压力两方面荷载的作用结果。注浆前管片周边饱和多孔介质中仅有地下水，管片主要受重力影响下的地下水压力，注浆压力施加初期管片外侧地层孔隙由地下水充填，在注浆压力作用下管片附近地下水建立新的平衡，表现为"同心圆"增大，之后随着浆液在地层中的不断扩散，注浆压力主要被浆液扩散的阻力平衡，而且随着浆液的扩散，浆液扩散阻力不断增加，注浆压力主要用于浆液的扩散，管片所受的水压力基本维持稳定。根据图 6.21 可以看出，注浆孔附近管片受压增长范围与图 6.18 浆液扩散范围基本相同，上部注浆孔压力增长范围大于两侧注浆孔，下部注浆孔压力增长范围最小，即注浆孔附近管片所受压力的后期的增长主要是因为管片受注浆压力影响，随着浆液扩散距离的增加，浆液对管片产生的压力逐渐增大，逐渐由"集中"受压区发展为"三角形"受压区。

(3) 注浆压力对浆液渗透扩散的影响。

壁后注浆施工时，注浆压力提供了浆液扩散的动力，注浆压力直接影响浆液的渗透扩散范围及管片衬砌结构受力，因此针对注浆压力对浆液扩散范围的影响展开分析。由于管片所受的最大地下水压力为 0.237MPa(下部注浆孔)，选取注浆压力分别为 0.3MPa、0.4MPa、0.5MPa、0.6MPa，计算浆液的渗透扩散过程。不同注浆压力下浆液的渗透扩散距离如图 6.22 所示，图中曲线为注浆时间 7200s、浆液浓度为 1000mol/m³ 时的等值线图。

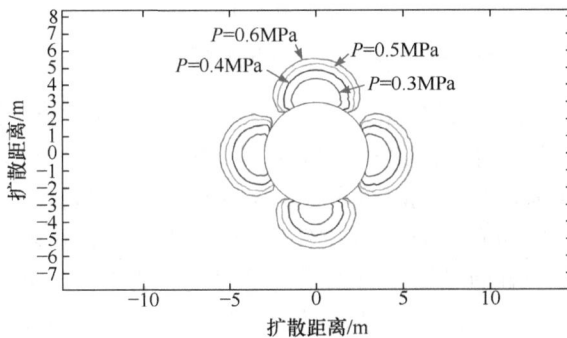

图 6.22 不同注浆压力下浆液渗透扩散浓度等值线图

根据图 6.22 可以看出，在相同注浆时间内、不同注浆压力下，浆液扩散距离随注浆压力的增加而增大。浆液扩散范围基本以注浆孔为中心 "同心"扩大，在管片附近，浆液扩散等值线的增加幅度较小，产生该现象的原因是浆液沿环向的达西速度较小。

注浆压力除对浆液扩散距离有显著影响外，同样也影响着管片衬砌结构的受力(管片所受压力)。将不同注浆压力管片衬砌结构的在注浆时间分别为 0s 和

7200s(2h)时管片衬砌结构受力情况绘制在同一坐标系内，如图 6.23 所示。

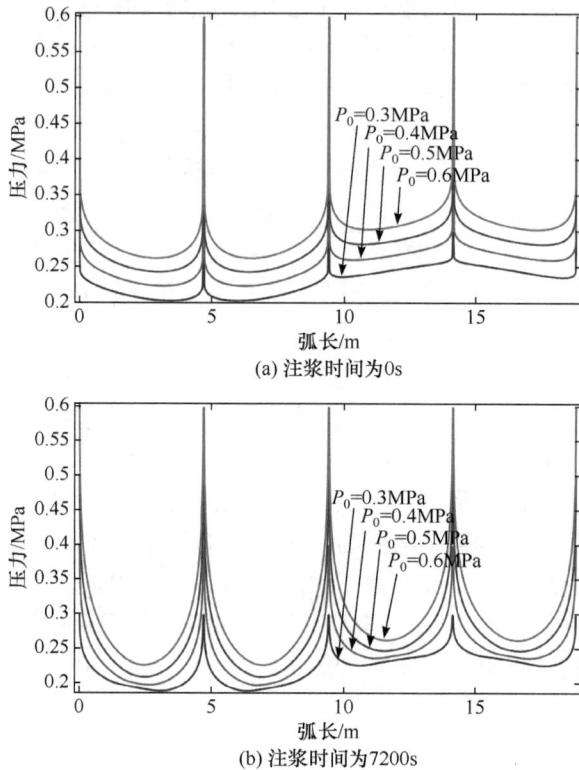

(a) 注浆时间为0s

(b) 注浆时间为7200s

图 6.23　不同注浆压力下管片衬砌结构受力

　　根据图 6.23 可以看出，在注浆压力增加时，管片衬砌结构受力具有一定的相似性，也有一定的差异性。注浆时间为 0s 和 7200s 时，不同注浆压力下，管片衬砌结构受力都表现为在注浆孔附近最大，在两注浆孔之间衬砌结构所受的压力随着离注浆孔距离的增加而逐渐减小。不同注浆压力下管片衬砌结构受力的差异性表现在两个方面：一方面是管片衬砌结构受力大小的变化，另一方面是管片衬砌结构受力的分布形式。管片衬砌结构受力在不同注浆时间内均随着注浆压力的增加而增大。注浆时间为 0s 时，随着注浆压力的增加注浆孔附近管片衬砌结构受力衰减速度逐渐减小，即在注浆孔附近管片衬砌结构受力曲线变得圆滑；注浆时间为 7200s 时，随着注浆压力的增加，两注浆孔之间管片衬砌结构受力曲线变得更加弯曲，其中的直线段逐渐减小。

　　根据本节对管片衬砌结构受力的分析，进一步分析不同注浆压力下管片衬砌结构受力特征。注浆时间为 0s 时，随着所施加注浆压力的增加，注浆孔与周边地层所具有的压力差越大，在浆液进入地层前，地层中充填流体主要为地下水，地下水仍具有一定的黏度，随着注浆压力的增大地下水流速越大，流体内的压力差越大。注浆时间为 7200s 时，根据图 6.22 可知，随着注浆压力的增加浆液扩散距离也相应增大。浆液黏度较大，浆液体内的压力差要大于地下水，因此在压力增大时，管片衬砌结构受力曲线更加光滑。为了进一步说明不同注浆压力下，管片所受压力随注浆压力的变化，将注浆压力分别为 0.4MPa、0.5MPa、0.6MPa 时管片所受压力随时间的变化绘制在图 6.24 中。

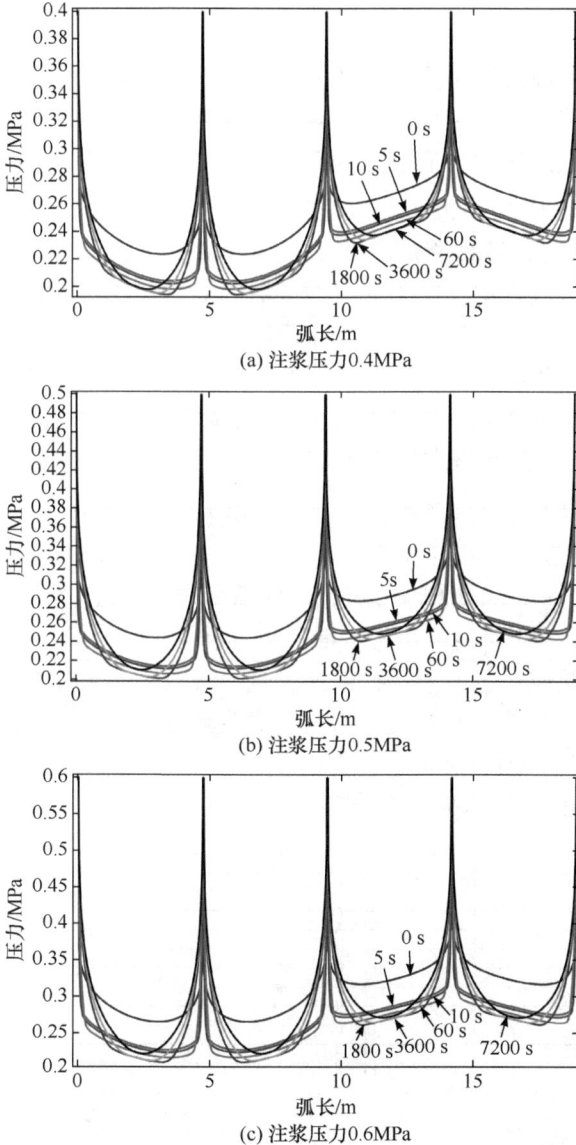

(a) 注浆压力0.4MPa

(b) 注浆压力0.5MPa

(c) 注浆压力0.6MPa

图 6.24 不同注浆压力下管片衬砌结构受力随时间的变化

根据图 6.24 可以看出，不同注浆压力下，注浆初期注浆孔之间管片衬砌结构受力均表现为随着时间的增加而逐渐减小，而且管片衬砌结构受力减小的速度逐渐减小。在不同注浆压力下，注浆孔之间管片衬砌结构受力均经历由最小值(如1800s)逐渐增大的过程，注浆压力为 0.4MPa 时，7200s 时管片衬砌结构受力曲线仍有部分区段与 1800s 时管片受压曲线重合；注浆压力为 0.6MPa，7200s 时管片受压曲线与 1800s 时管片衬砌结构受力曲线不重合，7200s 时管片衬砌结构受力曲线的最小值大于 1800s 时相应位置管片衬砌结构受力。

3) 考虑渗滤效应的浆液渗透扩散过程

基于上述对浆液渗透扩散过程的分析,考虑浆液渗透扩散过程中的渗滤效应,分析渗滤效应对浆液扩散距离、管片衬砌结构受力的影响，分析渗滤效应对地层孔隙率、浆液扩散区域内浆液浓度的影响，进一步分析影响浆液渗滤沉积效率的参数 θ_0、临界流速 V^* 对浆液渗滤效应的影响。

(1) 渗滤效应对浆液渗透扩散过程的影响。

浆液渗透扩散过程中，由于地层对浆液的滤过作用，随着浆液扩散距离的增加，浆液浓度不断减小，地层孔隙率相应增加。根据本小节对浆液渗透扩散渗滤系数的分析，浆液在多孔介质中的渗滤系数可通过式(6.48)、式(6.54)、式(6.56)表示。这三个公式中除影响浆液渗滤效应的地层因素(等效毛细管半径 r_0、地层初始孔隙率 ϕ_0)、浆液因素(浆液颗粒直径 a)外，还有一个影响浆液渗滤效应的主要参数 θ，该参数受两个参数的影响：参数 θ_0、浆液临界流速 V^*。在分析参数 θ 对浆液渗滤扩散过程的影响之前，根据式(6.48)可以看出，参数 θ 随着参数 θ_0 的增加而增加，随着临界流速 V^* 的增大而增大，根据计算参数取 θ_0 为 1，取临界流速 V^* 为 0.3m/s，计算渗滤效应对浆液渗透扩散过程的影响。

为分析渗滤效应对浆液渗透扩散的影响，选取图 6.17 和图 6.18 对应条件下部分不考虑浆液渗滤效应的浓度分布与考虑浆液渗滤效应的浓度分布进行对比，如图 6.25～图 6.27，图中对比了不考虑渗滤效应(θ_0=0)浆液浓度分布和相同注浆时间内考虑浆液渗滤效应(θ_0=1)的浆液浓度分布情况。

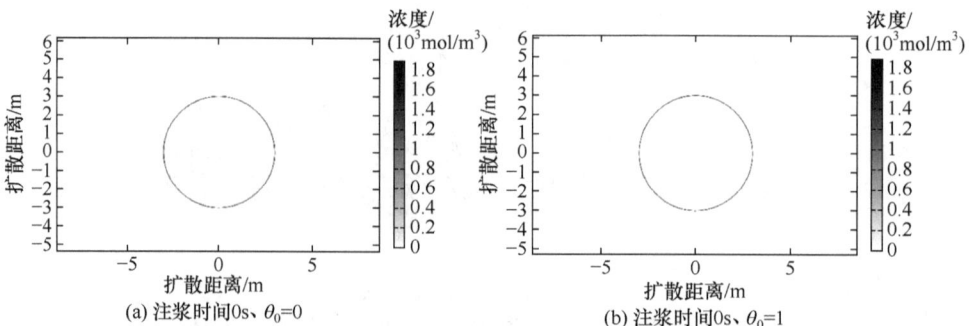

(a) 注浆时间0s、θ_0=0　　　　　　(b) 注浆时间0s、θ_0=1

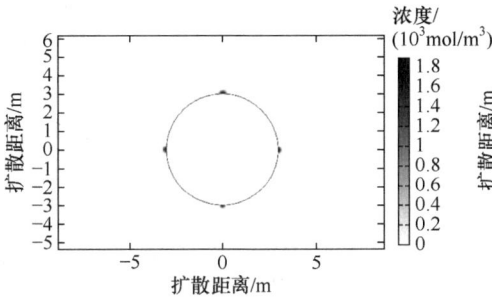

(c) 注浆时间60s、$\theta_0=0$

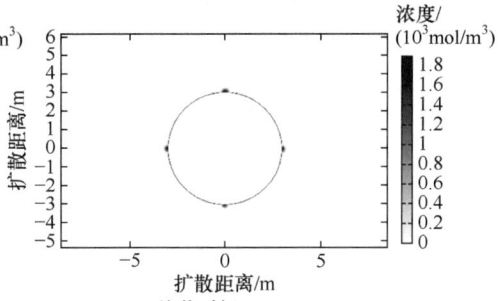

(d) 注浆时间60s、$\theta_0=1$

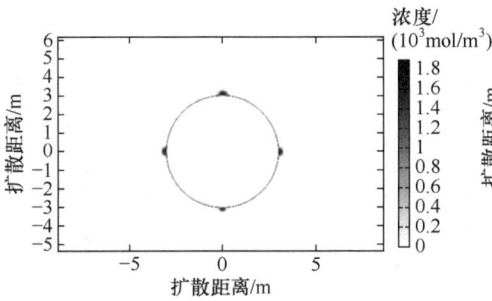

(e) 注浆时间120s、$\theta_0=0$

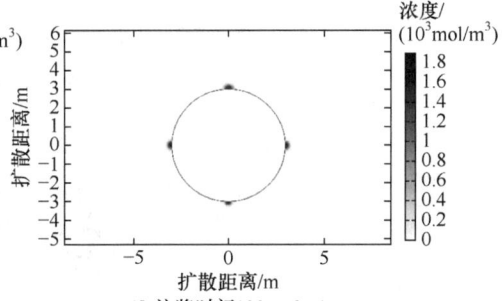

(f) 注浆时间120s、$\theta_0=1$

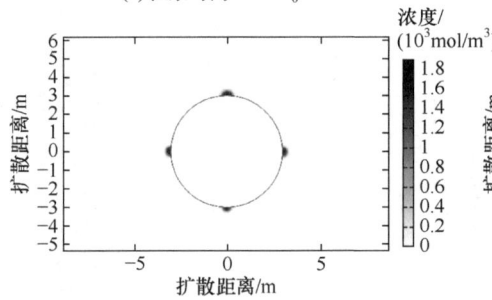

(g) 注浆时间180s、$\theta_0=0$

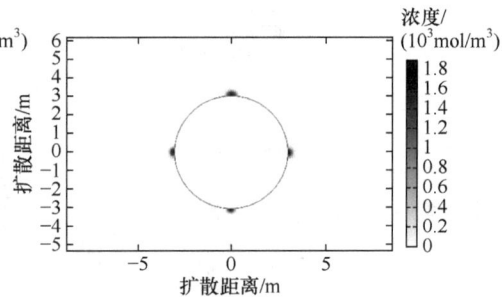

(h) 注浆时间180s、$\theta_0=1$

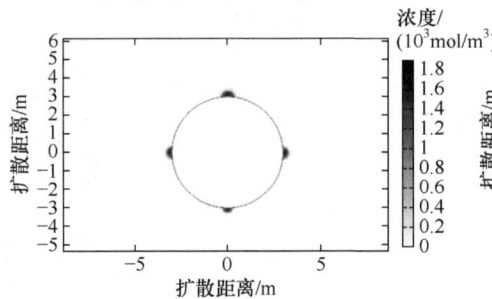

(i) 注浆时间240s、$\theta_0=0$

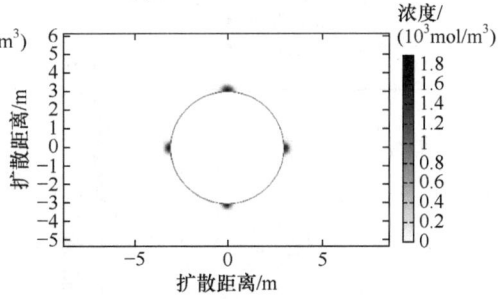

(j) 注浆时间240s、$\theta_0=1$

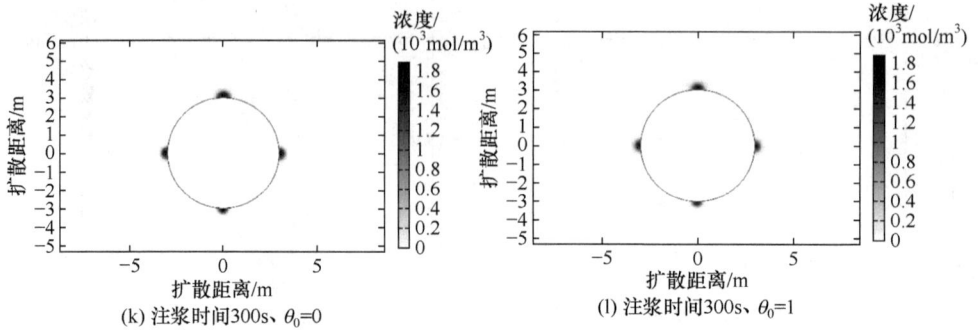

(k) 注浆时间300s、$\theta_0=0$

(l) 注浆时间300s、$\theta_0=1$

图 6.25　浆液渗透扩散对比图(时间间隔 1min)

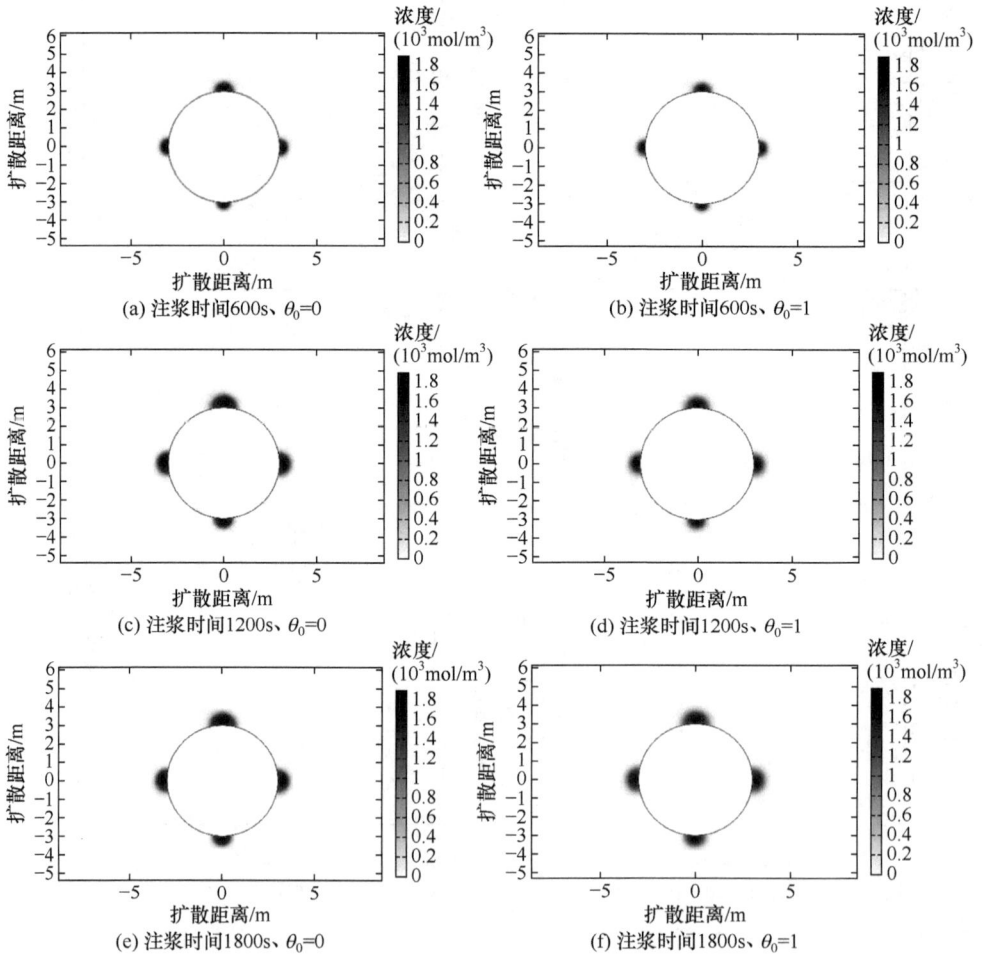

(a) 注浆时间600s、$\theta_0=0$

(b) 注浆时间600s、$\theta_0=1$

(c) 注浆时间1200s、$\theta_0=0$

(d) 注浆时间1200s、$\theta_0=1$

(e) 注浆时间1800s、$\theta_0=0$

(f) 注浆时间1800s、$\theta_0=1$

图 6.26　浆液渗透扩散对比图(时间间隔 10min)

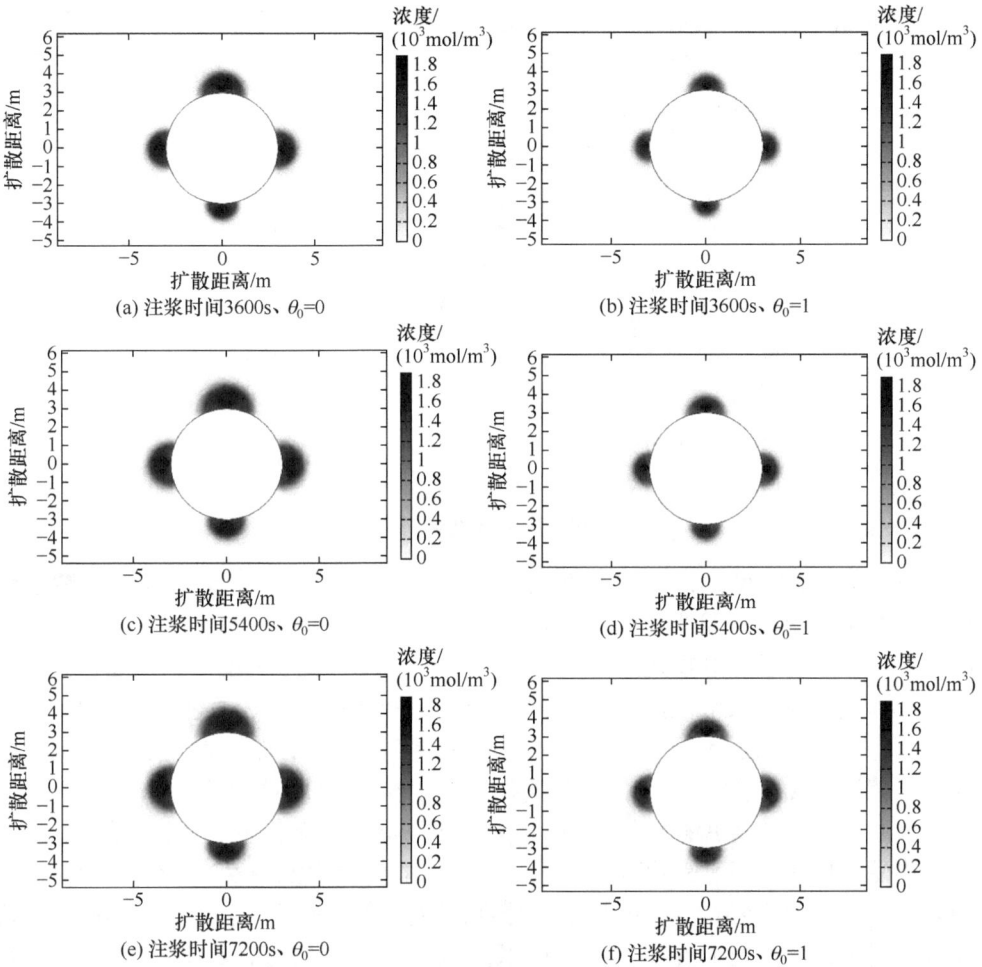

图 6.27　浆液渗透扩散对比图(时间间隔 30min)

根据图 6.25 可以看出，在壁后注浆初期，浆液扩散距离较小，浆液颗粒在地层中的渗滤沉积对浆液扩散影响较小，渗滤效应对浆液渗透扩散的影响主要为浆液浓度沿浆液扩散方向的变化，浓度在 1000mol/m³ 以下的注浆体厚度逐渐增大。根据图 6.25～图 6.27，随着注浆时间的增加，浆液渗透扩散受渗滤效应的影响逐渐增大，虽然浆液的扩散距离随着时间的增加而逐渐增大，但在相同注浆时间内，考虑渗滤效应后浆液扩散距离小于未考虑渗滤效应时浆液的扩散距离，而且渗滤效应对浆液渗透区内浆液的浓度产生较大的影响，低浓度分布区的厚度也相应增加。

为进一步对比分析渗滤效应对浆液浓度分布的影响，选取注浆时间为 7200s时展开分析，考虑浆液渗滤效应和不考虑浆液渗滤效应时浆液浓度分布的等值线如图 6.28 所示, 图中浅灰色曲线为不考虑浆液渗滤效应的等值线, 黑色曲线为考虑浆液渗滤效应的等值线, 云图为考虑浆液渗滤效应时浆液浓度的分布, 各等值线的浓度差为 500mol/m³, 最外层等值线浓度为 100mol/m³。

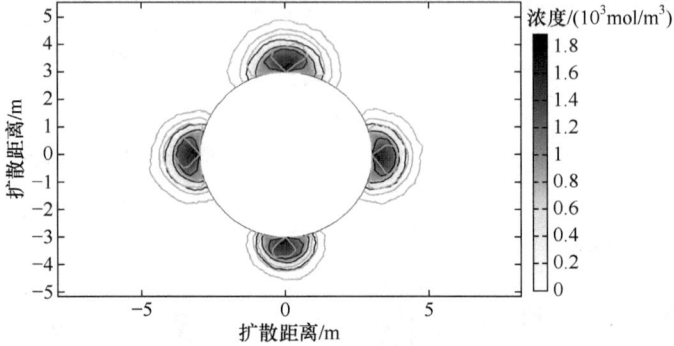

图 6.28 浆液浓度等值线对比

根据图 6.28 可知, 注浆时间为 7200s 时, 不考虑浆液渗滤效应, 浓度为 1100mol/m³ 的等值线呈半球形, 而考虑渗滤效应时, 浆液浓度为 1100mol/m³ 的等值线呈椭圆形; 不考虑浆液渗滤效应时, 浓度为 1100mol/m³ 的等值线呈扇形, 而考虑渗滤效应时, 浆液浓度在 1100mol/m³ 的分布范围很小。通过上述分析可知, 渗滤效应对浆液渗透扩散的影响较大, 考虑渗滤效应后, 浆液对地层的充填范围受限, 浆液渗透扩散范围内浆液浓度降低, 对地层的整体加固效果降低。

渗滤效应影响管片衬砌结构受力, 为分析渗滤效应条件下管片衬砌结构受力, 提取渗滤效应条件下, 管片衬砌结构沿弧长方向的受力如图 6.29 所示。为对比渗滤效应对管片衬砌结构受力的影响, 分别选取注浆时间为 0s、60s、3600s、7200s 时管片受力的曲线绘制在图 6.30 中, 图中虚线为不考虑渗滤效应($\theta_0=0$)时管片衬砌结构受力情况, 实线为考虑渗滤效应($\theta_0=1$)时管片衬砌结构受力情况。

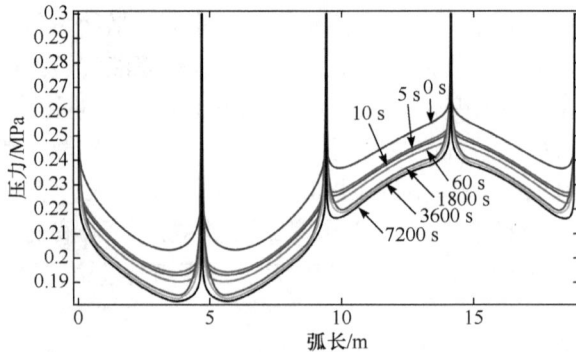

图 6.29 管片衬砌结构受力分析

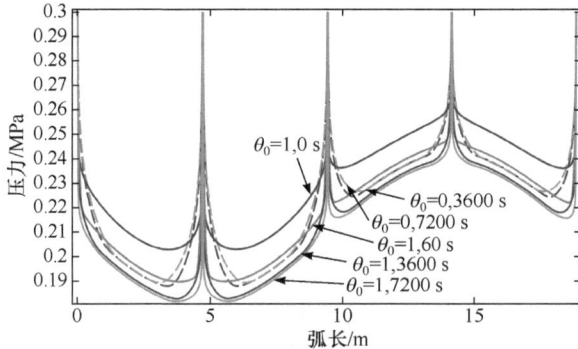

图 6.30 管片衬砌结构受力对比

根据图 6.29 和图 6.30 可以看出,考虑渗滤效应时,管片衬砌结构的受力特征差异较大。通过图 6.29 可以看出,管片衬砌结构受力在注浆初始阶段随时间的增加而逐渐减小,而且其衰减速率逐渐减小,与不考虑渗滤效应时管片衬砌结构受力类似。根据图 6.30 可以看出在注浆初始阶段,管片所受浆液压力曲线基本重合,该阶段浆液渗透扩散距离较小,渗滤效应对浆液渗透扩散的影响较弱。然而,在注浆时间持续较长时,注浆孔之间管片衬砌结构受力仍在持续减小,通过图 6.30 可以看出,在考虑浆液渗滤效应后,注浆孔周边管片衬砌结构受力并未表现出随注浆时间增加而增长的趋势,反而表现为随注浆时间的增加而持续衰减;另外,考虑渗滤效应后,管片衬砌结构受力整体相较于不考虑渗滤效应更小。

综上所述,在浆液渗透扩散过程中,由于浆液扩散的渗滤效应,注浆孔附近浆液颗粒不断沉积,地层孔隙率减小,地层中浆液的渗流通道变窄,后续浆液在通过该通道时受到的地层阻力更大。越靠近注浆孔,浆液颗粒沉积现象越明显,浆液渗透扩散过程中需要的压力梯度越大,因此浆液压力衰减越快,注浆孔周边管片所受的压力越小,即注浆孔周边管片衬砌受到的压力随着浆液颗粒的沉积逐渐减小。

(2) 渗滤效应对地层孔隙率的影响。

浆液渗透扩散过程中,地层对浆液颗粒有渗滤作用,浆液颗粒在地层中不断沉积,导致地层孔隙率的降低,取注浆时间为 7200s,地层孔隙率等值线如图 6.31～图 6.33 所示,左侧注浆孔浆液扩散特征与右侧注浆孔相似,因此未给出左侧注浆孔周边孔隙率的等值线图,图 6.31～图 6.33 中最外层等值线的值为 0.39,向内以 0.01 递减,地层的初始孔隙率为 0.4。

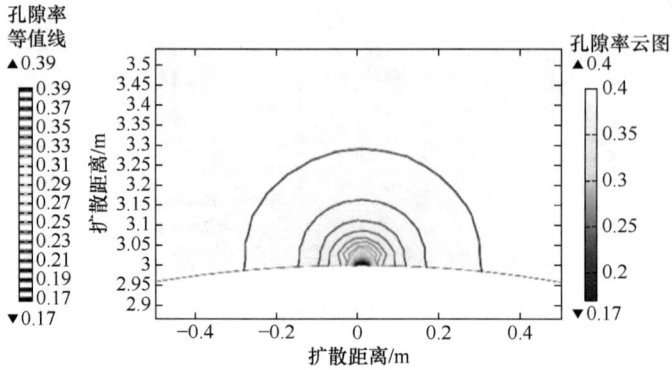

图 6.31　上部注浆孔孔隙率

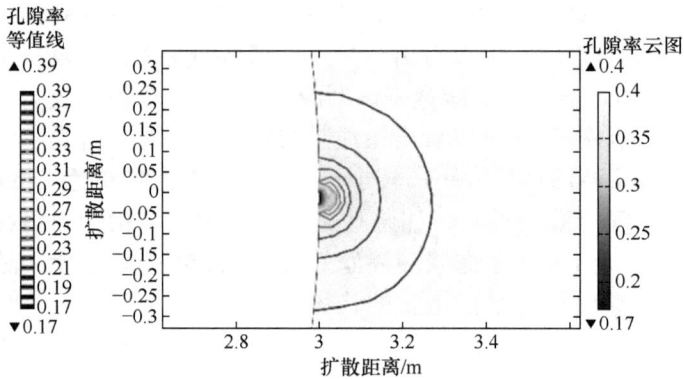

图 6.32　右侧注浆孔孔隙率

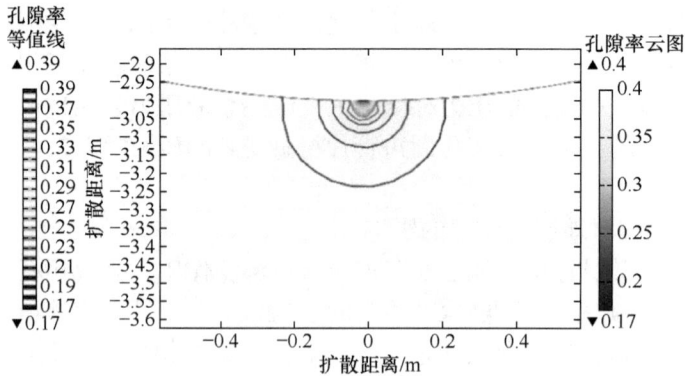

图 6.33　下部注浆孔孔隙率

　　根据图 6.31～图 6.33 可知，在注浆时间 7200s 时，地层中孔隙率为 0.39 的等值线距离注浆孔的距离约为 0.25m，与地层中浆液的扩散特征类似，下部注浆孔的等值线范围小于上部注浆及两侧注浆孔。根据图 6.31～图 6.33 可以看出，越接近注浆孔等值线越密集，即越接近注浆孔，地层的孔隙率下降越快，该现象表明浆液颗粒的渗滤沉积过程主要发生在注浆口附近，导致注浆孔附近地层孔隙率持续衰减。

为说明不同位置注浆孔附近地层孔隙率随时间的变化过程，提取上部注浆孔(0,3)、下部注浆孔(0,−3)、右侧注浆孔(3,0)周边孔隙率随时间的变化过程，如图 6.34 所示。

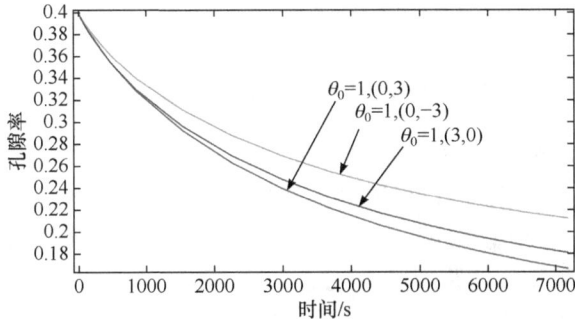

图 6.34　注浆孔附近孔隙率随时间变化

根据前述分析可知，越接近注浆孔，地层孔隙率降低量越大。根据图 6.34 可知，各注浆孔附近地层孔隙率随时间的增加而逐渐减小，但减小的速度逐渐减慢，曲线呈下凹形。对比各注浆孔附近地层孔隙率的变化，上部注浆孔附近地层的孔隙率衰减速度最快，右侧注浆孔附近地层次之，下部注浆孔附近地层孔隙率的衰减速度最慢。各注浆孔周边地层孔隙率表现出上述差异的原因主要是各注浆孔周边的地下水压力不同，在相同注浆压力下浆液扩散速度不同。

3. θ_0 对浆液渗透扩散的影响分析

渗滤系数的主要影响因素为地层因素、浆液因素、参数 θ，θ 受两个因素的影响，即参数 θ_0、临界流速 V^*。基于上述对考虑渗滤效应时浆液渗透扩散特征的分析，本小节分别针对参数 θ_0、临界流速 V^* 展开分析，分析这两个参数对浆液渗透扩散过程的影响。

针对参数 θ_0 对浆液渗滤扩散过程的影响，基于地层初始毛细管半径和水泥浆液颗粒直径的比例关系，计算参数 θ_0 分别取 0、1、2、3、4 时浆液的扩散过程，浆液扩散浓度等值线(100mol/m^3)如图 6.35 所示。

图 6.35 中 $\theta_0 = 0$ 表示不考虑渗滤效应，从图中可以看出随着参数 θ_0 的增加，浆液扩散距离相应减小，即渗滤效应对地层的影响越来越显著。从图中还可以看出，当参数 θ_0 为 2、3、4 时，浆液的扩散距离基本相同。产生该现象的原因主要是浆液颗粒对地层的堵塞速度较快，浆液在地层中的渗透扩散均较困难。

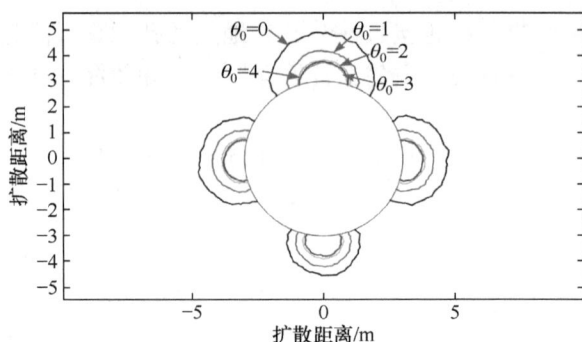

图 6.35　不同参数 θ_0 时浆液浓度等值线

　　图 6.35 主要反映了在相同注浆时间内浆液的扩散特征，为说明浆液浓度随时间的变化过程，提取上部注浆孔附近地层中孔隙率 7200s 时的等值线及分布云图，如图 6.36 所示。其中，最外层等值线的值为 0.39，向内以 0.01 递减，地层的初始孔隙率为 0.4。

　　根据图 6.36 可知，注浆时间为 7200s 时，随着参数 θ_0 的增加，孔隙率为 0.39 的等值线逐渐增大，表明随着参数 θ_0 的增加，浆液颗粒在地层中更大的范围内发生沉积。为了表征注浆孔附近地层孔隙率随时间的变化，绘制不同参数 θ_0 时注浆孔附近地层孔隙率随时间变化曲线如图 6.37 所示。

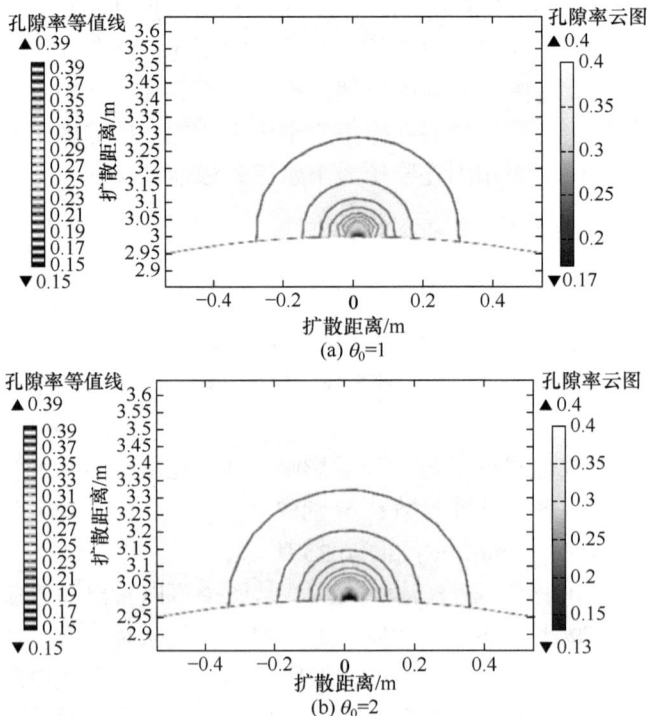

(a) $\theta_0=1$

(b) $\theta_0=2$

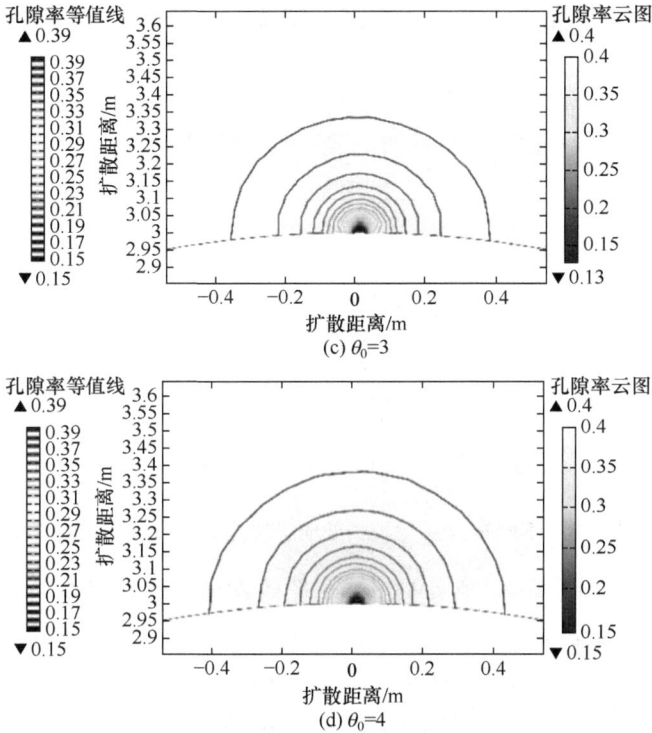

图 6.36 不同参数 θ_0 时孔隙率等值线及云图

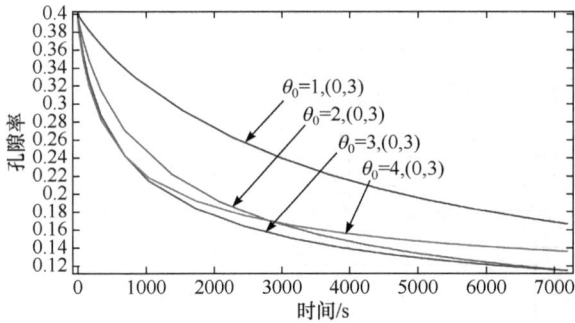

图 6.37 不同参数 θ_0 时(0,3)处孔隙率随时间变化曲线

通过图 6.37 可以看出，参数 θ_0 对注浆孔附近地层孔隙率的影响较为显著，不同参数 θ_0 下，孔隙率均随着时间的增长而逐渐减小。参数 $\theta_0=1$ 时孔隙率的下降速度较慢，参数 $\theta_0=2$ 的地层孔隙率初始下降速率较 $\theta_0=3$ 时慢一些，之后下降速率变快，在 7200s 处两者的地层孔隙率基本相等。参数 $\theta_0=4$ 时，地层孔隙率在初始阶段与参数 $\theta_0=3$ 时相近，之后地层孔隙率下降速度逐渐减小，最终参数 $\theta_0=4$ 时，注浆孔附近地层孔隙率的值大于参数 $\theta_0=3$ 时地层的孔隙率。图 6.37 表明，

参数 θ_0 越大时，地层孔隙率在初始阶段的下降速率越大，后期地层孔隙率的下降速度越小。

影响地层孔隙率变化的最主要因素是浆液在地层中的渗滤系数，该系数由式 (6.50) 表达，该系数受诸多因素的影响。浆液在地层中的渗滤系数绘制在图 6.38 中。

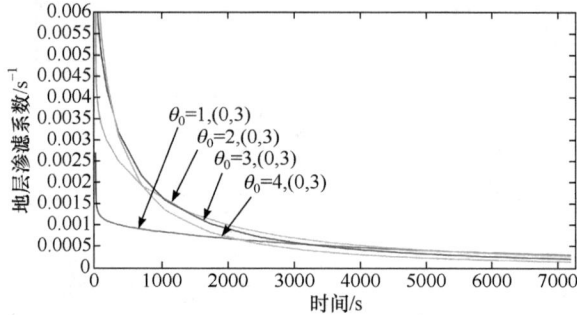

图 6.38　不同参数 θ_0 时 (0,3) 处地层渗滤系数随时间变化曲线

通过图 6.38 可以看出，在注浆孔上，浆液在地层渗滤系数随着时间的增加而逐渐减小，最后渗滤系数维持在某一值。初始阶段随着参数 θ_0 的增大，地层渗滤系数增大，然而在注浆后期，随着参数 θ_0 的增大，地层渗滤系数减小。

为对比分析注浆孔处与周边地层中地层孔隙率和浆液地层渗滤系数的关系，在距注浆孔 3cm 处采集数据，分析该处孔隙率和地层渗滤系数随时间的变化，如图 6.39 和图 6.40 所示。

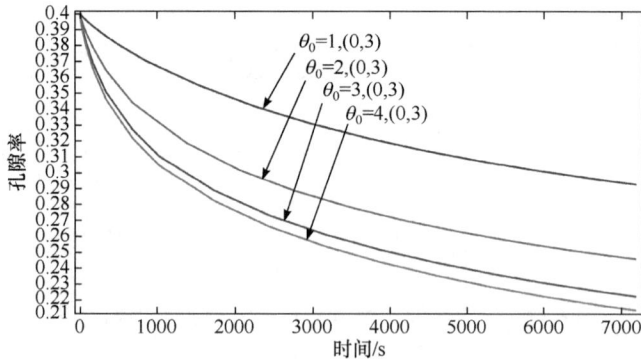

图 6.39　不同参数 θ_0 时 (0,3) 处孔隙率随时间变化曲线

由图 6.39 可知，地层孔隙率随着参数 θ_0 的增大而减小，即参数 θ_0 增大时地层孔隙率衰减速度更快，在相同时间内，地层孔隙率更小。根据图 6.40 也可以得出，相同注浆时刻，地层渗滤系数随着参数 θ_0 的增大而增大。通过图 6.39 和图 6.40 可以看出，各参数 θ_0 对应的孔隙率和地层渗滤系数曲线不是均匀变化的，随着 θ_0 的

增加，其变化量逐渐减小。

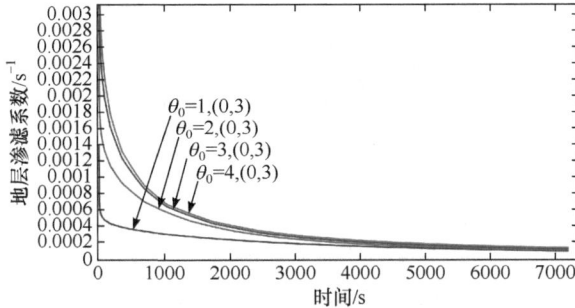

图 6.40　不同参数 θ_0 时(0,3)处地层渗滤系数随时间变化曲线

分析参数 θ_0 对管片衬砌结构受力的影响，不同参数 θ_0 条件下注浆时间为 7200s 时，管片衬砌结构受力如图 6.41 所示。

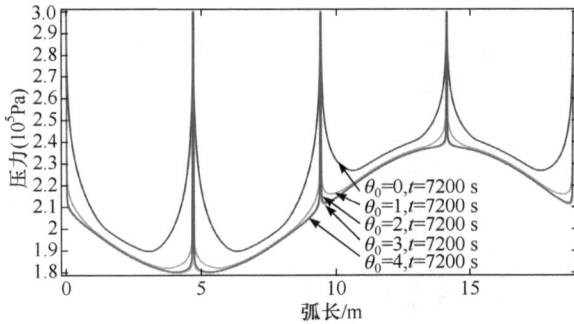

图 6.41　不同参数 θ_0 时管片衬砌结构受力

根据图 6.41 可以看出，参数 θ_0 为 2、3、4 时管片衬砌所受的压力基本相近，均小于 $\theta_0=1$ 时管片衬砌所受的压力。表明当参数 θ_0 为 2、3、4 时，浆液渗透扩散过程中，地层发生的堵塞过程相似，即在较短的时间内发生堵塞，导致浆液无法进一步扩散，参数 $\theta_0=1$ 时，浆液对地层的堵塞过程较慢。

4. 临界流速对浆液渗滤扩散的影响分析

根据上述对参数 θ_0 的分析，当参数 θ_0 取为 1 时，参数 θ_0 的变化对浆液渗滤扩散较为敏感，为此选 θ_0 为 1 时，分析浆液渗透扩散过程中地层临界流速对浆液渗透扩散过程的影响，所选地层的渗流速度约为 0.2mm/s。计算临界流速 V^* 分别为 0.003mm/s、0.03mm/s、0.3mm/s、3mm/s、30mm/s、300mm/s、3000mm/s 时浆液的渗透扩散过程，提取注浆时间为 7200s，浆液浓度 100mol/m³ 等值线，如图 6.42 所示。

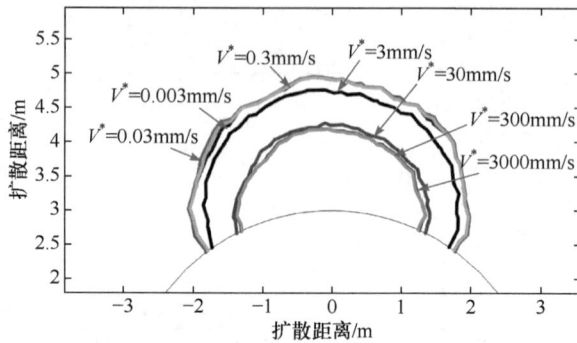

图 6.42　不同参数 V^*(0.003～3000mm/s)浆液浓度等值线

通过图 6.42 可以看出，临界流速为 0.003mm/s、0.03mm/s、0.3mm/s 时及临界流速为 30mm/s、300mm/s、3000mm/s 时浆液浓度等值线分别在同一曲线内，这两条等值线说明了浆液临界流速对浆液渗透扩散的影响范围。表明在该工况条件下，浆液临界流速的数量级在 10^{-1}～10mm/s 时，浆液渗滤扩散过程对临界流速较为敏感。当临界流速较大时，参数 $\theta \approx \theta_0$，即浆液渗透扩散过程中均会发生渗滤效应，不考虑浆液流速对浆液滤过效应的影响；当临界流速较小时，参数 $\theta \approx 0$，即浆液渗透扩散过程中，在任意流速下浆液颗粒均不会发生沉积，不考虑浆液渗透扩散过程中的渗滤效应。当临界流速在 10^{-1}～10mm/s 时，浆液的渗滤效应随着临界流速的增加而逐渐显著，即随着出现渗滤效应的临界流速升高，浆液颗粒将会发生更为显著的渗滤效应。

根据上述分析，临界流速在 10^{-1}～10mm/s 对浆液渗透扩散过程影响较大，因此针对临界流速分别为 0.1mm/s、0.5mm/s、1mm/s、10mm/s、20mm/s、30mm/s、40mm/s 浆液的渗滤扩散过程展开分析。提取浆液浓度 100mol/m³ 等值线如图 6.43 所示，

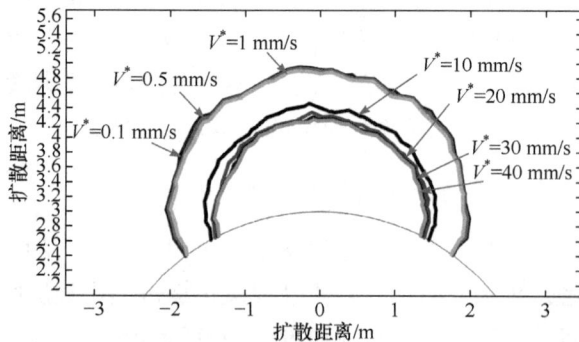

图 6.43　不同参数 V^*(0.1～40mm/s)浆液浓度等值线

通过图 6.43 可以发现，临界流速为 0.1mm/s、0.5mm/s、1mm/s 时及临界流速为 30mm/s、40mm/s 时，浆液浓度等值线基本在同一曲线内，通过该分析进一步

确定了临界流速对浆液渗滤扩散的影响，即临界流速为 1~40mm/s 时，临界流速对浆液渗滤效应的影响较为显著。通过图 6.43 还可以发现，临界流速由 1mm/s 到 10mm/s，浆液浓度等值线变化幅度较大，临界流速由 10mm/s 到 20mm/s 再到 30mm/s 浓度等值线的变化幅度逐渐减小。

上述分析一定程度上说明了临界流速对浆液渗滤效应的影响，但由于临界流速的设置是恒定的，而地层中浆液流速的分布具有差异性，即不同位置处浆液流速的沉积效果具有差异性。注浆时间为 7200s 时管片衬砌结构受力如图 6.44 所示，局部放大上部注浆孔附近管片衬砌结构受力曲线，如图 6.45 所示。

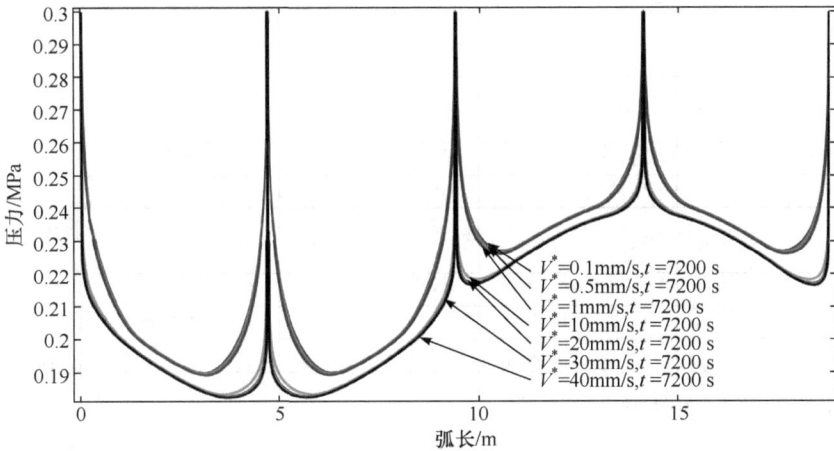

图 6.44 不同参数 V^* 管片衬砌结构受力

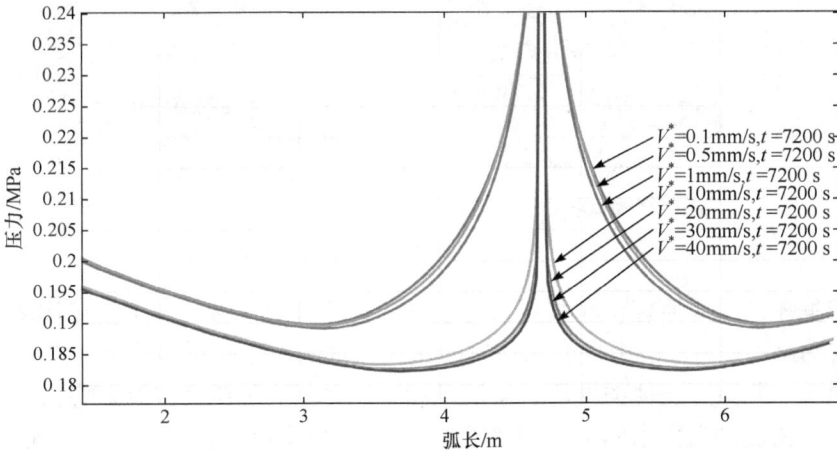

图 6.45 不同参数 V^* 管片衬砌结构受力局部放大图

通过图 6.44、图 6.45 可以看出，临界流速较低时，管片衬砌结构受力与不考虑渗滤效应时管片衬砌结构受力的分布形态相似，随着临界流速的提高，管片衬砌结构受力逐渐减小，管片衬砌结构受力分布形态与图 6.29 类似。通过图 6.45 可以看出，临界流速由 1mm/s 变化到 10mm/s 时管片衬砌结构受力的差别较大，在曲线曲率变化较大处，不同临界流速下管片所受压力具有一定的差异，曲线曲率较平缓处，不同临界流速下管片衬砌结构受力基本落在同一曲线内。临界流速在 1～10mm/s 时，临界流速对管片所受压力的影响较为显著。

6.3　考虑压滤效应的扩散模型

6.3.1　压滤效应

土体是一种典型的多孔隙介质，固体颗粒在其中起到了骨架作用，根据有效应力原理，土体中的总应力 σ 由有效应力 σ' 和孔隙水压力 u 组成，其中有效应力决定了土体的变形状况。当发生压密注浆时，意味着浆液中较大的固体颗粒无法注入土体，此时土体表层颗粒类似于极密的筛子，将浆液中较大的固体物质阻挡在土体外部，但是浆液中的自由水和细小颗粒则在注浆压力的驱动下，与土体中的原位水形成压力差，进而被挤入土体，滤出液体在土体中呈半球状渗透扩散[8,9]，压滤效应如图 6.46 所示。

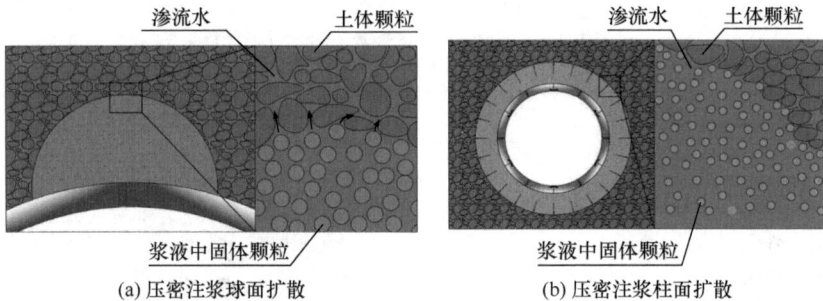

(a) 压密注浆球面扩散　　　　　　　　(b) 压密注浆柱面扩散

图 6.46　压滤效应示意图

根据压滤效应原理，注浆压力可以被分为浆液对土颗粒产生挤压作用的有效注浆应力 αP 和将浆液中自由水挤出的超孔隙水压力 $(1-\alpha)P$，其中 α 为有效应力比，取决于浆液与土体的性质，浆液越稀，土体的孔隙越大，有效应力比越小。从浆液中挤出的自由水向土体中渗透扩散，这部分渗流水将对土体产生拖曳作用，有促使土体颗粒向前的趋势，即渗透力，这是一个由超孔隙水压力(动水压力)转化为渗流力(体积力)的消耗过程，在渗流水压力与原孔隙水压力相等处，即为渗流水能到达的最远距离。根据有效应力原理，土体中的总应力 σ 由有效应力 σ' 和

孔隙水压力 u 组成。当盾构隧道壁后注浆进入压密阶段后，由上述压滤效应原理可知，土体中的有效应力由两部分组成：一为有效注浆压力 αP 对土颗粒的挤压；二为土体中渗流水对土颗粒的渗透力。当考虑注浆对管片压力时，在计算土体有效应力的前提下，还应该考虑土体中超孔隙水压力对管片衬砌结构受力的影响。

6.3.2　球形孔压滤扩散模型

1. 基本假设

根据已有关于岩土注浆考虑压滤效应的研究[9]，并结合盾构隧道壁后注浆施工的实际情况，提出以下假设：在初始状态下，土体为各向同性的均匀体；浆液与土体颗粒不可压缩，且忽略重力对土体压缩的影响；由于盾构管片半径远大于浆液扩散距离，认为盾构管片为平面；浆液在土体中呈球面扩散，且只有自由水从浆液中被挤出；在注浆过程中，有效应力比 α 及土体渗透系数 k 不变。

2. 模型推导

1) 盾尾间隙等效换算

当盾尾脱离管片时，在管片与土体之间形成一个三维环形空间，在土体稳定性较差的情况下，盾构管片周围土体由于应力释放产生变形，进而包裹管片，本书将半球形注浆体体积近似等效为盾尾间隙，有

$$\frac{\pi}{4}\left(D_1^2 - D_2^2\right)l = \frac{2\pi R_u^3 m}{3} \tag{6.61}$$

式中，D_1 为盾壳外径；D_2 为盾构管片外径；l 为管片宽度，盾构掘进一环后立即注入浆液(即时注入)；R_u 为半球形注浆体半径；m 为注浆孔个数。

式(6.61)变形得

$$R_u = \sqrt[3]{\frac{3l}{8m}\left(D_1^2 - D_2^2\right)} \tag{6.62}$$

2) 浆液对土体压密作用

根据弹性力学原理，球对称问题的平衡微分方程为

$$\frac{\partial \sigma'_{r1}}{\partial r} + 2\frac{\sigma'_{r1} - \sigma'_{\theta 1}}{r} = 0 \tag{6.63}$$

式中，σ'_{r1} 为由浆液压密引起的土体径向有效应力；$\sigma'_{\theta 1}$ 为因浆液压密产生土体环向有效应力。

几何方程为

$$\begin{cases} \varepsilon_{r1} = \dfrac{\partial u_{r1}}{\partial r} \\[3mm] \varepsilon_{\theta 1} = \dfrac{u_{r1}}{r} \end{cases} \tag{6.64}$$

式中，ε_{r1} 和 $\varepsilon_{\theta 1}$ 分别为距离注浆孔半径为 r 的土体径向应变和环向应变。

本构方程为

$$\begin{cases} \varepsilon_{r1} = \dfrac{\sigma'_{r1} - 2\mu\sigma'_{\theta 1}}{E} \\[3mm] \varepsilon_{\theta 1} = \dfrac{(1-\mu)\sigma'_{\theta 1} - \mu\sigma'_{r1}}{E} \end{cases} \tag{6.65}$$

式中，μ 为土体泊松比；E 为土体弹性模量。

边界条件为

$$\begin{cases} \sigma'_{r1} = \alpha P, \quad r = R_{\mathrm{u}} \\[2mm] \sigma'_{r1} = \sigma'_0, \quad r \to \infty \end{cases} \tag{6.66}$$

结合式(6.63)~式(6.66)可得由浆液压密引起的土体径向有效应力 σ'_{r1}、环向有效应力 $\sigma'_{\theta 1}$ 和径向位移 u_{r1}：

$$\begin{cases} \sigma'_{r1} = \dfrac{\left(\alpha P - \sigma'_0\right) R_{\mathrm{u}}^3}{r^3} + \sigma'_0 \\[4mm] \sigma'_{\theta 1} = \dfrac{\left(\sigma'_0 - \alpha P\right) R_{\mathrm{u}}^3}{2r^3} + \sigma'_0 \\[4mm] u_{r1} = r\dfrac{(1-\mu)\sigma'_{\theta 1} - \mu\sigma'_{r1}}{E} \end{cases} \tag{6.67}$$

3) 渗流水对土体拖曳作用

在考虑渗透力对土颗粒的拖曳作用时，球对称问题的平衡微分方程为

$$\frac{\partial \sigma'_{r2}}{\partial r} + 2\frac{\sigma'_{r2} - \sigma'_{\theta 2}}{r} + f = 0 \tag{6.68}$$

式中，σ'_{r2} 为由渗流水引起的土体径向有效应力；$\sigma'_{\theta 2}$ 为因渗流水引起的土体环向有效应力；f 为渗透力[10]，$f = -\dfrac{\mathrm{d}u}{\mathrm{d}r} = \dfrac{\gamma_{\mathrm{w}} q_{\mathrm{w}}}{2\pi k r^2}$，则平衡微分方程可表示为

$$\frac{\partial \sigma'_{r2}}{\partial r} + 2\frac{\sigma'_{r2} - \sigma'_{\theta 2}}{r} + \frac{\gamma_{\mathrm{w}} q_{\mathrm{w}}}{2\pi k r^2} = 0 \tag{6.69}$$

式中，γ_{w} 为水的重度；q_{w} 为单位时间滤出水量；k 为土体渗透系数。

几何方程为

$$
\begin{cases}
\varepsilon_{r2} = \dfrac{\partial u_{r2}}{\partial r} \\[2mm]
\varepsilon_{\theta2} = \dfrac{u_{r2}}{r}
\end{cases}
\tag{6.70}
$$

本构方程为

$$
\begin{cases}
\varepsilon_{r2} = \dfrac{\sigma'_{r2} - 2\mu\sigma'_{\theta2}}{E} \\[3mm]
\varepsilon_{\theta2} = \dfrac{(1-\mu)\sigma'_{\theta2} - \mu\sigma'_{r2}}{E}
\end{cases}
\tag{6.71}
$$

设 R 为渗流水扩散边界处到注浆孔中心的距离，根据渗透体积力与半径 R 处的面力平衡条件，可得 $r=R$ 时的径向应力边界条件为

$$
\int_{R_u}^{R} 2\pi r^2 f \, \mathrm{d}r = 2\pi R^2 \sigma'_{r2}
\tag{6.72}
$$

边界条件为

$$
\begin{cases}
\sigma'_{r2} = 0, & r = R_u \\[2mm]
\sigma'_{r2} = \dfrac{\gamma_w q_w}{2\pi R^2 k}(R - R_u), & r = R
\end{cases}
\tag{6.73}
$$

结合式(6.69)～式(6.71)和式(6.73)可得由渗透力引起的土体径向有效应力 σ'_{r2}、环向有效应力 $\sigma'_{\theta2}$ 和径向位移 u_{r2}：

$$
\begin{cases}
\sigma'_{r2} = C_1 r^{-2} - C_2 r^{-4} + C_3 r^{-1} \\[2mm]
\sigma'_{\theta2} = \dfrac{1}{2}C_1 r^{-2} + \dfrac{1}{2}C_2 r^{-4} + \left(C_3 + \dfrac{1}{2}C\right)r^{-1} \\[3mm]
u_{r2} = r\dfrac{(1-\mu)\sigma'_{\theta2} - \mu\sigma'_{r2}}{E}
\end{cases}
\tag{6.74}
$$

式中，

$$
\begin{cases}
C = \dfrac{\gamma_w q_w}{2\pi k} \\[4mm]
C_1 = \dfrac{\mu}{1-\mu}C \\[4mm]
C_2 = C\dfrac{RR_u^3 + \dfrac{\mu}{1-\mu}R^2 R_u^2}{R^2 + RR_u + R_u^2} \\[6mm]
C_3 = C\dfrac{RR_u + \dfrac{\mu}{1-\mu}R^2}{R_u\left(R^2 + RR_u + R_u^2\right)} - C\dfrac{1}{R_u}\dfrac{\mu}{1-\mu}
\end{cases}
\tag{6.75}
$$

由于渗透力是由渗流水外力转化而成的土体颗粒的体积力，渗流水扩散边界到注浆孔中心的距离 R 可由式(6.76)求得：

$$\int_{R_u}^{R} \frac{q_w \gamma_w}{2\pi r^2 k} 2\pi r^2 \mathrm{d}r = 2\pi R_u^2 (1-\alpha) P \tag{6.76}$$

整理式(6.76)得

$$R = \frac{2\pi R_u^2 (1-\alpha) Pk}{q_w \gamma_w} + R_u \tag{6.77}$$

根据受力平衡及渗透力转化机理，距离注浆孔中心 r 处的超孔隙水压力可以通过式(6.78)求解：

$$\int_{R_u}^{r} \frac{q_w \gamma_w}{2\pi r^2 k} \cdot 2\pi r^2 \mathrm{d}r + 2\pi r^2 (P_w - u_0) = 2\pi R_u^2 (1-\alpha) P \tag{6.78}$$

对式(6.78)进行整理，可求得超孔隙水压力为

$$P_w = \frac{R_u^2}{r^2}(1-\alpha)P - \frac{q_w \gamma_w}{2\pi r^2 k}(r - R_u) + u_0 \tag{6.79}$$

结合式(6.67)、式(6.74)和式(6.79)可得球形孔压滤扩散模型对管片的压力为

$$F = \pi R_u^2 P + \int_{R_u}^{r} 2\pi r \sigma_\theta' \, \mathrm{d}r + \int_{R_u}^{R} 2\pi r P_w \mathrm{d}r \tag{6.80}$$

式中，$\sigma_\theta' = \sigma_{\theta 1}' + \sigma_{\theta 2}'$。

3. 模型参数讨论

从模型推导中可以看出，与压密注浆浆液扩散有关的主要参数有注浆压力 P、注浆有效应力比 α、等效注浆体半径 R_u 和土体的弹性模量 E、泊松比 μ 及渗透系数 k。其中，注浆压力 P 可以通过盾构机上的压力监测系统测得，等效注浆体半径 R_u 可以通过式(6.62)计算得到，土体弹性模量 E 和泊松比 μ 可通过室内试验测得。根据已有研究表明，在考虑压滤效应的情况下，黏土在注浆过程中渗透系数变化较小，因此在本模型中可将渗透系数 k 取为常数。注浆有效压力比 α 的取值由浆液与土体的性质共同决定，α 随着浆液水灰比的增加而减小，当浆液水灰比趋近于无穷大时，α 趋近于 0；α 随土体渗透系数 k 的增加而减小，当渗透系数趋近于无穷大时，α 趋近于 0。因此，注浆有效压力比 α 可看作关于浆液水灰比和土体渗透系数的函数：

$$\alpha = h\left(\frac{1}{k(W/C)}\right) \tag{6.81}$$

$h(x)$ 依然受很多其他因素的影响，本书无法给出一个确切的表达式，为了方

便，在应用上述模型时，有效应力比 α 采用关于浆液水灰比(W/C)和土体渗透系数 k 倒数的线性表达式为

$$\alpha = \frac{\zeta}{k(W/C)} \tag{6.82}$$

式中，ζ 为常数。

4. 模型适用范围

本模型认为当盾尾脱出管片时，管片即被周围土体包围，无法形成稳定的三维环形空间，且模型中对浆液压滤效应的考虑，只能针对自由水被挤出的情况，对于浆液中细小颗粒进入土体，需要考虑渗滤效应等复杂因素，上述模型不予考虑。因此，本模型适用于自稳性较差，渗透系数相对较小的黏性地层中从盾构隧道管片进行壁后注浆的情况。此外，模型未考虑浆液的时变性，因此在对初凝时间较短的浆液进行计算时，计算结果误差较大。

5. 算例分析

压密注浆效果与浆液特性、土体力学特性、注浆工艺等多方面因素有关。对盾构隧道壁后注浆浆液扩散机理的研究归根结底都是为了解决以下两个问题：①浆液扩散对地层的影响；②注浆压力对管片结构的影响。下面试图通过工程实例，分析压密注浆中注浆有效应力比 α、土体渗透系数 k、注浆压力 P 和土体弹性模量 E 等参数对以上两个问题的影响。

假设某盾构隧道壁后注浆各参数，土体的弹性模量 E=4.50MPa，泊松比 μ=0.3，注浆点处的土体初始有效应力 σ_0'=0.15MPa，注浆点处的孔隙水压力 u_0=0.05MPa，土体渗透系数 k=5×10^{-4}cm/s，注浆压力 P=0.25MPa，注浆有效应力比 α=0.7，滤出水流量 q_w=2×10^{-4}m³/s。目前较常用的管片宽度为 2m，因此算例中的分析和求解半径设定为 r=1m。

1) 压密注浆对土体的影响

将以上各参数代入式(6.67)、式(6.74)和式(6.75)中，可分别求得压密注浆时不同方向浆液挤压作用和渗流水拖曳土颗粒引起的有效应力及总有效应力，如图 6.47、图 6.48 所示。

由图 6.47 可知，土体总径向有效应力随着远离注浆孔先增加后减小，但是总体变化幅度较小。由浆液挤压作用引起的土体径向有效应力对总有效应力起了绝对主导作用，渗流水作用对土体径向有效应力贡献很小。由图 6.48 可知，土体总环向有效应力随着远离注浆孔呈减小趋势，且减小幅度相对较大。由浆液挤压作用引起的土体环向有效应力分布均匀，而渗流水作用对土体环向有效应力影响较

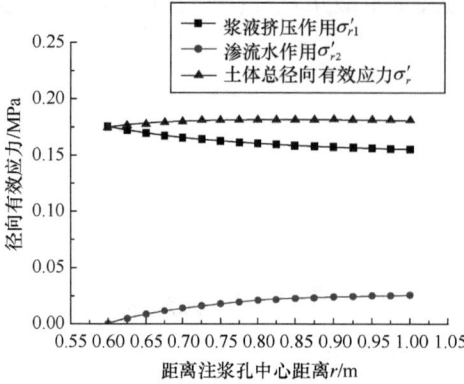

图 6.47　注浆引起的土体径向有效应力　　　图 6.48　注浆引起的土体环向有效应力

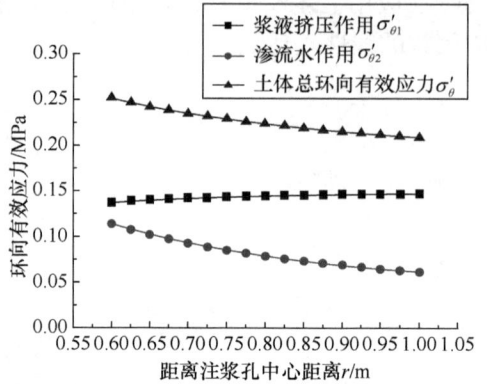

大。在压密注浆中，浆液对管片的压力主要由土体环向有效应力提供，结合图 6.47、图 6.48 可知，渗流水作用对管片的压力作用明显，传统不考虑压滤效应的计算模型误差较大。

将各参数代入式(6.79)，分别求得有效应力比 α 为 0.6～1.0 时，土体中超孔隙水压力在管片纵向上的分布，见图 6.49。

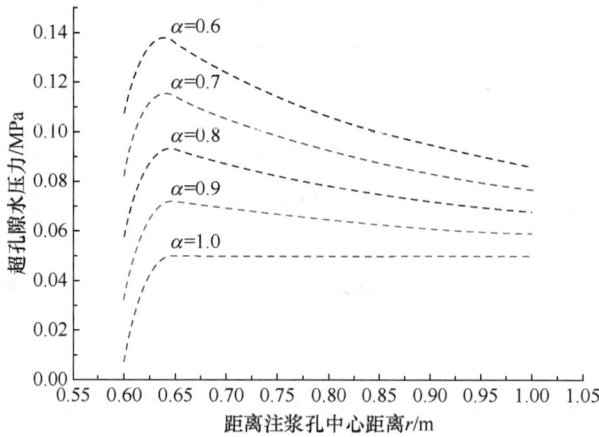

图 6.49　渗流水引起的土体超孔隙水压力

由图 6.49 可知，土体中的超孔隙水压力随着有效应力比的增大而减小，并随着远离注浆孔而缓慢减小。当有效应力比 $\alpha=1.0$ 时，即传统压密注浆认为土体与浆液交界面不存在物质交换，此时离浆液球稍远处的土体中孔隙水压力与原孔隙水压力相等。根据式(6.82)可知，当土体渗透系数及浆液水灰比均较大时，采用传统压密注浆模型计算，结果误差较大。

2) 压密注浆对管片的影响

将各参数代入式(6.80)，分别求得不同注浆压力下，管片承受的附加压力，见图 6.50。

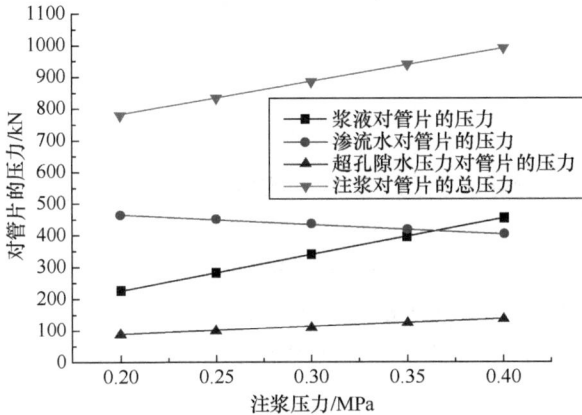

图 6.50　注浆压力和对管片的压力之间的关系

由图 6.50 可知，注浆压力增大，注浆对管片的总压力随之增大，在这个过程中，浆液的挤压作用明显增强，渗流水拖曳作用略有减小，超孔隙水压力对管片的压力贡献较小。

将各参数分别代入式(6.80)，分别求得有效应力比 α 为 0.6～1.0 时，注浆对管片的总压力和超孔隙水压力、渗流水及浆液对管片的压力见图 6.51。

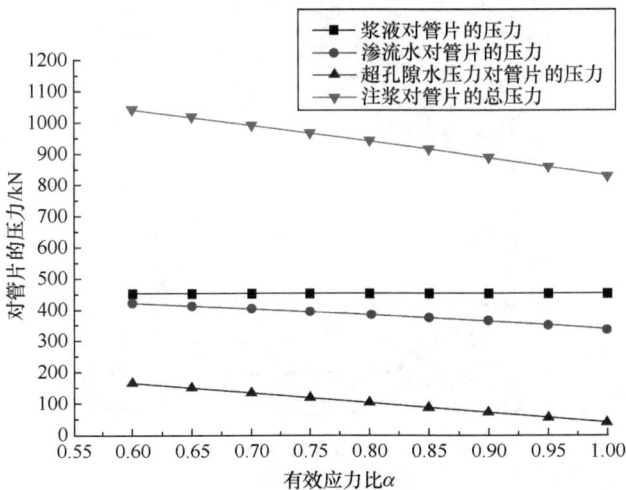

图 6.51　不同有效应力比 α 和对管片的压力之间的关系

由图 6.51 可知，在注浆压力相同的情况下，浆液对管片的压力几乎不变，而渗流水拖曳作用对管片的压力和超孔隙水压力对管片的压力随着有效应力比的增加而减小。当有效应力比 $\alpha=1.00$ 时，注浆对管片的总压力最小，可见采用传统压密注浆计算得到的管片压力偏小，对管片结构安全不利。

6.3.3　柱形孔压滤扩散模型

1. 基本假设

(1) 土体自稳性较好，能在一定时间内维持盾尾留下的三维环形空间；
(2) 浆液与土体颗粒不可压缩；
(3) 在初始状态下，土体为各向同性的均匀体；
(4) 浆液在土体中呈柱面扩散，且只有自由水从浆液中被挤出；
(5) 在注浆过程中，有效应力比 α 及土体渗透系数 k 不变。

2. 模型推导

当盾尾脱离管片时即开始同步注浆，浆液对管片与土体间的三维环形间隙进行充填注浆，如图 6.52 所示。在本模型中，浆液充填区域等于地层损失体积，当浆液填满环形间隙后，盾构隧道壁后注浆就进入压密阶段。此时，浆液呈柱面扩散，本书将其简化为平面应变问题，同时应用镜像法求得考虑压滤效应的盾构壁后注浆柱形孔压滤扩散模型。

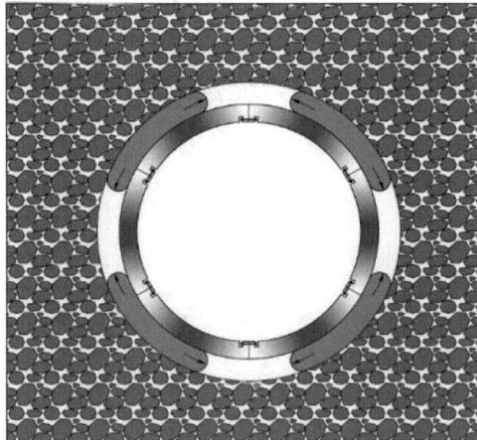

图 6.52　盾构隧道壁后充填注浆

由 6.3.2 小节可知，柱形压密注浆浆液中挤出的自由水对土体的渗透力 f 为

$$f=-\frac{\mathrm{d}u}{\mathrm{d}r}=\frac{\gamma_{\mathrm{w}}q_{\mathrm{w}}}{2\pi kr} \tag{6.83}$$

式中，γ_w 为水的重度；q_w 为单位时间滤出水量；k 为土体渗透系数；r 为渗流水扩散范围内土体中任意点至盾构隧道轴线的距离。

设 R 为渗流水扩散边界至盾构隧道轴线的距离，根据渗透体积力与半径 R 处的面力平衡条件，可得 $r=R$ 时的径向应力边界条件为

$$\int_{R_u}^{R} 2\pi r f \, dr = \pi R^2 \sigma'_{r2} \tag{6.84}$$

式中，R_u 为盾壳外层半径；σ'_{r2} 为渗流水引起的土体径向有效应力。

由式(6.84)积分可得渗流水扩散边界处因渗流水作用引起的土体径向有效应力为

$$\sigma'_{r2} = \frac{\gamma_w q_w}{\pi R^2 k}(R - R_u) \tag{6.85}$$

渗流水扩散边界到盾构隧道轴线的距离 R 可由式(6.86)求得：

$$\int_{R_u}^{R} \frac{q_w \gamma_w}{2\pi r k} 2\pi r \, dr = 2\pi R_u (1-\alpha) P \tag{6.86}$$

式中，α 为有效应力比；P 为注浆压力。

整理式(6.86)得

$$R = \frac{2\pi R_u (1-\alpha) P k}{q_w \gamma_w} + R_u \tag{6.87}$$

区别于传统不考虑浆液与土体相互渗透的盾构隧道壁后压密注浆，在考虑压滤效应的情况下，盾构隧道壁后压密注浆对地表沉降的影响可分为浆液对土体的有效挤密作用 αP 和渗流水对土体的拖曳作用 f。

采用镜像法原理[11]可得盾构隧道壁后注浆引起的地表最大竖向位移表达式为

$$u_{max} = \frac{\alpha P R_u^2 + \sigma'_{r2} R^2}{3\pi E h}(18\ln 2 - 13\mu - 5) \tag{6.88}$$

式中，μ 为土体的泊松比；E 为土体的弹性模量；h 为隧道埋深，即隧道轴线至地表的垂直距离。

3. 模型适用范围

本书认为盾尾脱离管片后，土体能够在短时间内保持自立，这是一种简化理论模型的手段。在实际施工过程中，土体在应力释放的情况下，必然会发生一定程度的变形，因此本模型只适用于自稳性较好的土体。同 6.3.2 小节球形孔压滤扩散模型相同，本模型只针对浆液中自由水被挤出的情况，对于浆液中细小颗粒进

入土体，由于需要考虑渗滤效应等复杂因素，未予以考虑。因此，渗透系数较小的黏土土体应用本模型时误差较小。

4. 算例分析

盾构隧道管片被包裹在浆液中，因此本书认为柱形压密注浆对盾构管片的压力即注浆压力。下文通过工程实例对有效应力比 α、注浆压力 P、隧道埋深 h、隧道管片半径 r_s 和土体弹性模量 E 及泊松比 μ 等众多影响地表最大竖向位移的因素进行分析。

假设某盾构隧道壁后注浆各参数，盾构外径 6.4m，隧道埋深 $h=10m$，土体的弹性模量 $E=2.85MPa$，泊松比 $\mu=0.2$，水的重度 $\gamma_w=10kN/m^3$，注浆点处的土体初始有效应力 $\sigma_0'=0.24MPa$，土体渗透系数 $k=5\times10^{-4}cm/s$，注浆压力 $P=0.30MPa$，注浆有效应力比 $\alpha=0.90$，滤出水流量 $q_w=2\times10^{-4}m^3/s$。

为了分析不同土体透水条件(即不同有效应力比 α)对盾构壁后柱形压密注浆的影响，绘制了地表最大竖向位移 u_{max} 与有效应力比 α 的关系图，如图 6.53 所示。

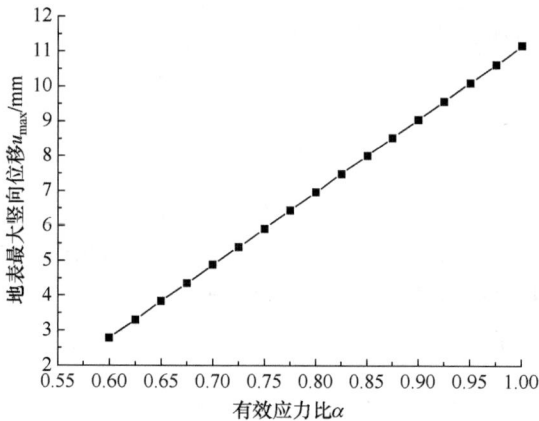

图 6.53　有效应力比 α 对地表最大竖向位移的影响

由图 6.53 可知，地表最大竖向位移 u_{max} 随着有效应力比 α 的增大而增大，当有效应力比 $\alpha=1.00$ 时，即传统压密注浆，此时土体完全不透水，浆液与土体之间只存在挤密作用。从图 6.53 中可以看出，当不考虑压滤作用时，地表最大竖向位移偏大，易造成注浆压力临界值偏小，使得采用此注浆压力时，地表反而出现下沉现象。

将各参数代入式(6.88)，分析注浆压力 P 在 0.25～0.40MPa，地表最大竖向位移 u_{max} 的变化情况如图 6.54 所示。

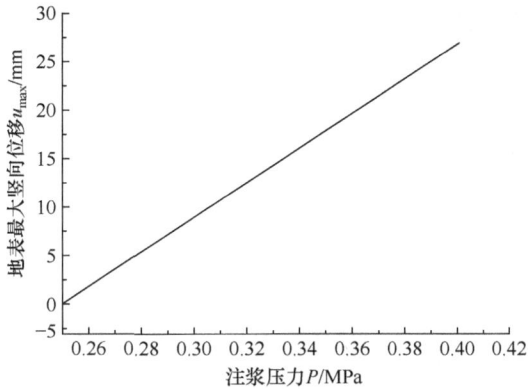

图 6.54 注浆压力 P 对地表最大竖向位移的影响

由图 6.54 可知，地表最大竖向位移 u_{max} 随着注浆压力呈线性增长趋势。

将各参数代入式(6.88)，分析隧道埋深 h 在 6～10m，地表最大竖向位移 u_{max} 的变化情况如图 6.55 所示。

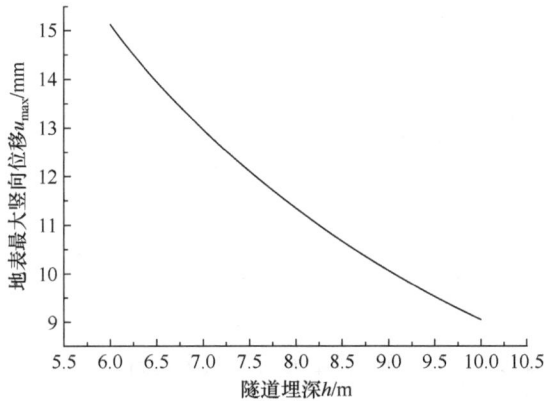

图 6.55 隧道埋深 h 对地表最大竖向位移的影响

由图 6.55 可知，地表最大竖向位移 u_{max} 随着隧道埋深呈减小趋势。

将各参数代入式(6.88)，分析管片半径 r_s 在 3～7m，地表最大竖向位移 u_{max} 的变化情况如图 6.56 所示。

由图 6.56 可知，地表最大竖向位移 u_{max} 随着管片半径 r_s 呈增大趋势。

将各参数代入式(6.88)，分析土体弹性模量 E 在 2～10MPa，地表最大竖向位移 u_{max} 的变化情况如图 6.57 所示。

由图 6.57 可知，地表最大竖向位移 u_{max} 随着土体弹性模量 E 呈减小趋势，当土体弹性模量较大时，地表最大竖向位移变化趋于缓和。

将各参数代入式(6.88)，分析土体泊松比 μ 在 0.10～0.30，地表最大竖向位移

$u_{\max}$ 的变化情况如图 6.58 所示。

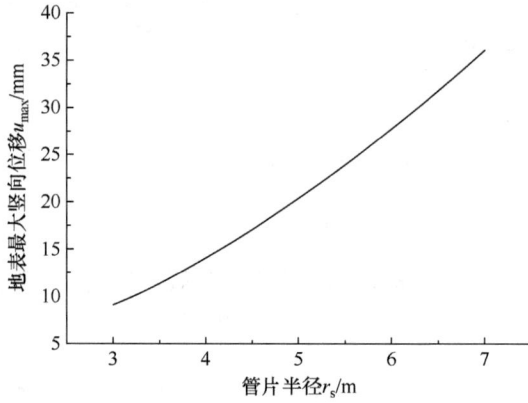

图 6.56　管片半径 r_s 对地表最大竖向位移的影响

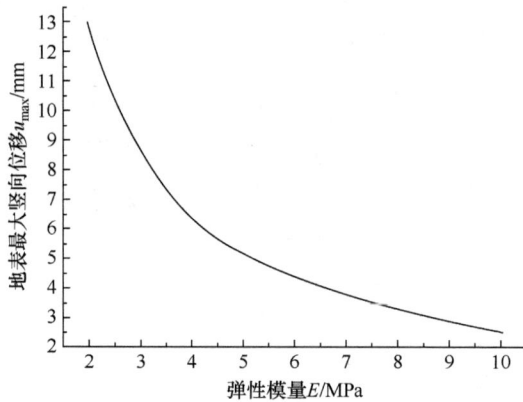

图 6.57　土体弹性模量 E 对地表最大竖向位移的影响

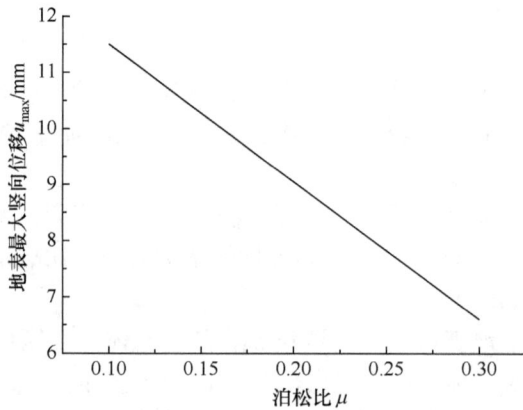

图 6.58　土体泊松比 μ 对地表最大竖向位移的影响

由图 6.58 可知，地表最大竖向位移 u_{max} 随着土体泊松比 μ 呈线性减小趋势。

综上所述，对于盾构壁后注浆施工中地表沉降的控制，应综合考虑土体渗透性、隧道埋深、管片半径、土体弹性模量和泊松比等客观因素，选择合适的注浆压力和浆液水灰比。

参 考 文 献

[1] 韩鑫. 基于浆液颗粒特性的盾构隧道壁后注浆浆液扩散机理研究 [D]. 西安: 长安大学, 2019.

[2] BEZUIJEN A，TALMON A M. Grout the Foundation of a Bored Tunnel. Tunnelling: A Decade of Progress，GeoDelft 1995—2005[M]. London: Taylor & Francis，2006.

[3] 王俊，方勇，何川，等. 盾构隧道施工对砂性地层的扰动及管片受荷特征[J]. 地下空间与工程学报, 2015, 11(1): 156-162, 170.

[4] 杜军，黄宏伟，谢雄耀，等. 介电常数对探地雷达检测隧道壁注浆效果研究[J]. 地下空间与工程学报, 2006, 2(3): 420-424.

[5] KIM J S, LEE I M, JANG J H, et al. Groutability of cement‐based grout with consideration of viscosity and filtration phenomenon [J]. International Journal for Numerical and Analytical Methods in Geomechanics, 2009, 33(16): 1771-1797.

[6] 崔玖江，崔晓青. 隧道与地下工程注浆技术[M]. 北京: 中国建筑工业出版社, 2011.

[7] REDDI L N, BONALA M V S. Analytical solution for fine particle accumulation in soil filters[J]. Journal of Geotechnical and Geoenvironmental Engineering, 1997, 123(12): 1143-1152.

[8] 秦楠，叶飞，韩兴博，等. 基于分形理论的盾构壁后注浆压滤扩散模型 [J]. 中南大学学报(自然科学版), 2021, 52 (12): 4484-4491.

[9] 苟长飞，叶飞，纪明，等. 盾构隧道壁后注浆柱形孔压滤扩散模型 [J]. 铁道科学与工程学报, 2016, 13 (2): 325-331.

[10] 邹建，张忠苗. 考虑压滤效应饱和黏土压密注浆球孔扩张理论[J]. 哈尔滨工业大学学报, 2011, 43(12): 119-123.

[11] 钱家欢，殷宗泽. 土工原理与计算[M]. 南京: 中国水利水电出版社, 1996.

第 7 章　壁后注浆设计

　　盾构隧道施工中壁后注浆材料选用及配合比设计对施工效果保障至关重要。壁后注浆设计包括注浆材料的选取、注浆压力的确定、注入量的确定及浆体与注浆效果的评价等内容。本章将从壁后注浆设计的具体内容出发，在前述盾构隧道壁后注浆扩散理论的基础上，结合工程实践与室内模型试验，构建盾构隧道壁后注浆的设计方法，以期对实际盾构施工提供可行指导。

7.1　注浆材料的选择

7.1.1　不同施工地层浆液的选用情况

　　注浆材料的选择与地层类型具有重要关系[1]，本节将对不同地层盾构隧道壁后注浆施工中采用的浆液类型进行统计[2]。为了便于分析，依据《建筑地基基础设计规范》(GB 50007—2011)[3]将所调研地层划分为六大类：岩石、碎石土、砂土、粉土、黏土和人工填土。一般盾构掘进深度距地表有一定距离，穿越人工填土区域占比较少，因此暂不考虑。地层分布浆液调研统计结果如图 7.1 所示，同时将施工地层按含水量及浆液类型进行分类。

　　由图 7.1 可知，相比于双液浆，单双液浆的适用范围受地层条件影响较小，且二者主要区别在于凝结时间。总体来看，浆液仍以单液浆为主，同一地层类型下单液浆和双液浆使用比例在 3∶1 左右。单液浆使用广泛的主要原因是成本较低，施工简便且堵塞注浆管的风险较小。从对地层含水量进行统计的结果来看，地层是否含水对浆液类型的选择无直接影响。如果地层中含水量较大，将对浆液抗水分散性与凝结速度提出更高要求。双液浆凝结时间短，为了避免浆液过多流失，在含水量较大的地层中使用双液浆可更好地保证注浆效果。

　　注浆材料类型的选择一般与地质条件、掘进方式、施工条件、工程成本等因素有关。其中，应以地质条件为主要依据，不同地层对注浆材料的性能有着不同的要求。表 7.1 是相关文献中建议的不同地质条件下的注浆材料性能指标[4-12]。

　　由表 7.1 可知，不同地层适用浆液的流动度、泌水率、凝结时间及稠度等指标存在较大差异。其中，湖北省地方标准《盾构法隧道同步注浆材料》(DB42/T 1218—2016)[8]根据地质情况将注浆材料分为三大类：硬质地层用(自稳能力较强的

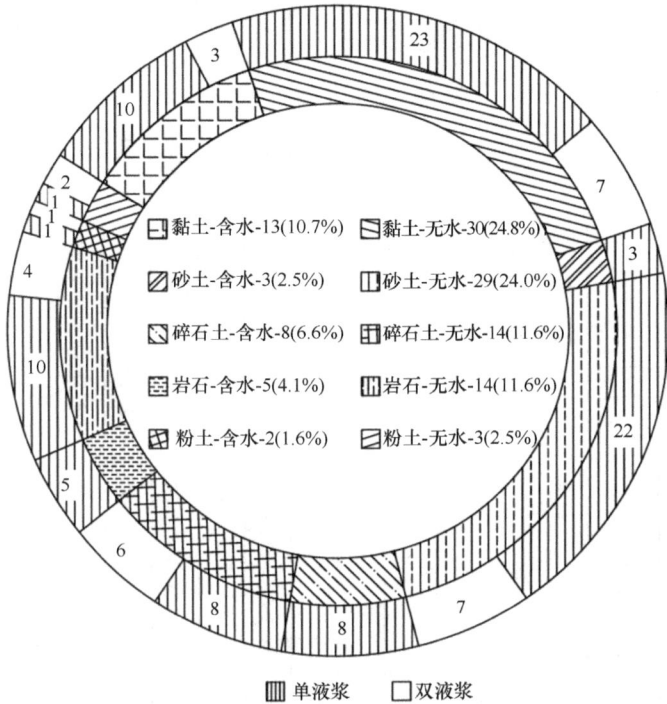

图 7.1 地层分布浆液调研统计结果

外圈数字表示单液浆或双液浆对应的样本数量；内圈以"黏土-含水-13(10.7%)"为例，表示黏土地层含水状态的
样本数量为 13，占样本总数比例为 10.7%

中风化、微风化岩等地层)、软质地层用(自稳能力较差的强风化、全风化岩、黏土
等地层)、高压富水地层用(高水压、强透水地层)。例如，在稠度方面，硬质地层
裂隙欠发育，因此要求注浆材料有高流动性；在凝结时间方面，高压富水地层裂
隙发育且受动水影响较大，因此要求注浆材料在注入地层后能尽快凝结；在强度
方面，软质地层及高压富水地层要求尽快达到目标强度，因此此类地层中注入浆
液的早期强度(>1MPa)要求明显高于其他地层(>0.2MPa)。

针对碎石土地层，由于含有大量漂石、块石、碎石等大尺寸固体颗粒，地层
渗透系数普遍较大，且多为富水地层。此外，该地层颗粒之间胶结效果一般较
差，盾构施工中如不采取一定的加固措施，极易导致围岩塌空，影响施工安全。
因此，在该地层采用注浆加固时，需要重点考虑地下水的影响，注浆材料要具有
较好的抗水分散性。针对黏土地层，地层一般较为松软，当围岩富水时，盾构施
工过程中极易产生地层变形，采用注浆加固时优先选用充填和胶结效果更好的
双液浆。一定情况下也可选用单液浆，但单液浆材料需有良好的胶结能力及较
低的析水率。针对富水地层，更适合选用可以快速凝结，较少浆液被稀释的双
液浆。

表7.1 不同地质情况下同步注浆材料性能指标参考

性能指标		余浩[4]	浆精华[5]	浆小英[6]	田煜[7]	DB42/T 1218—2016[8] 硬质地层	DB42/T 1218—2016[8] 软质地层	DB42/T 1218—2016[8] 高压富水地层	T/CECS 563—2018[9]	许可[10]	毛文[11]	刘玮等[12]
地层		砂质粉土	饱和砂层	富水地层	—	硬质地层	软质地层	高压富水地层	—	粉细砂黏土地层	—	富水复合地层
流动度/cm		>24(初始), 16~24(6h), 8.0(8h)	20~25(6h), 19(8h)	—	—		18~24		>16	—	—	>25(初始), 2~25(6h), 19(8h)
泌水率/%		<14	<5	<5	<5	20~30	5~10	<5	<3.5	<5	<5	<5
强度/MPa	1d	—	—	>0.15	>0.3	>0.2	>1.0	>1.0	≥0.2	≥0.2	≥0.2	—
	3d	—	—	—	—	—	—	—	—	—	—	—
	7d	>0.38	—	—	—	—	—	—	—	—	—	—
	28d	>1.65	>2.0	>1.5	>2.5	>2.5	>2.5	>2.5	≥2.5	≥2.5	≥2.5	—
凝结时间/h		6~10	12~18	3~10	3~5	>12	5~7	<5	10~24	3~10	3~20	3~5
表观密度/(g/cm³)		1.75	—	—	—	—	1.7~2.0	—	≥1.8	—	—	1.15~1.30
稠度/mm		—	—	80~120	90~110	90~140	80~100	80~100	100~130	80~120	100~130	90~130
结石率/%		—	—	>95	—	—	—	—	≥95.0	≥95.0	>95.0	—

考虑工程成本和施工工序，单液浆比成本高的双液浆更具优势。从成本控制和操作难易程度角度，单液浆优于双液浆。从注浆效果看，双液浆优于单液浆，活(硬)性浆优于惰性浆。

总体来看，实际工程中浆液选择与施工地层密切相关。然而，目前行业内缺少浆液性能与地层之间的匹配要求。实际施工中缺少能考虑不同地质类型特征的具体化、类型化的浆液设计及选择方法。

7.1.2　单液浆浆液配合比的选定

浆液性能的差异是由浆液材料及其配合比决定的，因此对调研结果中的硬性单液浆液进行配合比分析。具体结果见图 7.2。

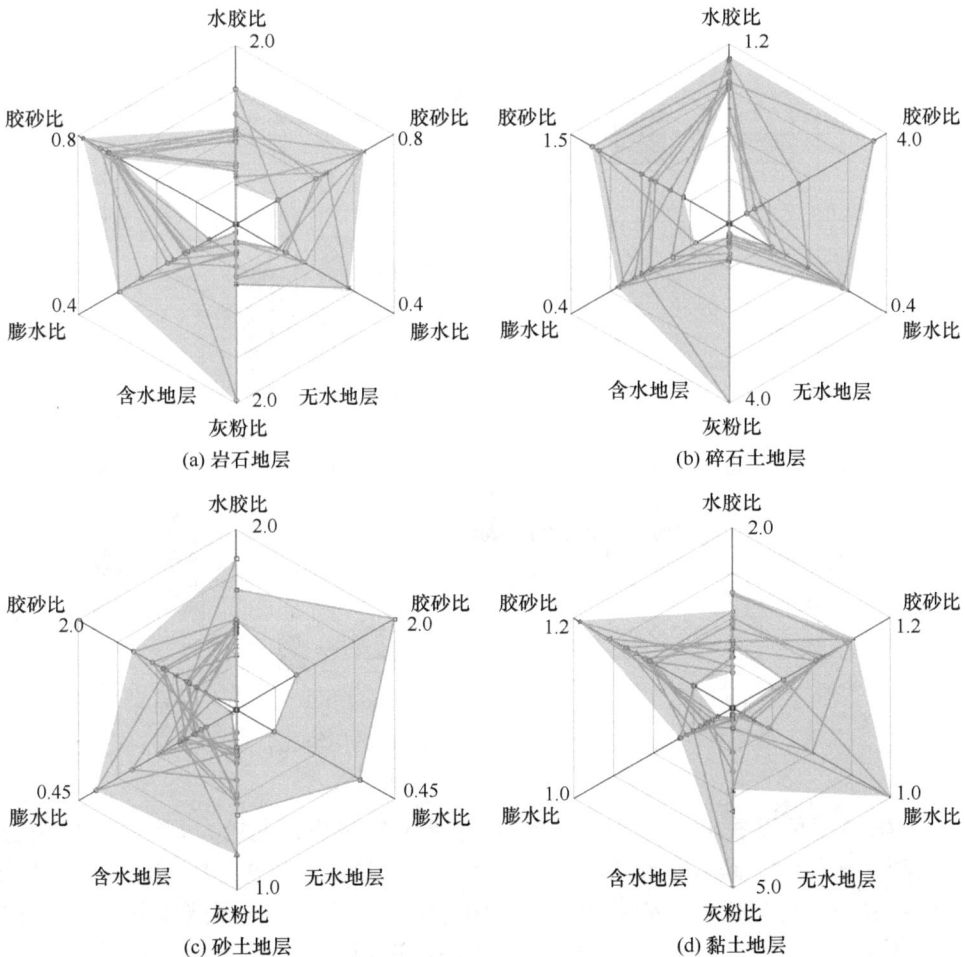

图 7.2　硬性单液浆液配合比调研结果

　　从图 7.2 可以看出，常见硬性单液浆水胶比(水质量/(水泥质量+粉煤灰质量))的取值范围为 0.100～1.680，胶砂比((水泥质量+粉煤灰质量)/砂骨料质量)范围为 0.215～6.244，膨水比(膨润土质量/水质量)范围为 0.014～1.000，灰粉比(水泥质量/粉煤灰质量)范围为 0.087～5.000。不同的地质条件下，注浆材料配合比取值存在差异。整体而言，黏土地层浆液水胶比相较于其他地层偏低，取值在 0.70 左右，灰粉比相较于其他地层偏高，取值在 0.55 附近。岩石地层胶砂比、膨水比取值相较于其他地层偏低，取值分别在 0.60、0.15 左右。同类地层下，地下水的存在对浆液的选取也有较大影响。当施工地层存在地下水时，四类地层注浆材料的水胶比、膨水比取值低于无水地层。存在该现象的原因是随着水胶比减小，所制浆液整体用水量降低，流动性降低，在地下水丰富的地层中不易被水冲散。

　　为了更直观地分析不同地层浆液的选用情况及差异，对调研结果进行进一步整理(图 7.3)。

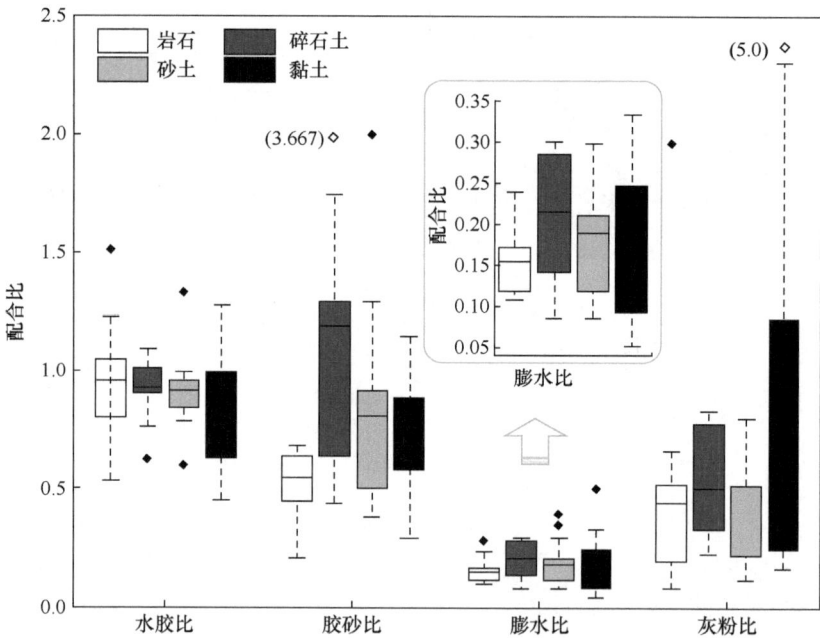

图 7.3　各类地层浆液配合比选用情况
括号内数值为离群值

　　由图 7.3 可以看出，不同地层同步注浆浆液的选用存在较大差异。总体来看，在水胶比选用中，碎石土地层选用范围较小，而黏土地层选用区间相较于其他地层广；在胶砂比选用中，碎石土地层选用范围广，而岩石地层选用范围小，且其取值普遍较低；在膨水比选用中，碎石土地层选用范围广，而岩石地层选用范围小，且其取值普遍较低；在灰粉比选用中，黏土地层相较于其他地层选用范围广，岩石地层和砂土地层差异不大。将所统计的岩石、碎石土、砂土及黏土地层常用的浆液配合比统计于表 7.2 中。

表 7.2 各类地层浆液配合比参考范围

地层	水胶比	胶砂比	膨水比	灰粉比
岩石	0.75~1.05	0.45~0.65	0.12~0.17	0.20~0.55
碎石土	0.87~1.03	0.62~1.41	0.13~0.29	0.32~0.78
砂土	0.85~0.98	0.49~0.92	0.12~0.20	0.22~0.52
黏土	0.63~1.00	0.59~0.89	0.10~0.25	0.25~1.22

7.1.3 单液浆浆液配合比与性能之间的关系

1. 正交试验方案

注浆浆液性能的优劣对盾构隧道施工质量及周边环境安全的影响显著。因此，基于本节盾构隧道壁后注浆材料调研结果，针对常用的单液浆，采用正交试验设计方法，研究注浆材料基本性能，研究浆液组成成分对浆液性能的影响。

本书采用正交试验方法，涉及水胶比、胶砂比、膨水比及灰粉比四个研究因子。基于调研结果，选择合适的水平及水平数，依照 $L_{25}(5,4)$ 正交表(表 7.3)，设计四因子五水平下的 25 种试验设计方案(表 7.4)。

表 7.3 各因子及水平列表

水平	因子			
	水胶比 A	胶砂比 B	膨水比 C	灰粉比 D
I	0.6	0.45	0.1	0.2
II	0.8	0.65	0.2	0.4
III	1.0	0.85	0.3	0.6
IV	1.2	1.05	0.4	0.8
V	1.4	1.25	0.5	1.0

表 7.4 正交试验设计表

组别	水胶比	胶砂比	膨水比	灰粉比
1	0.6	0.45	0.1	0.2
2	0.6	0.65	0.2	0.4
3	0.6	0.85	0.3	0.6
4	0.6	1.05	0.4	0.8
5	0.6	1.25	0.5	1.0

续表

组别	水胶比	胶砂比	膨水比	灰粉比
6	0.8	0.45	0.2	0.6
7	0.8	0.65	0.3	0.8
8	0.8	0.85	0.4	1.0
9	0.8	1.05	0.5	0.2
10	0.8	1.25	0.1	0.4
11	1.0	0.45	0.3	1.0
12	1.0	0.65	0.4	0.2
13	1.0	0.85	0.5	0.4
14	1.0	1.05	0.1	0.6
15	1.0	1.25	0.2	0.8
16	1.2	0.45	0.4	0.4
17	1.2	0.65	0.5	0.6
18	1.2	0.85	0.1	0.8
19	1.2	1.05	0.2	1.0
20	1.2	1.25	0.3	0.2
21	1.4	0.45	0.5	0.8
22	1.4	0.65	0.1	1.0
23	1.4	0.85	0.2	0.2
24	1.4	1.05	0.3	0.4
25	1.4	1.25	0.4	0.6

根据各配合比之间的关系，每组材料的质量比可表示为水泥质量：粉煤灰质量：膨润土质量：砂质量：水质量$=1：\dfrac{1}{D}：\dfrac{(1+D)AC}{D}：\dfrac{(1+D)B}{D}：\dfrac{(1+D)A}{D}$。每组浆液具体材料质量与水的质量比如表 7.5 所示。

表 7.5　正交试验浆液材料质量与水的质量比

组别	水泥质量/水质量	粉煤灰质量/水质量	膨润土质量/水质量	砂质量/水质量
1	0.278	1.389	0.1	3.704
2	0.476	1.190	0.2	2.564
3	0.625	1.042	0.3	1.961
4	0.741	0.926	0.4	1.587
5	0.833	0.833	0.5	1.333
6	0.469	0.781	0.2	2.778
7	0.556	0.694	0.3	1.923

续表

组别	水泥质量/水质量	粉煤灰质量/水质量	膨润土质量/水质量	砂质量/水质量
8	0.625	0.625	0.4	1.471
9	0.208	1.042	0.5	1.190
10	0.357	0.893	0.1	1.000
11	0.500	0.500	0.3	2.222
12	0.167	0.833	0.4	1.538
13	0.286	0.714	0.5	1.176
14	0.375	0.625	0.1	0.952
15	0.444	0.556	0.2	0.800
16	0.238	0.595	0.4	1.852
17	0.313	0.521	0.5	1.282
18	0.370	0.463	0.1	0.980
19	0.417	0.417	0.2	0.794
20	0.139	0.694	0.3	0.667
21	0.317	0.397	0.5	1.587
22	0.357	0.357	0.1	1.099
23	0.119	0.595	0.2	0.840
24	0.204	0.510	0.3	0.680
25	0.268	0.446	0.4	0.571

　　试验配合比选择完成后(表 7.4、表 7.5)，分别对其进行如下的基本性能测试(图 7.4、图 7.5)。

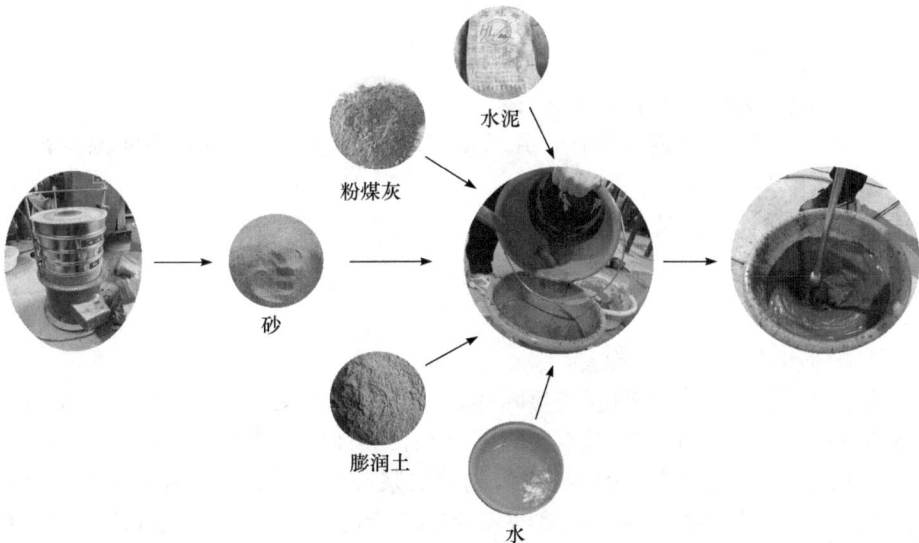

图 7.4　浆液配制过程

图 7.5　25 组拌制浆液

1) 密度试验

(1) 试验前称取空量杯质量 m_1；

(2) 将砂浆拌和物装入量杯，并振动直至无气泡排出，读取当前刻度 V；

(3) 称出砂浆与容器的总重量 m_2，如图 7.6 所示；

(4) 记录并计算浆液的密度(kg/m³)，按式(7.1)计算：

$$\rho = \frac{m_2 - m_1}{V} \tag{7.1}$$

2) 泌水率与结石率试验

泌水率主要反映浆液的液体与固体之间的稳定程度。泌水率越小，浆液的保水性能越高，反之，浆液的保水性能则越差，具体试验步骤如下。

(1) 量筒水平放置在试验台，将配制好的浆液倒入量筒，至刻度 245mL±5mL，静止 1min 后，读取并记录初始浆液表面对应刻度值 a_0，随后及时盖上密封膜以防水分蒸发影响试验结果，如图 7.7 所示。

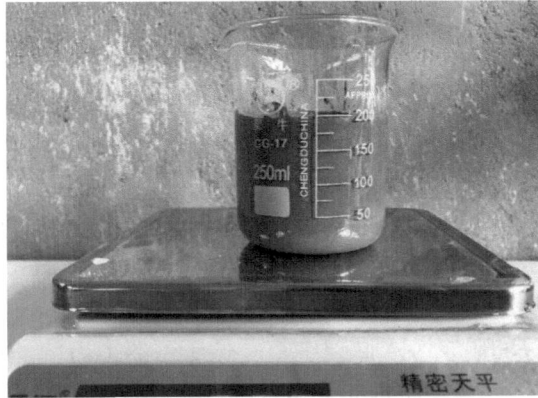

图 7.6　密度试验图

(2) 静至 3h 后分别测量上部泌水表面对应刻度值 a_1 及浆液表面对应刻度值 a_2，泌水率按式(7.2)计算：

$$BR_{3h} = \frac{a_1 - a_2}{a_0} \times 100\% \tag{7.2}$$

(3) 静至 3d 后测量硬化浆体表面对应刻度值 a_3，结石率按式(7.3)计算：

$$HR_3 = \frac{a_3}{a_0} \times 100\% \tag{7.3}$$

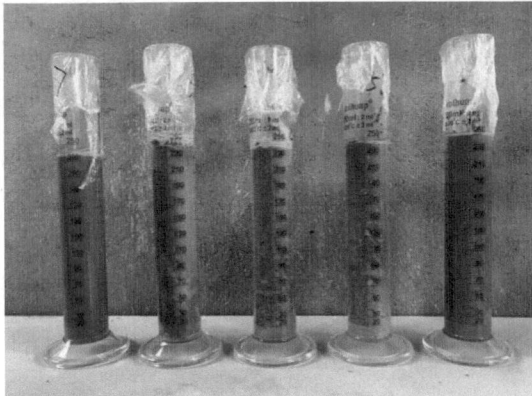

图 7.7　泌水率与结石率试验

3) 稠度试验

稠度反映砂浆的自流动性，根据砂浆稠度仪圆锥体的沉入量(mm)体现。沉入量越大，表示浆液稠度越大，流动性越好，具体步骤如下：

(1) 清理设备，并通过底座旋钮调平仪器；

(2) 将所制浆液一次装入圆锥筒，至筒口 10cm 左右，用捣棒插捣并振动，使浆液表面平整；

(3) 调整旋钮，使圆锥体尖端与砂浆表面接触，并调整指针使刻度盘归零，如图 7.8 所示；

(4) 圆锥体自由下落，同时启动计时器，10s 后立即拧紧螺丝，令测杆下端与滑杆上端接触，读取刻度盘数值即为砂浆的稠度。

4) 凝结时间试验

(1) 将拌制好的砂浆装入试模中，并低于容器上口约 10mm 抹平，将试模放在托盘上，并通过调零旋钮将面盘指针归零，如图 7.9 所示；

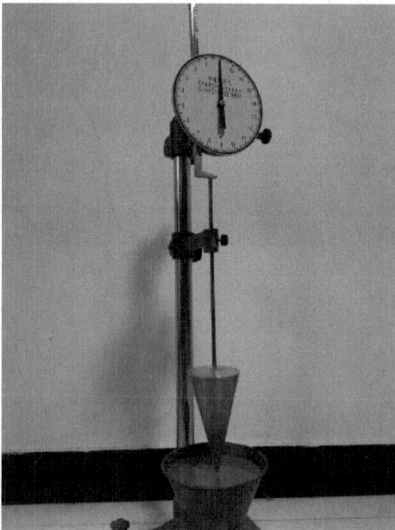

图 7.8　稠度试验　　　　　　　　图 7.9　砂浆凝结时间测定仪

(2) 在 10s 时间内将标准贯入试针缓慢而均匀地垂直贯入砂浆 25mm，并记录当前面盘读数 N_p。

(3) 间隔每半小时重复上述操作，当阻力达到 0.3MPa 时测量间距调整为 15min，直到阻力达到 0.7MPa。砂浆贯入阻力可依据式(7.4)计算：

$$f_p = N_p / A_p \tag{7.4}$$

5) 抗压强度试验

(1) 采用尺寸为 70.7 mm×70.7 mm×70.7 mm 的带底试模，每组试件 3 块。

(2) 在试模内壁均匀涂抹薄层脱模剂，将拌制好的砂浆一次性倒入砂浆试模，并振捣成型，待表面水分稍干，利用刮刀抹平表面。

(3) 试件制作后在室内静止 24h，然后对试件进行编号、拆模。试件拆模后放入标准养护箱中养护，如图 7.10 所示。

(4) 将试件安放在试验机中央，如图 7.11 所示，加荷速度设定在 0.25kN/s，试件破坏，记录破坏荷载 N_u，砂浆立方体强度按式(7.5)计算：

$$\rho=\frac{m_2-m_1}{V} \tag{7.5}$$

图 7.10　25 组砂浆试件

图 7.11　抗压强度试验

2. 试验结果

通过上述性能测试，25 组浆液基本性能指标正交试验结果如表 7.6 所示。

表 7.6　浆液基本性能指标正交试验结果

组别	浆液密度 /(g/cm³)	泌水率 /%	结石率 /%	稠度 /mm	凝结时间 /h	抗压强度/MPa	
						3d	28d
1	1.957	0.2	99.444	26	5.08	0.8	1.1
2	1.904	0.5	99.072	82	7.07	1.5	3.4
3	1.898	1.0	98.160	100	6.83	2.5	5.1
4	1.937	0.7	98.441	105	6.50	5.7	8.7
5	1.873	0.0	100	82	6.02	4.8	10.2
6	1.921	1.2	98.805	111	8.62	1.3	3.2
7	1.845	1.7	98.333	130	9.57	1.5	3.8
8	1.778	1.1	98.936	133	9.15	2.1	4.7
9	1.724	0.5	99.471	129	6.678	0.4	0.6
10	1.653	8.8	90.968	138	16.05	2.5	2.0
11	1.866	1.7	98.343	133	10.87	1.7	3.9
12	1.798	1.4	98.592	139	26.31	0.3	0.6
13	1.724	1.1	98.913	133	25.02	0.6	1.2
14	1.578	16.65	82.747	139	16.37	1.0	2.6

组别	浆液密度 /(g/cm³)	泌水率 /%	结石率 /%	稠度 /mm	凝结时间 /h	抗压强度/MPa	
						3d	28d
15	1.628	11.4	88.497	138	15.13	1.2	2.2
16	1.685	2.4	96.6647	126	13.43	0.5	1.1
17	1.738	0.3	99.695	130	13.78	0.6	1.3
18	1.570	20.0	80	139	15.15	1.0	2.6
19	1.549	10.5	89.355	140	20.50	1.1	2.4
20	1.552	9.3	90.595	140	46.687	0.2	0.3
21	1.742	1.6	98.307	132	9.67	0.7	1.4
22	1.479	21.4	78.511	—	19.45	1.0	2.1
23	1.521	20.9	79.130	—	45.27	0.2	0.3
24	1.520	8.7	91.254	—	42.73	0.3	0.5
25	1.515	4.7	95.288	139	28.07	0.3	0.7

对四因子进行密度极差分析，如图7.12所示。由图可知，浆液密度影响因素主要为水胶比，胶砂比次之，后为膨水比和灰粉比。具体来看，$k_{AI} > k_{AII} > k_{AIII} > k_{AIV} > k_{AV}$，$k_{BI} > k_{BII} > k_{BIII} > k_{BIV} > k_{BV}$，$k_{CV} > k_{CIV} > k_{CIII} > k_{CII} > k_{CI}$，$k_{DIV} > k_{DIII} > k_{DI} > k_{DV} > k_{DII}$，浆液密度最大的配合比是 $AI \, BI \, CV \, DIV$，密度最小的配合比是 $AV \, BV \, CI \, DII$。进一步分析可知，浆液密度受水胶比和胶砂比的影响规律基本一致，均随配合比增大而减小；浆液密度受膨水比的影响规律则相反，配合比越大，密度越大；浆液密度受灰粉比的影响基本保持在一定范围内波动，可视为受灰粉比影响较小。

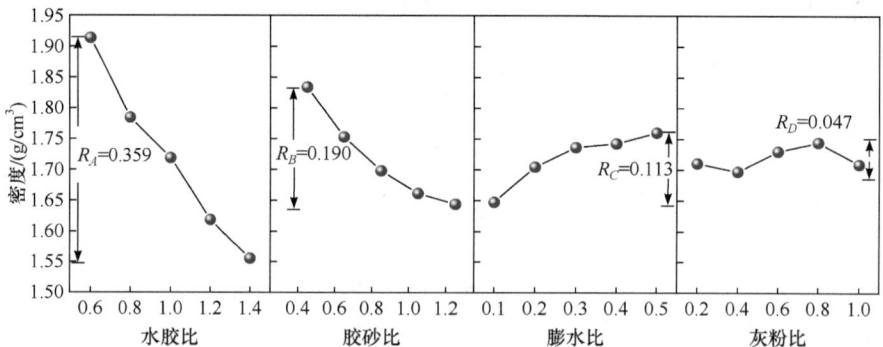

图 7.12　浆液密度极差分析

对四因子进行泌水率极差分析，如图7.13所示。泌水率主要受膨水比影响，水胶比次之，后为胶砂比、灰粉比。$k_{AV} > k_{AIV} > k_{AIII} > k_{AII} > k_{AI}$，$k_{BIII} > k_{BIV} > k_{BV} > k_{BII} > k_{BI}$，$k_{CI} > k_{CII} > k_{CIII} > k_{CIV} > k_{CV}$，$k_{DIV} > k_{DV} > k_{DI} > k_{DIII} > k_{DII}$，浆液泌水率

最大的配合比为 $AV\,B\mathrm{III}\,CI\,D\mathrm{IV}$，泌水率最小的配合比为 $AI\,BI\,CV\,D\mathrm{II}$。进一步分析可知，泌水率随水胶比增大而增大，膨水比对泌水率的影响与之相反；对于胶砂比，小于 0.85 时泌水率与之呈正相关关系，大于 0.85 时则相反；灰粉比对泌水率的影响与对密度的影响相似，仅在一定范围内波动。

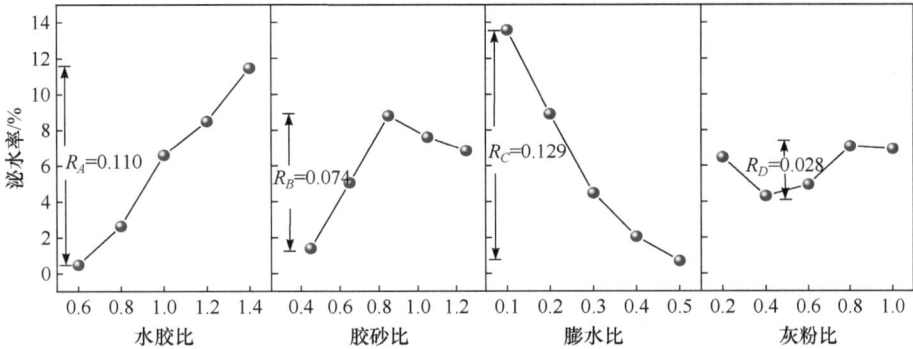

图 7.13　浆液泌水率极差分析

泌水率反映了浆液稳定性，泌水率越小，浆液固结后强度分布越均一。反之不然，且易形成沉积，注浆时易造成堵塞。由于泌水率对注浆效果的影响趋势统一，施工中宜选用泌水率小的浆液。结合前述内容，水泥会发生水化结合，粉煤灰具有类似作用但程度稍弱，不过粉煤灰可以减少用水量，膨润土本身具有很强的吸湿性，这些材料均导致砂浆中自由水减少，从而导致泌水率的减小，施工中可以通过控制水胶比和膨水比达到控制泌水率的目的。

由图 7.14 可知，浆液结石率主要受膨水比影响，水胶比次之，后为胶砂比、灰粉比。$k_{A\mathrm{I}} > k_{A\mathrm{II}} > k_{A\mathrm{III}} > k_{A\mathrm{IV}} > k_{A\mathrm{V}}$，$k_{B\mathrm{I}} > k_{B\mathrm{II}} > k_{B\mathrm{V}} > k_{B\mathrm{IV}} > k_{B\mathrm{III}}$，$k_{C\mathrm{V}} > k_{C\mathrm{IV}} > k_{C\mathrm{III}} > k_{C\mathrm{II}} > k_{C\mathrm{I}}$，$k_{D\mathrm{II}} > k_{D\mathrm{III}} > k_{D\mathrm{I}} > k_{D\mathrm{V}} > k_{D\mathrm{IV}}$，浆液结石率最大的配合比是 $AI\,BI\,CV\,D\mathrm{II}$，结石率最小的配合比是 $AV\,B\mathrm{III}\,CI\,D\mathrm{IV}$。进一步分析可知，单浆液结石率随水胶比增大而减小，膨水比对结石率的影响与之相反；对于胶砂比，小于 0.85 时结石率与之呈负相关关系，大于 0.85 时则相反；灰粉比结石率的影响与对密度和泌水率的影响效果类似，只在一定范围内波动。

由图 7.15 可知，浆液稠度主要受水胶比影响，其次为胶砂比，后为灰粉比、膨水比。$k_{A\mathrm{V}} > k_{A\mathrm{III}} > k_{A\mathrm{IV}} > k_{A\mathrm{II}} > k_{A\mathrm{I}}$，$k_{B\mathrm{IV}} > k_{B\mathrm{III}} > k_{B\mathrm{V}} > k_{B\mathrm{II}} > k_{B\mathrm{I}}$，$k_{C\mathrm{III}} > k_{C\mathrm{IV}} > k_{C\mathrm{II}} > k_{C\mathrm{V}} > k_{C\mathrm{I}}$，$k_{D\mathrm{IV}} > k_{D\mathrm{V}} > k_{D\mathrm{III}} > k_{D\mathrm{II}} > k_{D\mathrm{I}}$，浆液稠度最大的配合比是 $AV\,B\mathrm{IV}\,C\mathrm{III}\,D\mathrm{IV}$，稠度最小的配合比是 $AI\,BI\,CI\,DI$。进一步分析可知，浆液稠度随水胶比和胶砂比的增大而增大，在水胶比达到 1.0 时趋于稳定，在胶砂比达到 0.65 时也趋于稳定；膨水比和灰粉比对稠度的影响曲线趋于平缓，表明这两种材料对稠度并无明显影响。

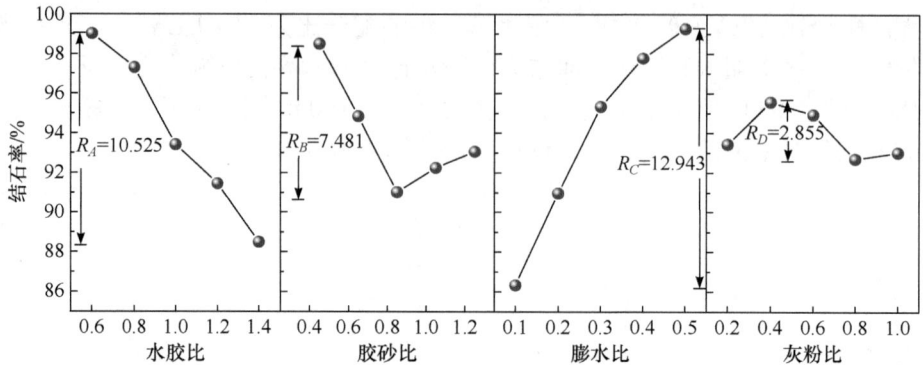

图 7.14   浆液结石率极差分析

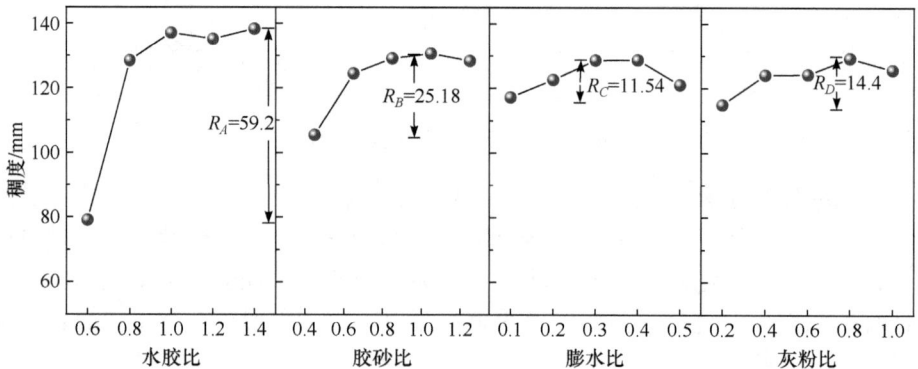

图 7.15   浆液稠度极差分析

浆液稠度反映了浆液流动性，稠度越小越易于流动，便于泵送，反之不然。结合上述分析，可通过浆液稠度的调节需要通过控制水胶比和胶砂比完成。

由图 7.16 可知，浆液凝结时间主要受水胶比影响，灰粉比次之，后为胶砂比、膨水比，且这四种因素对浆液凝结时间均有明显影响。其中，$k_{A\text{V}} > k_{A\text{IV}} > k_{A\text{III}} > k_{A\text{II}} > k_{A\text{I}}$，$k_{B\text{V}} > k_{B\text{III}} > k_{B\text{IV}} > k_{B\text{II}} > k_{B\text{I}}$，$k_{C\text{III}} > k_{C\text{II}} > k_{C\text{IV}} > k_{C\text{I}} > k_{C\text{V}}$，$k_{D\text{I}} > k_{D\text{II}} > k_{D\text{III}} > k_{D\text{V}} > k_{D\text{IV}}$，浆液凝结时间最长的配合比是 $A\text{V}B\text{V}C\text{III}D\text{I}$，凝结时间最短的配合比是 $A\text{I}B\text{I}C\text{V}D\text{IV}$。进一步分析可知，浆液凝结时间随水胶比和胶砂比的增大而增大，灰粉比对凝结时间的影响与之相反；对于膨水比，小于 0.3 时凝结时间与之呈正相关关系，大于 0.3 时则相反。

浆液凝结时间对注浆效果有着直接的影响，凝结时间过长，浆液在地层中易于流失，且存在被地下水稀释的可能，导致固结后强度无法满足施工质量要求；凝结时间过短，浆液难以充分在地层中扩散，达到加固松动土体的目的，且过快

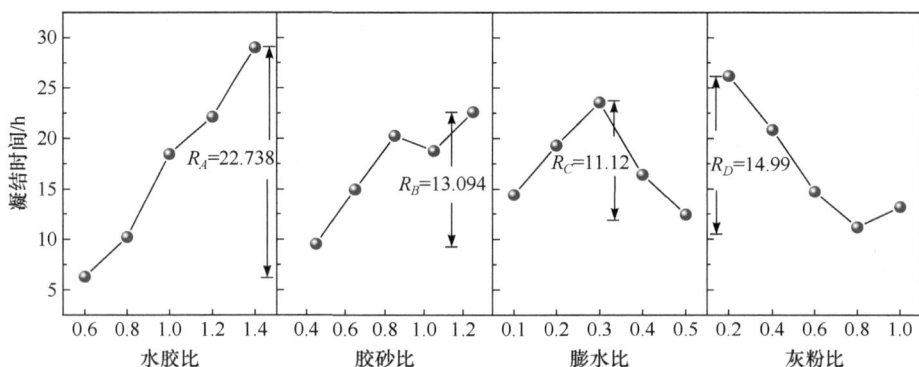

图 7.16　浆液凝结时间极差分析

凝结还会导致结块，堵塞注浆管道。结合上述分析，可以通过调整相应的配合比达到理想的浆液凝结时间。

浆液抗压强度极差分析如图 7.17 所示 。由图 7.17 可知，对浆液 3d 抗压强度的影响因素从主到次的顺序依次为水胶比>灰粉比>胶砂比>膨水比。其中，$k_{A\mathrm{I}} > k_{A\mathrm{II}} > k_{A\mathrm{III}} > k_{A\mathrm{IV}} > k_{A\mathrm{V}}$，$k_{B\mathrm{V}} > k_{B\mathrm{IV}} > k_{B\mathrm{III}} > k_{B\mathrm{I}} > k_{B\mathrm{II}}$，$k_{C\mathrm{IV}} > k_{C\mathrm{V}} > k_{C\mathrm{I}} > k_{C\mathrm{III}} > k_{C\mathrm{II}}$，$k_{D\mathrm{V}} > k_{D\mathrm{IV}} > k_{D\mathrm{III}} > k_{D\mathrm{II}} > k_{D\mathrm{I}}$。对浆液 28 d 抗压强度的影响因素从主到次的顺序依次为水胶比>灰粉比>膨水比>胶砂比。其中，$k_{A\mathrm{I}} > k_{A\mathrm{II}} > k_{A\mathrm{III}} > k_{A\mathrm{IV}} > k_{A\mathrm{V}}$，$k_{B\mathrm{V}} > k_{B\mathrm{IV}} > k_{B\mathrm{III}} > k_{B\mathrm{II}} > k_{B\mathrm{I}}$，$k_{C\mathrm{IV}} > k_{C\mathrm{V}} > k_{C\mathrm{III}} > k_{C\mathrm{II}} > k_{C\mathrm{I}}$，$k_{D\mathrm{V}} > k_{D\mathrm{IV}} > k_{D\mathrm{III}} > k_{D\mathrm{II}} > k_{D\mathrm{I}}$。浆液 3d、28d 抗压强度最大的配合比都是 $A\mathrm{I}B\mathrm{V}C\mathrm{IV}D\mathrm{V}$，3d 抗压强度最小的配合比是 $A\mathrm{V}B\mathrm{II}C\mathrm{II}D\mathrm{I}$，28d 抗压强度最小的配合比是 $A\mathrm{V}B\mathrm{I}C\mathrm{I}D\mathrm{I}$。单液浆的抗压强度随水胶比的增大，总体呈现逐渐减小的趋势；随着灰粉比的增大，抗压强度逐渐增大；胶砂比、膨水比对抗压强度的影响有起伏，但波动不大。同步注浆最重要的目的是减小开挖引起的周边环境扰动，确保结构的安全，因此浆液凝结后能到达一定的强度，使得围岩和管片衬砌形成完整的受力结构。可以得出，提高凝结

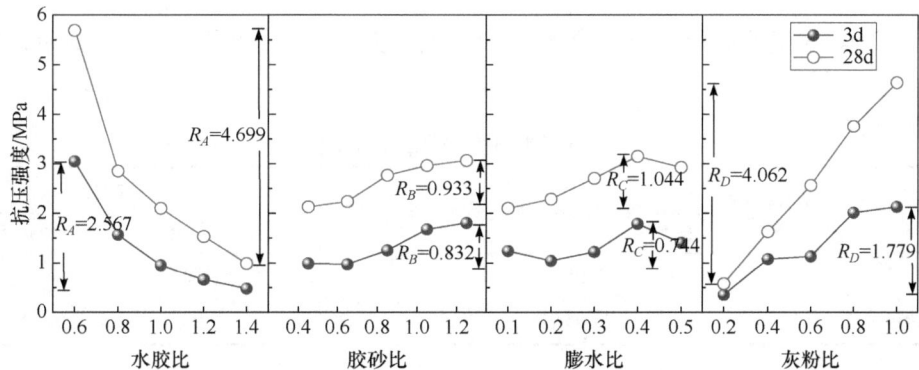

图 7.17　浆液抗压强度极差分析

材料含量可以增加砂浆的抗压强度，且水泥比粉煤灰的效果要好。因此，可主要通过减小含水量，增加水泥用量来提高浆液的抗压强度。

再进行壁后注浆材料性能的多元非线性回归，根据表 7.6 中的试验结果，利用数据处理系统(data processing system，DPS)，采用二阶多项式模型进行回归分析：

$$y = a_0 + a_1A + a_2B + a_3C + a_4D + a_5A^2 + a_6B^2 + a_7C^2 + a_8D^2$$
$$+ a_9AB + a_{10}AC + a_{11}AD + a_{12}BC + a_{13}BD + a_{14}CD \qquad (7.6)$$

式中，$a_i(i = 0,1,\cdots,14)$ 为回归系数；A、B、C、D 分别表示浆液水胶比、胶砂比、膨水比、灰粉比。根据试验结果得回归关系，结果如表 7.7 所示。

表 7.7　浆液性能指标回归关系

性能指标	回归关系	相关系数
密度	$y = 2.256 - 0.366A - 0.566C - 1.534C^2 - 0.394AB$ $+ 1.003AC + 0.704BC + 0.117CD$	0.967
泌水率	$y = -0.266 + 0.372A + 0.255B - 0.098B^2 + 0.744C^2$ $- 0.685AC - 0.054AD - 0.205BC + 0.125CD$	0.973
结石率	$y = 126.276 - 36.223A - 26.868B + 10.578B^2 - 71.124C^2$ $+ 66.802AC + 5.204AD + 20.046BC - 12.301CD$	0.971
稠度	$y = -272.427 + 440.515A + 257.049B + 167.540D - 164.273A^2$ $- 79.068B^2 - 40.499D^2 - 45.480AB - 33.041AD - 90.728BD$	0.947
凝结时间	$y = -12.532 + 32.132A - 7.802B^2 - 18.962C^2 + 37.925D^2$ $+ 30.151AB - 50.429AD - 11.908BD$	0.930
3d 抗压强度	$y = -1.789 - 1.217A + 7.211B + 4.692D + 3.096A^2 - 12.333C^2$ $- 2.298D^2 - 7.791AB - 1.524AD + 5.293BC + 3.467CD$	0.945
28d 抗压强度	$y = 5.146 - 16.275A + 20.002D + 10.918A^2 + 2.048B^2 + 8.942C^2$ $- 4.097AB - 13.083AD + 1.041BD - 10.28CD$	0.981

将第 25 组的试验配合比代入回归模型，以此验证方程的可靠性，结果如表 7.8 所示。

表 7.8　回归模型对比表

组别	浆液密度 /(g/cm³)	泌水率/%	结石率/%	稠度/mm	凝结时间/h	抗压强度/MPa	
						3d	28d
25	1.515	4.7	95.288	—	28.07	0.3	0.7
回归模型	1.524	3.8	95.978	131	32.352	0.168	0.692

从表 7.8 可以看出，浆液基本性能指标与回归模型结果吻合度较高，因此

上述 8 项回归模型具有一定的可靠性,可为施工过程中浆液配合比选取提供参考。

通过大量的调研结果,可利用其实际施工浆液配合比进行室内试验得到浆液的基本性能参数情况,但考虑样本量过大,因此借助拟合的多元非线性回归方程对所调研的单液浆进行分析,通过统计分析得到对应地层下浆液的性能范围。

由图 7.18 可知,各类地层选用浆液的性能大不相同。不同品牌,不同商家的同一材料,其性能也存在偏差,因此通过室内试验对所调研的配合比性能研究结果与现场所用浆液性能不能达到完全一致。为此,结合统计结果与表 7.2 中提及的地层浆液性能要求,为盾构隧道壁后注浆施工提供参考,具体指标见表 7.9。

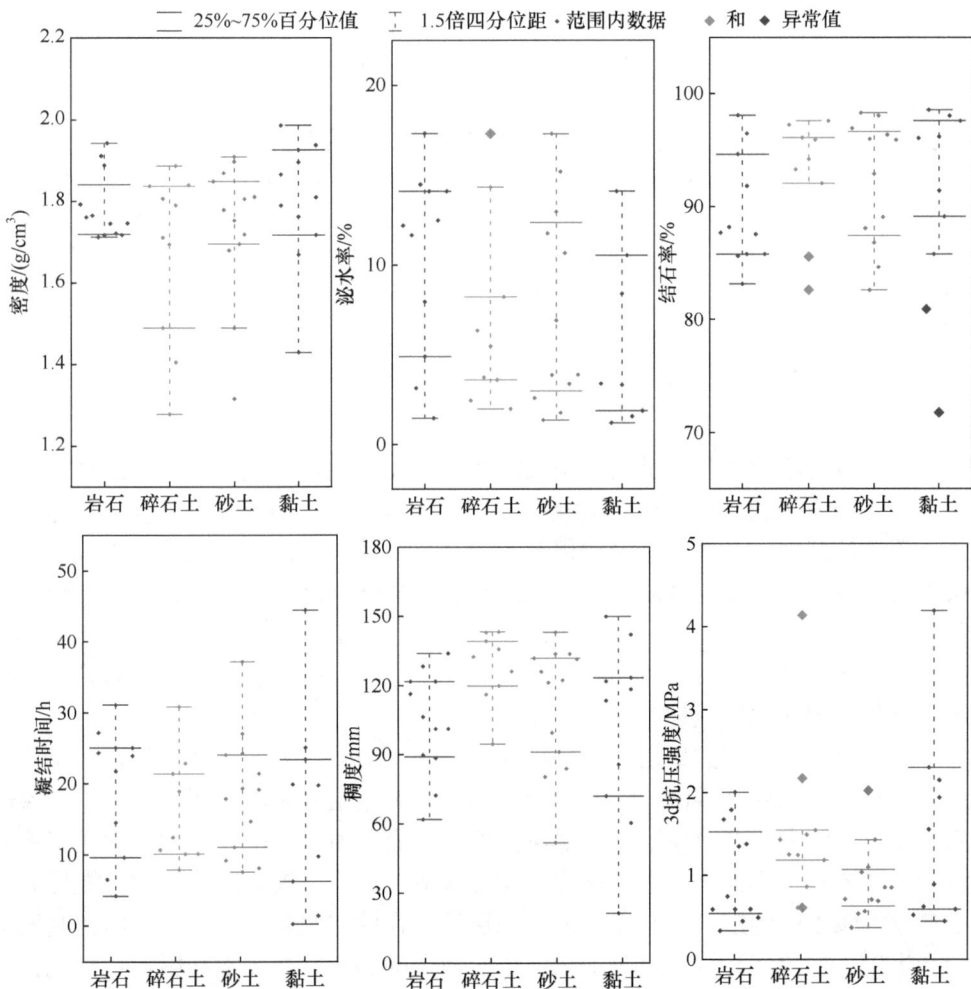

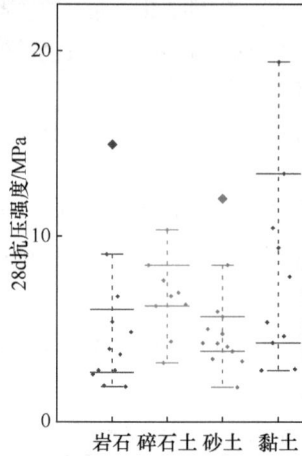

图 7.18　各类地层浆液性能回归分析图

表 7.9　各类地层浆液性能要求参考表

地层	密度 /(g/cm³)	泌水率/%	结石率/%	稠度/mm	凝结时间/h	3d 抗压强度/MPa	28d 抗压强度/MPa
岩石	1.72～1.86	<15	>85	90～120	9～25	>0.50	>2.5
碎石土	1.47～1.84	<10	>90	120～140	10～22	>1.0	>2.5
砂土	1.69～1.86	<5	>95	90～130	10～24	>0.60	>2.5
黏土	1.72～1.93	<5	>95	70～130	4～24	>0.60	>2.5

　　上述内容给出了各类地层适用浆液的配合比选用范围及对应的浆液性能指标要求，可为盾构隧道壁后注浆浆液选择提供参考。一方面，浆液配合比推荐值是一个活动的范围，具体的配合比仍不明确。另一方面，同步注浆性能需根据地层条件具体调整，但往往从泌水率、抗压强度、凝结时间、稠度等方面进行约束试配时，各类性能的保障存在冲突。例如，水胶比提高时，虽然浆液稠度得到增加，但伴之泌水率增加、凝结时间延长、抗压强度减小。因此，对于此类问题，可采用多目标规划来求解最佳配合比方案。

　　对于自稳性较好的地层，在盾尾脱空后地层向管片方向发生的位移较小，松动范围小，对原始地层的稳定性影响较小。该类地层对浆液的要求如下：在保证基本浆液性能满足要求情况下，尽可能地均匀充填盾尾间隙。因此，适用浆液的凝结时间要长，且稠度要大，这样才能使浆液在注入后有足够流动的可能性。对于自稳性较差的地层，如软土、砂土地层等，在盾尾脱空后的短时间内，其地层会产生较大的位移。若不及时加固，将对地层的稳定性造成不利影响。因此，该类地层适宜的浆液要求凝结时间短，且具有一定的早期强度，以补偿盾尾间隙导致的初始地层应力释放。

　　根据地层条件对浆液提出的要求，从浆液凝结时间、稠度和 3d 抗压强度等角度对自稳性较好和较差地层进行适配分析，以得到不同自稳性地层的最优浆液配合比。结合相关文献对硬质和软质地层提出的浆液要求，自稳性差异地层浆液性能差异最大之处在于凝结时间。研究认为浆液达到以下要求(表 7.10)，浆液的性能将达到最优。

表 7.10　浆液性能要求

地层性能	凝结时间/h	泌水率/%	稠度/mm	3d 抗压强度/MPa
自稳性较好	12	<5	90～140	>1
自稳性较差	6	<5	80～100	>1.5

　　以自稳性较好地层为例，浆液最佳凝结时间下，得到目标函数：

$$f_{凝结时间min} = -24.532 + 32.132x_1 - 7.802x_2^2 - 18.962x_3^2 + 37.925x_4^2 + 30.151x_1x_2 - 50.429x_1x_4 - 11.908x_2x_4$$

　　求解上述非线性约束规划函数，得到不同自稳性地层的浆液配合比推荐值见表 7.11。

表 7.11　浆液配合比推荐值

地层性能	水胶比	胶砂比	膨水比	灰粉比
自稳性较好	0.798	0.731	0.255	0.389
自稳性较差	0.619	0.764	0.145	0.568

　　两组浆液配合比依据回归模型的浆液配合比指标见表 7.12。

表 7.12　回归模型浆液性能指标

地层性能	浆液密度/(g/cm³)	泌水率/%	稠度/mm	凝结时间/h	3d 抗压强度/MPa
自稳性较好	1.837	3.131	117	11.993	1.471
自稳性较差	1.906	2.465	96.743	6.001	1.632

　　根据浆液配合比极差分析及表 7.11 可以看出，当施工中所遇地层自稳性变差时，可以考虑降低水胶比、膨水比或提高灰粉比、胶砂比的方式，但具体采用调整对象及幅度需结合实际工程水文地质情况及浆液材料经济等方面确定。

　　因此，通过本节研究，对不同类型地层选择浆液配合比时可按照如下步骤：

首先，根据已探明的施工区域地层的水文地质环境，确定该地层适宜浆液的基本性能指标(表 7.10)。其次，根据实际环境调整浆液突出性能，再利用表 7.2 及多目标规划方法得到具体的浆液配合比方案。再次，进行浆液拌制，并测试浆液基本性能。最后，若所制浆液与施工要求存在偏差，可根据配合比对性能的影响角度做一定修正，直至满足要求。

7.2　注浆压力的设计

注浆技术虽然属于一种传统的工艺，但将其引入盾构施工后仍存在不少亟待研究解决的问题。不管采用哪种注浆方式，注浆压力选择与控制都是壁后注浆效果是否良好的关键。注浆压力过大，可能引起管片局部或整体上浮、错台、开裂、压碎或其他形式的破坏，也会引发地表隆起，浆液从盾尾流入隧道内部等问题。反之，注浆压力过小，可能引起地表沉降超限，严重时会造成建筑物倾斜、开裂、倒塌，道路沉陷，影响交通。因此，壁后注浆过程中，必须合理选择注浆压力。

在盾构隧道壁后注浆施工中，通常压力控制和流量控制是同时进行的[13]。若按设定压力注浆，则注入流量不固定；若按设定流量注浆，则注浆压力不固定。总之，单纯考虑注入流量或注浆压力的方法均不理想，故常对两者进行综合控制，见图 7.19。

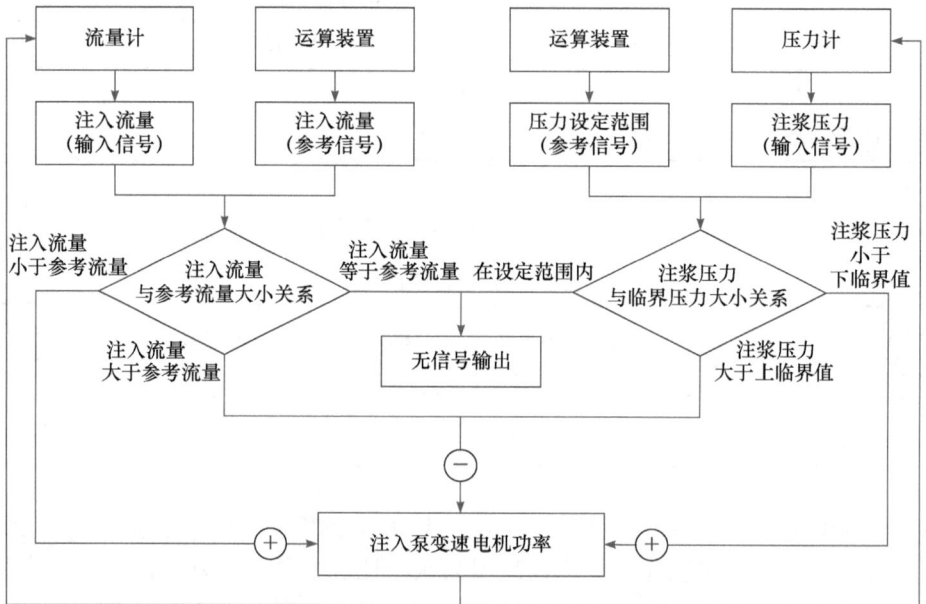

图 7.19　注浆施工综合控制示意图

注浆控制装置不仅能自动测量控制注入流量，还能自动控制注浆压力。如果注浆压力在设定范围内，则按照设定注入流量进行注入。如果注入流量比最佳注入流量大，则注浆压力上升。注浆压力超过压力设定范围时，自动注入流量设定器开始工作，注入流量和注浆压力将开始下降到设定范围。反之，若地层中出现尾隙以外的间隙使压力急剧减小，则注入流量自动上升，注浆压力开始恢复到设定范围。由注浆控制过程可见，注浆压力设定是注浆控制的关键。因此，下文将推导注浆压力的上临界值、下临界值(临界注浆压力)理论公式，以得到注浆压力设定范围。

7.2.1 临界注浆压力计算

1. 基本假设

以自稳性较差的软黏土地层为例，盾构施工时，管片脱离盾尾后很快会被周围土体包裹，很难形成厚度均匀的盾尾间隙。图 7.20(a)为黏土地层中盾构壁后注浆的调查实例，可以看出，黏土中从管片注浆孔及时注浆，浆液将直接压密周围土体；在注浆压力较大时，对土体产生明显的劈裂效应。为研究方便，根据已有关于压密注浆的研究，对图 7.20(a)的浆液扩散模式进行概化，提出以下基本假设：

(1) 由于黏土渗透系数很小，因此忽略浆液和土体交界面的渗透，假设壁后注浆先对周围的土体产生压密效应，若注浆压力过大，则对周围土体产生劈裂效应。

(2) 由于盾构隧道半径远大于压密注浆浆体扩张范围，忽略盾构管片的弧度效应，认为管片外壁为平面。

(3) 将图 7.20(a)中浆体在土体中的不规则扩张概化为规则的半球形，则压密

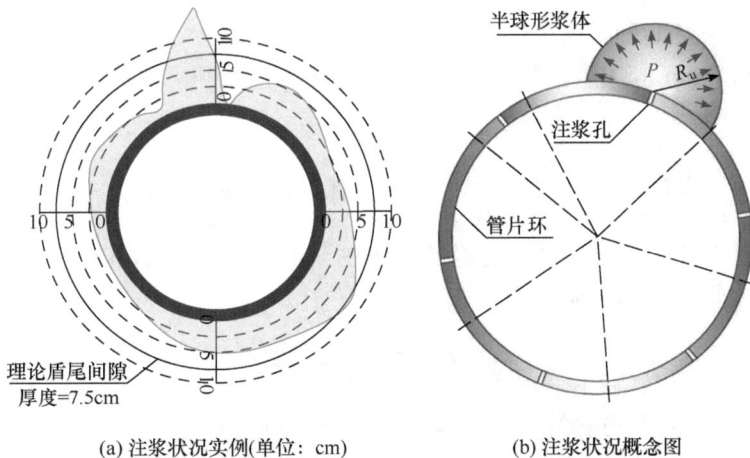

(a) 注浆状况实例(单位：cm)　　　　(b) 注浆状况概念图

图 7.20　黏土地层壁后注浆状况实例及概念图

注浆过程就相当于在半无限土体中扩张一个半球形孔(图 7.20(b)),在半球孔四周形成了一个应力影响区,该区由塑性区和弹性区组成。

2. 弹塑性分析

设半球形浆体的初始半径为 R_0,扩张过程中的现时半径为 R_u,相应的弹塑性交界面半径为 R_p,半径 R_p 以外的土体仍然保持弹性状态。

根据弹塑性理论,球对称问题的平衡方程为

$$\frac{\mathrm{d}\sigma_r}{\mathrm{d}r} + 2\frac{\sigma_r - \sigma_\theta}{r} = 0 \tag{7.7}$$

式中,σ_r 为土体径向应力;σ_θ 为土体环向应力。

几何方程为

$$\varepsilon_r = -\frac{\mathrm{d}u_r}{\mathrm{d}r}, \quad \varepsilon_\theta = -\frac{u_r}{\mathrm{d}r} \tag{7.8}$$

弹性物理方程为

$$\begin{cases} \varepsilon_r = \dfrac{\sigma_r - 2\nu\sigma_\theta}{E} \\ \varepsilon_\theta = \dfrac{(1-\nu)\sigma_\theta - \nu\sigma_r}{E} \end{cases} \tag{7.9}$$

边界条件为

$$\begin{cases} \sigma_r(R_u) = P \\ \lim\limits_{r\to\infty} \sigma_r = P_0 \end{cases} \tag{7.10}$$

式中,P 为注浆压力;P_0 为注浆孔处的地下水压力。

Mohr-Coulomb 屈服准则:

$$\sigma_r - \alpha\sigma_\theta = y \tag{7.11}$$

式中,$\alpha = \dfrac{1+\sin\varphi}{1-\sin\varphi}$;$y = \dfrac{2c\cos\varphi}{1-\sin\varphi}$,$\varphi$ 为土体的内摩擦角,c 为土体的黏聚力。

随着注浆压力增大,浆体边缘的土体逐渐进入屈服。由式(7.7)~式(7.11)可解得土体进入塑性状态的临界压力:

$$P_p = P_0 + \frac{2[y + (\alpha-1)P_0]}{2+\alpha} \tag{7.12}$$

进一步解答,得到弹性区域($r > R_p$)应力和位移为

$$\begin{cases} \sigma_r = P_0 + (P_p - P_0)\left(\dfrac{R_p}{r}\right)^3 \\[3mm] \sigma_\theta = P_0 - \dfrac{P_p - P_0}{2}\left(\dfrac{R_p}{r}\right)^3 \\[3mm] u_r = \dfrac{2v-1}{E}P_0 r + \dfrac{(1+v)(P_p - P_0)r}{2E}\left(\dfrac{R_p}{r}\right)^3 \end{cases} \qquad (7.13)$$

塑性区域($R_u \leqslant r < R_p$)应力为

$$\begin{cases} \sigma_r = -\dfrac{y}{\alpha-1} + C_1 r^{\frac{2(\alpha-1)}{\alpha}} \\[3mm] \sigma_\theta = -\dfrac{y}{\alpha-1} + \dfrac{C_1}{\alpha} r^{\frac{2(\alpha-1)}{\alpha}} \end{cases} \qquad (7.14)$$

弹塑性交界面($r=R_p$)，径向应力为临界扩张压力 P_p，即

$$\sigma_r(R_p) = P_p \qquad (7.15)$$

将式(7.15)代入式(7.14)，可得

$$C_1 = R_p^{\frac{2(\alpha-1)}{\alpha}}\left(P_p + \dfrac{y}{\alpha-1}\right) \qquad (7.16)$$

将边界条件 $\sigma_r(R_u)=P$ 代入式(7.14)，可得塑性区半径 R_p、现时浆体半径 R_u 及压力水平 F 之间的关系为

$$\beta = \dfrac{R_p}{R_u} = \left[\dfrac{(\alpha-1)P+y}{(\alpha-1)P_p+y}\right]^{\frac{\alpha}{2(\alpha-1)}} = F^{\frac{\alpha}{2(\alpha-1)}} \qquad (7.17)$$

$$F = \dfrac{(\alpha-1)P+y}{(\alpha-1)P_p+y} \qquad (7.18)$$

可得浆体初始半径 R_0 与现时半径 R_u 的关系式为

$$\dfrac{1}{\xi} = \dfrac{R_0}{R_u} = \dfrac{(1-2v)(\alpha+1)}{E(\alpha+2)}\left(P_p + \dfrac{y}{\alpha-1}\right)\left[\beta^{\frac{2(\alpha-1)}{\alpha}} - \beta^3\right] + \dfrac{y(1-2v)}{E(\alpha-1)}\left(\beta^3-1\right) - \delta\beta^3 + 1 \quad (7.19)$$

式中，ξ 为浆体扩张率。

3. 临界注浆压力

注浆压力过大可能导致浆体劈裂周围土体，扩张范围失去控制，也可能导致

管片结构破坏或土体产生过大变形。注浆压力过小，不能平衡地下水压力及土压力，同样会造成周围土体变形过大。因此，下文分别以浆体无限扩张考虑劈裂效应，管片连接螺栓破坏考虑管片结构受力，主动、被动土压力公式考虑地层稳定性来推导壁后注浆压力上临界值、下临界值计算式。

1)由浆体无限扩张确定上临界值

注浆压力增大到一定程度以后，浆体将对周围土体产生劈裂效应。可见，浆体对土体的压密效应和劈裂效应间存在临界状态。压密状态中，整个半球形浆体半径在不断扩张；劈裂状态中，浆体向局部破坏的土体劈裂流动。因此，本书将浆体无限扩张，其半径趋于无穷时，作为压密与劈裂的临界状态。

浆体无限扩张时，扩张率 $\xi \to \infty$，由式(7.19)可得

$$(M - N - \delta)\beta^3 + N\beta^{\frac{2(\alpha-1)}{\alpha}} - M + 1 = 0 \tag{7.20}$$

式中，$M = \dfrac{y(1-2v)}{E(\alpha-1)}$；$N = \dfrac{(1-2v)(\alpha+1)}{E(\alpha+2)}\left(P_p + \dfrac{y}{\alpha-1}\right)$。

由式(7.20)可解出无限扩张时，土体塑性区扩张半径与浆体扩张半径比 β_{u1}。将 β_{u1} 代入式(7.17)并结合式(7.18)，用 P_{u1} 替换 P 可得浆体无限扩张模式下注浆压力上临界值 P_{u1} 的计算式为

$$P_{u1} = \left(P_p + \frac{y}{\alpha-1}\right)\beta_{u1}^{\frac{2(\alpha-1)}{\alpha}} - \frac{y}{\alpha-1} \tag{7.21}$$

2) 由螺栓剪切破坏确定上临界值

注浆压力增大到一定程度时，浆体对管片产生的压力使得连接螺栓承受过大的剪切力，螺栓极易被剪断。因此，可通过分析管片连接螺栓的剪切破坏来推导注浆压力上临界值。

浆体压密土体的过程中对管片产生的压力为

$$F_g = P \cdot \pi R_u^2 = \pi P R_u^2 \tag{7.22}$$

塑性土体对管片产生的压力为

$$F_p = \int_{R_u}^{R_p} \sigma_\theta \cdot 2\pi r \mathrm{d}r = \pi\left[-\frac{y}{\alpha-1}\left(R_p^2 - R_u^2\right) + C_1\left(R_p^{\frac{2}{\alpha}} - R_u^{\frac{2}{\alpha}}\right)\right] \tag{7.23}$$

压密注浆对管片产生的总压力为

$$F_s = F_g + F_p = \pi\left[P R_u^2 - \frac{y}{\alpha-1}\left(R_p^2 - R_u^2\right) + C_1\left(R_p^{\frac{2}{\alpha}} - R_u^{\frac{2}{\alpha}}\right)\right] \tag{7.24}$$

当因注浆对管片的压力在个别管片背部集中时，会造成该受力管片与其临接

管片之间有错动的趋势，当该荷载达到一定程度时，管片间可能会出现错台，甚至剪断连接螺栓。由徐方京等[13]研究可知，螺栓受到的最大剪切应力计算式为

$$\tau_{\max} = \frac{l_b - \lambda}{\pi r_b^2 l_b} S \tag{7.25}$$

式中，l_b 为螺栓的有效长度；S 为螺栓受到的等效剪力；λ 为螺栓两剪力接触点之间的长度；r_b 为螺栓半径。

结合注浆对管片产生的压力计算式(7.24)，此时螺栓受到的剪力为

$$S = \frac{F_s}{N_i} \tag{7.26}$$

式中，N_i 为浆液扩散范围内连接螺栓数量(可取单块管片与周围临接管片的连接螺栓数)，可得在一定注浆压力下，接头螺栓受到的剪切应力为

$$\tau_{\max} = \frac{l_b - \lambda}{\pi r_b^2 l_b} \cdot \frac{F_s}{N_i} = \frac{(l_b - \lambda)\left[PR_u^2 - \dfrac{y}{\alpha - 1}\left(R_p^2 - R_u^2\right) + C_1\left(R_p^{\frac{2}{\alpha}} - R_u^{\frac{2}{\alpha}}\right) \right]}{r_b^2 l_b N_i} \tag{7.27}$$

将式(7.17)、式(7.18)代入式(7.27)，化简得

$$\frac{1}{R_u^2} = \left[\frac{y}{\alpha - 1} \beta^{\frac{2(\alpha - 1)}{\alpha}} + P_p \beta^2 \right] \frac{l_b - \lambda}{r_b^2 l_b N_i \tau_{\max}} \tag{7.28}$$

将式(7.28)代入式(7.19)，可得关于 β 的方程式：

$$(M - N - \delta)\beta^3 + (N - \frac{y}{\alpha - 1}W)\beta^{\frac{2(\alpha - 1)}{\alpha}} - P_p W \beta^2 - M + 1 = 0 \tag{7.29}$$

式中，$W = \dfrac{R_0(l_b - \lambda)}{r_b^2 l_b N_i \tau_{\max}}$。

将螺栓的许用剪切应力代入方程式(7.29)，解出考虑螺栓剪切破坏时，土体塑性区扩张半径与浆体扩张半径比 β_{u2}。将 β_{u2} 代入式(7.17)并结合式(7.18)，用 P_{u2} 替换 P 可得浆体考虑螺栓剪切破坏时注浆压力上临界值 P_{u2} 的计算式：

$$P_{u2} = \left(P_p + \frac{y}{\alpha - 1} \right)\beta_{u2}^{\frac{2(\alpha - 1)}{\alpha}} - \frac{y}{\alpha - 1} \tag{7.30}$$

3) 由土体稳定性确定的上临界值、下临界值

为保持地层稳定，注浆压力应大于注浆口处的主动土压力，且小于注浆孔处的被动土压力。因此，保持地层稳定的注浆压力上临界值可用式(7.31)计算：

$$P_{\text{up}} = \gamma h \tan\left(\frac{\pi}{4} + \frac{\varphi}{2}\right) + 2c\tan\left(\frac{\pi}{4} + \frac{\varphi}{2}\right) \tag{7.31}$$

保持地层稳定的注浆压力下临界值可用式(7.32)计算：

$$P_{\text{ma}} = \gamma h \tan\left(\frac{\pi}{4} - \frac{\varphi}{2}\right) - 2c\tan\left(\frac{\pi}{4} - \frac{\varphi}{2}\right) \tag{7.32}$$

由以上推导可见，盾构壁后注浆压力临界值与土体特性参数、管片结构、隧道埋深等因素有关。由浆体无限扩张和螺栓剪切破坏可确定注浆压力的上临界值，但公式中未直接考虑隧道埋深的影响。由土体稳定性可确定注浆压力的上临界值、下临界值，其所用主动、被动土压力公式中考虑了隧道埋深的影响。7.2.2 小节将通过具体实例来分析各因素对临界注浆压力的影响。

7.2.2　实例分析

某盾构隧道管片结构的螺栓长度 l_b=0.4m，螺栓两剪力接触点之间的长度 λ=0.01m，螺栓半径 r_b=0.015m，注浆孔邻近的连接螺栓数量 N_i=8，螺栓的许用剪切应力$[\tau]$=175MPa，土体的弹性模量 E=2.85MPa，黏聚力 c=0.006MPa，内摩擦角 φ=18°，泊松比 ν=0.2，注浆点处的地下水压力 P_0=50kPa，注浆孔半径 R_0=2.5cm。

1. 土体特性对参数对注浆压力上临界值的影响

1) 不同弹性模量

假设土体弹性模量在 2.85～6.85MPa，其余参数与基本参数相同。应用式 (7.21)、式(7.30)，分别计算不同土体黏聚力下考虑浆体无限扩张和考虑螺栓剪切破坏时注浆压力的上临界值，计算结果如图 7.21 所示。

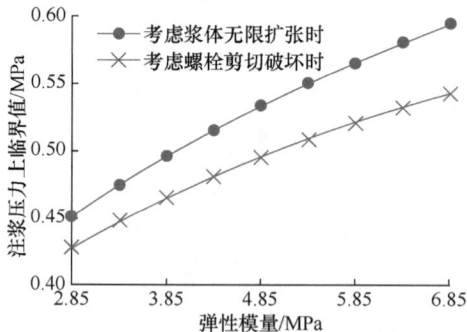

图 7.21　不同土体弹性模量下注浆压力上临界值

由图 7.21 可以看出，考虑浆体无限扩张和考虑螺栓剪切破坏时的注浆压力上临界值均随土体弹性模量的增大而增大。考虑浆体无限扩张时的注浆压力上临界值始终大于考虑螺栓剪切破坏时的上临界值，两者的差值在 0.023～0.052MPa，且随着土体弹性模量的增大而增大。可见，注浆压力上临界值受土体弹性模量影响显著。

2) 不同土体黏聚力

假设土体黏聚力 c 在 0.006～0.014MPa，其余参数与基本参数相同。应用式 (7.21)、式(7.30)，分别计算不同土体黏聚力下考虑浆体无限扩张和考虑螺栓剪切破坏时注浆压力上临界值，计算结果如图 7.22 所示。

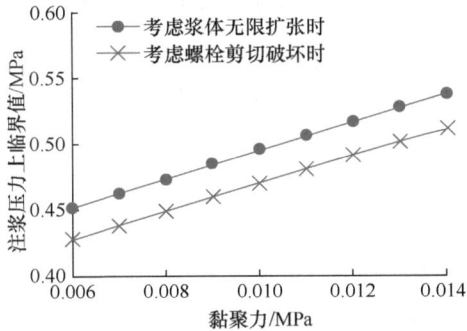

图 7.22　不同土体黏聚力下注浆压力上临界值

由图 7.22 可以看出，考虑浆体无限扩张和考虑螺栓剪切破坏时的注浆压力上临界值均随土体黏聚力的增大而增大，且增长曲线近似呈平行直线。考虑浆体无限扩张时的注浆压力上临界值始终大于考虑螺栓剪切破坏时的上临界值，其差值在 0.023～0.027MPa。可见，注浆压力上临界值受土体黏聚力影响显著。

3) 不同土体内摩擦角

假设土体的内摩擦角 φ 在 18°～22°，其余参数与基本参数相同。应用式(7.21)、式(7.30)分别计算不同土体内摩擦角下考虑浆体无限扩张和考虑螺栓剪切破坏时注浆压力上临界值，计算结果如图 7.23 所示。

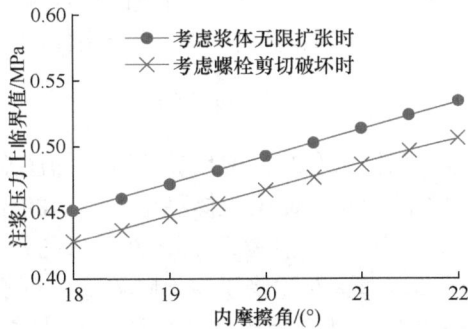

图 7.23　不同土体内摩擦角下注浆压力上临界值

由图 7.23 可以看出，考虑浆体无限扩张和考虑螺栓剪切破坏时的注浆压力上临界值均随土体内摩擦角的增大而增大，且增长曲线近似呈平行直线。考虑浆体无限扩张时的注浆压力上临界值始终大于考虑螺栓剪切破坏时的上临界值，其差值在 0.023～0.028MPa。可见，注浆压力上临界值受土体内摩擦角影响显著。

4) 不同地下水压力

假设土体注浆孔处地下水压力在 50～90kPa，其余参数与基本参数相同。应用式(7.21)、式(7.30)，分别计算不同地下水压力下考虑浆体无限扩张和考虑螺栓剪切破坏时注浆压力上临界值，计算结果如图 7.24 所示。

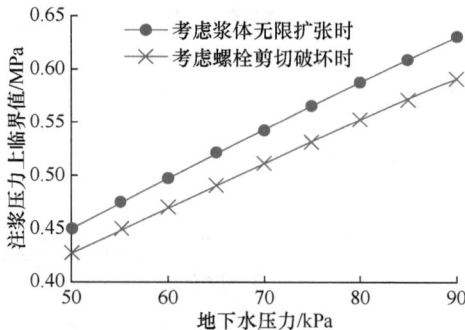

图 7.24 注浆孔处不同地下水压力下注浆压力上临界值

由图 7.24 可以看出，考虑浆体无限扩张和考虑螺栓剪切破坏时的注浆压力上临界值均随注浆孔处地下水压力的增大而增大，且增长曲线近似呈平行直线。考虑浆体无限扩张时的注浆压力上临界值始终大于考虑螺栓剪切破坏时的上临界值，其差值在 0.023～0.040MPa，且随地下水压力的增大而增大。可见，注浆压力上临界值受注浆孔处地下水压力的影响显著。

通过对图 7.21～图 7.24 的分析可知，盾构隧道壁后注浆压力上临界值受土体弹性模量、黏聚力、内摩擦角、注浆孔处地下水压力，以及管片结构性能等因素共同影响。壁后注浆压力过大时，管片结构可能因螺栓被剪断而破坏。因此，在控制注浆压力时，应该综合考虑土体性质和管片结构性能。

2. 隧道埋深对注浆压力上、下临界值的影响

上文提到，由浆体无限扩张和螺栓剪切破坏确定的注浆压力的上临界值计算式中未直接考虑隧道埋深的影响，而由土体稳定性确定的注浆压力上临界值、下临界值计算式(式(7.31)、式(7.32))中考虑了隧道埋深的影响。因此，本节应用式(7.31)、式(7.32)分析隧道埋深对注浆压力上临界值、下临界值的影响。

假设隧道埋深在 6～22m，其余参数与基本参数相同。应用式(7.31)、式(7.32)，分别计算考虑隧道埋深的注浆压力上临界值、下临界值，计算结果如图 7.25 所示。

由图 7.25 可以看出，注浆压力上、下临界值均随隧道埋深的加深近似呈直线增长；上临界值、下临界值之间的差距也随隧道埋深的加深而增大。可见，随着隧道埋深的变浅，注浆压力可选范围逐渐变小。因此，在浅埋条件下，应特别注意注浆压力控制。

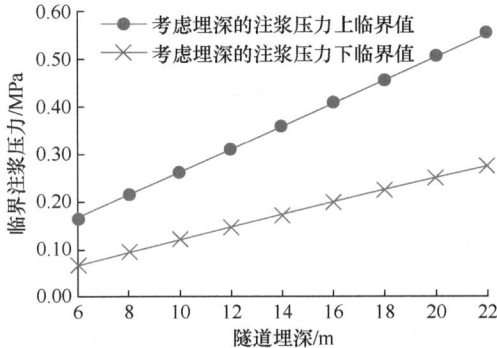

图 7.25　不同隧道埋深下临界注浆压力

7.2.3　最优注浆压力确定

由 7.2.2 小节的实例分析可以看出，注浆压力上临界值在考虑浆体无限扩张、考虑螺栓剪切破坏，考虑隧道埋深三种情况下的计算结果不尽相同。安全起见，应以三者中最小值作为最终的注浆压力上临界值：

$$P_{\max}=\min\{P_{u1},\ P_{u2},\ P_{up}\} \tag{7.33}$$

注浆压力下临界值为

$$P_{\min}=P_{ma} \tag{7.34}$$

注浆压力上临界值、下临界值确定以后，将上临界值、下临界值分别除以及乘以一个安全系数 $n(n>1)$，便可得到最优注浆压力。n 满足：

$$\frac{P_{\max}}{n}=nP_{\min} \tag{7.35}$$

由式(7.35)可得安全系数为

$$n=\sqrt{\frac{P_{\max}}{P_{\min}}} \tag{7.36}$$

最优注浆压力为

$$P_{opt}=nP_{\min}=\frac{P_{\max}}{n} \tag{7.37}$$

将基本参数代入式(7.31)、式(7.32)，隧道埋深取 20m，可求出注浆压力上临

界值为

$$P_{\max} = \min\{P_{u1},\ P_{u2},\ P_{up}\} = \min\{0.451, 0.428, 0.509\} = 0.428(\text{MPa})$$

注浆压力下临界值为

$$P_{\min} = P_{ma} = 0.251(\text{MPa})$$

安全系数为

$$n = \sqrt{\frac{P_{\max}}{P_{\min}}} = \sqrt{\frac{0.428}{0.251}} \approx 1.3$$

最优注浆压力为

$$P_{opt} = nP_{\min} = 1.3 \times 0.251 \approx 0.326\ (\text{MPa})$$

可见，在本节工程实例基本参数下，注浆压力理论上应维持在 0.251～0.428MPa；安全起见，应尽量接近于最优注浆压力 0.326MPa。

本节推导出了壁后注浆临界注浆压力的计算公式，讨论了注浆量计算的经验公式，通过本节分析可得到以下结论：

(1) 通过理论分析得到了考虑浆体无限扩张、考虑螺栓剪切破坏的注浆压力上临界值计算式，以及考虑隧道埋深的注浆压力上临界值、下临界值计算式。进一步推导出了最优注浆压力的计算式。

(2) 临界注浆压力与土体弹性模量、黏聚力、内摩擦角、初始地下水压力，管片结构性能及隧道埋深等因素有关，应综合考虑土体特性参数、管片结构性能和隧道埋深来选择合适的注浆压力。

(3) 注浆压力上临界值随着土体弹性模量、黏聚力、内摩擦角、初始地下水压力及隧道埋深的增大而增大；注浆压力下临界值随着隧道埋深的增大而增大。

(4) 注浆压力过大时，管片结构可能因螺栓被剪断而破坏；注浆压力过小时，土体可能因失去稳定支撑而产生较大变形。因此，注浆过程中应使注浆压力尽量接近最优注浆压力，不得超出临界注浆压力限定的范围。

7.3　注浆量估算

注浆量 Q 通常可按式(7.38)估算：

$$Q = V\lambda \tag{7.38}$$

式中，V 为空隙量；λ 为注入率。

影响注入率 λ 的因素很多，并且复杂地纠缠在一起，张凤祥等[14]给出了其中主要的四种因素：①注浆压力决定的浆液压密系数 λ_1；②土质系数 λ_2；③施工损耗系数 λ_3；④超挖系数 λ_4。注入率 λ 可用式(7.39)计算：

$$\lambda = 1 + \lambda_1 + \lambda_2 + \lambda_3 + \lambda_4 \tag{7.39}$$

目前的实际状况是，实际施工的注入率与设计注入率相比差距较大，今后的研究应注重缩小施工与设计的差距，提高注浆量的计算精度。

7.3.1　函数关系式

研究表明，地层损失是引起地表沉降的主要因素，而控制地层损失，必须正确估计注浆量。特别是在软土地层施工，土体强度较低，一般不能自承，当盾尾脱出管片时，如果注浆量不足，建筑空隙会使土体失去支撑后迅速向管片方向塌落，引起隧道附近地层变形和土体强度下降。

在盾构隧道施工中，地层损失往往呈非均匀分布，Loganathan 等建议采用非等量径向土体变形模式，如图 7.26 所示。

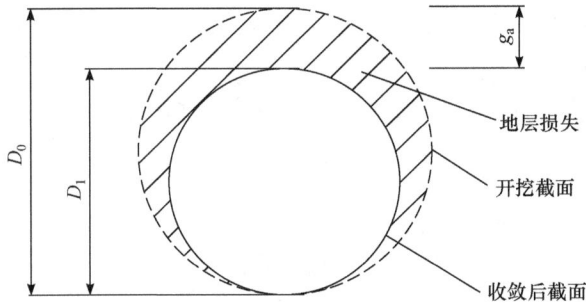

图 7.26　地层损失非均匀分布示意图

D_0-盾构掘削外径；D_1-地层变形后的直径；g_a-地层损失参数

在地层损失非均匀分布模式下，Loganathan 等在 Sagaseta 解析解的基础上，并考虑土体的压缩性，应用镜像法推导出地面沉降计算公式为

$$S_{z=0} = 4(1-\mu)\frac{V_S}{\pi} \cdot \frac{H}{x^2+H^2} e^{\left[\frac{-1.38x^2}{(H+R)^2}\right]} \tag{7.40}$$

式中，$S_{z=0}$ 为地面沉降量，m；R 为隧道半径，m；V_S 为地层损失量，m^3/m。

在地层损失非均匀分布模式下，V_S 计算公式为

$$\begin{aligned}
V_S &= \pi R_0^2 - 2\pi\left(R_0 - \frac{g_a}{2}\right) \\
&= \pi\left(R_0 g_a - \frac{g_a^2}{4}\right) \\
&\approx \pi R_0 g_a \\
&\approx \pi R g_a
\end{aligned} \tag{7.41}$$

式中，R_0 为开挖截面半径，m。

将式(7.41)代入式(7.40)得

$$S_{z=0} = 4(1-\mu)\frac{Rg_a H}{x^2+H^2}\mathrm{e}^{\left[\frac{-1.38x^2}{(H+R)^2}\right]} \tag{7.42}$$

理论注浆量 V' 可由式(7.43)计算：

$$V' = \frac{\pi}{4}(D_0^2 - D^2) - V_S$$

$$\approx \frac{\pi}{4}(D_0^2 - D^2) - \pi R g_a$$

$$= \frac{\pi}{4}(D_0^2 - D^2 - 4R g_a) \tag{7.43}$$

式中，V' 为理论注浆量，$\mathrm{m^3/m}$；D_0 为盾构掘削外径，m；D 为隧道外径，m；g_a 为地层损失参数，m。

g_a 和地层损失率 η 之间关系可由式(7.41)推导：

$$V_S = \pi R^2 \eta \approx \pi R \cdot g_a \tag{7.44}$$

则

$$g_a \approx R\eta \tag{7.45}$$

式中，η 为地层损失率，一般为 $0.2\% \sim 2\%$。

由此建立了地表沉降和理论注浆量的函数关系。由注浆量可以计算对应的地表沉降；如果已知沉降控制标准，也可以反过来求取施工应采用的注浆量。

浆液在运输和注浆过程中受以下因素影响：损耗、盾构超挖和纠偏，浆液劈裂渗透一部分到周边地层，充填材料本身在固化过程中体积收缩及在注浆压力作用下被压密等，使得实际注浆量要比式(7.43)计算的注浆量大得多，两者关系为

$$V = \alpha V' = \frac{\pi}{4}\alpha\left(D_0^2 - D^2 - 4R g_a\right) \tag{7.46}$$

式中，α 为与土质相关的注浆参数，根据现场实测数据，在软土地区，α 一般为 $1.5 \sim 2.6$，其中黏土多为 $1.5 \sim 1.7$，砂性土多为 $1.7 \sim 2.2$。

7.3.2 盾构和管片的位置关系估算注浆量

本小节以盾构和管片的位置关系为依据，计算注浆量[15]。在开始计算前首先确定计算步长 L_s，即在盾构-环推进过程中每隔固定掘进距离间隔 L_s 计算一次盾构和管片的位置关系，计算步长 L_s 的确定可参照盾构自动测量系统的测量周期而定，并小于盾构-环推进距离。例如，可取 10 cm 或 5 cm 为一个计算步长，从盾

构切口穿过始发井洞门开始，根据盾构测量系统每隔一个计算步长 L_s 记录盾构位置形态，生成基于掘进距离的盾构位置形态记录集 R。

步骤一：测出当前的盾尾间隙，通过椭圆最小二乘法，拟合出管片在盾构坐标系下的表达式，测得数据为盾壳体到管环的距离 G_i、盾构管片到盾壳的距离。管片上检测点坐标可表示为 $(L\sin\alpha)$，$(L\cos\alpha)$，$L=(R-G_i-d)$，其中，R 为盾构外径，G_i 为盾尾间隙，d 为盾壳厚度，见图 7.27。求解得到管片的椭圆度和管片椭圆中心位置 (X_c, Y_c)，则盾构盾尾中心相对于管片中心位置为 $(-X_c, -Y_c)$。因此，在管片局部坐标系中，管片外沿盾尾环各处的坐标均可计算。

步骤二：盾构切口处超挖对盾构隧道建筑空隙有影响，见图 7.28。假设在拼装 $i-n$ 环时，盾构切口已达第 i 环位置，则当前注浆影响的范围则是 n 环之前盾构切口的影响范围。根据当前盾构盾尾的记录可查找盾构切口在该里程的位置信息，计算出当时切口相对于当前管片的位置关系。

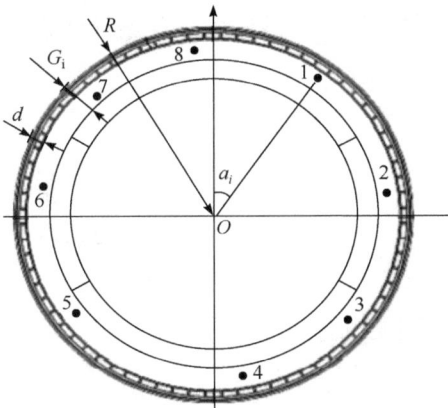

图 7.27　盾尾与管片相对位置

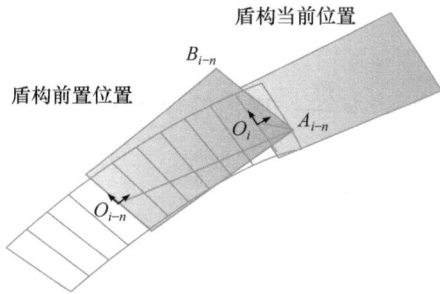

图 7.28　盾尾与管片相对位置

步骤三：在当前管片坐标系下，管片椭圆边界、盾尾边界及前置切口影响范围边界的坐标位置均已确定，见图 7.29。在实际注浆过程中，把若干个注浆管的作用区域沿管片圆周分成 n 段，第 k 个注浆管浆液扩散范围起始角度为 A_k，终止角度为 A_{k+1}，则该注浆管的理论注浆量为

$$v_k = \int_{A_k}^{A_{k+1}} \frac{1}{2}\left(R_{\max}^2 - R_R^2\right)L_s \mathrm{d}\alpha \tag{7.47}$$

式中，$R_{\max}=\max(R_s, R_c)$，R_s 是盾尾外缘到管片中心的距离，m，R_c 是前置切口影响范围边缘到管片中心的距离，m；R_R 管片外缘到管片中心的距离，m；L_s 为计算步长，m；

通过积分计算，可实时求得推进过程中不同注浆孔对应的注浆量。

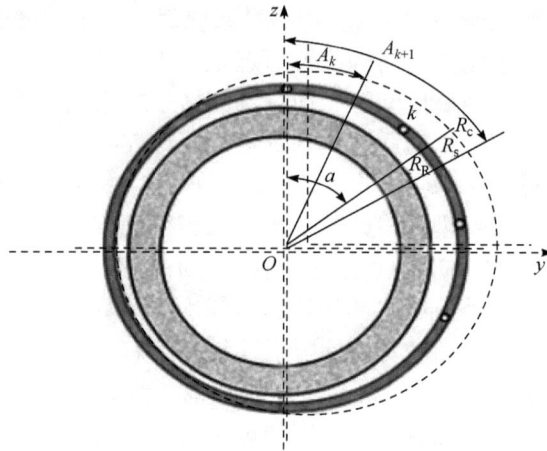

图 7.29　注浆量计算模型

步骤四：重复上述计算，并进行累加，得到第 k 个注浆管单环累计注浆量，见式(7.48)。

$$V_k = \sum_{i=0}^{n} v_{ki} \qquad (7.48)$$

式中，$n = \dfrac{W}{S}$，W 为管片环宽度，m。

7.4　浆体固结强度及耐久性

7.4.1　浆体固结强度

在壁后注浆完成时，应该尽可能快地使该处浆液达到周围原状土的强度，故对浆液材料早期强度有一定的要求，同时又为了满足结构的设计年限，浆液材料必须具有足够的长期强度和耐久性。

1. 早期强度

注浆材料在注入初始时为流动状态，基本上没有强度，但在注浆压力的作用下会逐渐发生排水固结，并随时间推移缓慢发生水泥硬化作用，使得壁后的注入浆体具有一定的早期强度，也意味着浆体的早期强度是由浆液的排水固结和水泥的早期硬化贡献的。对于哪种作用的贡献更大，相关研究发现在不发生固结排水的情况下无论硬性浆还是惰性浆的初期强度都很小，相差不大，而在排水固结后的情况下浆体的抗剪强度却远大于未排水固结的浆体。这就表明，对于早期强度，更多的是由浆液的排水固结作用提供的，由水泥的硬化作用提供的强度只占很小一部分。

目前，对于施工早期强度中"早期"的定义，因其与各现场的盾构机种类、大小、掘削条件及注浆方法等相关，尚无统一的说法，但多数为 1～2h，且以 1h 居多。对于要达到多大的强度，有两个不同观点。其一，无须太大的早期强度，只要对盾尾间隙充填足够的浆液即可，这是因为目前的研究尚未发现与早期强度极高的瞬凝固结型浆液相比普通浆液沉降量极差的情况，但是，实际工程中还是希望在注浆结束后尽早地实现不小于原状土强度的强度，从而尽可能减少对于原状土体的扰动。其二，秉持土木工程领域中高强度总比低强度好的理念，并在早期强度较高的双液浆开始应用后，设想选定比轻质(LW，lh，0.03～0.05MPa)浆液更高的早期强度，但是，过高的早期强度会使得流动性变差，从而妨碍充填性，也意味着需要在必要的早期强度表现与充填性之间找到一个最优解。

由于目前尚未有研究对以上两种说法的正确性进行验证评判，且早期强度对于控制地表沉降和防止管片上浮又有十分重要的意义，国内工程常遵循以下标准进行浆液早期强度的选取：

①从注入结束到下一环掘削前一段时间内早期强度，建议定为 0.08～0.1MPa；②对于 1h 的早期强度，建议定为 0.04～0.05MPa；③对于不能自稳的超软地层和易塌落的渗水地层、小曲率半径及邻接重要构造物等，lh 的早期强度定为 0.1MPa；④就情形③而言，可以考虑把背后注入与周围土体的加固合在一起进行。

2. 长期强度

浆液的长期强度通常是指养护 28d 浆液硬化后的抗压强度，可按使用材料的不同分为单液浆和双液浆(特别是水玻璃类)两种。对于砂浆等单液浆，施工使用较多，通过长年观测可知，强度一般可达到 1～2MPa，因此通常把这个范围作为单液浆设计值的选取范围。对于双液浆，采用水玻璃作为硬化剂，故与单液型砂浆相比，无论是强度还是耐久性都比砂浆好，通常可以达到 3MPa 以上。

长期强度作为影响浆体耐久性的重要因素，在施工中也应尽量提高，尤其在有海水侵蚀、地下水溶蚀或冻融循环等情况的地层中。除了考虑环境因素对长期强度的折减影响外，还需要考虑如何通过调整材料配合比、添加掺和剂等方式从内因方面提高浆体材料的长期强度。研究发现，硬性浆液强度变化规律与水泥土基本相同且性能更好(一定范围内强度随水泥含量增加而线性增大，随龄期增加而增大)；惰性浆液强度变化规律与石灰土基本相同(一定范围内强度随石灰含量增加而线性增大，随龄期增加而增大)，但略有差异(由于粉煤灰和砂的存在，性能更好)，实际工程中可以通过调节水泥或石灰的含量来改变浆体的强度。另外，采用尽可能高的长期强度对控制地表沉降有着积极的意义。研究发现，在短期内不同的长期强度对于地表沉降的影响并不大，但在 30d 之后该影响会逐渐明显，因此采用由平缓到突然增大式的强度增长方式较线性增长式能够更好地控制地表沉降[16]。

7.4.2 浆体耐久性

一般情况下，盾构隧道的设计年限为 100a，这就对其结构的耐久性提出了较高的要求，对于壁后注浆也是如此，其采用的浆液也须具备良好的长期固结强度和耐久性。实际中，影响或反映浆体耐久性的因素颇多，如浆液强度不足、地下水溶蚀、海水侵蚀、压力水渗透、浆液结石体破坏等，主要可以分为三个方面：浆液的特性、固结强度及其周围环境。

许多学者针对浆体耐久性的影响因素进行了相关研究，通过改变浆体设计强度、改变浆液配合比、加入掺和剂等方式研究其对耐久性的影响规律和改良措施，目前为止均还少有对其成体系的研究与论述。对于评价浆体耐久性的指标，在研究过程中通常会使用抗水溶蚀性能、抗渗性、体积稳定性、Na^+固化率、SiO_2溶出量、总含盐量(TDS)、电导率(EC)、结石体强度变化和质量损失率等参数进行耐久性的评定[17,18]，但一方面由于试验及实际工程中能考虑的因素有限，另一方面由于不同施工项目的环境情况不同，该评价指标也需要进行特定的筛选和组合。因此，目前如何综合考虑物理、化学及力学效应从而给出一种完善的耐久性评价体系还亟待研究。浆体耐久性相关影响因素如下。

1) 水灰比

水灰比的变化对单液浆长期固结强度有较大影响，同样型号的水泥，当增大水灰比时，长期固结强度则会下降。因此，在要求耐久性的条件下，单液浆浆体的设计强度必须大于某一特定值，以防止在浆体注入与地下水接触时强度下降而达不到原设定值。

2) 设计强度

对于双液浆，由于其是水泥浆液和水玻璃(LW 浆液)的改进型浆液，所以也继承了其一定的性能。对于 LW 浆液，有研究表明低强度的浆体在养护 1.5a 时强度有明显下降，而高强度的浆体在养护 2a 后强度无太大变化，这说明耐久性与固结强度有一定的正向关系，这种关系对于双液浆同样适用。

3) 配合比及外掺剂

相关研究表明，将浆液中的水泥换为炉渣类水泥，可提高其耐久性，尤其在海水侵蚀的环境中该影响较为显著；在浆液中加入一定的工业废渣会使注浆材料的抗水溶蚀性能提高[19]；使用不同掺量的粉煤灰和矿粉替代水泥会影响钢渣细集料砂浆的体积稳定性[20]；添加适当外加剂能使得浆液的电通量、抗冻融、体积稳定性等耐久性提高[21]。可见，通过调整配合比与外掺剂能够有效地改善浆体的耐久性。

4) 其他因素

其他因素包括各种地质环境、施工影响等。例如，海水侵蚀对耐久性的折减[22]，围压对渗透系数的影响(围压的增加会使浆体的渗透系数降低，但高围压下又会使其渗透系数增加)[23]等。

在实际进行浆液的设计时应综合考虑上述各种因素从而保证浆体结构的耐久性，并尽可能从长期固结强度、抗水溶蚀性能、抗渗性、体积稳定性、特殊环境等方面去综合评价结构的耐久性情况，从而保证壁后注浆功能的正常实现和盾构隧道的安全运营。

7.5　浆液注入效果评价方法

目前，关于盾构隧道壁后注浆浆液性能方面的研究仍以基本指标测试为主，一方面，盾构隧道施工环境及自身结构的特殊性和局限性，在实际施工环境下的试验验证受到较大限制；另一方面，盾构隧道尺寸大，在室内模拟试验中，往往通过模型缩尺来分析管片结构稳定性和安全性，但是注浆是浆液与地层之间的相互作用行为，若要在相似模型基础上全面考虑地层和注浆参数之间的协调性和匹配性，具有一定的难度和复杂性。

本节将借助室内模型试验以盾尾脱空工序为研究对象，模拟盾构隧道壁后注浆浆液在地层中注入过程，直观地观察浆液在地层中的扩散行为。经前文调研结果发现，盾构施工项目穿越碎石土、圆砾地层占一定比例，该类地层胶结性较差，地层相对不稳定，同时考虑模型尺寸与地层粒径级配之间的比例，故本节以圆砾地层为例，分析浆液与地层之间的适配性问题，为不同类型地层下浆液的择取方式提供参考思路。

7.5.1　注浆模型试验系统

为了探究注入浆液的扩散范围，拟采用注浆一维模型试验系统，通过考察注浆结果及范围等，研究不同水胶比、膨水比作用下，浆液注入地层的实际情况。

盾构掘进中存在的盾尾间隙会对地层结构参数造成一定影响，地层作为注入对象，它的性质和状态对浆液的注入效果影响较大。浆液的地层注入试验以一维长柱圆砾地层作为注浆对象，并增设模拟盾尾装置，用于模拟施工阶段盾尾脱空过程，研究盾构施工环境下不同性能浆液的注入距离及对地层的加固效果的影响。

试验系统由渗透注浆装置、恒压注浆系统及数据采集系统等三大部分组成。盾构隧道壁后注浆模型试验设计如图 7.30 所示。

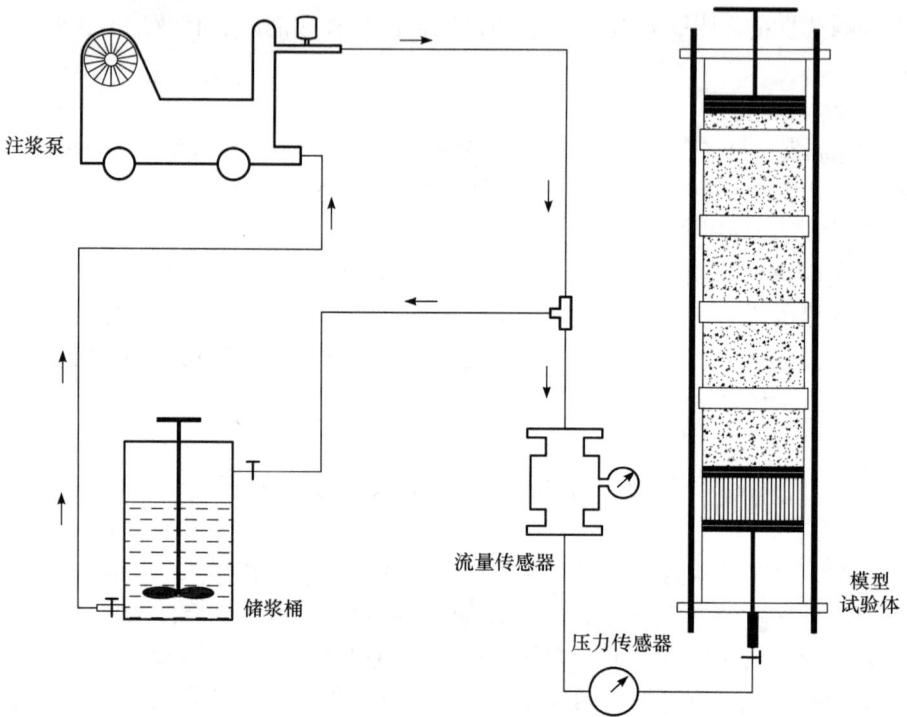

图 7.30　盾构隧道壁后注浆模型试验设计图

1. 渗透注浆装置

渗透注浆装置由长圆管、紧固装置、模拟盾尾装置组成。受注体为长柱体，直径 110mm，长度 1000mm。为实现浆液扩散过程的可视化，试验注浆管采用透明亚克力管材质。在圆管周身采用管箍，每隔 15cm 设置一道加固圈，保证对半圆管可紧密接触，同时避免注浆时内部压力过大从侧面开口处挤出影响试验效果。

为保证装置在安装搬运过程中管内土体不发生移动，该装置通过四根 1.2m 长丝杆和上下两块封顶钢板进行受力加固，从而起到加固管件、稳定平台的作用。同时在下钢板中心处额外增加密封隔层，由直径为 10cm 的圆钢板及 10mm×15mm 遇水膨胀止水条组成。装置顶部还设有压紧螺杆，通过压紧螺杆和滤板对注浆体进行压密，保证受注体介质在盾尾脱空前处于稳定的密实状态(图 7.31)。

模拟盾尾装置是为了在试验中实现盾构隧道施工过程中盾尾脱空的效果。一方面，可以通过调节模拟盾尾装置与注浆端的距离确定初始盾尾间隙的尺寸，当所有装置安装完成后，借助与盾尾装置相连的拉杆移动，实现盾尾与土体的脱空；另一方面，注浆管与长圆柱之间存在较大尺寸偏差，利用盾尾装置内部空腔使浆液在注入前达到稳流状态，以实现浆液全截面均匀进入地层(图 7.32)。

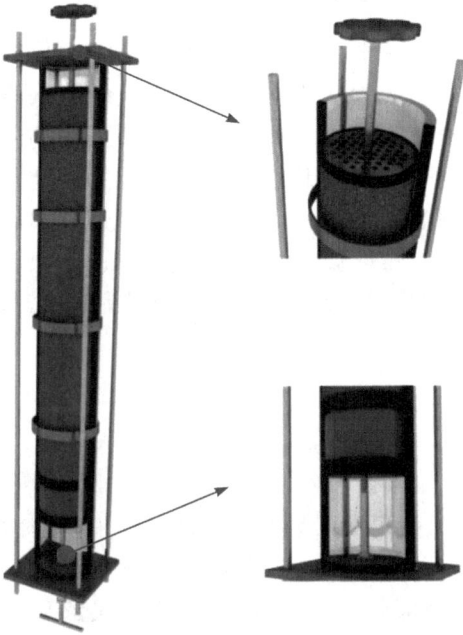

图 7.31　模型试验体

图 7.32　模拟盾尾

2. 恒压注浆系统

恒压注浆系统为试验装置提供注入动力，由注浆泵、缓冲器、储浆桶和压力调节管等组成。按照各方案配合比在配料桶内将浆液提前搅拌均匀，当渗透注浆装置搭建完成后将其倒入储浆桶，再由注浆泵压入模型试验体。

注浆泵采用 ZJB-3 型活塞式灰浆泵，可控制注浆压力范围为 0～1.6 MPa。在出浆口位置设置脉冲缓冲器，用以减小流体脉冲，维持压力恒定。为了进一步控制注浆压力，在出浆口处增设三通管及附属回流通道，将出浆通道分为注浆通道及压力调节通道，压力调节管道根据压力表所示数值，动态调整阀门开合程度以稳定控制注浆压力。

储浆桶采用亚克力材质(直径 D=30 cm)，并在底部开孔($\varPhi$32 mm)，以便向灰浆泵供应浆液，同时在出浆口位置处增设 70 目的过滤网(筛孔尺寸 0.212 mm)，避免未搅拌均匀的成团水泥进入注浆循环系统，影响试验结果；另外，在储浆桶上部安设电动搅拌器，充分搅拌，以防在试验过程中浆液离析、沉淀，同时减少聚团水泥的比例。

图 7.33　数据采集器

3. 数据采集系统

一维注浆模型试验系统中的数据采集系统为注浆管路上设置流量传感器及压力传感器,动态监测注浆过程中的注浆速率和注浆压力。流量传感器为智能直显型电磁流量计,可实时显示流速和累计流量,测量量程为 $0\sim20$ L/min;压力传感器量程为 $0\sim1$ MPa,测量精度为 1 kPa (图 7.33)。

7.5.2　注浆浆液扩散试验

1. 地层级配的选取

试验地层参数选取参考昆明市地铁 4 号线沿线所处圆砾地层,该地层渗透系数为 6.02×10^{-4}m/s,其中,圆砾含砾石(2mm<粒径<50mm,占 74.8%),砂(0.075mm<粒径<2mm,占 22.07%)。结合试验条件,对部分土粒占比进行调整,最终采用如图 7.34 所示的地层级配,并测得模拟地层渗透系数为 5.73×10^{-4} m/s,与实际地层情况相近。

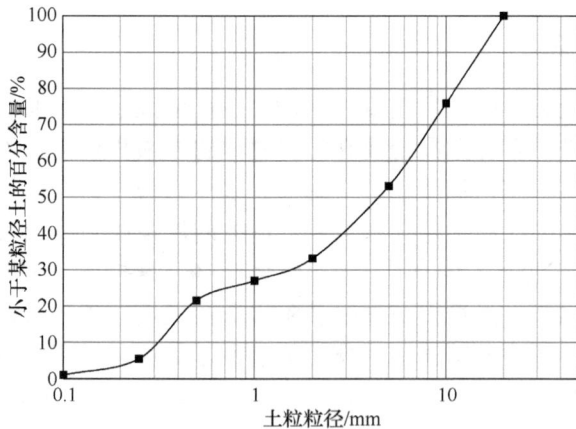

图 7.34　试验模拟地层级配

2. 注浆材料配合比参数选取

为了确定圆砾地层下浆液的配合比参数,依据调研结果,整理其中圆砾地层下壁后注浆浆液的选用情况。可以得出,该类型地层采用的浆液水胶比普遍范围为 0.769~1.105,胶砂比范围为 0.388~1.296,膨水比范围为 0.08~0.40,灰粉比范围为 0.2～0.8。浆液胶砂比、灰粉比对于浆液性能的显著性影响不大，因此为简化试验数量，针对水胶比、膨水比的取值，研究浆液注入地层的实际情况，试验方案仍采用正交设计试验展开，为二因素三水平设计方案，具体试验方案见表 7.13 及表 7.14。

表 7.13　各因子及水平列表

水平	因子			
	水胶比 A	胶砂比 B	膨水比 C	灰粉比 D
I	0.8		0.1	
II	0.9	0.7	0.2	0.4
III	1.0		0.3	

表 7.14　试验方案

组别	水胶比 A	胶砂比 B	膨水比 C	灰粉比 D
1	0.8	0.7	0.1	0.4
2	0.8	0.7	0.2	0.4
3	0.8	0.7	0.3	0.4
4	0.9	0.7	0.1	0.4
5	0.9	0.7	0.2	0.4
6	0.9	0.7	0.3	0.4
7	1.0	0.7	0.1	0.4
8	1.0	0.7	0.2	0.4
9	1.0	0.7	0.3	0.4

3. 试验流程

(1) 亚克力长圆管内表面包裹自黏性防划薄膜，同时将防水密封条粘贴在长管两侧，当管件组装完毕，按照指定的模拟地层级配充填，往管内分层填筑土体，每次置入土体量一致，且采用相同的击实力度和击实次数。

(2) 根据试验中盾尾间隙的模拟量，调节土体充填高度，本次盾尾模拟量为10 cm。将模拟盾尾装置放入注浆管体，利用紧固装置加固渗透注浆装置，同时在出浆端处安装压紧螺杆以压密充填土体，保证试验前地层的稳定。

(3) 按照方案中的配合比拌制浆液，同时为更清楚地观察浆液的扩散情况，在拌制浆液过程中，添加 1%～3%的氧化铁惰性固体以改变浆液的颜色，其添加量代替对应砂的部分，使浆液变红。

(4) 当渗透注浆装置及浆液均配制完毕后，对注浆管道密封性及阀门的开关状况进行仔细检查，避免因漏浆、堵浆影响试验开展。随后将浆液转移至储浆桶，并开启实时搅拌装置；为使在注浆开始时浆液就能尽快注入管内，在正式注浆前预先启动注浆泵，利用压力调节通道实现浆液管外自循环，待浆液稳定循环后关闭注浆泵。

(5) 试验人员将模拟盾尾装置向下拉至最底部，并将注浆管接头与下方接头扣上，该操作经熟练后，可在 5 s 内完成。当连接工作完成，启动泵开关。考虑模型试验尺寸，此处采用 0.2 MPa 的注浆压力。

实际地层注浆为三维扩散，且同步注浆控制采用注浆压力及注浆量双重控制，在注浆管端口处设有压力监测系统，结合试验模型装置尺寸，试验采用恒压注浆的压力控制方式，即稳定模拟盾尾装置内缓冲区的压力，若观察到浆液扩散范围不再变化，保持注浆 3 min 后，注浆结束。

为验证管道中压力传感器显示的注浆压力的精确程度，在前三组试验中，于模拟盾尾装置内(浆液缓冲区)增设微型应变式压力传感器(图 7.35)，来进一步监测管道内外压力的一致性。根据图 7.36。可以看到压力传感器上的压力与盾尾内浆液压力一致，注入瞬间，管内压力突增，在 10 s 内充填盾尾间隙，之后注浆端处压力稳定在 0.2 MPa 附近，表明管道中压力传感器可反映注浆端处压力。

图 7.35　盾尾安装渗压计

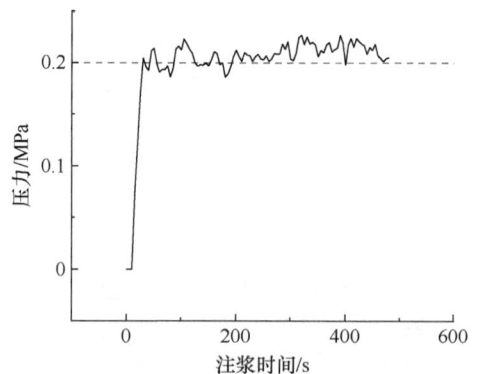

图 7.36　管内压力监测数据

7.5.3　试验结果处理与分析

1. 浆液基本性能测试结果

为更准确掌握浆液的性能，对 9 组浆液进行基本性能测试，结果如表 7.15 所示。

表 7.15 浆液基本性能测试结果

组别	密度/(g/cm³)	泌水率/%	稠度/mm	凝结时间/h	28d 抗压强度/MPa
1	1.795	4.30	123	10.64	3.5
2	1.826	4.35	114	10.12	4.1
3	1.839	1.05	105	9.61	4.2
4	1.735	6.69	134	12.79	3.1
5	1.769	3.33	127	12.28	3.6
6	1.788	1.65	121	11.76	3.9
7	1.622	9.58	139	16.28	2.7
8	1.694	4.00	130	14.43	2.7
9	1.741	6.23	124	13.92	3.4

由表 7.15 可知，大部分浆液满足普遍的性能要求，但第 4 组、第 7 组、第 9 组浆液性能欠佳，其泌水率显著超过 5%，表明此浆液保水性不强，容易导致浆液停止搅拌后，短时间内出现离析现象，使得所抽取浆液性能与预期偏差较大。

2. 模拟注浆试验结果

注浆结束 24 h 后，将渗透注浆装置拆分，并测量每组浆液扩散范围，见图 7.37，各组注浆具体结果见表 7.16。

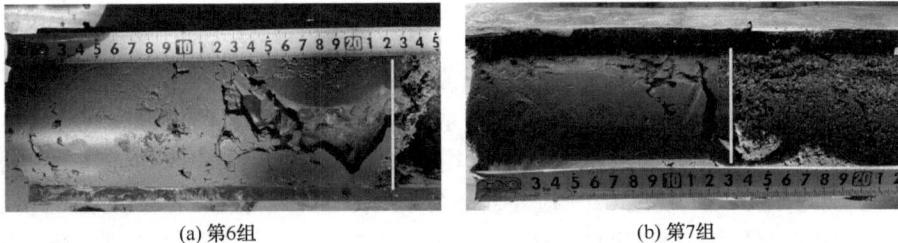

(a) 第6组   (b) 第7组

图 7.37 注浆效果

表 7.16 实际浆液扩散范围

组别	浆液扩散范围/cm	组别	浆液扩散范围/cm	组别	浆液扩散范围/cm
1	14.7	4	17	7	22
2	12.5	5	16.4	8	16.5
3	11.7	6	13	9	17

结合图 7.37 和表 7.16 可知，每组浆液扩散范围差异较大，且注浆效果沿线不均匀。直观来看，注浆端附近，浆液注入效果好，见少量空洞；随着与注浆端距离增加，地层注浆效果变差，部分甚至存在明显的裂隙和空洞，产生该现象的原

因与浆液性质相关。浆液注入地层后压力消散，若浆液自身泌水率较大，则浆液保水性不高，短时间内浆液便出现离析现象，以第 7 组浆液为例，其泌水率为9.58%，远大于一般要求 5%。因此，在注入浆液后留有水浆分界，待浆液凝固后便出现空洞。

3. 注浆浆液扩散结果

1) 浆液配合比对浆液扩散范围的影响

图 7.38 为不同浆液配合比下各浆液所对应的浆液扩散范围。

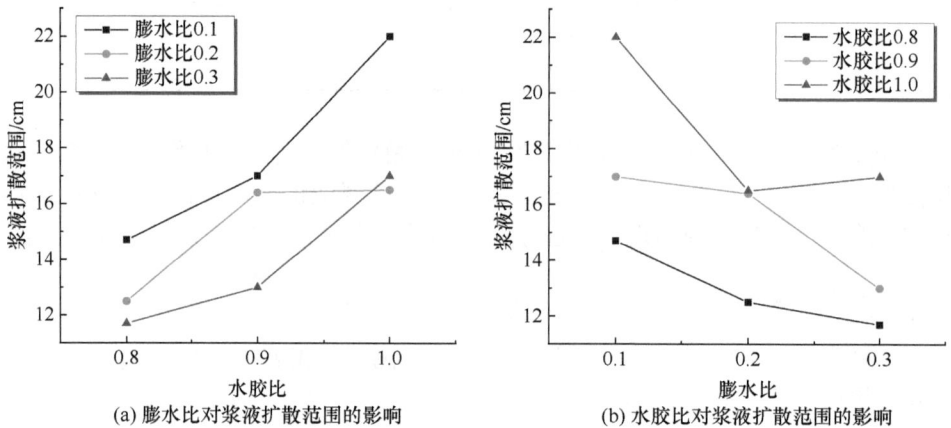

(a) 膨水比对浆液扩散范围的影响　　　　　(b) 水胶比对浆液扩散范围的影响

图 7.38　不同浆液配合比对浆液扩散范围的影响

水胶比相同的浆液，实际浆液扩散范围随着浆液膨水比的增大而减小；膨水比相同的浆液，实际浆液扩散范围随着浆液水胶比的增大而增大。

当浆液水胶比一定，膨水比呈梯度增长时，由图 7.38(a)可知，在浆液水胶比为 0.8，膨水比从 0.1 增至 0.2 时，实际浆液扩散范围降低约 15%，有显著下降趋势；在浆液水胶比为 0.8，膨水比从 0.2 增至 0.3 时，实际浆液扩散范围降低约 6%，没有显著下降趋势。在浆液水胶比为 0.9，膨水比从 0.1 增至 0.2 时，实际浆液扩散范围降低约 4%，没有显著下降趋势；在浆液水胶比为 0.9，膨水比从 0.2 增至 0.3 时，实际浆液扩散范围降低约 20%，有显著下降趋势。在浆液水胶比为 1.0，膨水比从 0.1 增至 0.2 时，实际浆液扩散范围降低约 25%，有显著下降趋势；在浆液水胶比为 1.0，膨水比从 0.2 增至 0.3 时，实际浆液扩散范围上升约 3%，有少许上升趋势。

在浆液膨水比一定，水胶比呈梯度增长时，由图 7.38(b)可知，在浆液膨水比为 0.1，水胶比从 0.8 增至 0.9 时，实际浆液扩散范围提升约 16%，有显著上升趋势；在浆液膨水比为 0.1，水胶比从 0.9 增至 1.0 时，实际浆液扩散范围提升约 30%，有显著上升趋势。在浆液膨水比为 0.2，水胶比从 0.8 增至 0.9 时，实际浆液扩散范围提升约 31%，有显著上升趋势；在浆液膨水比为 0.2，水胶比从 0.9 增至 1.0 时，实际浆液扩散范围提升仅为 1%，几乎没有提升。在浆液膨水比为 0.3，水胶比从 0.8 增至 0.9 时，实际浆液扩散范围提升约 11%，提升效果并不明显；在浆液膨水比为 0.3，水胶比从 0.9 增至 1.0 时，实际浆液扩散范围提升约 30%，有显著上升趋势。

由试验得出，在浆液水胶比=1.0，膨水比=0.1 时，实际注浆扩散效果最好；在浆液水胶比=0.8，膨水比=0.3 时，实际注浆扩散效果最差。因此，从整体层面来看，水胶比相同的浆液，实际浆液扩散范围随着浆液膨水比的增大而减小；膨水比相同的浆液，实际浆液扩散范围随着浆液水胶比的增大而增大。

试验结果显示，在浆液水胶比为 0.8 和 1.0，膨水比从 0.2 增至 0.3 时，实际浆液扩散效果与原值接近，其提升与降低程度不如其他情况明显；在膨水比一定，水胶比增加时，也出现过类似情况；这说明调整浆液某一配合比后，实际浆液扩散效果的提升和下降程度与浆液调整前后的具体配合比参数相关。

2) 浆液基本性能对浆液扩散范围的影响

图 7.39 为 9 组浆液中基本性能所对应的实际浆液扩散范围。

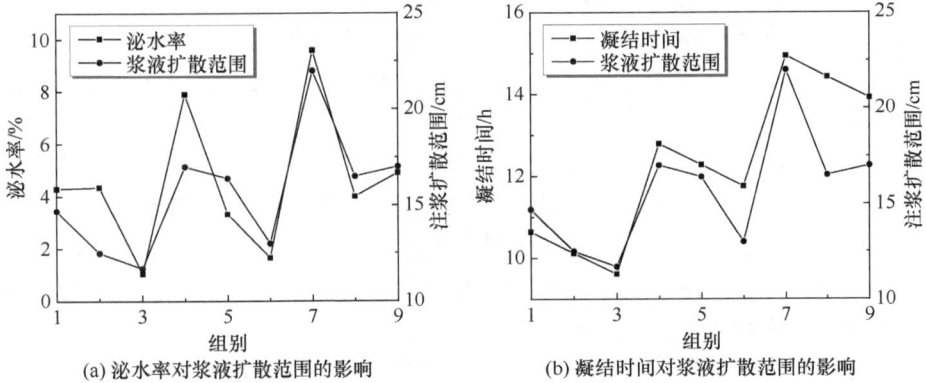

(a) 泌水率对浆液扩散范围的影响

(b) 凝结时间对浆液扩散范围的影响

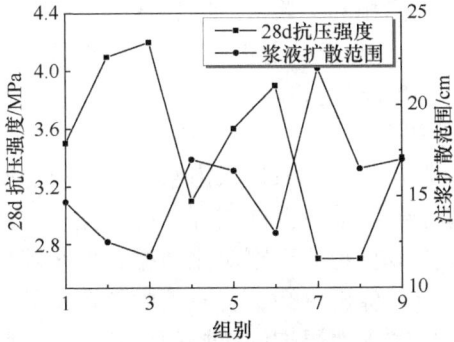

(c) 28d 抗压强度对浆液扩散范围的影响

图 7.39　浆液基本性能对浆液扩散范围的影响

　　本次试验共配制浆液 9 组，其浆液基本性能测试结果如表 7.15 所示，在浆液配合比变化时，浆液基本性能也随之变化，由于改变浆液配合比后 9 组浆液密度与稠度前后变化不大，本书对浆液泌水率、凝结时间和抗压强度三者与实际浆液扩散范围之间的关系展开分析。

　　由图 7.39 可知，随着浆液配合比的变化，浆液泌水率、凝结时间同实际浆液扩散范围成正比，浆液 28d 抗压强度同实际浆液扩散范围成反比。其中，第 1、2、3 组，第 4、5、6 组，第 7、8、9 组为水胶比恒定，膨水比增加的对比试验；第 1、4、7 组，第 2、5、8 组，第 3、6、9 组为膨水比一定，水胶比增加的对比试验。

　　由图 7.39(a)可知，在浆液水胶比一定，泌水率随着膨水比的增大而减小，减小量上下浮动较大，去掉极值其均值约为原值的 60.6%；在浆液膨水比一定，泌水率随着水胶比的增大而增大，增大量上下浮动较大，去掉极值其均值约为原值的 45.5%；这与相同条件下，实际浆液扩散范围变化规律相同。与水胶比相比，膨水比对浆液泌水率的影响更为显著。

　　由图 7.39(b)可知，在浆液水胶比一定，凝结时间随着膨水比的增大而减小，减小量较为稳定，其均值约为原值的 4.2%；在浆液膨水比一定，凝结时间随着水胶比的增大而增大，增大量较为稳定，其均值约为原值的 19.5%。这与相同条件下，实际浆液扩散范围变化规律相同。与膨水比相比，水胶比对浆液凝结时间的影响更为显著。

　　由图 7.39(c)可知，在浆液水胶比一定，28d 抗压强度随着膨水比的增大而增大，增大量上下浮动较大，其均值约为原值的 11.6%；在浆液膨水比一定，抗压强度随着水胶比的增大而减小，减小量上下浮动较大，其均值约为原值的 13.6%。这与相同条件下，实际浆液扩散范围变化规律恰好相反，且膨水比与水胶比对浆液抗压强度的影响近乎相同。

　　经分析，在相同条件下随着浆液配合比的变化，浆液泌水率、凝结时间与实际浆液扩散范围变化规律相同，浆液 28d 抗压强度实际浆液扩散范围变化规律恰好相反，即浆液泌水率、凝结时间同实际浆液扩散范围成正比，浆液 28d 抗压强度同实际浆液扩散范围成反比。

　　3) 注浆体断面扩散效果

　　盾构隧道壁后注浆浆液的注入效果由浆液与地层之间的交互影响决定，因此浆液的最终选取需基于浆液基本性能指标，结合注入体的效果，进行综合评判。其中，浆液扩散范围是最直观的观察对比数据，但浆液扩散范围不能直接表示浆液的注入效果。根据上文分析可知，若浆液颗粒含量低，其流动性增加，在地层中的渗透扩散较远，但对于地层加固效果而言甚微，因此本书除了分析浆液扩散范围，对注浆体做进一步对比分析。考虑注浆地层及模型的局限性，无法对注浆体强度取样测量。朱洪波等[24]提出混凝土宏观孔孔隙率对其抗压强度影响较大，换言之宏观孔孔隙率在一定程度上可以反映加固体强度。因此，对注浆体剖面浆液充填效果及断面孔隙率展开分析。具体分析步骤如下：

(1) 利用高清数码相机对注浆体截面拍照取样，要注意的是尽可能使拍照距离，相机焦距一致的情况下取样；

(2) 将拍照取样的注浆体图像导入 Photoshop 软件内进行灰度处理，凸显孔隙部分；

(3) 处理后图片导入 Image-Por Plus 软件内，进行图像二值化处理，随后进行孔隙识别分析计算，计算宏观孔孔隙率。

处理过程参见图 7.40，结合各组试验中的浆液扩散范围，选取 11cm 位置处宏观孔孔隙率见表 7.17。

| (a) 原始图片 | (b) 灰度处理 | (c) 图像阈值 |

图 7.40 图片处理过程

(c)中数据表示第 5 组 11cm 处的宏观孔孔隙率为 1.73%

表 7.17 11cm 处各组注浆体宏观孔孔隙率

组别	1	2	3	4	5	6	7	8	9
宏观孔孔隙率/%	5.03	3.00	1.24	0.58	1.73	0.64	1.25	0.72	0.77

由图 7.40 和表 7.17 可得，不同浆液在相同注浆体位置处其宏观孔孔隙率差异显著，第 3 组浆液扩散范围为 11.7 cm，而从 11 cm 处可以看出其地层孔隙充填效果不佳，土颗粒松散，据此可认为浆液有效加固范围与浆液扩散范围不一致，浆液有效加固范围小于浆液扩散范围。第 5 组浆液扩散范围为 16.4 cm，其 11 cm 处宏观孔孔隙率为 1.73%，浆液充填效果良好，宏观孔孔隙数量及尺寸小。

结合 9 组浆液基本性能测试、浆液扩散范围及宏观孔孔隙率分析，第 4、7 组浆液由于泌水率不满足要求，不考虑注入选择；第 1、2 组浆液宏观孔孔隙率大，浆液充填效果不佳；第 3 组由于其浆液扩散范围过小，在流动过程中的不可注入现象突出；第 8、9 组浆液扩散范围大，且 11 cm 处地层充填效果好，但其凝结时间长，若地层具有一定的自稳性或地下水冲刷作用不显著，则可考虑采用该配比。综上来看，第 5、6 组浆液相较于其他组性能均衡，可作为基础性浆液配合比参考值。

　　在 9 组注浆过程中，均存在浆液无法注入的情况，在拆模过程中对注浆体进行切割剖面分析，可以看到注浆后初始地层与浆液之间存在过渡段，该区域水泥颗粒占比随注浆距离增大而减小，且靠近注浆一侧存在水泥颗粒致密区(图 7.41)，该区域的存在很大程度上改变了地层原始的特性，影响了后续浆液的注入，在后续试验中拟对此进行进一步研究，以对盾构隧道壁后注浆施工提供指导。

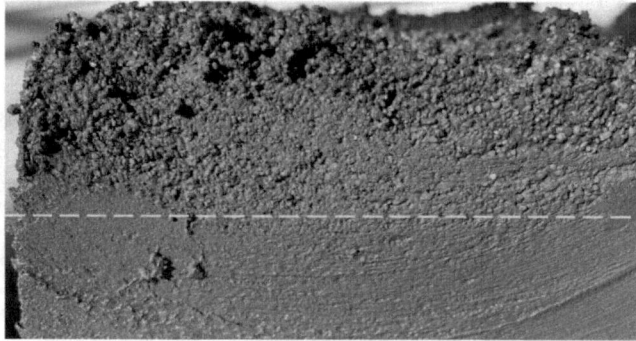

图 7.41　注浆体剖面

参 考 文 献

[1] 应凯臣. 盾构隧道壁后注浆体特性及其扩散规律试验研究[D]. 西安: 长安大学, 2021.

[2] LIANG X, YING K, YE F, et al. Selection of backfill grouting materials and ratios for shield tunnel considering stratum suitability[J]. Construction and Building Materials, 2022, 314: 1-12.

[3] 中华人民共和国住房和城乡建设部, 中华人民共和国国家质量监督检验检疫总局. 建筑地基基础设计规范: GB 50007—2011 [S]. 北京: 中国建筑工业出版社, 2011.

[4] 余浩. 盾构隧道壁后可硬性浆液配比优化试验研究[D]. 北京: 北京交通大学, 2011.

[5] 梁精华. 盾构隧道壁后注浆材料配比优化及浆体变形特性研究[D]. 南京: 河海大学, 2006.

[6] 梁小英. 富水地层盾构施工同步注浆材料性能及配合比设计研究[D]. 西安: 长安大学, 2009.

[7] 田煜. 高性能盾构隧道同步注浆材料的研究与应用[D]. 武汉: 武汉理工大学, 2007.

[8] 湖北省质量技术监督局. 盾构法隧道同步注浆材料: DB42/T 1218—2016 [S]. 武汉: 湖北省质量技术监督局, 2016.

[9] 中国工程建设标准化协会. 盾构法隧道同步注浆材料应用技术规程: T/CECS 563—2018 [S]. 北京: 中国建筑工业出版社, 2018.

[10] 许可. 盾构泥砂高性能注浆材料的研究与应用[D]. 武汉: 武汉理工大学, 2011.

[11] 毛文. 盾构空推过矿山法隧道同步注浆浆液配合比研究及应用[D]. 武汉: 武汉工程大学, 2014.

[12] 刘玮, 谢佳伟, 赖友君, 等. 富水复合砂层大直径盾构掘进同步注浆性能配比试验研究[J]. 铁道标准设计,

2018, 62(4): 141-145.

[13] 徐方京, 侯学渊. 盾尾间隙引起地层移动的机理及注浆方法分析[J]. 地下工程与隧道, 1993(3): 12-16, 20.

[14] 张凤祥, 傅德明, 杨国祥, 等. 盾构隧道施工手册[M]. 北京: 人民交通出版社, 2005.

[15] 吴兆宇. 盾构施工建筑空隙分析及同步注浆分区控制方法[J].中国市政工程, 2020, 4(8): 1-4.

[16] 万战胜, 朱岱云, 夏永旭. 盾构隧道壁后注浆对地表沉降影响数值模拟研究[J]. 河北工业大学学报, 2011, 40(1): 110-113.

[17] 杨远征. 盾构隧道壁后新型注浆材料的试验研究[D]. 徐州: 中国矿业大学, 2017.

[18] 王红喜, 丁庆军, 张高展, 等. 大掺量粉煤灰注浆活性单液砂浆配合比优化设计[J]. 粉煤灰综合利用, 2007(1): 6-9.

[19] 田焜, 丁庆军, 陈跃庆, 等. 盾构隧道大掺量粉煤灰同步注浆材料优化设计[J]. 隧道建设, 2007(4): 26-29.

[20] 伦云霞, 刘绍舜, 周明凯. 粉煤灰和矿粉对水泥基钢渣细集料砂浆体积稳定性的影响研究[J]. 混凝土与水泥制品, 2011(11): 1-5.

[21] 贾雪丽. 高性能水泥基灌浆材料的制备与性能研究[D]. 武汉: 武汉理工大学, 2011.

[22] 涂鹏. 注浆结石体耐久性试验及评估理论研究[D]. 长沙: 中南大学, 2012.

[23] 张改玲. 化学注浆固砂体高压渗透性及其微观机理[D]. 徐州: 中国矿业大学, 2011.

[24] 朱洪波, 闫美珠, 李晨, 等. 图像分析宏观孔孔隙率对混凝土抗压强度的影响[J]. 建筑材料学报, 2015, 18(2): 275-280.